Pensionnats du Canada

Volume 2

Pensionnats du Canada :
L'expérience inuite et nordique

Rapport final de la Commission de vérité et réconciliation du Canada

Volume 2

Publié pour la
Commission de vérité et réconciliation du Canada
par
McGill-Queen's University Press
Montreal & Kingston • London • Chicago

2015

Commission de vérité et réconciliation du Canada

Site Web : www.trc.ca

Imprimé au Canada sur papier non acide

ISBN 978-0-7735-4665-3 (vol. 2 : couverture souple).

Un index de ce volume du rapport final est disponible en ligne. Visitez le http://nctr.ca/trc_reports.ph

Catalogage avant publication de Bibliothèque et Archives Canada
Commission de vérité et réconciliation du Canada
[Canada's residential schools. Français]
Pensionnats du Canada : rapport final de la Commission de vérité et réconciliation du Canada.

Traduction de : Canada's residential schools.
Comprend des références bibliographiques et un index.
Sommaire : Volume 1, partie 1-2. L'histoire—volume 2. L'expérience inuite et nordique— volume 3. L'expérience métisse volume 4. Enfants disparus et lieux de sépulture non marqués — volume 5. Les séquelles — volume 6. La réconciliation.

Publié en formats imprimé(s) et électronique(s).
ISBN 978-0-7735-4663-9 (vol. 1, ptie 1 : couverture souple).
ISBN 978-0-7735-4664-6 (vol. 1, ptie 2 : couverture souple).
ISBN 978-0-7735-4665-3 (vol. 2 : couverture souple).
ISBN 978-0-7735-4666-0 (vol. 3 : couverture souple).
ISBN 978-0-7735-4667-7 (vol. 4 : couverture souple).
ISBN 978-0-7735-4668-4 (vol. 5 : couverture souple).
ISBN 978-0-7735-4669-1 (vol. 6 : couverture souple).
ISBN 978-0-7735-9831-7 (vol. 1, ptie 1 : ePDF).
ISBN 978-0-7735-9833-1 (vol. 1, ptie 2 : ePDF).
ISBN 978-0-7735-9835-5 (vol. 2 : ePDF).
ISBN 978-0-7735-9837-9 (vol. 3 : ePDF).
ISBN 978-0-7735-9839-3 (vol. 4 : ePDF).
ISBN 978-0-7735-9841-6 (vol. 5 : ePDF).
ISBN 978-0-7735-9843-0 (vol. 6 : ePDF).
ISBN 978-0-7735-9832-4 (vol. 1, ptie 1 : ePUB).
ISBN 978-0-7735-9834-8 (vol. 1, ptie 2 : ePUB).
ISBN 978-0-7735-9836-2 (vol. 2 : ePUB).
ISBN 978-0-7735-9838-6 (vol. 3 : ePUB).
ISBN 978-0-7735-9840-9 (vol. 4 : ePUB).
ISBN 978-0-7735-9842-3 (vol. 5 : ePUB).
ISBN 978-0-7735-9844-7 (vol. 6 : ePUB)

1. Internats pour autochtones—Canada. 2. Autochtones—Éducation—Canada.
3. Autochtones—Canada—Relations avec l'État. 4. Autochtones—Canada—Conditions sociales.
5. Autochtones—Canada—Histoire. I. Titre. II. Titre: Canada's residential schools. Français.

E96.5.T7814 2016 971.004'97 C2015-906048-6
C2015-906049-4

Table des matières

Pensionnats du Canada

Volume 2

Introduction

À plusieurs titres, les pensionnats du Nord du Canada méritent à eux seuls une attention particulière.

Tout d'abord, leur histoire est plus récente que celle des pensionnats du reste du pays. Jusqu'en 1900, il n'y a en effet que deux pensionnats au nord du 60e parallèle. En 1950, le Nord ne compte encore que six pensionnats et un foyer. Cette lente croissance rend compte du fait que si la politique autochtone du gouvernement canadien vise généralement à assimiler, civiliser et christianiser les peuples autochtones, elle n'est pas appliquée de façon uniforme. Lorsque les terres autochtones ne font pas l'objet d'un vif intérêt, le gouvernement tarde à assumer les obligations établies par les traités, et ce, particulièrement dans le Nord. En l'absence de débouchés de développement économique ou de la perspective de l'arrivée d'un grand nombre de colons non autochtones, le gouvernement fédéral n'est pas disposé à négocier avec les peuples autochtones du Nord, pas plus qu'il n'est intéressé à y établir des réserves ou des pensionnats, ni d'ailleurs aucune école de quelque nature que ce soit. Sans l'intervention des missionnaires catholiques et anglicans, aucun pensionnat n'aurait vu le jour avant 1950 au nord du 60e parallèle.

La seconde caractéristique de la situation dans le Nord tient au fait qu'après 1950, le gouvernement canadien ne s'est pas limité à y établir un système de pensionnats s'inspirant de celui établi dans le Sud du pays. Le gouvernement fédéral décide en fait d'y mettre en place un système d'externats et de foyers placé sous l'autorité des Affaires du Nord plutôt que des Affaires indiennes. Ce système vise d'entrée de jeu à être intégré au système scolaire public de l'époque, et non à s'en trouver séparé. Contrairement aux écoles du Sud, les écoles du Nord ne tentent pas de restreindre l'admission aux Premières Nations, de sorte qu'elles sont également fréquentées par des Métis et des Inuits, ainsi que par plusieurs élèves non autochtones. À la fin des années 60, le gouvernement fédéral transfère la responsabilité de ces écoles aux gouvernements des Territoires du Nord-Ouest et du Yukon.

Ce transfert de compétences donne lieu à une troisième différence entre les pensionnats du Nord et ceux du Sud. À compter de 1970 et jusqu'à la dissolution du système à la fin des années 90, les pensionnats étaient administrés par les gouvernements du Nord. Des pensionnats ont été établis dans les deux capitales territoriales de l'époque, et ces écoles suscitent bien davantage l'attention et la compréhension politiques qu'ailleurs au pays. Au cours des dernières années du système, on compte parmi les ministres et les premiers ministres des gouvernements du Nord d'anciens élèves de pensionnat.

Les pensionnats du Nord ont également beaucoup contribué à l'évolution rapide des modes de vie et de l'économie traditionnels liés à la terre dans la région. En raison des distances considérables que devaient parcourir les enfants inuits et certains enfants métis et issus des Premières Nations pour aller à l'école, ceux-ci se retrouvent parfois séparés de leurs parents pendant plusieurs années. L'établissement des externats et des petites résidences dans plus d'une dizaine de collectivités de l'Est de l'Arctique incite bon nombre de parents à s'établir dans ces communautés tout au long de l'année pour ne plus être séparés de leurs enfants. Les grandes résidences de l'Ouest de l'Arctique, de Churchill, au Manitoba, et plus tard, d'Iqaluit (baie Frobisher) amènent toute une génération de jeunes Autochtones d'origines et de régions diverses à entrer en contact pour la première fois. Bon nombre d'entre eux joueront un rôle prépondérant dans la création du nouveau territoire du Nunavut en 1999.

Enfin, parce que les Autochtones forment la majorité de la population dans deux des trois territoires du Nord, les pensionnats sont plus lourds de conséquences dans ces régions que dans le reste du pays. Du reste, puisque l'histoire des pensionnats et des écoles est encore récente, un grand nombre de survivants sont toujours en vie aujourd'hui, de même que de nombreux parents de survivants. C'est ce qui explique pourquoi les séquelles et les conséquences intergénérationnelles positives et négatives des pensionnats sont plus prononcées dans le Nord. Certaines institutions du Nord ont en outre une histoire qui leur est propre dans le contexte global des pensionnats. On cite souvent l'exemple du Collège Grandin de Fort Smith et du Churchill Vocational Centre du Nord manitobain (et du personnel de ces écoles) pour les rôles positifs qu'ils ont joués dans le développement et la promotion d'une nouvelle génération de dirigeants autochtones dans le Nord. D'autres écoles, en particulier le pensionnat Grollier Hall à Inuvik et le pensionnat Turquetil Hall à Igluligaarjuk (Chesterfield Inlet), ont toutefois laissé des séquelles beaucoup plus sombres. Ces établissements ont été marqués par des années d'agressions sexuelles et de discipline sévère qui ont stigmatisé plusieurs générations d'enfants pour le restant de leurs jours.

Si l'expérience nordique est, à certains égards, propre à chaque collectivité, les grands thèmes n'en demeurent pas moins les mêmes dans tout le Nord. Les enfants sont séparés de leurs parents, souvent sans que ces derniers soient consultés ou y consentent. L'enseignement est donné dans une langue et dans un milieu étrangers, et ils vivent dans des établissements insuffisamment financés et en manque d'effectifs, en proie à une discipline sévère, aux maladies et aux abus. C'est pourquoi ceci n'est pas le seul volume du rapport historique à s'intéresser à la question du Nord. Les chapitres thématiques d'autres parties du présent rapport présentent, dans leur exposé sur l'expérience des pensionnats, des exemples en lien avec le Nord. La question des agressions sexuelles dans les résidences du Nord, par exemple, est développée à son plein potentiel dans les parties du rapport traitant directement des abus. Les résidences établies par l'Église anglicane à l'intention des élèves métis du Yukon sont présentées dans la partie distincte sur l'expérience des Métis dans les pensionnats.

L'histoire des pensionnats dans le Nord a été divisée en deux volets. Le premier aborde la période antérieure à 1960, une période que l'on pourrait décrire le mieux comme l'ère des missionnaires. On y présente d'abord un aperçu de la politique du gouvernement fédéral dans le Nord. Suivent un survol des activités des missionnaires et des pensionnats établis dans le Nord au cours du XIXe siècle, ainsi que deux chapitres sur l'ère des pensionnats dans les Territoires du Nord-Ouest. Le premier de ces chapitres consiste en un recueil chronologique et thématique, alors que le second s'inspire de plusieurs mémoires rédigés par d'anciens élèves afin de saisir l'ambiance de ces écoles. Vient ensuite un recueil chronologique et thématique des écoles du Yukon.

Le déclin des écoles tenues par les missionnaires coïncide avec l'affirmation de l'autorité fédérale dans le Nord après 1950. C'est pourquoi la seconde partie du présent rapport présente l'historique des pensionnats du Nord après 1950 et met en parallèle l'évolution de la gouvernance démocratique dans le Nord du Canada, la restructuration de la carte du Canada en vue de créer le nouveau territoire du Nunavut et la participation essentielle de plusieurs survivants des pensionnats du Nord à cette évolution alors que ceux-ci adoptaient des rôles de plus en plus importants dans la direction des gouvernements qu'ils critiquaient jadis et qu'ils ont par la suite influencés et remaniés. Ces mêmes survivants ont été à l'avant-garde de réformes de l'éducation qui se sont opérées au cours des dernières années et veillent maintenant à ce que tous les élèves du Nord, qu'ils soient Autochtones ou non, apprennent à connaître l'histoire des Autochtones dans le Nord, dont les traités et l'ère des pensionnats, dans le cadre de leur programme de base obligatoire. Par leur exemple, ils exercent une influence sur les Autochtones du reste du Canada et les incitent à faire de même.

1

Les écoles de missionnaires dans le Nord, de 1867 à 1960

CHAPITRE 1

Les années de négligence : la politique du gouvernement canadien dans le Nord avant 1950

Avant la Deuxième Guerre mondiale, le gouvernement canadien ne s'intéressait que très peu au Nord. Une bonne partie du Nord est acquise en 1870 dans le cadre du transfert au Canada de la Terre de Rupert et du Territoire du Nord-Ouest. Jusqu'en 1876, les Territoires du Nord-Ouest englobent l'ensemble de la superficie couverte aujourd'hui par l'Alberta, la Saskatchewan, le Yukon, les Territoires du Nord-Ouest et le Nunavut, ainsi qu'une part importante de la superficie couverte aujourd'hui par le Manitoba, l'Ontario et le Québec[1]. Au fur et à mesure de la colonisation, de nouvelles provinces naissent de ces territoires, des portions de territoires sont annexées à des provinces établies, et les territoires sont fractionnés. Le Nord du Canada regroupe aujourd'hui trois territoires : le Yukon (créé en 1898), les Territoires du Nord-Ouest et le Nunavut (établi en 1999). Les portions du Québec et du Labrador qui se prolongent dans la péninsule d'Ungava font également partie des terres ancestrales des Inuits du Nord et sont, de fait, considérées comme faisant partie du Nord du Canada. La portion du Québec faisant partie du Nord du Canada s'appelle Nunavik, alors que celle de Terre-Neuve et du Labrador porte le nom de Nunatsiavut.

À la fin du XIXe siècle, la partie nord des territoires est fractionnée à plusieurs reprises en divers districts administratifs, dont Ungava, Mackenzie, Yukon et Franklin. La partie du Canada qui se situe au nord du 60e parallèle s'étend sur plus de 3,9 millions de kilomètres carrés, soit environ le tiers de la masse terrestre du pays. On y trouve les membres des groupes linguistiques tlingit, athapaskan et inuit (ou eskimo-aléoute)[2].

Après la découverte d'or au Yukon en 1898, le Yukon devient un territoire à part entière. Le gouvernement fédéral nomme un commissaire comme chef du gouvernement et forme un conseil législatif à titre d'organe directeur, composé en grande partie de Blancs du sud. Malgré les dizaines de milliers de personnes qui s'installent dans la région et les centaines de millions de dollars en or qui sont expédiées hors du pays, la ruée vers l'or s'avère éphémère. En 1911, la population de Dawson City ne dépasse pas 2 500 habitants, alors qu'elle en comptait 16 000 en 1898[3].

En 1903, par suite de la présence de postes de pêche à la baleine américains dans le Grand Nord, des postes de la Police à cheval du Nord-Ouest sont établis à Fort

McPherson et à l'île Herschel, affirmant ainsi la souveraineté du Canada dans le Nord[4]. En 1905, les provinces de l'Alberta et de la Saskatchewan sont créées à partir des parties sud des anciens Territoires du Nord-Ouest, et la frontière nord du Manitoba est prolongée jusqu'au 60e parallèle. À la même époque, le gouvernement fédéral modifie l'*Acte des Territoires du Nord-Ouest* afin de permettre la désignation d'un commissaire territorial à titre de gouverneur du territoire et d'un conseil. Le premier commissaire nommé est le lieutenant-colonel Fred White, ancien contrôleur de la Gendarmerie. À sa mort, en 1918, White est remplacé au poste de commissaire territorial par W. W. Cory, sous-ministre de l'Intérieur[5].

Après la ruée vers l'or du Klondike, le Yukon connaîtra un déclin économique, et les Territoires du Nord-Ouest demeureront, du point de vue du gouvernement canadien, une terre inconnue — ses régions ne sont pas cartographiées et sa population n'est pas recensée[6]. Pendant une bonne partie du XXe siècle, les Premières Nations et les Inuits des territoires continuent d'organiser leurs propres collectivités et préservent leur mode de vie, bien qu'ils participent à la traite des fourrures et sont touchés par la maladie[7].

Ce n'est qu'en 1920 qu'un conseil des Territoires du Nord-Ouest est nommé à la suite de la découverte de pétrole à Norman Wells, près du cercle arctique. L'année suivante, la Division des Territoires du Nord-Ouest et du Yukon est établie au sein du ministère de l'Intérieur. C'est sous la supervision de son directeur général, O. S. Finnie, que sont établis les premiers bureaux gouvernementaux permanents des Territoires du Nord-Ouest à Fort Smith, tout juste au nord de la frontière de l'Alberta[8]. L'expédition menée dans l'Arctique canadien de 1913 à 1918 s'inscrit parmi les premiers efforts du gouvernement visant à cartographier les îles de l'Arctique de l'Ouest et à étudier sur les Inuits[9]. En 1922, le gouvernement entreprend ses premières patrouilles dans l'est de l'Arctique, où il fournit des services médicaux limités et procède à des relevés scientifiques[10]. Ces patrouilles, de même que la présence de la police, visaient principalement à affirmer la souveraineté du pays dans ce territoire, non pas à répondre aux besoins de ses habitants[11].

Tout au long des années 1920, le Conseil des Territoires du Nord-Ouest ne compte que des représentants du ministère de l'Intérieur ou de la Gendarmerie. Leurs réunions se tiennent à Ottawa[12]. Les Autochtones, qui constituent la vaste majorité de la population du territoire, n'exercent aucune influence directe sur le Conseil[13].

Seuls deux traités sont négociés aux Territoires du Nord-Ouest : le Traité nº 8 et le Traité nº 11. Le Traité nº 8 englobe une grande partie de la Colombie-Britannique, de l'Alberta et de la Saskatchewan, ainsi qu'une partie de l'Ouest des Territoires du Nord-Ouest. Il est conclu en 1899 en réponse à la présence de prospecteurs attirés dans le Nord par la ruée vers l'or du Klondike. En 1898, les Premières Nations se voient contraintes de négocier ce traité après avoir refusé d'admettre des policiers et des trappeurs dans la région de Fort St. John sans qu'un traité ait été négocié. Le gouvernement fédéral décide alors de ne pas prendre en compte les Premières Nations du Yukon dans ce traité, car on croyait qu'aucune colonie permanente ne naitrait de la ruée vers l'or. On pensait toutefois que les terres entourant le Grand lac des Esclaves recelaient un potentiel considérable d'exploitation minérale à long terme.

L'évêque Vital Grandin et le père Albert Lacombe, deux illustres missionnaires catholiques, jouent le rôle d'intermédiaires dans ces négociations. Ils encouragent les Premières Nations à approuver le Traité, pressent les Métis de devenir inscrits en vertu de la *Loi sur les Indiens*, et exigent que le gouvernement donne l'assurance que les parents ont le droit de choisir la religion enseignée à leurs enfants à l'école. Dans ce contexte, les missionnaires catholiques et les commissaires aux traités du gouvernement envisagent un système dans le cadre duquel les parents n'auraient d'autre choix qu'une variété de dénominations chrétiennes. En ce qui a trait à l'enseignement, le Traité prévoit que le gouvernement fédéral « s'engage à payer le salaire des maîtres d'écoles que son gouvernement du Canada jugera nécessaires pour instruire les enfants des indiens »[14].

L'évêque catholique Gabriel Breynat exerce alors des pressions pour que soient négociés d'autres traités dans le Nord[15]. Il faut attendre 1921, dans la foulée de la découverte de pétrole à Norman Wells, pour que le Traité nº 11 soit signé, ce dernier prolongeant les dispositions du Traité nº 8 au bassin du Mackenzie. Une fois encore, la volonté du gouvernement repose sur son désir de poursuivre la colonisation et le développement économique du Nord. Or, sans traité, le gouvernement n'était pas certain de pouvoir exploiter les terres sur lesquelles le pétrole avait été découvert[16]. Breynat jouera un rôle déterminant lors des négociations en convainquant bon nombre de chefs de Premières Nations de passer outre leur opposition au traité[17]. Comme le Traité nº 8, le Traité nº 11 prévoit que le gouvernement fédéral s'engage « à payer le salaire des maîtres d'écoles que son gouvernement du Canada jugera nécessaires pour instruire les enfants des Indiens »[18].

Suite à la négociation de ces traités, le gouvernement fédéral se montre peu enclin à mettre en œuvre leurs dispositions[19]. Au milieu des années 30, Breynat aide à organiser la Commission oblate pour les Indiens et les Esquimaux afin d'inciter le gouvernement à mieux appliquer le traité. À cette époque, il en vient à la conclusion que :

> le texte des Traités est trop vague et ne renferme pas toutes les promesses qui ont été faites de vive voix par les représentants et au nom de la Couronne. Pourtant ces promesses ont été faites, et sans elles les Indiens n'auraient jamais consenti à signer les Traités. C'est sur la foi de ces promesses, garanties par la parole des évêques et des missionnaires, que les Indiens ont pu être amenés à apposer leur signature.

Breynat était particulièrement découragé par le fait que le gouvernement ne soit pas disposé à protéger les droits de chasse et de pêche des Autochtones[20].

La responsabilité de fournir des services aux peuples autochtones était rompue. Par exemple, la *Loi sur les Territoires du Nord-Ouest* de 1905 ne faisait pas mention des Inuits, laissant entendre qu'ils devaient être traités comme tous les autres Canadiens vivant sur les Territoires. Bien qu'ils n'étaient pas considérés comme inscrits au sens de la *Loi sur les Indiens*, les Affaires indiennes versaient des fonds aux missionnaires et aux commerçants pour qu'ils procurent un enseignement et des secours aux Inuits. Entre 1918 et 1923, environ 4 000 $ en fonds sont affectés à l'éducation. Finnie souhaitait que sa division prenne en charge les Inuits et leur fournisse des services pédagogiques. Or en 1924, à l'instigation de Duncan Campbell Scott, sous-ministre des Affaires indiennes, la *Loi sur les Indiens* est modifiée de telle manière que les Affaires indiennes deviennent responsables des « questions en lien avec les Esquimaux ». Dans l'espace de quelques années seulement, cette responsabilité est réattribuée au Commissaire des Territoires du Nord-Ouest, et la disposition est retranchée de la *Loi sur les Indiens* en 1930[21].

Ce n'est qu'en 1912 que les frontières du Québec sont prolongées pour inclure le Nunavik[22]. Même après ce transfert, le gouvernement provincial n'assume que peu de responsabilités pour la prestation de services aux Autochtones de la région. Au début de la grande dépression, le gouvernement fédéral fournit des secours aux Inuits du Québec, particulièrement touchés par la chute des prix des fourrures. Le gouvernement fédéral demande par la suite au gouvernement du Québec de couvrir le financement de ces secours, faisant valoir que la responsabilité des Inuits du Québec revient à la province. Le gouvernement du Québec effectue le paiement pendant trois ans, puis poursuit en justice le gouvernement fédéral en faisant valoir (avec succès) que les Inuits relèvent de la compétence fédérale. Au cours des quatre années durant lesquelles la cause est plaidée, les services gouvernementaux restent minimes[23]. Il y a en fait peu d'amélioration avant les années 50. Mises à part les écoles catholiques et anglicanes de Fort George sur la Baie James, ni le gouvernement fédéral ni le gouvernement provincial n'établit de pensionnat officiel dans le Nord du Québec avant la fin de la Deuxième Guerre mondiale.

Ce n'est qu'en 1949 que le Labrador entre dans la Confédération canadienne, lorsque Terre-Neuve devient une province canadienne. Auparavant, le Labrador était gouverné par le gouvernement colonial britannique de Terre-Neuve et était, de fait, une colonie dans une colonie. Le gouvernement colonial de St. John's ne fournissait presque aucun service aux résidents du Labrador, qu'ils soient autochtones ou non. Jusqu'en 1949, tous les services fournis étaient assurés par la Protestant International Grenfell Association et le Moravian Brotherhood[24].

Le gouvernement fédéral étant peu enclin à conclure des traités avec les Premières Nations du Nord ou à leur fournir des services, il n'est pas étonnant que le service de pensionnats dans le Nord a reposé pendant des années uniquement sur l'initiative de l'Église.

CHAPITRE 2

Jeter les bases : les écoles de missionnaires, de 1850 à 1900

L'arrivée de deux prêtres oblats dans la région de la rivière Rouge en 1845 marque le début d'une période d'intense activité missionnaire des catholiques à l'échelle de l'Ouest et du Nord du Canada[1]. C'est grâce au missionnaire oblat Henri Faraud que l'Église a pu établir son assise dans le Nord en aménageant une mission à Fort Chipewyan dans l'actuel Nord de l'Alberta, en 1849, et la mission St. Joseph de Fort Resolution en 1856[2]. Peu après, ce sont les anglicans qui décident de s'établir dans le Nord. En 1858, le père oblat Henri Grollier apprend que James Hunter, un représentant de la Société missionnaire de l'Église d'Angleterre (CMS), se trouve à bord d'une barge de la Compagnie de la Baie d'Hudson (CBH) faisant route vers Fort Simpson, dans la région du Mackenzie. Hunter a alors l'intention de confiner les missionnaires catholiques du Nord « dans la région de l'océan Arctique ». Pour empêcher Hunter de saisir cette occasion, Grollier cherche à l'accompagner vers Fort Simpson. Au départ, les représentants de la CBH lui disent qu'ils ne peuvent l'amener plus loin que Big Island et qu'il pourrait se mettre là-bas au service des Métis. Or, les lamaneurs catholiques insistent pour amener Grollier jusqu'à Fort Simpson, où lui et Hunter consacreront par la suite beaucoup d'énergie à se livrer concurrence[3].

À travers le Nord, la CMS et les oblats se livrent à une concurrence acharnée : à Fort Liard, Hay River, Fort Norman et Fort Wrigley, par exemple, l'un bâtit une mission anglicane, l'autre une mission catholique[4]. Vers les années 1890, les anglicans reconnaissent que, grâce aux efforts des oblats, la plupart des habitants de la région Athabasca-Mackenzie sont, à tout le moins, théoriquement catholiques[5].

La situation est tout autre plus loin à l'ouest, au Yukon. Dans les années 1860, deux missionnaires anglicans, W. W. Kirkby et Robert McDonald, entreprennent leur mission au Yukon. Lorsqu'en 1872, le missionnaire oblat Isidore Clut entreprend son périple vers la région, il reconnaît que Kirkby et McDonald y ont déjà converti la plupart des Autochtones au protestantisme[6], leurs efforts ayant été par la suite consolidés par William Carpenter Bompas. Né d'une famille baptiste anglaise, Bompas se convertit jeune à l'Église d'Angleterre. Après avoir entendu l'évêque de la Terre de Rupert, David Anderson, prendre la parole lors d'une réunion organisée en marge d'une activité de financement en 1865, il se porte volontaire auprès de la CMS et est dépêché dans le Nord canadien la même année[7]. Sous la direction de Bompas, les anglicans établissent, vers les années 1880, dix missions dans le Nord, desservies par huit membres du clergé et quatre enseignants[8]. Bompas devient, en 1891, évêque du Yukon. Au même titre que le bassin du Mackenzie était en majeure partie catholique, le Yukon en vient à être considéré comme un territoire anglican.

Des missions jusqu'aux écoles

Ces premières missions deviennent le fondement des pensionnats dans le Nord. À l'origine, le Père Henri Faraud s'oppose à l'inauguration d'un pensionnat à Fort Providence. Il change d'avis lorsqu'il apprend que les femmes des employés de la Compagnie de la Baie d'Hudson souhaitent faire instruire leurs filles par des religieuses. Il entame, en 1865, la construction d'une école dotée de rangées de lits superposés en étagères. L'école n'attend alors pour ouvrir que l'arrivée de cinq Sœurs de la Charité (Sœurs grises) qui, en 1867, effectuent à la marche une bonne partie du trajet entre la rivière Rouge et Fort Providence. Quelques années plus tard, en 1874, la menace de voir s'établir une école anglicane à Fort Chipewyan incite l'évêque Isidore Clut à dépêcher un petit contingent de Sœurs de la Charité de Fort Providence à Fort Chipewyan[9].

Les objectifs en matière d'éducation étaient limités. Henri Faraud était d'avis que les jeunes filles ne nécessitaient guère plus qu'une connaissance de la catéchèse catholique et la capacité de lire et écrire[10]. L'enseignement est alors confié aux Sœurs de la Charité[11]. Dans le cadre de l'instruction religieuse, on enseigne l'éthique, la catéchèse, la musique, les offices et les dévotions. On espère qu'une telle éducation empêche l'élève de s'éloigner de l'Église après avoir quitté l'école[12]. Il est prévu que les élèves regagnent leur collectivité, où la chasse, le trappage et la pêche demeureraient les principales activités économiques[13].

La vie dans les pensionnats pouvait être difficile. À l'origine, à Fort Providence, les Sœurs de la Charité logent dans un hangar d'entreposage d'à peine un mètre de hauteur. Leurs logements et ceux des élèves demeureront exigus pendant des années. D'après une histoire de l'ordre des Sœurs, lorsque le taux d'occupation atteint neuf sœurs et 45 élèves,

> cette habitation n'offrait plus même le confortable [*sic*] le plus indispensable. Durant le jour, il était relativement facile de placer tout le monde, car les cours de récréation étaient souvent mises à contribution ; mais, le soir venu, la chose devenait scabreuse, et lorsque les sœurs, se réservant à peine un petit coin discret, alignaient tout leur petit monde, les juchant sur les tables et les armoires,

ou les glissant dans les meubles, les anges gardiens étaient ravis devant ces prodiges d'adresse[14].

À sa deuxième année d'activités, l'école se trouve en pénurie de pommes de terre, de viande, de farine, de beurre et de graisse. Sans surprise, la qualité des soins délivrés à leurs enfants devient une source de préoccupation pour de nombreux parents Métis[15]. Puis, en 1881, les oblats passent tout près de fermer le pensionnat de Fort Providence en raison de la rareté des fonds. Ce n'est que lorsque l'Œuvre de la Propagation de la Foi leur fait parvenir 15 000 francs qu'ils pourront sauver l'école[16]. En prévision de leur premier hiver à Fort Chipewyan, les Sœurs de la Charité découvrent qu'elles ont, pour toutes provisions, « un sac de farine, un petit baril de sucre, cinq de froment, sept ou huit d'orge et des "patates" »[17]. Pendant des années, des planches reposant sur des tréteaux constituent les seules chaises de l'école. Les sœurs dorment sur des tables, les enfants sur le plancher[18]. En 1882, les Sœurs de la Charité de Fort Providence rapportent que les élèves passent trop de temps à travailler et pas assez en classe[19]. Les écoles doivent se débrouiller sans financement gouvernemental. En 1875, Faraud avait réclamé du soutien pour ses écoles de Fort Providence et de Fort Chipewyan, mais le gouvernement avait refusé sous prétexte qu'il n'avait conclu aucun traité avec les Premières Nations de ces régions[20].

Le premier pensionnat anglican de ce qui allait devenir les Territoires du Nord-Ouest est issu d'une mission établie par T. J. Marsh à Hay River en 1893. Il inaugure un petit externat dans sa résidence, qui sera par la suite redéfini en tant que pensionnat suite à l'arrivée de sept élèves de Fort Resolution en juillet 1895[21].

À l'issue des négociations du Traité n° 8, en 1899, les Affaires indiennes entreprennent de verser, à l'école de Hay River, un financement proportionnel au nombre d'élèves,[22] refusant toutefois d'accorder la même faveur à l'école de Fort Providence puisqu'elle n'était pas prise en compte par le Traité n° 8[23]. La décision n'a rien à voir avec les dispositions en matière d'éducation du Traité, celles-ci ne faisant nulle part état des pensionnats. Elle va plutôt dans le sens des priorités administratives ministérielles. Le commissaire des Indiens, David Laird, appuie cette décision, car, selon lui, les écoles ne figurant pas dans le Traité sont « au-delà de la portée de visite et d'inspection des représentants du ministère, aussi n'aurons-nous guère l'occasion d'évaluer la nature précise de leurs activités »[24].

Au Yukon, les pensionnats voient le jour en 1891 lorsque l'évêque anglican William Bompas commence à accueillir en internat les orphelins qui fréquentent l'école de missionnaires qu'il a établie dans la collectivité de Forty Mile[25]. Parce qu'il consacre ses efforts aux enfants métis, il ne bénéficie d'aucune aide du gouvernement ni de la Société missionnaire de l'Église d'Angleterre. En 1896, quatre des six premiers élèves pensionnaires sont des Métis. Comme d'autres de ses contemporains, il croit qu'un Métis non éduqué constitue une menace pour l'ordre social et deviendra probablement « le pire ennemi et le plus redoutable obstacle de notre mission », contrairement à un Métis ayant reçu une instruction, qui peut servir de médiateur culturel entre colons et Premières Nations[26]. Ce petit pensionnat ferme ses portes en 1900 lorsque Bompas décide de déménager sa mission à Carcross (Caribou Crossing), également au Yukon[27], créant ainsi le premier pensionnat du territoire à bénéficier du soutien de l'État[28].

Au tournant du XIXe siècle, certains schémas durables s'étaient établis : une forte présence catholique dans le bassin du Mackenzie, la domination anglicane au Yukon, l'importance des pensionnats dans la concurrence incessante entre catholiques et protestants et, grâce à la signature du Traité n° 8 en 1899, le début du financement fédéral.

CHAPITRE 3

Les écoles de missionnaires des Territoires du Nord-Ouest, de 1900 à 1960

Au début du XXe siècle, les Territoires du Nord-Ouest ne comptent que deux pensionnats : l'école catholique du Sacré-Cœur de Fort Providence et l'école anglicane de Hay River. Ce n'est que plus tard que les catholiques inaugurent le pensionnat St. Joseph à Fort Resolution et le pensionnat de l'Immaculée Conception à Aklavik, respectivement en 1903 et en 1926[1]. En 1929, les anglicans ouvrent une école à Shingle Point, au Yukon, pour les élèves inuits des Territoires du Nord-Ouest[2]. La construction des trois premières écoles, soit celles de Fort Providence, de Hay River et de Fort Resolution, ne bénéficie d'aucun soutien gouvernemental[3]. Les catholiques recrutent la plupart de leurs élèves au sein des Premières Nations des Dénés du bassin du Mackenzie, alors que les anglicans réussissent mieux auprès des Inuits et des Dénés du delta du Mackenzie. Au milieu des années 1930, les anglicans ferment les écoles de Shingle Point et de Hay River, et déménagent élèves et personnel au nouveau pensionnat All Saints, ouvert en 1936. L'école de Hay River poursuit toutefois ses activités jusqu'en 1937[4].

L'ère des écoles de missionnaires ne prendra fin que dans les années 50. Au cours de cette décennie, le gouvernement fédéral entreprend un vaste programme d'expansion des infrastructures scolaires dans le Nord en y ouvrant des externats ainsi qu'une série de petits et grands foyers. L'avènement de cette nouvelle forme d'établissements marque la fin des pensionnats de missionnaires des Territoires du Nord-Ouest. L'école de Fort Resolution est la première à fermer et cesse ses activités en 1957. La dernière, celle de Fort Providence, ne ferme ses portes qu'en 1960[5].

Les écoles de missionnaires du Nord se trouvaient souvent à distance considérable, parfois à des centaines, voire à des milliers de kilomètres des collectivités d'origine des enfants, et le transport était difficile et souvent dangereux. Les enfants passaient souvent plusieurs années sans voir leurs parents. De plus, en raison des difficultés de transport, les écoles du Nord étaient plus dépendantes de la nourriture locale, qui se faisait parfois rare.

Souvent, un enfant arrivait dans une école à la suite du décès ou de l'hospitalisation d'un parent. Une fois arrivé, il se retrouvait séparé de ses frères et sœurs, était contraint d'apprendre une langue et une religion nouvelles, était nourri d'étranges aliments et recevait une instruction n'ayant qu'un rapport étroit avec sa culture ou son avenir. De sévères punitions étaient imposées aux enfants pour des comportements qu'ils ne considéraient pas comme inappropriés. En outre, les enfants consacraient une grande part de leur temps à accomplir les corvées nécessaires au soutien d'écoles mal financées. Leur environnement leur était inconnu, souvent exigu et dangereux. Les élèves étaient constamment en proie aux maladies et aux épidémies, et certains faisaient même l'objet de mauvais traitements et d'agressions sexuelles. Après quelques années, ils retournaient dans leur collectivité éprouvant la honte et l'humiliation.

Inscriptions

Les inscriptions aux écoles de missionnaires étaient toujours limitées, et la plupart des élèves n'y restaient que quelques années, dépassant rarement le cap de la quatrième année (ou la 4e classe comme on l'appelait jadis)[6]. On comptait, en 1910, 148 élèves dans les pensionnats des Territoires du Nord-Ouest, soit quarante-cinq à Fort Resolution, soixante-cinq à Fort Providence, et trente-huit à Hay River[7]. Selon un rapport du gouvernement rédigé en 1923, les élèves fréquentaient généralement l'école de deux à cinq ans, et ce, « sans profiter de vacances ou pouvoir visiter leur lieu de résidence »[8].

En 1944, on ne comptait encore que 170 élèves dans toutes les écoles de l'Ouest de l'Arctique administrées par les Affaires indiennes (soit cinquante-cinq dans les externats et 115, dans les pensionnats). À cette époque, on dénombrait quelque 2 450 enfants d'âge scolaire dans les Territoires du Nord-Ouest[9]. En 1950, il y avait 210 élèves inuits et 365 élèves des Premières Nations inscrits dans les externats et les pensionnats de l'ensemble des Territoires du Nord-Ouest[10].

Financement

Dans les années 1920, toutes les écoles de missionnaires des Territoires du Nord-Ouest bénéficient du financement des Affaires indiennes si elles accueillent des élèves des Premières Nations. En 1929, le montant affecté aux pensionnats des Territoires du Nord-Ouest par les Affaires indiennes passe de 165 $ à 180 $ par élève. Dès son ouverture, en 1926, le pensionnat d'Aklavik se voit accorder 200 $ par élève[11]. Les écoles du Nord font l'objet des mêmes réductions du financement par élève que subit le système d'éducation dans son ensemble durant la Grande Dépression des années 1930. Ce financement est réduit de 10 % en 1932, puis de 5 % en 1933[12]. Il faudra attendre 1939 pour voir le taux de financement par élève revenir à son niveau de 1931. L'année suivante, par mesure d'économie en temps de guerre, le gouvernement réduit de 7,76 % le nombre maximal d'élèves qu'il finance pour chaque école[13]. En 1945, le taux de financement par élève s'élève toujours à 180 $ pour les écoles de Fort Resolution et de Fort Providence, et à 200 $ pour les écoles d'Aklavik. Dans les faits, les écoles reçoivent alors le même montant qu'on leur accordait plus de vingt ans auparavant[14].

Dans le cas des élèves non issus de Premières Nations, notamment les Inuits, une demande devait être signée par la GRC selon laquelle l'enfant était résident des territoires et « orphelin, démuni ou négligé, ne pouvant être admis au pensionnat en vertu de la *Loi sur les Indiens* »[15]. Ces enfants avaient toutefois droit au financement accordé par le ministère de l'Intérieur, de qui relevait l'éducation dans les territoires.

En 1931, le directeur de l'école de Shingle Point demande à Ottawa de définir « ce que constitue un enfant esquimau démuni »[16]. La question revêt une importance capitale, car l'inspecteur local de la GRC croit que la plupart des enfants ne sont pas démunis et refusent simplement de signer les formulaires[17]. Le gouvernement fédéral convient alors de financer les élèves inuits, mais uniquement à titre provisoire[18]. Pour sortir de cette impasse, l'inspecteur de la GRC décide de rayer les termes « démuni ou négligé » lors de la signature des formulaires de demande de certains élèves[19]. En 1933, la politique fédérale consiste à verser 200 $ par an pour le « soutien et l'instruction de chaque enfant esquimau, blanc démuni ou métis »[20]. À cette époque, le ministère de l'Intérieur soutient soixante-dix-sept élèves dans cinq écoles : vingt-neuf à Shingle Point, vingt-cinq à Aklavik, trois à Fort Providence, quatre à Hay River et seize à Fort Resolution[21].

En 1923, le ministre de l'Intérieur dépense 3 000 $ par an pour financer l'éducation dans les Territoires du Nord-Ouest. En 1928, ce montant atteint 3 460 $[22]. Face aux pressions constantes d'O. S. Finnie, directeur de la Division des Territoires du Nord-Ouest et du Yukon, le financement accordé par le gouvernement à l'éducation aux Territoires du Nord-Ouest et au Yukon atteint 12 787,50 $ en 1931. Huit externats et pensionnats doivent se partager cette somme[23]. Dans son histoire de l'administration des Inuits au Canada, l'anthropologue Diamond Jenness salue les efforts de Finnie en vue d'obliger le gouvernement à reconnaître ses responsabilités envers l'éducation, la santé et le bien-être des Inuits. Jenness croyait que le Canada cherchait à rejeter ces responsabilités sur « les commerçants et les missionnaires, qui ne possédaient ni l'un ni l'autre les moyens pour assumer une telle charge »[24]. Toutefois, dans le cadre d'une mesure de compression budgétaire, la Division des Territoires du Nord-Ouest et du Yukon est dissoute en 1931, Finnie est mis à la retraite et la majeure partie de son personnel est congédiée. Selon Jenness, Finnie portait en lui des « souvenirs qu'il aurait volontiers oubliés. Il savait très bien que les établissements qu'il subventionnait dans l'Arctique étaient des écoles maternelles religieuses ne méritant guère le titre d'écoles »[25]. Parallèlement, les dépenses gouvernementales déjà restreintes dans le domaine de la santé, de même que celles servant à financer les patrouilles dans l'Arctique, font l'objet de coupures. Tout au long des années 1920 et 1930, la police constitue le principal instrument et la principale image de la présence du gouvernement fédéral dans le Nord[26].

Rivalités religieuses et guerre pour gagner les Inuits

Tout comme au XIXe siècle, ce sont, au siècle suivant, les rivalités religieuses qui stimulent l'expansion du système. En 1902, préoccupé par l'intention des anglicans d'établir une école à Fort Resolution, l'évêque Breynat réussit à obtenir l'engagement des Sœurs de la Charité de fournir des sœurs pour doter une école catholique dans la collectivité. Celles-ci arrivent en juin 1903. D'abord logées dans un entrepôt, elles emménagent dans un couvent en août, avec cinq élèves des Premières Nations[27]. Le pensionnat ouvre ses portes avec ces cinq élèves, dont les parents devaient regagner leurs terres avant l'hiver[28].

En 1923, les anglicans proposent aux catholiques de se retirer des terres des Premières Nations le long du fleuve Mackenzie à condition que les catholiques acceptent de ne pas mener d'activités missionnaires parmi les Inuits[29]. Les catholiques rejettent ces offres et établissent non seulement un hôpital, mais aussi un pensionnat à Aklavik, dans ce qu'un oblat décrit comme une guerre pour gagner les Inuits[30]. Les catholiques éprouvent toutefois des difficultés à recruter des élèves pour cette nouvelle école. Au début de 1926, la sœur McQuillan se dit

> sûre que le Seigneur leur enverrait de jeunes Esquimaux pour compléter la décoration. Il semble que tous les protestants d'ici veulent envoyer leurs enfants dans des pensionnats. Nombre d'entre eux sont amers du fait de notre présence en ces lieux, mais ne peuvent s'empêcher d'admirer notre vie de sacrifices. Le père supérieur se dit surpris de leur sympathie à notre endroit. C'est au-delà de ses attentes, lui qui appréhendait l'idée de venir ici parmi ces protestants si fanatiques[31].

Le même été, les relations se corsent lorsque le pasteur anglican interdit aux Inuits de visiter le couvent catholique[32]. En 1929, l'école ne compte que deux Inuits parmi ses vingt-huit élèves[33].

En 1928, dû à cette incessante rivalité interreligieuse, O. S. Finnie, frustré, écrit que « le plus grand défi auquel nous sommes confrontés est d'établir, si possible, une répartition du territoire entre les missionnaires de l'Église d'Angleterre et ceux de l'Église romaine. D'aucuns conviennent que nous parviendrons à de meilleurs résultats si ces missionnaires travaillent séparément plutôt que sur les mêmes terres ou dans les mêmes localités »[34]. En réponse, le ministre de l'Intérieur, Charles Stewart, propose aux anglicans de céder les Premières Nations des Territoires du Nord-Ouest aux catholiques, qui eux laisseraient les Inuits aux anglicans. L'évêque catholique

Gabriel Breynat répond que bien qu'il semble « amical » de conclure une entente avec les anglicans, il répond à une puissance supérieure et se voit obligé d'observer « les directives qui me sont imparties par mon supérieur ecclésiastique de Rome »[35].

Vers la fin des années 1920, les parents inuits sont de moins en moins disposés à envoyer leurs enfants au lointain pensionnat anglican de Hay River pendant des années à la fois. En réponse, les anglicans promettent de construire une école plus au Nord[36]. En 1928, ils proposent de convertir en pensionnat des bâtiments abandonnés par une société commerciale de San Francisco et par la Compagnie de la Baie d'Hudson à Shingle Point. Une douzaine d'enfants inuits de Hay River sont transférés vers cette nouvelle école, en plus d'autres enfants de la région de Shingle Point[37]. En convenant de soutenir financièrement le projet de Shingle Point, le commissaire territorial W. W. Cory souligne que le gouvernement en est aussi venu à la conclusion que « quelque chose doit être fait pour instruire les enfants esquimaux. Blancs et Esquimaux se mêlent désormais librement et les Autochtones doivent obtenir un certain niveau d'instruction s'ils veulent mieux commercer avec les Blancs »[38].

Shingle Point n'a jamais eu pour objet d'être une école permanente. Vers le milieu des années 1930, les anglicans ferment les écoles de Shingle Point et de Hay River en vue de consolider leurs opérations de pensionnat à Aklavik. L'école qu'ils y ouvrent en 1936 peut accueillir 100 élèves. Les Affaires indiennes ont convenu de soutenir financièrement trente-cinq élèves, alors que le gouvernement des Territoires du Nord-Ouest devait en soutenir quarante-trois (la plupart desquels devaient être des Inuits)[39].

Les tensions entre les directeurs des écoles anglicane et catholique d'Aklavik se succèdent. En 1941, un employé du ministère des Mines et des Ressources demande des directives sur la façon de traiter une demande signée par des parents, mais présentée par l'évêque anglican. La demande vise le transfert d'un élève de l'école catholique d'Aklavik à l'école anglicane de la même collectivité. L'employé du gouvernement ignore la politique à appliquer pour de tels transferts et craint que cela « donne probablement lieu à des frictions entre les deux écoles »[40]. Dans ce cas, on lui donne comme directive de ne pas approuver le transfert sauf en présence de circonstances atténuantes[41]. Une décennie plus tard, une douzaine d'élèves anglicans résident à l'école catholique d'Aklavik. En réponse à une demande de l'Église anglicane sur cette question, les Affaires indiennes soulignent que, puisqu'aucun de ces enfants n'est Indien, le ministère ne versera aucun montant pour les soutenir[42]. En 1956, l'école anglicane d'Aklavik est si pleine qu'une entente est conclue pour que vingt-huit élèves anglicans soient logés et instruits à l'école catholique, tout en continuant d'aller à l'église de la mission anglicane[43].

Le programme scolaire

Au XXe siècle, les objectifs des écoles de missionnaires du Nord en matière d'éducation demeurent modestes. En 1939, l'évêque Breynat écrit :

> J'avoue ne pas voir la nécessité d'avoir des maîtresses diplômées dans le Nord, où nous gardons les enfants que peu de temps, juste assez pour leur apprendre à lire et à écrire. Autrement ils deviennent des déclassés. La situation est différente dans le Sud, où les Indiens ne vivent plus des chasses et pêches. J'ai toujours insisté pour que, dans les rapports du Comté [sic] avec le gouvernement, à Ottawa, on insiste sur la distinction qui existe, et qui doit être maintenue, entre le Nord et le Sud. On ne peut pas et ne doit pas les traiter de la même manière.[44]

L'évêque anglican Isaac Stringer adopte une position semblable à celle de Breynat. Selon lui, les élèves de Premières Nations des Territoires du Nord-Ouest doivent recevoir une instruction tout juste suffisante pour qu'ils puissent lire et écrire des lettres et réussir les calculs arithmétiques qu'un commerçant aurait à effectuer[45].

Selon le directeur de l'école de Hay River, A. J. Vale, on compte, parmi les matières enseignées dans son établissement en 1907 (sa première année d'activités) « la lecture, l'écriture, l'arithmétique, la composition, la géographie, la dictée, l'histoire, et les Saintes Écritures. De temps à autre, nous faisons faire aux jeunes sauvages des lectures dans leur propre idiome tant en caractères syllabiques que romains. Les élèves continuent à faire de notables progrès dans l'étude de l'anglais, mais sans doute lents au commencement, car ils nous viennent souvent sans aucune connaissance de cette langue »[46]. Les classes sont données de « 9 heures à 12 le matin, et de 1.30 à 3.30 de l'après-midi; l'hiver de 9.30 à 12 et de 1.30 à 3.30, car le jour est court ».

L'instruction de l'époque n'est pas à visée industrielle. Elle a plutôt pour objet

> d'apprendre à chaque enfant à être ponctuel, laborieux et pratique. Lorsque l'occasion s'en présente, nous enseignons aux élèves à se servir des outils employés dans la menuiserie et la forge. Les travaux généraux de la ferme et du ménage constituent pour les garçons et pour les filles de très utiles leçons de choses[47].

Un rapport rédigé 17 ans plus tard par un agent des Indiens concernant l'école de Fort Resolution ne révèle que très peu de différences par rapport au programme scolaire antérieur de Hay River :

> On enseigne aux filles les tâches ménagères habituelles : couture, raccoutrage, cuisine, etc. Les garçons s'occupent des corvées et du jardinage, et apprennent à fabriquer des raquettes, à trapper, etc. J'ai vu des échantillons des choses fabriquées en classe et, dans la mesure où j'ai pu en juger, c'était assez bien fait. Bien entendu, ces enfants ne restent pas à l'école bien longtemps, et atteignent tout au plus la cinquième année[48].

En 1947, l'inspecteur d'école territorial J. W. McKinnon déclare que des parents d'élèves de Fort Resolution estiment que leurs enfants « n'apprennent pas beaucoup en classe. Bien que de telles déclarations soient courantes partout où il y a une école en activité, j'ai le sentiment que l'on pourrait atténuer une grande part de ces critiques en rendant l'instruction en classe plus pratique ». De plus, selon ses dires, les salles de classe sont « exigües et malsaines ». L'inspecteur rapporte aussi que l'école manque d'ouvrages de lecture élémentaires. À ce moment, l'établissement compte soixante-dix-huit élèves en pensionnat et quarante-sept en externat[49]. Cette année-là, McKinnon réclame la création de plus d'externats, faisant valoir qu'ils ont une incidence positive sur la vie familiale[50].

Un rapport d'inspection de l'école anglicane d'Aklavik, rédigé en 1952, révèle que l'école « possède un stock très réduit d'ouvrages de lecture pour élèves du primaire ». Il y a un projecteur pour le visionnement de productions de l'Office national du film, mais la radio est en piètre état et le tourne-disque est brisé. Certains locaux sont mal éclairés, l'accumulation de déchets dans la fosse-réservoir constitue un « sérieux risque d'incendie » et les modules de jeu se limitent à quatre balançoires[51].

Le fait que les catholiques exigent que l'enseignement soit catholique faisait obstacle à l'établissement de programmes de formation professionnelle à Aklavik. L'évêque Joseph-Marie Trocellier rejette, en 1952, une proposition au titre de laquelle les étudiants de l'école de l'Immaculée Conception recevraient une formation manuelle à l'externat public d'Aklavik. Il est inapproprié pour des élèves catholiques de « fréquenter quelque école que ce soit dépourvue d'une atmosphère et d'une influence religieuses », écrit-il. Bien qu'il reconnaisse que les élèves recevraient une instruction professionnelle plutôt que religieuse, il estime que cela les priverait de « l'aspect moral de la formation professionnelle, qu'on ne saurait inculquer dans l'esprit des élèves à moins que le programme ne leur enseigne simultanément les principes religieux qui constituent le fondement des normes éthiques et morales chrétiennes »[52].

Les écoles étaient souvent en manque d'effectifs. En 1944, à Fort Resolution, on compte quatre enseignants pour 144 élèves. Selon un inspecteur, « C'est une charge d'élèves beaucoup trop lourde pour quatre enseignants, compte tenu des difficultés linguistiques des enfants des classes inférieures »[53]. Trois ans plus tard, l'école anglicane d'Aklavik compte quatre enseignants et 111 élèves. Un professeur enseigne à lui seul à quarante-cinq élèves de deuxième, troisième, quatrième et cinquième année[54]. En 1952, les salaires des trois enseignants de l'école anglicane d'Aklavik varient entre 80 $ et 85 $ par mois. Le transport du Sud jusqu'à Aklavik leur est payé, et ils reçoivent six mois de congé payé au terme de quatre ans de service. Comme l'un des enseignants ne possédait aucune compétence professionnelle, l'inspecteur en conclut qu'« une révision à la hausse de la grille salariale est fortement recommandée si la mission souhaite se doter d'enseignants expérimentés et qualifiés »[55].

Or, les parents qui souhaitent faire instruire leurs enfants n'ont guère d'autre choix que les pensionnats. R. A. J. Phillips, directeur de l'administration du Nord au ministère des Affaires du Nord, nous laisse voir ce sombre tableau de l'enseignement offert aux élèves du Nord canadien en 1950 :

> Les écoles du Nord sont administrées par huit autorités différentes. Le ministère des Affaires du Nord ne fournit que trois salles de classe. Bien qu'il verse des subventions à d'autres agences pour la gestion de classes, les normes relatives aux salles de classe demeurent inégales. Certaines écoles ne fonctionnent qu'à raison de quatre heures par jour, quatre jours par semaine. Un enseignant sur trois ne possède aucun diplôme en enseignement. Seuls 117 Esquimaux fréquentent l'école à temps plein. On ne note aucune quelconque formation professionnelle, aucune formation pour adultes et aucun enseignement destiné au nombre croissant de patients hospitalisés[56].

Langue

À la fin du XIXe et au début du XXe siècle, le français est la langue d'instruction dans les pensionnats catholiques des Territoires du Nord-Ouest. Il aurait difficilement pu en être autrement. Entre 1867 et 1919, la vaste majorité des quatre-vingt-trois religieuses qui travaillent dans la vallée du Mackenzie sont de souche francophone[57]. Il en va de même pour les oblats. Jusque dans les années 1940, s'ils parlent une deuxième langue, c'est probablement une langue autochtone[58]. Bien que l'on incite les oblats à apprendre des langues autochtones, les Sœurs de la Charité ne sont pas encouragées à apprendre à parler couramment la langue de leurs élèves, non plus qu'on leur en donne la possibilité. Évidemment, la communication entre élèves et enseignants était difficile, l'un tentant comme l'autre d'apprendre une langue étrangère dans un contexte étrange et inconnu[59]. L'inspecteur d'école des Territoires du Nord-Ouest J. W. McKinnon observe que, même en 1946, les classes sont encore enseignées en français à Fort Providence, et les élèves rédigent leurs compositions dans cette langue. En 1950, bien que tout le personnel de l'école soit encore francophone, on assure à l'inspecteur McKinnon que l'instruction est maintenant entièrement donnée en anglais[60]. En 1956, le poète Frank Scott descend le fleuve Mackenzie en compagnie de Pierre Trudeau, à l'époque où le futur premier ministre n'est encore qu'un avocat relativement peu connu[61]. Scott rédige un poème sur leur visite de l'école de Fort Providence :

> La douce sœur responsable,
> Une Sœur Grise de Montréal,
>
> Nous a accueillis en français.
> Des prêtres de France, des religieuses du Québec,

Enseignant à des Slaves (qui parlaient toujours amérindien)
De la 1re à la 8e année, dans un anglais hésitant[62].

Les missionnaires ont toujours reconnu que le fait d'apprendre des langues autochtones et de traduire les textes religieux dans ces langues leur permettait de mieux convertir les Autochtones. C'est pourquoi le catéchisme a été enseigné aux Dénés de Fort Resolution jusque dans les années 1920[63]. En 1935, l'évêque Breynat fait campagne pour intégrer les langues autochtones dans les écoles afin d'assurer leur survie, mais en vain. Il plaide aussi, avec plus de succès, pour former les élèves à la chasse et la pêche[64]. Du point de vue des élèves, les écoles semblent souvent faire preuve d'une hostilité acharnée à l'égard des langues autochtones. Jane S. Charlie garde le mauvais souvenir d'avoir reçu une correction pour avoir parlé sa propre langue lorsqu'elle fréquentait l'école anglicane All Saints d'Aklavik. Parce qu'elle n'avait jamais appris à bien parler l'anglais, elle sentait que les autres élèves pouvaient lui faire porter le chapeau de leurs propres méfaits[65]. Lorsque Lillian Elias, une enfant inuite, se fait dire de ne pas parler sa propre langue à son arrivée à l'école catholique d'Aklavik, elle riposte : « Parce qu'ils refusaient que je parle ma langue, je me suis dit "vous n'arriverez pas à m'en empêcher". J'ai donc recommencé à parler ma langue dès que je suis sortie de l'école »[66]. Parce qu'il a parlé dans sa propre langue à l'école de Fort Providence, Samuel Gargan se souvient de s'être fait enfoncer la tête dans un seau d'eau. En conséquence, ses oreilles coulaient constamment, un problème qui n'a jamais été traité, dit-il. « On m'a causé des douleurs aux mains en me frappant les doigts à répétition avec des ciseaux; on m'a tiré les oreilles, frappé sur le dessus de la tête à coups de jointures, tiré les cheveux et asséné des coups de pied[67]. »

L'effritement de la connaissance des langues autochtones suscitait de profondes craintes chez les élèves lorsque ceux-ci retournaient dans leurs collectivités. Margaret Oldenburg est une chercheuse qui a parcouru le Nord canadien dans les années 1940 et 1950 à la recherche d'échantillons botaniques pour l'Université du Minnesota[68]. En 1946, dans une lettre adressée à un collègue, elle raconte qu'elle a dû voyager jusqu'à « Cambridge [Bay] accompagnée de quelques filles qui avaient terminé l'école à Aklavik et qui retournaient chez elles, les deux plus âgées pleurant le plus clair du temps, car elles n'avaient pas vu leur famille depuis si longtemps qu'elles avaient l'impression de retrouver des étrangers et ne pouvaient plus bien parler la langue esquimaude. Saviez-vous qu'on interdit aux enfants de l'école anglicane de parler esquimau? »[69]

Travail des élèves

Les parents avaient souvent le sentiment que les élèves travaillaient trop. En 1952, un représentant fédéral rapporte que « lors de mon dernier voyage autour du Grand lac des Esclaves en septembre et octobre 1951, au moins trois Amérindiens m'ont raconté que, durant leurs deux dernières années d'études au pensionnat de missionnaires, ils devaient constamment effectuer pour les missions, sans être payés ou autrement rémunérés, des tâches comme le nettoyage des poulaillers, l'alimentation du bétail et l'entretien des bâtiments de la mission, au lieu de recevoir une instruction en classe »[70]. Chaque automne, une barge arrivait à Aklavik chargée de bois pour la chaudière de l'école. Les élèves formaient alors une longue chaîne de la barge jusqu'à la salle de la chaudière et, avec l'aide du personnel de l'école, déchargeaient l'embarcation[71].

Samuel Gargan est admis à l'école Sacred Heart de Fort Providence en mars 1955. Il est alors âgé de six ans et, en raison d'une blessure à la cheville, il porte un plâtre à la jambe. Ce plâtre finit par être retiré, mais l'enfant souffrira tout au long de ses études à l'école. Malgré tout, on s'attendait à ce qu'il participe à toutes les activités physiques. « Je devais transporter, empiler, charger et décharger du bois, nettoyer l'urine et des déchets humains dans les latrines, laver et cirer les planchers, et nettoyer les lieux. » Même s'il boitait constamment, on ne lui donnait aucun répit. S'il se plaignait, « on [l'] enfermait à clé dans le placard des garçons »[72].

Propositions de formation dans le Sud

En 1925, l'anthropologue Diamond Jenness recommande d'envoyer des jeunes âgés de 16 à 20 ans étudier au Collège naval de Halifax. Jenness croit à l'époque que des possibilités d'emploi s'offrent aux Inuits dans les domaines de la navigation, de la mécanique, de la charpenterie, de la ferronnerie, des premiers soins et de la télégraphie. Même si, selon lui, cette formation « doit, dans la mesure du possible, être donnée dans le Nord », toute formation revêtant une grande valeur ne peut être donnée que dans le Sud »[73]. À sa grande consternation, ce projet ne verra jamais le jour[74].

Or, certains élèves ont fait leur scolarité au Sud. En 1927, John Ell Oudlanak (s'écrit aussi Oudlynnock) demande à A. L. Fleming, archidiacre anglican de l'Arctique, d'amener son fils de l'île Southampton, dans les Territoires du Nord-Ouest, jusqu'au Sud pour y être instruit[75]. Fleming remarque qu'Oudlanak s'exprime très bien en anglais. Sa mère et lui ont en effet beaucoup voyagé avec le cartographe et ethnologue George Comer[76]. Fleming consulte alors l'un des assistants d'O.S. Finnie au sujet de cette proposition, qui lui répond que, puisque les Inuits ne sont pas des pupilles de l'État, il n'y a aucun problème à ce qu'il « tente l'expérience ». Pensant que l'enfant se sentirait seul, Fleming écrit à Oudlanak pour lui demander d'envoyer un autre garçon. Avec l'aide de la Compagnie de la Baie d'Hudson, le jeune Benjamin Oudlanak, dix ans, et Samuel Pudlutt de Kimmirut (Lake Harbour) sur l'île de Baffin, font route vers Lakefield, en Ontario, où ils seront inscrits à l'école locale. Le père du jeune Oudlanak verse une contribution financière pour l'enseignement de son enfant, alors que Fleming assume les frais des études de Pudlutt. Finnie, qui n'avait jamais été informé de cette initiative, apprend tout de celle-ci dans les journaux. Il demande alors plus de détails à Fleming. En conclusion de sa réponse, Fleming écrit : « L'idée n'est pas d'instruire ces garçons et de les renvoyer à leur vie simple et primitive d'Esquimau. Il s'agit plutôt de les y renvoyer pratiquement comme des hommes blancs[77]. » L'expérience s'avère toutefois éprouvante pour les garçons. Ils retournent au Nord après une année à endurer la grippe, la pneumonie, la rougeole et l'amygdalite[78].

Discipline et abus

La discipline administrée envers les Autochtones dans les écoles était sévère et ne ressemblait à rien de ce qu'ils avaient vécu auparavant. La grand-tante de Bill Erasmus a fréquenté l'école de Fort Providence après le décès de sa mère. Lorsqu'il était jeune, Bill a vécu avec elle. Elle lui a raconté sa vie à l'école. Le traitement réservé à une élève qui mouillait son lit est parmi les récits qui ressortent le plus. « Ils remplissaient une bassine avec de l'eau froide ou très chaude, l'obligeaient à s'y asseoir et la retenaient en place. On pouvait entendre ses cris de douleur[79] ».

Le père de Rita Arey, Arthur Furlong, a fréquenté l'école anglicane All Saints d'Aklavik. Il lui a raconté comment il a un jour placé son jeune frère Fred sur la balançoire du terrain de jeu de l'école puis s'est retrouvé entouré de plus vieux qui voulaient s'en prendre à son cadet. Les deux garçons se sont défendus jusqu'à ce qu'un prêtre vienne séparer les adversaires. À la surprise de Furlong, le prêtre a obligé Fred à retirer ses mitaines et à donner des coups de poing sur le poteau du module de jeu jusqu'à ce que ses jointures saignent. Cela, selon le prêtre, lui apprendrait à ne plus se battre[80].

À l'école catholique d'Aklavik, les élèves plus âgés étaient chargés de prendre soin des plus jeunes. Selon Lillian Elias, puisque les plus grands étaient passibles de châtiments si les plus jeunes sous leur charge se comportaient mal, « les plus âgés s'assuraient que nous les écoutions, même s'ils devaient pour cela nous malmener »[81]. Beaucoup moins ont fait état de mauvais traitements et d'agressions sexuelles. Il n'y a aucun dossier judiciaire à cet effet datant de cette période, et bon nombre des élèves de cette époque ne sont plus là pour en témoigner. Cependant, dans une déclaration faite devant la Commission de vérité et réconciliation, Samuel Gargan a subtilement évoqué cette question qui demeure, pour l'essentiel, largement inexplorée. « Les pleurs que l'on entendait la nuit n'étaient pas toujours dus à la solitude ou au désir de revoir un parent. Les religieuses savaient ce qui se passait, mais choisissaient de garder le silence[82]. »

Santé et nutrition

Dans les écoles de missionnaires du Nord, la nourriture se faisait souvent rare et les maladies et les décès étaient monnaie courante. Plusieurs anciens élèves ont évoqué les difficultés qu'ils ont eues à s'adapter aux nouveaux aliments. Les enfants habitués à manger de la viande crue et gelée devaient traverser une phase de transition encore plus difficile. En raison des difficultés liées à l'importation de nourriture du sud et des limites en matière d'agriculture dans le Nord, les écoles du Nord dépendaient davantage des chasseurs locaux pour leur nourriture que les écoles du Sud.

L'agriculture était toujours risquée, sauf à Hay River qui, en raison de sa situation géographique, s'en sortait mieux que la plupart. Cette localité, située dans la partie la plus méridionale des Territoires du Nord-Ouest, est aujourd'hui nommée la « capitale horticole du Nord ». Au moment de sa fermeture, en 1936, l'école de Hay River dispose d'un jardin de 1,6 hectare capable de produire 400 boisseaux de pommes de terre et 90 boisseaux d'autres légumes[83]. Or, en 1911, la situation est tout autre. L'école possède deux vaches, un bœuf, trois veaux et un cheval, celui-ci en étant venu à s'enfuir sans jamais revenir[84]. En 1929, l'évêque A. L. Fleming demande au gouvernement fédéral de fournir à l'école de Shingle Point un approvisionnement en pemmican (une préparation de viande séchée et de petits fruits). Même si l'Église assure elle-même, depuis le Sud, l'approvisionnement de l'école en nourriture, Fleming croit que le pemmican « est beaucoup mieux adapté aux élèves et s'apparente davantage à l'alimentation des Autochtones »[85]. En 1932, en raison d'une pénurie de foin, deux animaux de ferme doivent être tués[86].

Une chasse ratée pouvait provoquer une crise. Dans un passage du registre de l'école daté du 5 février 1910, on peut lire : « Nous sommes à la ration pour le pain : un morceau 3 fois par jour[87]. » Dans un autre passage, celui-ci du 18 février 1917, on lit : « Nos chasseurs sont revenus bredouilles. Nous sommes à court de viande! Qu'allons-nous faire? » Dix jours plus tard, les chasseurs abattent 130 caribous[88]. Malgré ce sursis, des pénuries de nourriture frappent encore l'automne suivant. En septembre, les sœurs rapportent qu'une grande part de la viande chassée l'hiver précédent a commencé à se gâter. Le jardin produit « des pommes de terre petites et peu nombreuses », les poulets sont tués à défaut de pouvoir les nourrir, et la nourriture est rationnée. Le 3 octobre 1917, des prières sont envoyées à Saint-Joseph pour que le poisson abonde « car nos enfants souffrent de la faim ». Dix jours plus tard, les pêcheurs rapportent 8 000 poissons[89]. En novembre 1927, l'évêque Breynat télégraphie un message urgent à Ottawa, dans lequel il déclare que les pêches d'automne et la récolte de pommes de terre ont échoué à Fort Resolution. Il « craint une grave pénurie de nourriture pour les élèves et le personnel » et demande la permission de chasser l'orignal ou le bison si aucun caribou ne se manifeste d'ici Noël[90].

Un ancien élève du pensionnat de Hay River se rappelle que pendant les années ayant suivi la Première Guerre mondiale, il n'a « [...] pas vu de confiture entre le moment où [il a] débarqué du bateau et le moment où [il y est] remonté pour revenir chez lui »[91]. Un autre élève du même pensionnat se souvient d'une alimentation constamment composée de poisson : « Ils le faisaient bouillir très longtemps, jusqu'à ce que la viande se détache d'elle-même, les os et les écailles flottant dans le bouillon, puis ils mettaient de la farine. C'est ce qu'ils nous servaient. Je n'utilise même pas de farine pour mes chiens parce qu'elle n'a pratiquement rien de bon[92]. » Un autre élève relate : « Nous avions de la viande une fois par an, à Noël. Une fois, ils ont tué une vache et l'ont saignée, puis des enfants se sont rués vers la carcasse lorsque personne ne regardait, et ont arraché des bouts de gras. Aussi, il y avait beaucoup de bacon dans la réserve, mais il n'était pas pour les enfants[93]. » Le tableau dépeint par ces anciens élèves n'est pas différent de celui que brosse A. J. Vale, directeur de l'école de 1907 à 1927, dans ses mémoires. Il y écrit qu'en raison des coûts de transport élevés « nous devions le plus possible vivre de produits frais de la nature », pour l'essentiel, du poisson et des pommes de terre. « Souvent, c'est ce que nous mangions trois fois par jour. Impossible d'avoir des œufs, des oranges ou d'autres aliments du genre. En fait, pendant cinq années consécutives, nous n'avons rien eu de tel, et la nourriture en boîte ne nous était offerte qu'en quantité limitée à cette époque »[94].

Une analyse de l'alimentation de Hay River dans les années 1920 entreprise dans les années 1970 par l'anthropologue Shepard Krech a permis de conclure que :

> l'apport protéique était exceptionnel; la vitamine A, la niacine, l'acide ascorbique et le phosphore étaient présents en abondance; et les niveaux de thiamine et de riboflavine étaient adéquats. Toutefois, les apports en calories et en fer étaient très marginaux. Les niveaux de calcium étaient extrêmement faibles. Une mauvaise année de pêches aurait entraîné un important déficit calorique. Une récolte médiocre aurait pu entraîner une carence en fer, en plus d'avoir une incidence sur l'apport en calcium et en glucides[95].

L'absence de tout examen médical préalable à l'admission des élèves aux pensionnats est un problème récurrent dans les Territoires du Nord-Ouest pendant la première moitié du XXe siècle. En 1916, trois enfants transférés de Fort Good Hope à Fort Resolution tombent malades peu après leur arrivée au pensionnat. Ils ont été admis sans avoir subi l'examen médical exigé au motif qu'« il s'agissait d'orphelins dont il fallait prendre soin d'une façon ou d'une autre ». Deux d'entre eux décèdent, ce qui amène H. J. Bury, fonctionnaire aux Affaires indiennes, à recommander que « la réglementation visant l'admission d'enfants à ces pensionnats soit appliquée de façon plus rigoureuse »[96].

À l'automne 1923, une épidémie de fièvre typhoïde tue cinq élèves à Fort Providence. Le médecin du gouvernement était incapable de se rendre à l'école durant l'épidémie, car aucun bateau n'était disponible. En février, le Dr C. Bourget rapporte par écrit que

« quelques-uns des convalescents sont si mal en point que leur rétablissement complet est incertain ». Il conclut que la maladie a été apportée à l'école par des élèves récemment inscrits et que des défauts dans le système de drainage de l'école sont à l'origine de sa propagation[97].

Un élève décédé à l'école de Hay River en 1930 avait été admis sans subir d'examen médical « dû à l'absence de services médicaux dans le Nord »[98]. En 1931, le directeur du pensionnat de Shingle Point admet des élèves sans les soumettre à un examen médical puisque le médecin désigné par le gouvernement fédéral « n'est pas venu examiner les enfants, bien qu'on le lui ait demandé à plusieurs reprises ». Selon le directeur, au cours des deux années d'activités de l'école, le médecin n'est venu qu'une fois durant l'hiver, par avion et pour une visite d'une heure seulement[99].

En 1939, le Conseil des Territoires du Nord-Ouest apprend qu'il est de pratique courante pour les missionnaires « d'amener les enfants à l'école et de demander au médecin local de les examiner et de remplir leur certificat de santé ». Dans le but d'obliger les écoles à s'assurer que les élèves font l'objet d'un examen médical avant leur admission, un médecin du Nord recommande que le gouvernement commence à verser son financement par élève à compter de la date de l'examen médical[100].

Après une tournée dans l'Ouest de l'Arctique en 1944, le Dr George Wherrett, l'un des médecins en santé publique éminents de l'époque, conclut que

> Ce n'est cependant que dans une minorité des cas que l'on effectue un examen régulier de tous les enfants au moment de l'admission, et il n'y a aucun examen radiologique. Dans certaines écoles, on pratique l'immunisation et la vaccination; dans d'autres, rien du tout. On ne saurait trop insister sur l'importance de l'ensemble de toutes ces procédures [...] Dans à peu près toutes les écoles visitées, [...] des cas de tuberculose se sont déclarés durant l'année, dont certains ont été fatals[101].

Jusqu'à la fin de l'ère des écoles de missionnaires, les fonctionnaires fédéraux sont incapables d'assumer un contrôle véritable de la façon dont les écoles admettent les élèves. En 1955, L. A. C. O. Hunt, administrateur de district aux Territoires du Nord-Ouest, fait observer « qu'il serait très souhaitable que toutes les demandes d'admission aux pensionnats soient examinées soigneusement, et ce, bien avant l'admission de l'enfant ». Plutôt, selon ses dires, les fonctionnaires « sont souvent mis devant le fait accompli ». Hunt citait un cas où, sans même avoir obtenu l'approbation du gouvernement, les autorités catholiques ont fait venir un enfant de Coppermine à Aklavik par avion et l'ont inscrit à l'école qui, selon lui, était déjà surpeuplée[102].

Cette absence de mesures d'inspection avait pour conséquence que les écoles étaient régulièrement en proie à des épidémies de maladies infectieuses. En 1913, la sœur McQuirk, directrice de l'école de Fort Providence, rapporte que malgré l'amélioration de l'état de santé des élèves, « nous avons eu à déplorer, cet hiver, la mort de 9 de nos jeunes élèves; ils ont succombé à une attaque maligne de grippe que rien ne pouvait entraver. Leur constitution est tellement délicate que nous les dosons continuellement de fer et d'huile de foie de morue afin de les maintenir dans un état normal »[103].

En septembre 1919, quarante-sept élèves de Fort Providence contractent la coqueluche, causant l'annulation des classes. Les ennuis de santé se poursuivent jusqu'en octobre à l'école, alors que se déclare une épidémie de dysenterie. Voici quelques extraits du registre de l'école. Le 11 octobre : « Samuel rend le dernier soupir » ; le 13 octobre : « Caroline est morte ce matin à 2 h » ; les 21 et 22 octobre : « Charles a perdu son petit Jean » ; et le 29 octobre : « Ce matin à une heure, le pauvre Isidore part sans agonie pour le ciel »[104]. L'année suivante, en août, une épidémie de grippe sévit à l'école. En septembre, une épidémie de fièvre typhoïde se propage. Elle est si grave que les classes doivent être annulées. À la fin du mois, deux autres élèves ont trouvé la mort[105].

En avril 1943, une autre épidémie de grippe sévit au pensionnat de Fort Providence. Plusieurs sœurs et tous les élèves sont touchés, si bien que les classes sont annulées[106]. Au début décembre de l'année suivante, les trois quarts des élèves sont atteints de la coqueluche[107]. Puis, c'est une épidémie d'oreillons qui s'étend et empêche les élèves de retourner en classe jusqu'en février 1945[108]. Au début d'avril 1950, vingt-six élèves de Fort Providence sont alités du fait d'une épidémie de rougeole[109]. D'autres épidémies de rougeole sévissent à l'école en octobre 1952 et au printemps 1957[110]. En 1958, une épidémie de grippe asiatique garde tous les enfants alités[111].

La situation est semblable à Fort Resolution. Pour la période de 1903 à 1942, le registre de l'école fait état d'épidémies de grippe en 1917, 1921, 1930 (deux cette année-là), 1932, 1933, 1936, 1937, 1940 et 1941; de coqueluche en 1920 et 1941; de diphtérie en 1923; de varicelle en janvier 1926, 1936 et 1938; de diarrhée en 1926; et de rougeole en 1935[112]. Le 25 juillet 1920, le registre de l'école de Fort Resolution fait un constat sombre : « Nous sommes tenus de renvoyer dans leurs familles plusieurs enfants affaiblis par la maladie[113]. » Entre le 3 décembre 1912 et le 24 février 1941, le registre de l'école de Fort Resolution a enregistré cinquante-six décès, y compris un aîné, deux anciens élèves et trois membres d'ordres religieux. Au cours de cette période de vingt-neuf ans, on enregistre en moyenne deux décès par an[114].

Tout près, à Hay River, la série d'épidémies est à l'image de celle de Fort Resolution. On enregistre des épidémies de rougeole en 1902[115], de diphtérie en 1917[116], de grippe en 1930[117], de varicelle et de grippe en 1935[118], et à nouveau de grippe en 1936[119]. En 1906, une épidémie de rougeole sévit au point où le nombre d'enfants de l'école de Hay River est réduit à trente élèves en pensionnat et onze en externat, dont la présence est très irrégulière, selon le directeur de l'école[120]. En juin 1910, l'évêque Isaac Stringer écrit : « Aucun décès n'est survenu à l'école au cours des deux dernières années, et ce, jusqu'en mars 1910, soit la date des dernières nouvelles reçues[121]. » Dans les années qui suivent, le bilan des victimes à l'école est très lourd. Au moins trente-deux décès sont signalés entre 1917 et 1937, dont dix en 1930 seulement[122]. La situation est si terrible que Duncan Campbell Scott menace de fermer l'école[123].

En 1936, une enseignante de Shingle Point, Mabel Jones, relate par écrit comment Mabel Martin tombe malade le 11 décembre 1935, puis meurt un mois plus tard :

> Mon cœur souffre pour ses parents à Aklavik, Laura et Martin. Ils m'ont confié la garde de leur fille il y a deux ans et demi, à mon départ d'A. [probablement Aklavik] pour l'école, et j'avais si hâte de voir à quel point ils seraient heureux de revoir leur fille, si bien portante et si grande, après la fin des classes. Ce n'était pas une enfant robuste, et c'est pourquoi elle m'était plus chère que toutes les autres. Le jour comme la nuit, elle sortait rarement de mon cœur et de mon esprit. J'avais espéré qu'elle surmonte sa faiblesse après sa guérison d'une hémorragie l'hiver dernier. Mais Dieu en a voulu autrement, et malgré tout ce qui pouvait être fait, son cœur s'est affaibli puis s'est arrêté de battre, fatigué. Je me sens si seule sans elle.

C'est dans cette pensée que Mabel trouvait le réconfort : « nous ne devons jamais oublier que notre réel travail en ces lieux est de préparer ces enfants à répondre gaiement à la voix de Jésus lorsqu'il les appelle[124]. »

Les enfants étaient aussi sujets aux morts accidentelles. Le 24 août 1939, Joseph Sakaluk, un garçon inuit âgé de dix ans fréquentant l'école catholique d'Aklavik, fugue et cherche à rejoindre un groupe de garçons plus âgés à qui on avait donné l'autorisation d'aller faire une promenade. Il n'est pas chaudement vêtu, le temps est humide et le terrain foisonne de fondrières. Il ne parviendra jamais à rattraper les autres garçons. Lorsqu'on s'aperçoit de sa disparition, la Gendarmerie organise une battue. Le lendemain, en après-midi, son corps est retrouvé dans un épais bosquet de saules près duquel les chercheurs étaient passés à plusieurs occasions. Son décès est attribuable à la fatigue associée à une exposition au froid[125].

État des immeubles

La santé et la sécurité étaient étroitement liées à l'état des bâtiments. Dans certains cas, les écoles étaient tout simplement surpeuplées. En 1933, Mabel Jones décrit la vie à Shingle Point :

> Cette année, notre école est plus peuplée que jamais. Je dois loger vingt filles dans un espace qui, même à dix-huit, semblait l'an dernier déjà trop plein. Mais ce sont de si gentils enfants qu'il me serait maintenant difficile de me séparer de l'un ou l'autre. Maintenant que Walter nous a quittés pour de bon, le dortoir des garçons comptera le même nombre d'élèves que l'an dernier, soit 16, lorsque Moses reviendra. C'est cependant un de trop selon la capacité actuelle du logement, et une couchette supplémentaire doit être ajoutée cette année. Vous savez

> bien entendu que les enfants dorment à deux dans le même lit. Actuellement, j'ai trois filles qui dorment dans la même couchette, et la situation sera la même au dortoir des garçons lorsque les 16 seront ici[126].

En 1911, une inspection menée à l'école de Hay River permet de constater que les deux premiers étages des bâtiments de l'école « laissent à désirer », car les « plafonds sont bas et les lieux sont mal éclairés et peu aérés ». Le troisième étage est jugé comme étant « extrêmement bien » éclairé et aéré, et muni de plafonds plus élevés[127]. Une nouvelle école est bâtie en 1917[128], mais en 1924, elle menace de s'effondrer, car le dépôt de sédiments sur lequel elle a été érigée commence à s'affaisser. Les murs bombent, les planchers ne sont plus de niveau, les portes et fenêtres ne sont plus adaptées à leurs cadres, et les cheminées sont sur le point de s'écrouler[129]. Pour s'attaquer à ces problèmes, on retire une aile de l'école, on la rénove et on la transforme en hôpital fédéral tout près de l'école[130]. En 1934, on reconnaît que l'école de Hay River est surpeuplée, qu'il est difficile de l'approvisionner en nourriture et d'y fournir des soins médicaux, et qu'elle n'a pas accès à un approvisionnement en eau adéquat. Ces problèmes amènent les Affaires indiennes à financer le déplacement de l'école vers de plus grandes installations construites à Aklavik, à environ mille kilomètres plus au Nord[131].

En 1931, il manque quarante pupitres à l'école catholique d'Aklavik[132]. Deux ans plus tard, à la même école, le manque de fournitures et de meubles essentiels est si criant que vingt-huit élèves doivent dormir sur le plancher[133]. En réponse à la demande du directeur, le gouvernement autorise l'achat de vingt-quatre lits additionnels[134].

L'eau potable et des installations sanitaires adéquates étaient essentielles au maintien de la santé des élèves. D'après un rapport rédigé en 1938 par un ingénieur concernant l'école de Fort Resolution, l'eau du Grand lac des Esclaves « utilisée à l'école pour toutes les fins, sans la faire bouillir » est dangereuse, car il est possible que le lac soit pollué. Les latrines à ciel ouvert sont « en piteux état, mal éclairées et dépourvues de moustiquaires, et leurs sièges et planchers sont sales. On remarque la présence de nombreuses mouches aux alentours »[135]. En 1945, l'agent des Indiens J. H. Riopel qualifie les toilettes de Fort Resolution d'« inadéquates et insalubres »[136].

Dans les années 1940, les bâtiments de l'école étaient dans un état de délabrement. L'école de Fort Resolution est décrite, en 1947, comme étant « désuète, délabrée, et pose un risque d'incendie »[137]. Six ans plus tard, un nouveau rapport conclut que les écoles de Fort Resolution et de Fort Providence sont « inférieures aux normes en ce qui a trait à la configuration, aux formes, à l'éclairage et à l'aération »[138]. Un rapport rédigé l'année suivante décrit l'école de Fort Resolution comme étant « complètement désuète... en plus de poser un risque d'incendie »[139].

Incendies

L'école anglicane de Hay River a connu trois incendies qui auraient pu être lourds de conséquences : le poulailler brûle en 1907[140], la buanderie prend feu en 1931 et le toit s'enflamme en 1935[141]. En août 1943, un incendie détruit le lavoir des garçons à l'école de Fort Providence[142]. L'école de Fort Resolution est presque détruite par le feu lorsque les installations de production de l'acétylène utilisé pour éclairer l'école explosent au début 1936[143]. Bien qu'on ne rapporte aucun décès, deux personnes sont gravement brûlées[144]. Des incendies se déclarent à Fort Resolution en 1923, 1929 et 1933. On ne signale dans ces cas aucune perte de vie humaine. Toutefois, en 1924, des étincelles provenant d'un feu d'ordures embrasent la robe d'une jeune fille du nom d'Yvette Walters. Elle succombera plus tard à ses blessures[145].

Résistance de la part des parents : « Nos enfants vivent un enfer »

Bien que les parents autochtones du Nord ne s'opposent pas nécessairement à ce que leurs enfants fréquentent l'école, ils sont mécontents de se retrouver séparés d'eux pendant plusieurs années de suite. Ils en viennent de plus à remettre en question les bienfaits de l'enseignement que leurs enfants reçoivent à l'école de missionnaires. S. T. Wood, inspecteur de la Police à cheval, déclare en 1922 que les enfants inuits envoyés à l'école de Hay River sont tenus d'y rester « pendant quatre à cinq ans. Du fait de la très grande distance qu'ils doivent parcourir, les parents ne peuvent voir leurs enfants durant cette période, et s'opposent généralement à les envoyer à l'école. » Pour surmonter ce problème, les Inuits proposent de bâtir une école et de payer le professeur, pourvu que ce soit sur la côte[146]. En réponse à une telle proposition, le directeur de la Division, O. S. Finnie, recommande d'établir une école publique dans une collectivité inuite. Le Conseil des Territoires du Nord-Ouest préfère toutefois laisser les initiatives scolaires entre les mains de l'Église[147].

Pour leur part, les Affaires indiennes considéraient les écoles de missionnaires du Nord comme des résidences pour les orphelins et les enfants négligés. En 1921, le secrétaire des Affaires indiennes, J. D. McLean, donne la directive suivante à l'agent des Indiens de Fort Simpson, T. W. Harris : « Insistez auprès de tous les Indiens de votre agence sur la nécessité d'envoyer les enfants à l'école, en particulier les orphelins et les négligés ». Il ajoute que Harris doit informer les parents que les dispositions en matière de présence obligatoire adoptées l'année précédente sont maintenant en vigueur. C'est en fait de la poudre aux yeux, car à la ligne suivante, McLean admet que « le ministère ne désire pas appliquer ces dispositions dans les districts éloignés » — à savoir le Nord[148]. Tout au long de la première moitié du XXe siècle, il y a toujours eu plus d'enfants autochtones d'âge scolaire dans la région du Nord qu'il n'y avait de place pour eux dans les écoles.

Dans certains cas, les parents ramenaient leur enfant à la maison contre la volonté du directeur de l'école. En 1913, lorsqu'une mère retire sa fille de l'école de Fort Resolution, on fait appel à la Gendarmerie et la mère doit rendre sa fille à l'école[149].

Les enfants croyaient que si leurs parents intervenaient auprès de l'école, leur traitement s'en verrait amélioré. Le père de Bill Erasmus a fréquenté l'école de Fort Resolution. Il n'aimait pas l'école et voulait revenir à la maison. Selon lui, les mesures disciplinaires y étaient cruelles et injustifiées et la nourriture était « très mauvaise ». Voici quelques histoires qu'il a racontées à son fils :

> À l'automne, le poisson remonte. Ils pêchaient ces poissons par milliers. On les appelait « poissons à bâtonnet », car nous y plantions un petit bâton pour les accrocher, les faire sécher pour les conserver jusqu'à l'hiver et ensuite les manger. Par contre, s'ils ne les conservaient pas ou ne les attrapaient pas de la bonne façon, ou s'ils les empilaient mal, les poissons pourrissaient. Et c'est ce qui arrivait à certains de ces poissons : ils pourrissaient. Mais ils donnaient quand même ces poissons pourris aux enfants et nous forçaient à les manger. Et on nous empêchait de sortir de table à moins de manger nos poissons pourris. Parfois, un enfant têtu devait rester à table, ou était forcé à y rester durant toute la journée, ou jusqu'à ce qu'il se résigne à manger.

Lorsque le père de Bill ne peut plus endurer tout cela, il écrit à son père pour lui réclamer d'être ramené à la maison. Comme le personnel de l'école surveille le courrier, il remet la lettre à un ami de la collectivité locale pour qu'il la poste à sa place. En quelques mois, son traitement s'améliore. Il en conclut que son père a menacé de le sortir de l'école. À la fin de l'année scolaire, son père vient le chercher en bateau. Selon Bill Erasmus « c'était comme sortir de prison. Mon père a dit qu'il n'a "jamais regardé en arrière. Je suis sorti de l'école, et c'était fini" »[150].

En 1937, la Gendarmerie rapporte que des Autochtones parties au Traité vivant à Fort Resolution refusent d'accepter leurs paiements annuels en guise de protestation contre les conditions régnant à l'école. Selon le sergent par intérim G. T. Makinson :

> Les chefs se sont plaints à l'égard de l'école missionnaire catholique. Les Indiens sont d'avis que leurs enfants doivent travailler trop fort lorsqu'ils fréquentent l'école. Parfois, ils doivent scier du bois du matin au soir et un grand nombre d'enfants tombent malades et meurent. Lorsqu'ils commencent l'école, ils sont bien vêtus et lorsqu'ils rentrent à la maison, ils sont dévêtus et affamés. À l'école, les enfants vivent dans la misère. Voilà la raison pour laquelle nous retirons parfois nos enfants des pensionnats[151].

En 1941, seuls quarante-cinq élèves sont inscrits à l'école catholique de Fort Providence, qui est pourtant autorisée à en accueillir 100[152]. L'année suivante, la GRC procède à une enquête sur la présence des élèves aux écoles du district du Mackenzie.

Elle conclut qu'à Fort Smith et à Hay River, 50 % des enfants d'âge scolaire, en majorité des garçons, ne se présentaient pas à l'école. Bien que le gouvernement applique à l'époque de plus en plus les dispositions en matière de présence obligatoire de la *Loi sur les Indiens*, la police reconnaît que les « Indiens ont trouvé plusieurs moyens pour se soustraire aux réglementations »[153]. Un autre rapport de la GRC rédigé la même année remet en question le fait que les membres de la force policière doivent agir à titre d'agents de surveillance[154].

En 1945, alors qu'il exerce des pressions pour obtenir du soutien fédéral en vue de l'ouverture d'un éventuel externat anglican à Fort McPherson, le missionnaire anglican A. S. Dewdney évoque par écrit que plusieurs familles sont prêtes à venir s'établir à Fort McPherson sous réserve qu'on y établisse une école. Ces familles n'étaient toutefois pas disposées à « envoyer leurs enfants dans un pensionnat »[155]. Leur objection n'avait pas tant à voir avec l'école qu'avec le concept du pensionnat.

Dans les années 1950, l'opposition des parents demeure vigoureuse. En 1951, le surintendant des Affaires indiennes I. F. Kirby déclare que les écoles de missionnaires sont « très réticentes à l'idée de renvoyer les élèves à la maison pour les vacances estivales par crainte qu'ils ne reviennent pas, ou de devoir payer leur transport ». Par conséquent, les parents ne souhaitaient pas envoyer leurs enfants à l'école. Kirby, croyant qu'il serait inapproprié, tant pour les parents que pour les enfants, de ne pas renvoyer les élèves à la maison, recommande aux Affaires indiennes « d'aller chercher les enfants à la maison et de les y ramener lorsqu'ils vivent dans des endroits isolés »[156].

Dans un autre rapport publié la même année, L. G. P. Waller, inspecteur régional d'école pour les Affaires indiennes, déclare que « les enfants inscrits sont ceux qui sont disponibles lorsque le bateau accoste ou l'avion atterrit pour les cueillir ». Selon lui, le recrutement est contrecarré par les parents qui « retiennent les enfants qui devraient aller à l'école ». Il souligne que « peu d'enfants indiens, sinon aucun, ont reçu une instruction continue entre 7 et 15 ans; rares sont ceux qui ont dépassé la 3e année, plusieurs étant restés à la 1re année ». Waller propose alors de strictes mesures : le gouvernement doit prendre

> tous les enfants d'âge scolaire d'une région désignée et les maintenir à l'école — sauf pendant les vacances d'été — jusqu'à ce qu'ils atteignent l'âge minimum de fin de scolarité. La mise en œuvre de cette politique pendra du temps, et peut ne pas être immédiatement fructueuse, mais elle aidera le parent à organiser ses opinions sur la raison d'être de l'école et nous aidera à atteindre les objectifs que nous nous sommes fixés en matière d'éducation.

Après avoir reproché aux parents les problèmes de recrutement de l'école, Waller fait observer que l'école de Fort Resolution est « terriblement inadéquate. Les quatre classes sont inférieures aux normes en ce qui a trait aux dimensions, à la configuration, à l'éclairage et à l'aération »[157]. À la fin des années 1950, la présence à l'école fait l'objet d'un contrôle beaucoup plus rigoureux, au point où le surpeuplement des écoles met les enfants à risque. En 1957, les écoles de Fort Resolution et de Fort Providence sont jugées si peuplées que, selon un inspecteur du gouvernement « un seul enfant de plus et l'école deviendra surpeuplée au point de créer un risque d'incendie »[158].

Fugues

Parce que les écoles du Nord étaient si éloignées des collectivités de résidence des enfants, les fugues étaient moins courantes que dans le Sud, mais il y en avait. Par exemple, en mars 1902, deux jeunes filles fuguent de l'école de Fort Providence. Elles sont retrouvées et ramenées à l'école le même jour. Un mois plus tard, l'une des filles tente une seconde fois de se sauver, sans succès. Dans le registre de l'école, l'une des religieuses déclare que la jeune fille semble repentante, bien qu'elle doute de sa sincérité[159]. L'année suivante, un garçon fugue de Fort Resolution à sa première journée d'école. Selon les chroniques de l'école :

> Sœur Honorine est allée de l'avant avec la première tâche du programme d'éducation du Nord, soit le bain des enfants, qui arrivent à l'école infestés de vermine. C'était une tâche difficile, car ils ne connaissaient rien du bain. Après en avoir lavé un (enfant), Sœur Honorine l'a laissé seul un instant pour aller chercher une chemise et un pantalon propres. À son retour, le petit sauvage s'était échappé, l'appel de la forêt étant trop insistant. Heureusement, un frère l'a aperçu et nous l'a ramené[160].

À l'été 1922, James Laferty tente de retourner auprès de ses parents, qui vivent à deux jours de route de Fort Resolution. Plusieurs équipes de recherche sont déployées, mais aucune ne parvient à le retracer. Selon le registre de l'école, « notre petit garnement est revenu au dortoir seul, à 3 h du matin. Très épuisé, il est allé au lit sans piper mot[161]. » Trois frères, âgés de cinq à neuf ans, fuguent de l'école de Fort Providence en 1942. Les garçons cherchaient à regagner leur domicile, ignorant la grande distance les séparant de leur destination. La Gendarmerie les retrouve et les ramène à l'école, puis facture à Mines et Ressources (le ministère de qui relevait la Division des affaires indiennes) des frais de 9,20 $[162].

Les mémoires d'élèves présentés dans le chapitre suivant fournissent un aperçu de ce qui faisait fuir les enfants.

Des écoliers autochtones à l'extérieur de l'école de Fort Providence, dans les Territoires du Nord-Ouest, vers 1920.
Bibliothèque et Archives Canada, F. H. Kitto, Canada, ministère des Affaires indiennes et du Nord canadien, PA-101548.

Des élèves du pensionnat de Fort Resolution, dans les Territoires du Nord-Ouest, vers 1928. En 1913, lorsqu'une mère retire sa fille du pensionnat de Fort Resolution, la Police à cheval du Nord-Ouest est appelée sur les lieux et la mère est forcée de la laisser repartir au pensionnat.
Bibliothèque et Archives Canada, J. F. Moran, ministère des Affaires indiennes et du Nord canadien, PA-102519.

Le 25 juillet 1920, le journal de l'école de Fort Resolution, dans les Territoires du Nord-Ouest, fait le constat suivant : « Nous sommes obligés de retourner à leur famille plusieurs enfants qui ont été affaiblis par la maladie. »
Canada, ministère de l'Intérieur, Bibliothèque et Archives Canada, PA-040715.

L'école catholique romaine et l'hôpital d'Aklavik, dans les Territoires du Nord-Ouest.
Archives des Territoires du Nord-Ouest, N-1979-050-0042.

Des élèves et des sœurs de l'école catholique romaine d'Aklavik, dans les Territoires du Nord-Ouest, partent pique-niquer sur un chaland avec remorqueur.

Archives des Territoires du Nord-Ouest, N-1979-051-1191.

Les enfants inuits devaient souvent demeurer toute l'année à l'école anglicane d'Aklavik, dans les Territoires du Nord-Ouest, parce que leurs maisons étaient trop loin de l'école.

Ministère des Affaires indiennes et du Nord canadien, Bibliothèque et Archives Canada, PA-101548.

Des élèves arrivant à l'école anglicane d'Aklavik, dans les Territoires du Nord-Ouest.
Archives du Synode général de l'Église anglicane du Canada, P9901-416.

L'école anglicane d'Aklavik, dans les Territoires du Nord-Ouest. En 1957, il y avait quatre enseignants et 111 élèves à l'école d'Aklavik. Un enseignant donnait des cours à 45 élèves de deuxième à cinquième année.
Archives du Synode général de l'Église anglicane du Canada, P7538-854.

L'école de Hay River, dans les Territoires du Nord-Ouest. Dans ses mémoires, J. Vale, qui a longtemps été directeur de l'école de Hay River, a écrit qu'à l'école « il n'y a jamais eu aucun œuf, aucune orange ou aucun produit de ce genre. En fait, pendant une longue période de cinq ans, je n'en ai pas vu du tout. À l'époque, la seule chose que l'on recevait, c'était de la nourriture en conserve. » Archives du Synode général de l'Église anglicane du Canada, P75-103-S8-260.

Une salle de classe à l'école de Hay River, dans les Territoires du Nord-Ouest. Une note de service du ministère des Mines et des Ressources nationales a conclu à propos de l'éducation dans les Territoires du Nord-Ouest qu'en 1939, la norme de l'éducation dans les territoires n'était « généralement pas aussi élevée que celle des écoles indiennes de l'ensemble des provinces ». Archives du Synode général de l'Église anglicane du Canada, P7538-136.

Des élèves posent avec l'évêque Isaac Stringer à la résidence de Dawson, dans le Territoire du Yukon.
Archives du Yukon, 82-332, no 28.

La salle de jeu de l'école de Carcross, dans le Territoire du Yukon.
Archives du Synode général de l'Église anglicane du Canada, P7561-110.

L'école de Chooutla à Carcross, dans le Territoire du Yukon. La discipline était stricte. En 1940, le directeur, H. C. Grant, a dit que les élèves qui commettraient un vol « devraient se coucher sur un bureau seulement vêtus de leur tenue de nuit, devant toute l'école, et seraient frappés avec une lanière de cuir ailleurs que sur leurs mains ».
Archives du Synode général de l'Église anglicane du Canada, P7538-621.

Des écoliers autochtones à l'extérieur de l'école de Fort Providence, dans les Territoires du Nord-Ouest, vers 1920.
Bibliothèque et Archives Canada, F. H. Kitto, Canada, ministère des Affaires indiennes et du Nord canadien, PA-101548.

Le pensionnat baptiste de Whitehorse dans le Territoire du Yukon. Pendant une bonne partie de son existence, l'école se trouvait dans des bâtiments militaires abandonnés.
Archives du Yukon, 80-45 no 19.

CHAPITRE 4

La vie des élèves dans les écoles de missionnaires

Les témoignages écrits d'anciens élèves comptent parmi les meilleures sources d'information sur la vie dans les pensionnats. Le présent chapitre propose les résumés de quatre de ces mémoires puis, pour conclure, offre un aperçu du témoignage présenté devant la Commission de vérité et réconciliation du Canada par un ancien élève d'une école de missionnaires.

Alice French (Masak)

> Lorsque les portes de l'école se sont refermées derrière mon père et moi, je me suis sentie enfin libre. À l'école, j'étais Alice, une fille inuite recevant une instruction. Puis, au moment de descendre les marches avec mon père, je me suis sentie perdue, ayant été si loin de chez moi et retournant à un mode de vie que j'avais presque oublié[1].

En 1937, lorsque la jeune Inuite Masak est âgée sept ans, sa mère Sanggiak est hospitalisée après avoir contracté la tuberculose. Son père Anisalouk, un trappeur de la région du delta du Mackenzie, les inscrit alors, son jeune frère Ayounik et elle, à l'école anglicane All Saints d'Aklavik. À l'école, elle cesse d'être Masak et devient Alice. Elle n'entendra à nouveau son vrai nom qu'une fois de retour à la maison. À l'heure du souper du premier jour d'école, lorsqu'elle aperçoit son frère, l'air perdu et esseulé, elle tente d'aller le réconforter, mais se voit obligée de regagner la file. Pendant leurs années passées à l'école, ils ne se parlent que rarement et communiquent entre eux en élevant la voix lors des repas dans la salle à manger qui séparait les filles des garçons ou dans la cour d'école et sur le terrain de jeux[2].

Dès le premier jour, la vie à l'école est étrange et intrusive, les élèves se voyant administrer un lavage de cheveux au kérosène à leur arrivée pour nettoyer toute trace de vermine[3]. Chaque journée débute à 7 h; le petit déjeuner est monotone, composé invariablement composé de porridge, de mélasse, de pain, de confiture et de thé[4].

Pour garder les enfants en santé, on leur administrait des doses régulières d'huile de foie de morue[5].

Masak aimait apprendre, mais ignorait ce qu'étaient les moutons, les vaches et les cochons, ces animaux étranges qui peuplaient les comptines pour enfants. Et que penser de ces plats qui se sauvaient avec les cuillères[6]? À l'école, les élèves devaient travailler dur. En plus de ses quarts de travail dans la cuisine et dans les salles à manger des élèves et du personnel, Masak devait régulièrement travailler à la buanderie, actionnant à la fois la laveuse et l'essoreuse[7].

Parmi ses souvenirs les plus agréables, elle évoque les glissades hivernales à flanc de colline sur des morceaux de carton gelé, les expéditions sur le fleuve Mackenzie à bord de la barge de l'école pour aller cueillir des baies, les razzias dans le potager du directeur et les histoires à faire peur que se racontaient les élèves après le couvre-feu. Certains de ces plaisirs étaient risqués; ceux qui étaient pris à piller le potager recevaient la fessée, alors que les conteurs d'histoires nocturnes devaient se tenir debout dans un coin[8].

Toutes les provisions provenant du Sud étaient amenées par bateau le long du fleuve Mackenzie, lequel demeurait gelé pendant la majeure partie de l'année. Le premier bateau de l'année amenait une cargaison de fruits et légumes, attendue depuis fort longtemps[9]. En raison de la courte saison d'expédition, l'école dépendait des parents pour approvisionner l'école en viande et en poisson[10]. On fournissait à Masak et aux autres élèves des pièges à rats musqués. On leur laissait garder les recettes issues de la vente des fourrures, et la viande était rôtie à l'école[11].

Peu après l'admission de Masak à l'école, sa mère trouve la mort[12]. Lorsque son père se remarie, il la sort de l'école. Elle estimait alors y avoir été bien traitée, mais avait néanmoins le sentiment de « vivre le moment le plus heureux de [sa] vie au moment de descendre les marches pour la dernière fois avec [son] père. [Elle avait] envie de chanter lorsqu'[ils ont] franchi le coin et perdu l'école de vue[13]. » Elle dira plus tard que ses années à l'école ont été une période d'immense solitude, la proximité de sa famille lui manquant[14]. En plus de marquer la fin de longues années de solitude, le retour dans sa famille lui permet de retrouver sa vie privée. Bien qu'elle ne possédait guère plus qu'un lit entouré de rideaux qu'elle pouvait tirer, elle appréciait l'espace privé que lui réservait la petite demeure familiale. « C'était si bon d'avoir ma propre chambre à coucher après tant d'années passées dans un dortoir. Je pouvais tirer les rideaux autour de moi tout en sachant que ma famille était à proximité[15]. »

Après le départ de Masak de l'école, son père lui achète de nouveaux vêtements. « Finis les longs sous-vêtements en laine, les bas noirs irritants et les pantalons bouffants couleur pêche. » Tout ce qui lui rappelait l'école était maintenant derrière elle[16]. Or, alors qu'elle commence à peine à jouir de sa liberté, elle se retrouve confrontée à plusieurs questions concernant les séquelles que lui avait laissées son séjour à l'école. À son départ d'Aklavik, la famille rencontre un ami de son père qui lui pose alors une série de questions troublantes. « Que t'a appris l'école sauf l'anglais, que tu parles maintenant au point où tu n'arrives même plus à parler ta propre langue?, lui demande-t-il. Sais-tu tanner et coudre les peaux pour fabriquer les vêtements? Sais-tu comment dépouiller les fourrures qui sont ramenées à la maison? Puisque tu ne connais encore rien à l'entretien domestique, quel genre d'épouse feras-tu[17]? »

En dépit du fait qu'elle était, à l'école, entourée d'enfants inuits, elle était devenue incapable de parler sa propre langue. « On nous défendait de parler notre langue où que nous allions, sur le terrain de l'école comme à l'intérieur de l'établissement, sous peine d'être châtiés. Nous avions donc appris à avoir honte de notre langue, ce qui a eu pour effet de nous éloigner de nos familles[18]. » La perte de la langue n'est pas la seule barrière que l'école a érigée entre sa famille et elle. À son retour à la maison, elle ignore comment conduire un traîneau à chiens ou couper du bois, et le trappage la dégoûte. « Un mois après mon retour à la maison, ma confiance en moi était durement ébranlée. J'avais l'impression qu'on m'aurait enseigné toutes ces choses en grandissant si je ne m'étais pas éloignée du foyer familial[19]. »

En dépit de ces expériences, les Inuits reconnaissaient la valeur de l'éducation. D'après les souvenirs de Masak, une famille pouvait décider d'envoyer une enfant au pensionnat, car « [elle avait] besoin que quelqu'un soit capable de traduire ce que l'homme blanc [lui] disait sur le prix des fourrures lors des négociations ou ce que le docteur racontait lorsque l'un [de ses membres] tombait malade »[20]. Lorsque Masak est âgée de seize ans, on lui fait passer un examen pour déterminer si elle peut poursuivre ses études. Elle réussit l'examen, mais avant de repartir, sa belle-mère contracte la tuberculose et doit être hospitalisée. Malgré sa déception de ne pas pouvoir poursuivre ses études, elle décide de rester avec son père pour prendre soin de son frère ainsi que ses demi-frères et demi-sœurs[21]. Dans les années 1950, elle en était venue à la conclusion que l'avenir de ses enfants dépendait du fait qu'ils bénéficient ou non d'une bonne instruction. « Je savais que je ferais tout en mon pouvoir pour que mes enfants reçoivent l'enseignement que j'aurais tant voulu recevoir[22]. »

Anthony Thrasher

Anthony Thrasher est né en 1937 au sein d'une famille inuite à Paulatuk, aux Territoires du Nord-Ouest. Sa mère meurt lorsqu'il est âgé de quatre ans. Son père se remarie alors et déménage à Tuktoyaktuk où il s'engage à bord du navire *Our Lady of Lourdes*, un bateau employé par les Catholiques pour le transport de biens entre les missions. Les frères aînés d'Anthony ont tous fréquenté l'école de l'Immaculée conception, le pensionnat catholique d'Aklavik. Son tour vient lorsqu'il atteint l'âge de six ans[23]. « Mon père m'a emballé quelques effets et on est descendu au quai ensemble pour attendre le schooner de la Mission qui devait me transporter à l'école. Je me revois faire signe de la main à papa depuis le parapet de l'*Immaculata* qui s'éloignait vers la baie et pointait franc sud vers Aklavik. Je pleurais; je ne voulais pas le quitter. Papa n'était pas souvent à la maison; mais quand il était là, je le suivais partout, je le regardais travailler et j'écoutais ses histoires[24]. »

Lorsqu'il arrive à Aklavik, les hommes de l'équipage le déposent à l'école. Il voit les religieuses portant le gris et il entend leurs voix se mêler au vent; il se retourne et s'enfuit. Mais il n'a nulle part où aller. Il est rattrapé, saisi par le capuchon et traîné jusqu'à l'école, où il est lavé, contrôlé pour la vermine et mis au lit[25].

Les religieuses lui inspiraient diverses émotions. Il y avait par exemple la sœur Alice Rae, « que j'aimais comme si elle avait été ma mère ». Il trouvait la sœur Bessant gentille, mais « Sœur Soka nous frappait les doigts avec sa règle. Sœur Gilbert s'acharnait à nous tirer les oreilles, nous laver la bouche avec du savon à lessive et nous fouettait avec une chaîne de montre. Je n'ai jamais compris comment elle pouvait être aussi mesquine, et en même temps très aimable[26]. »

Comme la plupart des élèves inuits, Thrasher n'était pas accoutumé à la nourriture cuite. Avec les autres garçons, il se faufilait parfois dans la cuisine pour voler de la viande congelée[27]. Lorsque la directrice, sœur Kristoff, apprend le penchant des garçons pour la viande crue congelée, elle décide de leur en donner à l'occasion. « Parfois aussi on nous servait des œufs crus de poisson blanc. De quoi me lécher les doigts au sortir de ces repas, et me faire saliver pour en désirer davantage[28]. » Parfois, il pouvait déguster de la nourriture sauvage en chassant lui-même sa viande. Un jour, lors d'un pique-nique de l'école, il trappe un geai gris. « J'ai fait un petit feu et j'ai brûlé les plumes du gros oiseau bleu. Ensuite j'ai laissé geler dur; ça goûtait le foie de caribou[29]. »

Selon lui, l'application rigoureuse de la séparation des garçons et des filles à l'école était encore plus étrange que la cuisson des aliments. « On nous a dit de ne pas jouer avec les filles, que c'était péché. Je trouvais ça bien étrange, vu que j'avais joué avec les filles avant de venir à l'école. Maintenant, on me disait de ne pas les toucher[30]. » Un jour, les garçons et les filles de l'école se font prendre à se lancer des pommes de terre dans le sous-sol servant de cave à légumes. Ils sont alors accusés d'avoir péché. Une religieuse aligne les garçons, lit les noms des filles avec qui ils ont joué, déclare : « Voici mon opinion sur elles » et crache au sol[31].

Une autre fois, après avoir été accusé d'avoir commis un péché avec les filles dans le sous-sol (un fait qu'il n'a jamais admis ou nié), Thrasher est attaché à un lit et fouetté avec une chaînette de montre en argent de près d'un mètre de longueur. « Mon dos saignait, mais autre chose me brûlait davantage : la honte, gravée dans ma mémoire. Cette chaîne d'argent n'a jamais quitté mon esprit. Aujourd'hui encore, mon dos porte des marques[32]. » Les châtiments étaient souvent humiliants. Par exemple, deux garçons s'étant fait prendre à jurer se font raser la tête et sont forcés de défiler devant la classe vêtus de robes[33].

Il y avait également des conflits entre les élèves inuits et ceux des Premières Nations. Ces derniers traitaient les Inuits de « muktuk huskies » (le muktuk est un mets composé de chair et de graisse de baleine), alors que les Inuits qualifiaient les élèves des Premières Nations de « porteurs de tomahawks ». « [...], on était bons amis avec les Indiens et pourtant on se battait avec eux. On prenait peut-être la relève des vieux d'autrefois[34]. » La religion était également source de conflits. Il n'était pas rare que les garçons de l'Immaculée conception se bagarrent avec les garçons du pensionnat anglican local. « On s'en était pris à moi pour deux raisons : j'étais catholique romain, et en plus un maudit Esquimau[35] », se remémore-t-il.

Aux dires de Thrasher, même s'il n'était pas très bon à l'école, il était une « génératrice », qui consacrait l'essentiel de son temps à couper et à transporter du bois ou à vider les toilettes, de géantes latrines installées au bout du terrain de jeux[36]. L'instruction ne lui plaisait et ne l'intéressait guère, soulignant que même s'il aimait lire, il n'a jamais pu épeler correctement le mot « arithmétique ». Ce qu'il voulait en fait, c'était de devenir trappeur. « Mon grand plaisir, c'était d'avoir la chance de tendre mes pièges, avec les garçons, de l'autre côté du village, après les classes de l'après-midi. Arrivés là, on faisait un feu pour y cuire nos propres repas et nous faire du thé noir fort. Après, on descendait dans la cave, pour les écorcher, les rats musqués et les lièvres qu'on avait pris[37]. » Lorsque Thrasher est âgé de douze ans, son père est victime d'un AVC alors qu'il remonte l'ancre du *Our Lady of Lourdes*. L'accident le laisse paralysé. Thrasher reçoit alors son congé de l'école pour qu'il puisse soutenir sa famille.

Alice Blondin-Perrin

C'est lorsqu'elle est âgée de quatre ans qu'Alice Blondin-Perrin entre au pensionnat catholique de Fort Resolution, dans les Territoires du Nord-Ouest. « Je n'étais qu'une toute petite fille qui ne parlait que la langue du clan des Esclaves tout comme mes parents. En raison de la barrière linguistique, j'ai été meurtrie, battue, frappée, maltraitée et injuriée entre autres[38]. » Elle a grandi au sein d'une famille qui vivait, selon ses dires « selon la manière traditionnelle des Dénés : chassant, piégeant, cueillant des baies, pêchant et vivant des produits de la terre, survivant au milieu des saisons les plus rigoureuses que le Nord avait à offrir, comme l'ont fait les Dénés pendant des milliers d'années[39] ». Son père était un fabricant de raquettes chevronné[40]. Elle conserve de chaleureux souvenirs de ces moments passés sur les genoux de sa mère à se faire doucement peigner les cheveux[41]. Tout cela change en 1952 lorsqu'à l'issue d'un voyage de deux jours en avion depuis Cameron Bay, elle arrive à Fort Resolution.

> À l'entrée, il y avait un parloir entouré de fenêtres toutes givrées. Les trois étrangers venus à notre rencontre étaient vêtus d'une manière très biscornue. L'un

> d'eux était un prêtre, les deux autres étaient des Sœurs Grises. Le prêtre portait une soutane d'un noir d'encre, les sœurs étaient vêtues d'un costume brun foncé. Leur visage était encastré d'un bandeau noir et rigide en forme de cœur. Et sur la tête, une coiffe munie d'une collerette. Ils semblaient avoir surgi d'une autre planète. J'étais pétrifié bien qu'ils me sourissent. Ils parlaient une langue qui m'était inconnue[42].

Alice et sa sœur Muriel arrivent à l'école vêtue des vêtements ornés de motifs fleuris faits à la main par leur mère. Les fillettes aimaient ces habits pour la chaleur qu'ils leur procuraient et pour l'amour infusé dans leur confection. Les filles ne reverront toutefois jamais ces vêtements[43]. De plus, elles sont lavées si rudement à leur arrivée qu'elles en pleurent[44]. Sa sœur et elle sont les seules élèves de l'école qui parlent le dialecte nordique de Great Bear de la langue dénée, appelé « slave » par les non-Autochtones. L'instruction devait être fournie en anglais, mais la plupart des religieuses donnaient leurs ordres en français. Alice affirme qu'elle comprenait rarement ce qu'elles disaient, mais qu'elle savait habituellement qu'elle avait fait quelque chose de mal selon le ton de voix et le langage corporel d'une religieuse[45].

Son frère Joseph fréquentait la même école, mais en raison des rigoureux critères de ségrégation entre les sexes, elle ne pouvait jamais communiquer avec lui et devait se résigner à satisfaire son désir de rapprochement familial en lui faisant aller la main chaque fois qu'elle l'apercevait au loin[46]. Tout comme de nombreux élèves de pensionnat, on lui apprend à avoir honte de son corps et elle ne reçoit qu'une instruction sommaire sur les changements que celui-ci subira. « [...] Nous prenions nos douches avec beaucoup de pudeur, de retenue et de décence, sous la haute surveillance d'une sœur. En tout temps nous gardions les yeux baissés et nous devions nommément éviter de nous observer les unes les autres, si nous ne voulions pas avoir des ennuis[47]. » Lorsqu'une superviseure trouve Alice dormant sur le côté, les mains jointes et serrées entre les jambes, elle réveille la fillette, lui demande ce qu'elle faisait et insiste pour qu'elle se mette à genoux et prie[48].

Même si de nombreux caribous — une source de nourriture traditionnelle et privilégiée pour la plupart des élèves — venaient près de Fort Resolution, elle ne se rappelle pas en avoir mangé durant tout son séjour au pensionnat. Parfois, le ragoût contenait du bison, et elle se rappelle qu'elle aimait bien cela. « Tous les matins, le déjeuner était composé de gruau, fèves au lard que je trouvais excellentes et des rôtis [*sic*]. » La seule variation à ce menu survenait à Pâques, alors qu'on servait aux élèves des œufs à la coque. Alice détestait les œufs, mais en était venue à aimer les fèves et les rôties[49]. Lorsque les élèves n'étaient pas en classe, on leur faisait faire des travaux de nettoyage ou de couture. C'était un travail difficile et fastidieux. Ses erreurs étaient régulièrement critiquées, et il lui faudra des années pour apprendre à repriser correctement[50]. Même si elle devait se soumettre à la discipline imposée par les surveillants, elle aimait la plus grande part du travail effectué en classe. Cependant « tous les personnages dans les livres avaient la peau blanche à l'instar des Sœurs Grises – alors que moi j'avais la peau brune –, vivaient dans de jolies maisons entourées d'une clôture blanche et un petit chien de compagnie[51] ».

La fête de Noël, les pique-niques d'hiver et les visites à Mission Island sont parmi ses autres souvenirs agréables. Ces événements étaient toutefois éclipsés par la routine, la discipline sévère et le manque d'amour. « Pas la moindre manifestation de sollicitude, je ressentais que des angoisses quand je me trouvais parmi elles[52]. » En 1958, elle est parmi les premiers élèves à être transférés de Fort Resolution à Breynat Hall, le nouveau pensionnat construit à Fort Smith par le gouvernement et géré par l'Église. Ce transfert, qui a apporté de nombreux changements dans sa vie, marquait aussi la fin de l'ère des pensionnats de missionnaires du Nord canadien.

Albert Canadien

En 1952, la GRC se rend au camp du père d'Albert Canadien dans les Territoires du Nord-Ouest pour l'informer que, puisque l'enfant est né en 1945, il devra fréquenter l'école de Fort Providence l'automne suivant[53]. À son arrivée à l'école, Albert est déterminé à rester brave. Néanmoins, lorsque sa mère lui lâche la main et que la religieuse l'amène vers le salon, la réalité de la situation s'impose. « Je me suis mis à pleurer et j'ai essayé de m'accrocher au cadre de porte pendant que les sœurs tiraient pour m'emmener. Faisant du mieux qu'elle pouvait pour me réconforter, ma mère ne cessait de me promettre qu'elle reviendrait pour nous rendre visite. » Il passe la journée en compagnie des autres garçons, certains silencieux, d'autres en pleurs ou en sanglots. On les emmène à l'étage supérieur, au dortoir, où un garçon plus âgé les aide à faire leur lit. On leur dit ensuite de se préparer pour le bain et de ranger leurs vêtements sous les lits. Les vêtements qu'ils portent à leur arrivée seront substitués par une salopette en denim[54].

Dès le début, la communication s'avère problématique, car la plupart des nouveaux élèves ne s'expriment que dans leur langue dénée[55]. Une fois que les élèves ont appris un peu d'anglais, on leur interdit de parler le déné. « Les Sœurs qui nous supervisaient à l'époque parlaient essentiellement le français et très peu l'anglais. Par conséquent, elles ne nous ont enseignés qu'un anglais sommaire[56]. » Il y avait des prières en slave, mais Albert mentionne que les prêtres avaient de la difficulté à prononcer les mots correctement, si bien que « certains mots et certaines phrases de diverses prières n'étaient pas très cohérents »[57].

L'école était assujettie à des règles strictes bien différentes de celles établies à la maison, où les enfants apprenaient en regardant et en écoutant[58]. « La sœur nous répétait la matière jusqu'à ce que nous l'apprenions. C'était sa façon d'enseigner[59]. » Tout comme la jeune Masak à Aklavik, Albert reste perplexe devant les comptines pour enfants comme « Old MacDonald » (Dans la ferme à Mathurin), « Little Bo Peep » et « Three Blind Mice »[60]. On accordait à la religion une place prépondérante en classe, si bien que, dans ses mémoires, Canadien en conclut que « selon [lui], l'instruction arrivait deuxième[61] ». Il réalise particulièrement qu'on ne l'a jamais encouragé à remettre quoi que ce soit en question en classe[62]. On demandait aux garçons de verser une part de l'argent que leur avaient remis leurs parents pour financer les activités des missionnaires, car « il ne fallait jamais dire non à un prêtre ou à une sœur[63] ».

La discipline était rigoureuse et humiliante. Les enfants qui mouillaient leur lit étaient déshabillés et forcés de se tenir debout en se couvrant les épaules de leurs vêtements trempés[64]. Albert se souvient d'un élève qui, après avoir eu un comportement inacceptable lors d'un jeu semblable à « Jean dit », s'est fait agripper, traîner sur le plancher et rouer de coups de pied par une sœur. Alors qu'elle semblait s'apprêter à lui asséner un nouveau coup, le Père supérieur entre dans la pièce. Après qu'on lui ait raconté la scène, il hoche la tête et sort de la pièce[65]. Les garçons ciraient les planchers en chaussant des moufles et en faisant semblant qu'ils patinaient. Un jour, alors qu'il s'affaire à cette tâche, Albert entre en collision avec un autre garçon. Pour ce délit, l'une des sœurs lui assène des coups de trousseau de clefs, lui causant une petite entaille sur le dessus de la main[66]. Albert est l'un des nombreux anciens élèves qui se souviennent d'avoir été punis pour avoir siffloté, car, lui disait-on, cela pouvait convoquer le diable[67].

La solitude et le manque d'affection prenaient des proportions endémiques. « Parfois, je me glissais la tête sous les couvertures et je pleurais doucement. Je ne voulais pas que les autres garçons m'entendent sangloter, et je ne voulais surtout pas que les Sœurs m'entendent, de peur qu'elles croient que je pleure pour rien[68]. » Albert est à l'école lorsque sa mère succombe à la tuberculose. Une sœur l'amène alors à la chapelle. « Elle a gentiment mis son bras autour de mon cou et m'a étreint. Je l'ai regardée, vu les larmes dans ses yeux, et me suis mis à pleurer. C'est la seule et unique fois où une religieuse a témoigné une quelconque forme de sympathie à mon égard[69]. »

Il y avait beaucoup de pain sur la planche pour tous les élèves. Albert se souvient d'avoir transporté du bois et travaillé dans les champs de la mission. « La plantation avait lieu juste avant que nous retournions à la maison pour les vacances d'été, et les récoltes se faisaient après notre retour, à l'automne. Je suppose que l'on peut dire que nous étions, pour la mission, une main-d'œuvre bon marché[70]. »

Albert garde tout de même quelques bons souvenirs de son séjour à Fort Providence. Il se rappelle les descentes improvisées près de la grange sur des skis dont on leur avait fait don, les parties de hockey jouées avec des bâtons faits maison en suivant les règles qu'une religieuse avait glanées des souvenirs de son enfance, et les films et disques que l'école recevait lorsqu'elle a commencé à embaucher des enseignants laïcs[71]. Ces derniers intègrent le scoutisme à l'école en achetant les uniformes des garçons avec leur propre argent. « Nous fabriquions des bagues en os qui servaient à attacher les foulards composant l'uniforme. Nous retirions beaucoup de plaisir de nos activités de scoutisme, et celles-ci représentaient un grand changement par rapport à la routine habituelle du pensionnat[72]. »

On permettait aussi aux garçons de poser des pièges pour trapper le lièvre. « Une fois, Tom, Fred et moi avons dépouillé un lièvre qui n'était pas complètement gelé et l'avons fait cuire sur un feu que nous avions allumé sur la berge de la rivière, de l'autre côté de Mission Island. De cette façon, nous nous assurions que personne au pensionnat ne puisse apercevoir la fumée de notre incendie. La cuisson du lièvre sur le feu n'avait rien de nouveau pour nous. Ça avait bon goût, et le fait de nous retrouver de la sorte, dans la forêt, nous rappelait la maison[73]. »

Angus Lennie

Angus Lennie est le fils d'Ernistine et de Johnnie Lennie, un Métis qui travaillait comme trappeur, charpentier et pilote de bateau fluvial sur le Mackenzie. Il se rappelle avoir vécu une enfance heureuse et, selon lui, ses frères et sœurs étaient bien traités. Cependant, pour des raisons qu'il ne comprenait pas à l'époque, ses frères, ses sœurs et lui sont envoyés au pensionnat catholique d'Aklavik. « Du point de vue d'un enfant, c'était un milieu étrange. Une immense sœur nous a accueillis à la porte dans ce qui allait être le début de mon périple dans les pensionnats. Le fait de franchir ces portes marquait l'éclatement de notre famille, jadis unie et heureuse. »

Les garçons et les filles ont été séparés et on nous « a pris nos vêtements. Le peu d'argent que nous avions nous a été confisqué. Après avoir pris nos vêtements, ils se sont empressés de nous couper les cheveux en brosse et de nous enduire d'une poudre blanche sur le corps pour traiter les poux. Ils m'ont ensuite remis une salopette et attribué un numéro. » Ils l'amènent ensuite dans un dortoir bondé d'enfants qu'il ne connaît pas, pleurant la perte de leur foyer et de leur famille.

S'il refusait de manger les « étranges aliments », était trop bruyant ou n'écoutait pas les consignes, un enfant pouvait se voir obliger de se tenir debout sur un banc dans un coin, un châtiment que les élèves trouvaient humiliant. Angus avait l'impression que ses compagnons de classe et lui étaient constamment surveillés. « J'ai appris à vivre dans la peur. La peur! La peur qui m'amenait à être silencieux, à écouter et à suivre les consignes. Bientôt, j'avais appris à "ne pas penser par moi-même", à "écouter et obtempérer", tout simplement, pour que tout aille bien. » Tous les enfants rêvaient de revenir à la maison, certains allant même jusqu'à fuguer pour retrouver leur famille, ne réussissant qu'à se faire prendre et ramener par la GRC. Les visites des parents étaient fort attendues, quoique trop espacées et courtes[74].

CHAPITRE 5

L'éducation à quelle fin?

Jusqu'en 1946, l'année où W. McKinnon est nommé inspecteur d'école territorial, aucune école des Territoires du Nord-Ouest n'était soumise à des inspections périodiques professionnelles. Néanmoins, plusieurs fonctionnaires formulaient régulièrement des commentaires à leur sujet. À l'issue du voyage qu'il effectue en 1908 à travers le Nord de l'Alberta et la région du Mackenzie des Territoires du Nord-Ouest, l'inspecteur fédéral des traités, H. A. Conroy écrit : « Quant aux écoles, mon opinion est qu'elles font beaucoup de bien sans causer de grands frais au département. Il serait difficile d'imaginer une organisation d'école meilleure et plus économique[1]. » F. H. Kitto, fonctionnaire fédéral, écrit ce qui suit en 1920 concernant les pensionnats du Nord : « Les enfants reçoivent une instruction précieuse dans divers arts manuels. Les filles apprennent la couture, les arts décoratifs, la cuisine et les travaux domestiques. Les garçons reçoivent une formation en construction, en agriculture et dans diverses autres disciplines. Tous les enfants apprennent l'anglais. Dans les grandes classes des écoles catholiques romaines, le français est enseigné aussi[2]. »

Toutefois, plusieurs critiques remettent en question à maintes reprises la valeur de l'instruction dispensée dans les écoles des Territoires du Nord-Ouest. La question de savoir « À quelles fins les enfants sont-ils instruits? » revient constamment sur le tapis. Cette question est aussi liée à la suivante : les anciens élèves de pensionnats ont-ils plus de difficulté à réussir dans leur collectivité locale? Ces deux questions en soulèvent une troisième : « Les pensionnats doivent-ils être abandonnés ou modifiés en profondeur? » Si « devenir des chasseurs et des trappeurs chrétiens » est la réponse à la première question, on ne s'accorde pas du tout quant à la réponse à la seconde, car les chefs d'Église, les habitants du Nord (tant les Autochtones que les non-Autochtones) et les fonctionnaires du gouvernement doutent de plus en plus de la valeur des pensionnats.

Dans les années 1940 et 1950, les bienfaits des pensionnats font l'objet d'autres remises en question dans le cadre de plusieurs études et enquêtes sur l'éducation dans le Nord. Ces études révèlent également que les collectivités s'opposent au système en place. Néanmoins, le débat politique prend fin en faveur de la continuité des pensionnats, et ce, pour des raisons essentiellement économiques.

Le débat sur l'efficacité des pensionnats remonte au tournant du XXe siècle. Dans un rapport de 1900 sur l'éducation dans le territoire visé par le Traité no 8, l'agent des Affaires indiennes J. A. Macrae déclare que puisque les Premières Nations n'ont pas établi de « peuplements collectifs », les externats sont « hors de question », ce qui l'amène à conclure que « le recours aux pensionnats est nécessaire si l'on souhaite instruire les habitants du territoire ». Selon Macrae, il importe que la scolarisation soit introduite non seulement à l'avantage des Premières Nations, mais aussi « afin de lutter contre la criminalité et de préserver la paix »[3]. Pour d'autres, l'avantage clé d'un pensionnat réside dans le fait qu'il sépare les parents des enfants. En 1906, le directeur du pensionnat de Hay River, A. J. Vale, affirme que les élèves sont « mieux disposés que les enfants des blancs qui ne vivent pas sous l'aile de leurs parents »[4].

D'autres opinions, plus prudentes, se font bientôt entendre. Dès 1913, le fonctionnaire fédéral H. B. Bury s'inquiète du fait que les écoles ne permettent pas aux enfants de s'intégrer et qu'elles cadrent mal avec leur mode de vie traditionnel[5]. Quatre ans plus tard, Bury déclare que, dans la mesure où les écoles de Fort Providence et de Fort Resolution visent à permettre aux élèves de « trouver leur place auprès de tous les autres citoyens canadiens », alors la période de scolarité est trop brève. Toutefois si l'unique but consiste à fournir une instruction suffisante pour « craindre Dieu, honorer le Roi et respecter les lois du pays », alors l'instruction est probablement trop longue. Pour s'assurer que les élèves sont en mesure de vivre comme leurs parents, on doit selon lui abaisser l'âge minimum de fin de scolarité de 15 à 12 ans. De fait, il était d'avis que les jeunes qui ne fréquentent pas l'école deviennent de meilleurs chasseurs et de meilleurs trappeurs que les diplômés. Il croit aussi qu'un ancien élève est plus susceptible de devenir un « flâneur » et un « fardeau » que s'il n'avait pas été à l'école[6]. Les pensionnats seront qualifiés d'obstacles au succès à maintes reprises au cours des années suivantes.

Même F. H. Kitto mitige ses évaluations positives des pensionnats en faisant le constat suivant :

> Ce n'est pas la faute de l'école si leur scolarisation n'aboutit souvent qu'à des résultats transitoires. Cela découlerait plutôt d'un malheureux concours de circonstances qui leur permet de regagner leur tribu d'origine. Ils se laissent alors décourager par leur sordide environnement et retrouvent généralement leur faible niveau de vie. Si on pouvait leur fournir des moyens de gagner leur vie dans de meilleures conditions, bon nombre d'entre eux feraient sans doute des citoyens dignes de ce nom[7].

Dès 1928, l'archidiacre anglican A.L. Fleming remet en question les bienfaits des pensionnats :

> Le pensionnat ne servirait qu'à faire de lui un moins bon chasseur, car il serait amené au pensionnat vers l'âge de (disons) neuf ans et mènerait une vie civilisée artificielle pendant la majeure partie de l'année. Cela aurait généralement pour conséquence qu'à la fin de sa scolarité, disons entre 14 et 16 ans, il n'aurait pas réussi à se développer de la même façon que les autres garçons esquimaux, soit à devenir un chasseur accompli[8].

O. S. Finnie appuie cette opinion, affirmant par écrit que les efforts déployés par le ministère de l'Intérieur pour instruire les Inuits ne devraient pas « s'articuler autour des pensionnats établis ». Il préfère appuyer les missionnaires qui peuvent voyager avec les Inuits et « leur fournir une instruction chaque fois que l'occasion se présente »[9].

En 1934, le Dr J. A. Urquhart, médecin pour le gouvernement fédéral, rédige un rapport intitulé « The Education of Eskimo and Destitute Orphan White Children », qui prône la mise en œuvre d'une approche pédagogique limitée et peu coûteuse dans le Nord. Dans ce rapport, Urquhart recommande que les garçons quittent les bancs d'école à l'âge de douze ans, car ils « ne seront pas intégrés au monde industriel ». Il est d'avis que la formation scolaire « doit être dans une très grande mesure limitée aux "trois clés du savoir", et que la formation manuelle doit être le plus possible dispensée dans le but de rendre les écoles plus industrielles qu'elles ne le sont présentement ». Selon lui, les garçons doivent, à l'âge de douze ans, « revenir à la maison auprès de leurs pères et apprendre comment trapper sous leur supervision, en voyageant avec eux sur la ligne de piégeage ». Les filles doivent rester à l'école jusqu'à ce qu'elles soient âgées de quinze ans et aient appris à « coudre, cuisiner et effectuer les tâches ménagères ordinaires d'une femme au foyer ». Urquhart est d'avis que la seule façon d'amener les enfants à pouvoir combattre une infection tuberculeuse est de leur fournir « un régime régulier de travail, jeu et sommeil, et de leur servir des repas réguliers composés d'aliments simples et nourrissants, ce qui n'est possible que dans un pensionnat. Selon [lui], la valeur d'une telle affirmation peut difficilement être surestimée[10]. » On accorde alors beaucoup d'importance aux points de vue d'Urquhart, lesquels sont présentés lors d'une réunion du Conseil des Territoires-du-Nord-Ouest en octobre 1934[11]. En fin de compte, le Conseil décide d'aborder la question de l'âge minimum de fin de scolarité au cas par cas. On peut lire, dans le procès-verbal du Conseil, l'affirmation suivante de Harold McGill, directeur de la Division des affaires indiennes : « Lorsque les garçons des districts purement axés sur la chasse et la trappe sont gardés à l'école jusqu'à 16 ans ou plus, il s'ensuit qu'ils ne connaissent rien de la seule vocation qui s'offre à eux ». Harold est aussi d'avis que « les missions ont naturellement tendance à garder les enfants à l'école le plus longtemps possible ». Par conséquent, la question de savoir si un élève est prêt à être renvoyé à la maison « doit être abordée prudemment »[12].

A. E. Porsild, de l'Administration des terres fédérales, dresse en 1934 un réquisitoire virulent à l'encontre des écoles de missionnaires. Selon lui, lorsque les garçons quittent l'école, « on ne leur a pas appris à chasser et à trapper ou à voyager, de sorte qu'ils sont nettement moins aptes à subvenir aux besoins d'une éventuelle famille que les jeunes qui n'ont pas fréquenté l'école ». Dans son plaidoyer contre les écoles de missionnaires, il souligne qu'en Alaska et au Groenland, c'est l'État qui prend en charge l'éducation des Inuits, alors qu'en Suède et en Norvège, l'État assure l'instruction des Lapons. Dans tous ces cas, le recours à des externats et à des enseignants itinérants s'est avérée préférable à l'établissement de pensionnats, affirme-t-il. Il est également d'avis que ces écoles publiques remportent plus de succès que les écoles de missionnaires canadiennes[13].

En 1934, alors qu'il est employé par le gouvernement fédéral, l'anthropologue Diamond Jenness exprime son désaccord face à ceux qui estiment que le seul avenir pour les peuples autochtones réside dans un retour à la chasse et au trappage. Il recommande plutôt que les jeunes Inuits soient envoyés à Churchill, au Manitoba. Là-bas, ils seraient placés sous l'autorité de l'ingénieur en chef du port et apprendraient la charpenterie, la mécanique de moteur, la navigation et la télégraphie. Les hôpitaux publics du Nord doivent selon lui être tenus de former au moins une fille inuite par année en soins infirmiers. Il estime qu'il en coûterait 3 400 $ par an pour maintenir un tel programme. Sa proposition sous-entend qu'une population inuite saine et en croissance au Canada est dans l'intérêt stratégique du pays, soulignant que la population inuite connaissait un déclin, étant passée de 24 100 personnes au moment du « premier contact » (date indéterminée) à 7 103 en 1929. Selon lui, si la tendance se maintient, les Inuits quitteront l'île Victoria, l'île King William, la presqu'île de Boothia et, possiblement, l'extrémité orientale de l'île de Baffin. Si un tel scénario devait se produire, le Canada « perdrait l'argument le plus solide dont il dispose pour assurer sa souveraineté sur l'archipel nordique, une souveraineté qui pourrait devenir extrêmement importante dans les années à venir pour les liaisons aériennes » (souligné dans l'original). Il croit que les Inuits peuvent servir à affirmer la souveraineté canadienne sur leurs propres terres. Comme le souligne Jenness, « Aucun Européen ne colonisera volontairement l'île de Baffin, les côtes septentrionales de la baie d'Hudson ou la côte arctique à l'ouest de la presqu'île Melville[14]. »

Alors qu'elle enseigne dans la vallée du Mackenzie, durant les années 1920 et 1930, Mary McCabe constate que « lorsque les élèves des écoles de missionnaires retournent à la maison, ils sont parfois confrontés à une dure réalité, car l'on attend d'eux qu'ils réintègrent leur ancien mode de vie, lequel consiste à couper du bois, tanner des peaux, faire provision d'eau, conduire des traîneaux à chiens, et à faire bien d'autres choses qu'on ne leur enseigne pas à l'école. Ils doivent tout recommencer; cela prend du temps et ils s'exposent à être ridiculisés par leur peuple ignorant[15]. »

Les fonctionnaires savaient qu'en plus d'avoir à parcourir d'extraordinaires distances pour se rendre aux pensionnats, les enfants du Nord recevaient une éducation de mauvaise qualité. Selon une note de service rédigée en 1939 par le ministère des Mines et des Ressources sur l'éducation dans les Territoires du Nord-Ouest, les normes en matière d'éducation étaient « généralement peu élevées en comparaison des normes des écoles indiennes de l'ensemble des provinces ». Les pensionnats de missionnaires n'étaient soumis à aucune exigence quant à l'embauche d'« enseignants qui satisfont aux exigences provinciales ». Les écoles n'étaient pas non plus soumises à quelque inspection périodique que ce soit. On était toutefois d'avis qu'il y avait « souvent peu d'élèves, et que cela ne justifiait guère l'embauche d'enseignants professionnels ». La note de service soulignait également que le système scolaire ne répondait pas aux besoins de la population non autochtone croissante[16]. En résumé, le système ne préparait pas les élèves à réintégrer leurs modes de vie traditionnels, ni de surcroît à quoi que ce soit d'autre.

En 1942, la qualité de l'enseignement fait l'objet d'attaques de l'intérieur et de l'extérieur. La même année, le fils d'O. S. Finnie, Richard, publie *Canada Moves North*, un recueil de ses œuvres en tant qu'écrivain, photographe et cinéaste dans le Nord[17]. Grâce à cet ouvrage, Richard attire l'attention sur la négligence du Nord par le gouvernement canadien, affirmant qu'« aucun effort concret n'est déployé par l'administration des Territoires du Nord-Ouest pour étudier les problèmes auxquels sont confrontés les Indiens et les Esquimaux. En fait, il n'existe aucun spécialiste à Ottawa qui pourrait entretenir un contact intime avec ces peuples[18]. » En raison de la réticence du gouvernement d'investir dans l'éducation, « les églises anglicane et catholique continuent d'exploiter leurs écoles et leurs hôpitaux avec l'aide financière du gouvernement. Ils se livrent concurrence, non seulement pour sauver des âmes, mais aussi pour augmenter leurs revenus[19]. » Dans un tel contexte, l'enseignement religieux et les prières dominent le programme scolaire.

> Pratiquement tout ce qu'on leur enseigne dans les écoles et qui peut leur être utile peut leur être enseigné plus efficacement par leur propre peuple tout en menant une vie normale à l'extérieur. Les « arts domestiques » enseignés aux filles sont soit des choses qu'on leur aurait systématiquement montrées si elles étaient chez elles (la couture, par exemple), soit des choses qui ne leur serviront à rien dans l'avenir (préparer des gâteaux et des tartes, par exemple). La « formation manuelle » fournie aux garçons peut couvrir autant la pose de filets de pêche et la coupe de bois pour la mission que la peinture à l'eau et le tissage de tapis en raphia[20].

Après avoir fréquenté ces écoles, les enfants « réintègrent leur famille et sont inaptes à mener la vie qui les attend »[21].

Un représentant de la GRC exprime l'idée que les anciens élèves des pensionnats n'ont rien à envier aux jeunes n'ayant pas fréquenté l'école. En réponse, le représentant de l'éducation des Affaires indiennes, R. A. Hoey, demande aux directeurs d'école de lui fournir une synthèse de leur programme d'études et de la qualité de leur enseignement[22]. À Fort Resolution, la sœur S. Lapointe rejette l'insinuation faite dans le rapport de police selon laquelle « les faibles aptitudes à la lecture, à l'écriture, etc. de nos élèves sont attribuables au programme d'études ou à l'inefficacité des enseignants ». Elle souligne que les élèves blancs qui fréquentent l'école réussissent bien lorsqu'ils sortent du territoire pour entreprendre des études supérieures. Elle ajoute que les enfants autochtones entrent souvent à l'école à un âge avancé et doivent « apprendre une langue qui leur est étrangère » avant de poursuivre leur parcours scolaire. Bon nombre d'élèves ont douze ou treize ans lorsqu'ils arrivent dans un pensionnat du Nord et, selon elle, bien peu, à l'exception des orphelins, n'y restent guère plus de trois ou quatre ans. « Il est donc facile de comprendre comment des élèves peuvent, en si peu de temps, oublier les leçons élémentaires qu'ils ont apprises durant leur bref séjour à l'école. » Elle donne suite à la demande d'information de Hoey en lui répondant que « la lecture, l'écriture, l'arithmétique et l'hygiène personnelle sont en fait les seuls sujets enseignés », sauf pour les plus âgés, à qui l'on peut enseigner quelques notions d'histoire et de géographie. Elle ajoute que, puisque leur séjour à l'école est si bref, il n'y a pas grand-chose à faire pour assurer un apprentissage pratique à ces élèves. Il est possible d'apprendre aux filles à coudre, raccommoder, cuisiner et nettoyer, mais il est « difficile, voire impossible, d'organiser une formation manuelle à l'intention des garçons »[23].

La sœur E. Kristoff, directrice de l'école catholique d'Aklavik, écrit ce qui suit :

> Dans les faits, notre programme d'études se limite à la lecture, à l'écriture et à l'arithmétique; c'est l'option que le ministère à Ottawa a jugée la meilleure. La géographie et l'histoire font partie du programme seulement sous forme de leçons de lecture, de courtes compositions et d'exercices de mémorisation à l'intention de quelques élèves plus âgés qui font leurs cinq années d'école. Nous consacrons également une demi-heure par jour aux cours de religion et une demi-heure tous les trois jours à la musique vocale.

Ici, elle conteste les critiques de la GRC :

> Puisqu'ils ne dépendent pas de l'éducation pour gagner leur vie, il est tout à fait naturel que les garçons indiens en apprécient moins les bienfaits. Dans la plupart des cas, néanmoins, un jeune qui a passé cinq années à l'école sera en mesure de tenir ses propres comptes et d'écrire des lettres mieux que bon nombre de trappeurs blancs du pays qui ont reçu, dans un autre pays, plus d'instruction que les garçons indiens du Canada[24].

H. S. Shepherd, directeur de l'école anglicane d'Aklavik, indique pour sa part que « la majeure partie du temps passé en classe est consacrée » à l'enseignement de la lecture, de l'écriture et de l'arithmétique. « La plupart des enfants qui fréquentent notre école n'y restent que trois ans. Dans la plupart des cas, je ne les encourage même pas à rester plus longtemps[25]. »

Dans le cadre de l'étude sur l'Arctique canadien menée en 1944 par le Conseil canadien des recherches en science sociale, l'inspecteur d'école manitobain, Andrew Moore, a analysé les installations d'enseignement de l'Ouest de l'Arctique. Limité par le fait que son périple dans la région a eu lieu durant l'été, lorsque les écoles n'étaient pas en activité, le rapport de Moore dépend énormément de ce qu'on lui raconte plutôt que sur des observations. Voici ce que lui ont affirmé bon nombre des personnes qu'il a rencontrées :

1) Lorsque les garçons indiens réintègrent leur bande autochtone après quatre ou cinq années de scolarisation, ils ne sont pas aussi compétents dans le trappage ou dans la vie en général dans leur environnement naturel que les garçons qui n'ont jamais quitté la bande.

2) Les garçons qui ont fréquenté l'école des Blancs ne deviennent ni de bons Blancs, ni de bons Indiens. Certains anciens font même valoir que les Indiens les moins scrupuleux et les moins fiables sont ceux qui ont fréquenté les écoles de l'homme blanc[26]. »

Face à ces accusations, les Églises répondent que, bien que les diplômés ne soient pas a priori d'aussi bons trappeurs que ceux qui n'ont pas fréquenté l'école, ils finissent, après quelques années, par devenir de plus redoutables trappeurs que ceux qui n'ont jamais été à l'école[27]. Les missionnaires affirment que certains élèves, au lieu de réintégrer leur bande, remportent du succès ailleurs en tant que trappeurs, guides, membres d'équipage de bateaux et interprètes. Enfin, selon leurs dires, ce sont ceux pour qui les choses tournent mal qui captent toute l'attention[28].

Moore visite les quatre pensionnats situés le long du Mackenzie. Il observe que les bâtiments sont de construction supérieure aux écoles de zones rurales ou de petites villes en général, qu'ils sont plus propres et mieux entretenus que bon nombre d'écoles des Prairies, et qu'ils sont dotés d'installations de chauffage et sanitaires comparables à celles-ci. Les bibliothèques et les ouvrages de lecture y sont cependant de moins bonne qualité que dans les Prairies, de même que les normes globales en matière d'enseignement. Les pensionnats des Territoires du Nord-Ouest ne comptent que deux enseignants qualifiés, tous deux employés à l'école anglicane d'Aklavik. Les autres professeurs ont une scolarité variant de la 8e à la 10e année[29]. Il fait observer que « les conditions de vie et l'environnement général des Territoires du Nord-Ouest n'ont pas tendance à attirer les enseignants les plus expérimentés, sauf si leur envie est alimentée par le zèle missionnaire ou religieux. Or, l'offre d'une telle main-d'œuvre ne suffit pas à la demande, même dans le contexte actuel, sous les auspices de l'Église »[30].

La quête de solutions de rechange

À l'époque où Andrew Moore mène son étude, la *Loi sur les Territoires du Nord-Ouest* prévoit l'établissement d'un ministère de l'éducation et de commissions scolaires dans le territoire. Or, rien de tout ça ne s'était concrétisé. La première école publique des Territoires du Nord-Ouest ouvre ses portes à Fort Smith en 1939. La seconde est établie à Yellowknife, en 1941[31]. Lorsque la Deuxième Guerre mondiale éclate, le Yukon compte 5 000 habitants, alors que les Territoires du Nord-Ouest en comptent 9 000. La Guerre amène provisoirement 40 000 personnes dans le Nord. Après leur départ, elles laissent derrière elles de nouvelles autoroutes et de nombreux bâtiments militaires abandonnés[32]. Durant cette période, l'Armée américaine est très présente dans le Nord du Canada. Beaucoup d'officiers et de civils américains sont scandalisés par le degré de pauvreté et le piètre état de santé des peuples autochtones. Ils s'interrogent à maintes reprises et de plus en plus publiquement sur la raison pour laquelle les Inuits n'ont pas été protégés contre l'exploitation ni reçu d'éducation ou de soins de santé, ce qui devient une source d'embarras diplomatique, si bien que le gouvernement du Canada dépose une plainte auprès de l'attaché militaire américain[33].

Piqués au vif par de telles critiques, les fonctionnaires fédéraux cherchent, au milieu des années 1940, des stratégies en matière d'éducation pour le Nord. Au printemps 1944, R. A. Gibson, sous-commissaire des Territoires du Nord-Ouest, remet un dépliant de l'office des colonies britanniques intitulée « Mass Education in African Society » à des hauts fonctionnaires du ministère, soulignant qu'il « propose certaines idées qui devraient être appliquées au problème de l'éducation dans les Territoires du Nord-Ouest »[34]. L'un de ces fonctionnaires, W. F. Lothian, déclare poliment que, bien que les conditions diffèrent entre l'Afrique et les territoires, on trouve bien dans ce dépliant quelques idées qui pourraient s'appliquer[35]. P. D. Baird, du Bureau des affaires des Territoires du Nord-Ouest et du Yukon, est moins poli; il déclare que la « société africaine et la société esquimaude sont tout simplement incomparables ». Fait encore plus révélateur, « absolument aucun Africain » n'a siégé au « vaste sous-comité » ayant rédigé le dépliant présenté par l'office des colonies, fait-il remarquer. Comme la politique canadienne en matière d'éducation des Inuits au Canada est rédigée dans ces mêmes conditions, il termine sa lettre en soutenant qu'il « importe d'établir un conseil formé d'Esquimaux qui traitera des questions inuites, et le plus tôt sera le mieux[36]. » Son appel à la participation des Inuits dans la planification de l'éducation dans le Nord ne trouvera aucun écho.

Les pensionnats : « une solution simple et relativement peu coûteuse »

La nomination d'un inspecteur d'école pour le district du Mackenzie en 1946 est la première initiative d'importance du gouvernement fédéral en matière d'éducation dans les Territoires du Nord-Ouest. L'année suivante, la section de l'éducation est créée au sein de la Direction des services au développement du ministère des Mines et des Ressources[37]. En juin 1947, le Conseil des Territoires du Nord-Ouest, qui demeurait administré depuis Ottawa et composé d'habitants du Sud, met sur pied un Comité sur l'éducation spécialisée formé du commissaire des Territoires du Nord-Ouest, Hugh Keenleyside, du commissaire adjoint Roy Gibson, et de R. A. Hoey, du ministère des Affaires indiennes[38]. Ce comité coordonne une expansion du réseau scolaire nordique. Entre 1948 et 1954, un total cumulé de vingt-cinq externats et hôpitaux sont établis dans les Territoires du Nord-Ouest et dans le Nord québécois. On compte parmi ce total neuf écoles administrées par les Affaires indiennes[39].

Le Comité commande une série d'études sur l'éducation. Peu d'entre elles sont en faveur des pensionnats. Dans son rapport rédigé en 1944, Andrew Moore plaide en faveur de la mise sur pied de ce qu'il décrit comme un curriculum intermédiaire, « qui n'est pas trop académique et qui est assorti de cours et d'activités de formation professionnelle adaptés ainsi que d'une instruction adéquate en santé et en hygiène ». De plus, selon lui, il importe de trouver des façons novatrices d'intégrer « l'éducation de l'homme blanc » dans la collectivité[40]. Il propose, par exemple, d'utiliser les écoles en tant que centres communautaires qui pourraient assurer des services de santé, d'éducation et de bien-être, d'embaucher des enseignants et des infirmières qui pourraient accompagner les familles inuites lors de leurs chasses estivales dans l'arrière-pays, et d'établir une barge scolaire ambulante pour les enfants et les adultes de la région du Grand lac des Esclaves[41]. Il insiste également sur la présence obligatoire en classe et sur la nécessité que tous les enseignants possèdent, au minimum, un certificat professionnel de premier ordre, suivent une formation spéciale d'un an et sont embauchés en tant que fonctionnaires[42].

Deux ans après l'étude de Moore sur l'Arctique de l'Ouest, J. G. Wright, du Bureau des affaires des Territoires du Nord-Ouest et du Yukon, rédige un rapport sur l'éducation dans l'Arctique de l'Est. À l'époque, l'Arctique de l'Est ne compte que deux pensionnats, soit les deux écoles de Fort George, sur la côte est de la baie James. Au moment de préparer ce rapport, il consulte le père catholique François-Xavier Fafard concernant l'éducation sur la côte ouest de la baie d'Hudson. Fafard l'informe alors que la plupart des familles de la région de Chesterfield sont catholiques. Bien que Fafard favorise l'établissement d'écoles confessionnelles, Wright souligne que le prêtre est tout de même satisfait du travail réalisé par les externats dans cette région (deux à Eskimo Point, deux à Baker Lake, un à Mistake Bay et un à Chesterfield) et ne « semble pas enthousiaste à l'idée d'établir un pensionnat ».

Rien dans son rapport ne révèle que Wright a consulté quelque peuple autochtone que ce soit. Les missionnaires avec qui il a discuté plaident en faveur des écoles confessionnelles, alors que les laïcs favorisent les écoles publiques. Dans un cas comme dans l'autre « pratiquement tous conviennent que n'importe quelle instruction donnée doit être fournie dans le Nord, et que ce serait une grave erreur de transporter des enfants autochtones à quelque distance que ce soit de leur foyer pour les instruire puisqu'ils deviennent rapidement inaptes à mener une vie autochtone ».

Selon Wright, le consensus est le suivant : l'éducation des Inuits doit « outiller les Inuits de manière à leur permettre de s'adapter aux conditions changeantes du Nord, sans toutefois les rendre mécontents ». Il faudrait à cet effet leur enseigner l'anglais, l'arithmétique, l'hygiène et l'utilisation des technologies. Il convient aussi de favoriser la fierté ethnique et le folklore, deux composants qui « étaient appelés à disparaître rapidement lorsque l'instruction était donnée par les missionnaires »[43].

En 1948, S. J. Bailey interroge les habitants de l'Arctique de l'Est pour connaître leurs points de vue concernant les futures initiatives en matière d'éducation. Il signale qu'à Chesterfield Inlet, l'école locale ne fournit qu'une heure de classe durant l'été. « Lors des discussions sur ce problème, tous conviennent que l'établissement d'un pensionnat n'est PAS la solution, car ces enfants doivent rester avec leurs parents durant les mois d'hiver. » Bailey signale que les « résidents » semblaient favoriser l'établissement d'un externat qui serait ouvert durant l'été. Tous les enseignants embauchés seraient envoyés dans le Nord pendant neuf mois, n'ayant d'autre obligation que « d'apprendre la langue esquimaude » pendant cette période. Il semblerait que les résidents à qui Bailey faisait renvoi étaient des non-Autochtones. L'idée, née d'une « longue discussion » avec un médecin local et un officier de la Gendarmerie royale, reçoit le soutien de « pères [prêtres] d'autres peuplements qui assistaient à la discussion »[44].

Une étude semblable, réalisée deux ans plus tard dans l'Arctique de l'Ouest, vient confirmer la conviction de Bailey selon laquelle les Inuits souhaitent être éduqués, mais d'une manière permettant aux familles de demeurer unies — et sur les terres — durant l'hiver. Lors de son périple, il consulte les Inuits. Selon ses dires, ceux-ci tenaient à ce que leurs enfants se voient offrir une occasion d'apprentissage, ne serait-ce que pour empêcher les commerçants de les exploiter. Il écrit que toutes les personnes avec qui il a discuté conviennent que « notre politique en matière d'éducation ne doit pas avoir pour objectif de former les Esquimaux pour qu'ils deviennent des "Blancs". On doit plutôt les aider à mieux mener leur vie, ce qui devrait favoriser un meilleur niveau de santé, plus de prospérité et un plus haut taux de bonheur ». On reconnaît que le programme scolaire fourni dans les écoles de missionnaires a l'effet opposé. « On évoquait à maintes reprises les enfants qui, à leur retour des écoles d'Aklavik, étaient incapables de parler la langue esquimaude, accoutumés à la vie facile de l'institution et n'ayant aucune maîtrise des connaissances les plus fondamentales nécessaires à la vie dans un igloo. » Bailey rejette également l'une des pierres angulaires de la politique canadienne en matière d'éducation des Autochtones : la séparation des enfants et des parents. On lui déclare « sans cesse durant [mon périple] que l'éducation d'un enfant esquimau doit s'articuler principalement autour de formations qui le prépareront le mieux à la vie qu'il devra éventuellement mener, et cela ne peut être fait que par les parents ». Selon ses dires, ce sont les parents qui enseignent à leurs enfants comment bâtir des abris, travailler avec les animaux, chasser et trapper, confectionner des vêtements, cuisiner et entretenir une maison. Comme les familles inuites n'occupent pas les peuplements pendant de longues périodes, les écoles doivent être des pensionnats qui sont en activité de Pâques jusqu'à l'automne[45].

Les anglicans sont aussi ouverts à l'idée de convertir leur pensionnat d'Aklavik en foyer et de transférer les élèves dans un externat fédéral. Selon Henry Cook, de la Société missionnaire de l'Église d'Angleterre au Canada, une telle action pourrait créer des problèmes au foyer, et que cela « précipiterait l'assimilation des enfants autochtones dans le contexte canadien »[46]. Finalement, le Canada opte pour une telle approche assimilationniste dans le Nord.

En 1952, le gouvernement fédéral établit le sous-comité de l'éducation des esquimaux, présidé par J. G. Wright, chef de l'administration du Nord aux Affaires du Nord. Le comité est aussi composé de Henry G. Cook de l'Église anglicane, du père G. Laviolette de la Catholic Indian Welfare and Training Commission, de R. F. Davey des Affaires indiennes, du Dr H. A. Proctor des Services de santé pour les Indiens, et d'E. N. Grantham. Même si huit ans se sont écoulés depuis que P. D. Baird a lancé un appel à la participation des Inuits dans la création d'une politique sur les Inuits, aucun Inuit ne siège à ce comité. À sa première réunion, à l'automne 1952, le comité recommande que l'on étudie sérieusement la possibilité d'établir dix foyers à Coppermine et à Chesterfield Inlet. Le comité est également d'avis que l'« instruction doit être fournie en anglais. D'une part, l'usage de la langue esquimaude ne doit pas être découragé. D'autre part, l'utilisation des caractères romains pour l'écriture doit être encouragée »[47].

Opposée à l'idée des cours d'été, E. M. Hinds, enseignante à Port Harrison, déclare au comité qu'après un long hiver, les enfants préfèrent de loin passer leur été à jouer dehors plutôt qu'à être assis en classe. Elle plaide en faveur d'un système d'enseignants itinérants qui passeraient l'hiver aux côtés des Inuits. En ce qui concerne la langue, elle affirme que « les sujets traitant de la culture esquimaude doivent être enseignés en langue esquimaude, au même titre que les sujets ayant trait à l'histoire et la culture lapones sont enseignés en langue lapone. Si notre désir d'aider les Esquimaux est authentique, nous devons respecter leur droit d'utiliser et de préserver leur propre langue. » Selon elle, les enseignants ont « le devoir de préserver la culture esquimaude »[48].

Au printemps 1953, les catholiques prennent la décision d'établir un pensionnat plus traditionnel à Chesterfield Inlet[49]. Selon l'évêque Marc Lacroix, l'année scolaire proposée pour les camps est trop brève, les enfants seront difficiles à contrôler durant les longues journées de l'été arctique et il en coûtera cher de ramener les enfants à la maison au mois d'août. Il favorise plutôt l'idée de garder les élèves dans les écoles de Pâques jusqu'à Noël. Il souhaite également remplacer les enseignants gouvernementaux par des religieuses, évitant ainsi au gouvernement d'avoir à construire une résidence d'enseignants. Dans une note de service interne, Wright fait observer qu'« une solution facile et relativement peu coûteuse de se sortir de cette situation » serait d'accepter la proposition des catholiques[50].

Dans son rapport de décembre 1954 intitulé *Education in Canada's Northland*, le gouvernement fédéral met en lumière deux des principaux obstacles à l'accroissement de l'accès à l'éducation dans les Territoires du Nord-Ouest : le coût, dicté par la faible densité de la population et l'éloignement du Nord, et le fait que les deux tiers de la population du Nord se composent de peuples autochtones principalement nomades. « Le pensionnat est sans doute le moyen le plus efficace d'offrir, aux enfants issus d'environnements primitifs, une expérience éducative selon les modalités de la civilisation et menant à une formation professionnelle afin d'en faire des travailleurs adaptés à l'économie de l'homme blanc », conclut le rapport. Le rapport reconnaît toutefois que le type d'instruction fournie dans de telles institutions pourrait faire en sorte que les élèves aient de la difficulté à réintégrer leur collectivité locale. Pour surmonter ce problème, le rapport propose d'ajuster l'année scolaire de sorte que les enfants demeurent « libres de voyager avec leurs parents durant les saisons de la chasse et de la trappe »[51]. En bref, si ce rapport reconnaît les inconvénients des pensionnats, il jette les bases de l'expansion de tels établissements dans la seconde moitié des années 1950. Aussi les pensionnats allaient-ils, après les années 1950, jouer un rôle majeur dans le système d'éducation des Territoires du Nord-Ouest, et ce, malgré le déclin du rôle joué par les Églises. Bien que les études aient, les unes après les autres, démontré le caractère inapproprié des pensionnats, le nombre de ces établissements a augmenté, principalement parce que le gouvernement considérait qu'ils étaient « une solution facile et relativement peu coûteuse » de s'acquitter de ses obligations en matière d'éducation des Autochtones dans le Nord.

CHAPITRE 6

L'ère des missions au Yukon

Le gouvernement fédéral ne croyait pas que le Yukon était susceptible de devenir une plate-forme de colonisation non autochtone permanente, et c'est une des raisons pour lesquelles il n'a pas pris en compte les Premières Nations de ce territoire dans le processus de négociation de traités. Visiblement, lorsque la ruée vers l'or s'est effondrée, la population du Yukon a connu un déclin rapide. Si le Yukon dispose dès 1908 d'un conseil territorial élu et d'un député à la Chambre des communes, le véritable pouvoir politique repose entre les mains du gouvernement fédéral[1]. Or, l'engagement fédéral envers le territoire s'amenuise tout au long de la première moitié du XXe siècle. Le nombre de juges est réduit, des fonctionnaires sont mis à pied et des emplois sont consolidés. En 1932, George Jeckell, le contrôleur territorial, se voit nommé commissaire territorial. À l'époque, il assure également les fonctions de directeur des travaux publics, de maire de Dawson City, d'inspecteur des impôts et de directeur du bureau des titres de biens-fonds. Il continue d'exercer à lui seul toutes ces fonctions jusqu'en 1947[2].

C'est dans la foulée de la ruée vers l'or du Klondike qu'est créée la première école du Yukon, en 1898. Aucun système de districts scolaires n'est toutefois mis sur pied au cours de la première moitié du XXe siècle et, lorsque la Deuxième Guerre mondiale éclate, les seules écoles publiques du territoire se trouvent à Dawson City, Mayo et Whitehorse. Les bâtiments scolaires de Whitehorse sont remplacés en 1950 et agrandis en 1954. La même année, des écoles sont établies à Swift River, Brook's Brook, Haines Junction, Kluane Lake et Elsa Camp. À celles-ci viennent s'ajouter les écoles catholiques privées de Dawson et de Whitehorse[3]. Or, ces écoles sont en grande partie inaccessibles aux Autochtones. Par exemple, dans les années 1940, Clara Tyzya et son époux partent d'Old Crow pour s'établir à Dawson City afin que leurs enfants aient la chance d'aller à l'école. À leur arrivée, ils découvrent que leurs enfants « ne sont pas admis dans les écoles de Dawson City ». Ils s'établissent donc à Carcross, où ils trouvent du travail au pensionnat anglican que leurs enfants fréquentent[4].

L'Église anglicane prend en charge la responsabilité d'une part importante de l'enseignement dispensé aux Autochtones du Yukon avant la Deuxième Guerre mondiale et établit souvent des externats dans des missions religieuses. Le nombre d'écoles connaît d'importantes fluctuations. En 1916, les anglicans exploitent neuf écoles de la sorte, alors que deux seulement sont encore en activité quinze ans après. Ces établissements dépendent du financement du gouvernement et de la disponibilité des missionnaires et des enseignants, deux ressources rares. Parce que la plupart des Autochtones ne passent pas toute l'année au même endroit, les classes doivent, dans bien des cas, être données quelques mois à la fois seulement, souvent durant l'été. Les inspecteurs du gouvernement ne sont pas impressionnés. Un rapport rédigé en 1907 suggère que les écoles sont inutiles, alors qu'un autre, publié en 1926, remet en question le soutien de tels établissements. Pour leur part, les missionnaires en sont venus à placer leurs espoirs dans les pensionnats[5].

Sous l'évêque William C. Bompas, les anglicans ouvrent, en 1891, un pensionnat à la mission de Forty Mile, au Yukon. Cet établissement ne sera que de courte durée. Il ferme ses portes lorsque Bompas déplace sa base opérationnelle à Carcross (Caribou Crossing) en 1900, où il a tôt fait d'établir un pensionnat qui deviendra le pensionnat de Carcross[6]. En 1923, les anglicans ouvrent une résidence destinée aux élèves métis fréquentant l'école de Dawson City. Lorsque ce foyer ferme ses portes, au début des années 1950, un établissement semblable est ouvert à Whitehorse. Les anglicans n'ont à faire face à aucune concurrence durant la première moitié du XXe siècle, jusqu'à ce qu'un missionnaire baptiste ouvre une école à Whitehorse, en 1947. Au cours de cette période, les pensionnats du Yukon enregistrent un taux d'inscription ne dépassant jamais les 150 élèves et, souvent, inférieur à ce chiffre. Dans les années 1950, le gouvernement fédéral accroît le nombre de pensionnats au Yukon tout en permettant aux résidences ainsi qu'à bon nombre des écoles de rester sous le contrôle de l'Église. De surcroît, contrairement aux missions des Territoires du Nord-Ouest, les anciennes missions du Yukon restent ouvertes. En 1951, une nouvelle école catholique ouvre ses portes à Lower Post, à la limite entre la Colombie-Britannique et le Yukon. En 1954, on procède à l'agrandissement de l'école de Carcross. Au Yukon, l'ère des écoles de missionnaires se poursuit, bien que dans une forme diminuée, jusque dans les années 1970.

L'école de Carcross

En 1903, l'évêque Bompas demande au gouvernement de financer le pensionnat qu'il propose d'établir à Carcross. Or, même si sa demande essuie un refus, il ouvre son pensionnat la même année, qu'il exploite à même deux simples cabanes en rondins[7]. Lorsque Bompas décède, en 1906, on nomme le révérend John Hawksley directeur de l'école. Isaac Stringer, le nouvel évêque, continue de faire pression sur le gouvernement pour obtenir du financement[8].

Tout comme dans les Territoires du Nord-Ouest, le gouvernement est réticent à étendre le concept des pensionnats – voire de toute forme d'école – au Yukon. Selon le compte-rendu d'une rencontre tenue en 1909 entre l'Église anglicane et le surintendant des Affaires indiennes, Frank Oliver, ce dernier aurait déclaré : « De manière générale, je ne déploierai pas d'efforts pour instruire les Indiens du Yukon. À mon avis, si on laisse les Indiens comme ils sont, ils peuvent mieux gagner leur vie[9]. » Au printemps 1908, malgré cette déclaration plutôt franche, les Affaires indiennes demandent à A. W. Vowell, surintendant des Indiens de la Colombie-Britannique, et à A. E. Green, inspecteur d'école des Affaires indiennes pour cette province, d'évaluer la nécessité d'établir un pensionnat à Carcross[10]. Ils en viennent à la conclusion que « les pensionnats constituent, dans les circonstances actuelles, la meilleure option pour instruire les Indiens ». Une telle éducation doit, à leur avis, comprendre « la lecture, l'écriture et l'arithmétique, ainsi que des notions d'entretien ménager, d'hygiène et, peut-être, de menuiserie ». Leur en donner plus « ne ferait que les rendre inaptes à leurs conditions de vie »[11]. À la fin de l'année, les représentants du gouvernement et de l'Église correspondent en vue de planifier cette école[12].

L'école de Carcross ouvre ses portes en 1911 sous le nom de pensionnat de Chooutla. Elle bénéficie alors d'une subvention de 200 $ par tête et compte 30 élèves inscrits[13]. Angela Sydney est l'une des premières à avoir fréquenté l'école.

> La première fois que nous sommes arrivés au pensionnat de Chooutla, tous ces enfants ont débarqué des carrosses et des attelages de chevaux. La première chose que nous avons tous faite, ça a été de courir autour de l'école de Chooutla. Oh là là, que de plaisir! Nous pensions que ça allait être un endroit où il ferait bon vivre. C'est à ce moment qu'on apprenait qu'on ne pouvait même pas parler à nos frères! Si on le faisait, on était punis. On nous avait aussi interdit de parler notre langue autochtone, le tlingit. Nous étions trois : ma cousine Sophie, ma sœur Dora et moi. Daisy [Jim] n'est jamais retournée à l'école. Une année lui a suffi! Elle n'y a jamais remis les pieds. Elle a parlé de l'école à ses parents, enfin je crois, et ils ont alors décidé qu'elle n'y retournerait plus[14].

Le recrutement et la rétention des élèves constituent des problèmes persistants. En 1912, E. E. Stockton, inspecteur du bureau du vérificateur général du Canada, déclare que, lorsqu'il a visité le pensionnat de Carcross, les parents se plaignaient que « les élèves ne sont pas suffisamment nourris, si bien qu'ils développent des maladies tuberculeuses ». Stockton en conclut que ces plaintes sont « tout à fait fondées », car les élèves ne reçoivent pas « l'alimentation à laquelle ils ont droit ». Bien que l'école possède une vache et quelques poules, elle vend la plupart des œufs et du lait qu'elle produit, car, selon son directeur, E. D. Evans, les « enfants n'ont cure du lait ou des œufs ». Une enquête menée par Stockton lui permet alors de conclure qu'« on a fait comprendre aux enfants qu'ils n'ont pas droit à ces choses et ils doivent affirmer qu'ils s'en fichent ». Il demande au directeur d'arrêter de vendre les œufs et le lait produits par l'école. Il remarque aussi que les Premières Nations locales « retirent leurs enfants de l'école », forçant ainsi l'administration à recruter leurs élèves parmi des collectivités éloignées. Selon lui, les parents arrêteront d'envoyer leurs enfants à l'école si celle-ci ne s'améliore pas[15].

Le père d'Angela Sydney est l'un de ces parents.

> Malgré cela, nous ne sommes pas restés longtemps, car mon père nous a retirés de l'école lorsque j'étais âgé de dix ans, après que ma sœur y soit décédée. Mon père a toujours reproché son décès à l'école, car celle-ci n'avait pas cherché à obtenir de l'aide assez rapidement. Il nous a retirés de l'école, Johnny et moi. Johnny était en quatrième, moi en première. Je m'apprêtais même à passer en deuxième au printemps[16]!

Les premières années, le Yukon ne bénéficie que de services médicaux limités. L'évêque anglican Isaac Stringer recommande que le gouvernement fédéral affecte deux médecins au territoire. Celui en poste à Whitehorse sera responsable de visiter l'école de Carcross « dans les cas d'une gravité telle que la personne faisant la demande le ferait même si elle devait elle-même en acquitter tous les frais »[17]. En septembre 1913, on apprend le décès de la « petite Eunice », hospitalisée à Whitehorse depuis février[18]. Vers la fin de l'année 1915, Ada Roberts, une élève à Carcross, tombe malade et est transportée à l'hôpital de Whitehorse. Elle y meurt au début de janvier 1916[19]. Un élève trouve la mort à l'école en 1927[20]. En 1929, l'école de Carcross connaît des épidémies de grippe et de pneumonie septique, celle-ci causant la mort de deux autres élèves[21].

Le décès d'un enfant suffit à rallier toute une collectivité contre l'école. Clara Tizya, qui a grandi à Rampart House près d'Old Crow, dans le nord-ouest du Yukon, évoque le souvenir suivant :

> Au début des années 1920, une fille est morte au pensionnat indien de Carcross, et lorsqu'ils ont renvoyé le corps, il y a eu de nombreuses rumeurs au sujet du mauvais traitement réservé aux enfants, et cela a effrayé les parents et leur a donné une excuse pour ne pas envoyer leurs enfants au pensionnat. Par conséquent, pendant les 25 années suivantes, aucun enfant n'a été envoyé au pensionnat indien de Carcross[22].

En 1945, des parents d'Old Crow continuent de boycotter l'école et de réclamer du gouvernement qu'il mette sur pied un externat[23].

En 1931, un élève de Carcross succombe à la tuberculose à l'hôpital de Whitehorse, alors qu'un autre atteint de la même maladie reçoit son congé de l'école. Dans les rapports qu'il présente à Ottawa sur ces événements, l'ancien directeur d'école devenu surintendant des Indiens fait remarquer que le médecin embauché par Affaires indiennes a attesté de l'aptitude de ces deux enfants à fréquenter l'école. « Il semblerait que l'examen médical n'a pas été aussi minutieux qu'il aurait pu l'être. Puis-je suggérer que l'on conseille aux médecins employés par le ministère de procéder avec plus de rigueur lors des examens médicaux qu'ils administrent aux futurs élèves? L'admission d'enfants en mauvaise santé peut exposer tant les autorités scolaires que le gouvernement à des problèmes et à des dépenses superflues[24]. »

En 1932, l'école de Carcross doit composer avec une « légère épidémie » de grippe[25]. Une inspection menée en juillet 1936 à l'école de Carcross révèle qu'une épidémie de rougeole y a sévi au printemps, bien que tous les enfants s'en soient remis. Selon l'inspecteur, les enfants semblent tous « heureux et satisfaits », l'école est « propre et sanitaire, la nourriture offerte est saine et les enfants sont bien vêtus »[26].

Les anciens élèves ont une appréciation différente de la nourriture qu'on leur servait. Selon l'un d'entre eux :

> On nous faisait crever de faim là-bas! On ne nous donnait qu'un seul œuf par année, à Pâques. Le reste du temps, c'était de la bouillie pour les chiens à base de semoule de maïs et du lait écrémé. Eux par contre, dans la salle à manger des profs, avaient du bacon et des œufs tous les jours. À Noël, nous n'avions jamais de fruits, contrairement à eux. Certains de ces enfants mourraient littéralement de faim. Une année seulement, la faim a fait six victimes[...] directement à l'école[27].

L'horaire suivant de 1913 donne une certaine idée de la routine en vigueur à l'école :

> 6 h La cloche du réveil sonne
> 6 h 30 Corvées du matin
> 7 h 15 Déjeuner, suivi des prières du matin et d'autres corvées
> 9 h Classes pour les plus jeunes
> 12 h 15 Dîner et récréation
> 14 h Classes pour les plus vieux/formation professionnelle pour les plus jeunes
> 17 h 30 Souper
> 18 h Récréation
> 19 h Prières du soir; extinction des feux[28]

Le roulement du personnel est un problème persistant. En 1929, le directeur et enseignant, la surveillante en chef et la directrice des cuisines quittent tous leurs fonctions. Malgré tout, l'école de Carcross peut s'enorgueillir du fait que deux de ses élèves ont passé leur examen d'entrée au secondaire. L'inspecteur d'école fait remarquer que les élèves avaient « une alimentation principalement composée de viande » et ne « se développent pas bien si on les nourrit surtout d'aliments farineux [riches en amidon] ». Aussi, même s'il est d'avis que les repas servis par l'école sont équilibrés, il recommande que les élèves mangent « plus de viande indigène[29] ».

Toutefois, des problèmes refont vite surface. En réponse à des plaintes formulées par des parents au sujet de l'école, le surintendant des Indiens Hawksley se rend à Carcross au début de 1931. Hawksley commence son rapport dans le plus pur esprit colonial, en rappelant à ses supérieurs que les « déclarations et les rumeurs rapportées par les Indiens ne sont pas toujours fiables. Certains ont une imagination vraiment très fertile et peuvent relater une histoire très crédible en partant de très peu de faits. » Il reconnaît néanmoins que, lorsqu'elle était administrée par l'ancien directeur, l'école avait connu un déclin en ce qui a trait à la « propreté, à la discipline, à la conduite des élèves et à l'entretien de l'établissement en général. » Il nourrit toutefois de grands espoirs à l'endroit du nouveau directeur, H. C. M. Grant. Si Hawksley estime que les élèves sont bien vêtus, il admet la présence de certains problèmes ayant trait à la nourriture. Il croit que la nourriture est servie en quantité suffisante, mais, selon lui : « L'alimentation n'est pas assez variée et les élèves se lassent de la similitude des repas ». De plus, il est d'avis que « la supervision des élèves n'est pas aussi exhaustive qu'elle devrait l'être en partie parce que l'école manque de personnel et en raison du laxisme du défunt directeur, qui ne comprenait rien de la nature et des caractéristiques des Indiens[30]. »

En 1935, en raison de l'application des règlements sur la chasse au gibier, le directeur a de la difficulté à se procurer de la viande d'orignal. Dans le passé, l'école avait été autorisée à s'approvisionner en viande d'orignal auprès de n'importe quel chasseur autochtone, qu'il détienne ou non un permis commercial. En 1935, les peuples des Premières Nations n'ont plus le droit de vendre la viande d'orignal à moins qu'ils se procurent un permis commercial de 25 $, plus que « n'importe quel Indien pouvait se permettre » selon l'avis d'un représentant des missionnaires »[31].

La confiance de Hawksley envers le nouveau directeur, H. C. M. Grant, était peut-être injustifiée. Huit ans plus tard, Grant est mis à l'épreuve lors d'une vague de vols et d'un incendie dévastateur. Les voleurs s'en prennent à la nourriture, aux effets personnels des employés et aux biens de l'école. Certains élèves vont même jusqu'à voler les biens des résidents locaux. En 1939, Grant réagit en appliquant une discipline rigoureuse. Il corrige les « coupables » avec la courroie et avertit qu'à l'avenir les élèves reconnus coupables de vol seront « couchés sur le bureau de l'enseignant devant tous les élèves de l'école vêtus uniquement de leur robe de nuit, et seront frappés au corps, ailleurs que sur les mains ». Comme les vols se poursuivent, Grant met ses menaces à exécution. Selon le directeur, « les coups de courroie étaient si forts que l'enfant devait être retenu par la surveillante principale et l'instructeur agricole ». À la surprise du directeur, cela n'a pas empêché que de nouveaux vols surviennent. Il menace alors de raser le crâne des transgresseurs. En quelques jours, il met sa menace à exécution. La mesure met fin à la série de vols, mais indigne les parents[32]. Le fait que Grant pouvait faire part de ces sévères châtiments aux Affaires indiennes en 1940, soit quarante-cinq ans après que le sous-ministre des Affaires indiennes ait ordonné « que les enfants ne soient pas battus sauf par le directeur, et même si ce recours est nécessaire, il faut faire preuve de la plus grande des discrétions et l'enfant ne doit pas être frappé sur la tête ou assez fort pour lui causer de lésions corporelles », montre à quel point les châtiments corporels étaient peu réglementés dans les pensionnats[33].

En avril 1939, l'école et l'atelier sont détruits par un incendie qui force l'Église à louer un certain nombre de bâtiments locaux en tant que dortoirs et salles de classe[34]. Grant est incapable de garder les bâtiments en condition adéquate, en grande partie dû au manque de financement. En septembre 1942, le médecin hygiéniste en chef du Yukon, le Dr Frederick Burns, déclare les bâtiments scolaires de Carcross « impropres à l'utilisation comme pensionnat ». Le 31 octobre 1942, il demande au gouvernement de proposer des solutions de rechange appropriées. Burins est d'avis que l'espace de dortoir doit être doublé ou qu'il faut couper l'effectif étudiant de moitié[35]. Il est aussi préoccupé par le nombre d'épidémies sévissant à l'école, dont la dernière, de rougeole, a fait une jeune victime. Il observe de plus qu'il est impossible de recruter du « personnel infirmier qualifié » dans les conditions de vie actuelles[36]. L'Église anglicane reconnaît que les conditions de vie à l'école « sont en deçà de ses aspirations », mais qu'il faut les endurer « tant que la Guerre imposerait du stress et des contraintes »[37]. En 1944, les anglicans décident d'ériger une école temporaire sans le soutien du gouvernement[38]. Bien que le bâtiment se veuille alors une solution provisoire, il faut attendre jusqu'en 1954 pour que les Affaires indiennes le remplacent[39].

L'arrivée de militaires dans le Nord dans la foulée de la Deuxième Guerre mondiale crée des problèmes à l'école de Carcross. En décembre 1942, deux soldats américains sont pris au lit avec deux élèves dans le dortoir des filles. Ils sont mis en état d'arrestation et traduits devant la cour martiale[40].

En 1946, certains membres du personnel se plaignent des conditions de vie qui prévalent dans les installations provisoires. Après avoir visité l'école, H. A. Alderwood, le surintendant par intérim de l'Administration des écoles indiennes anglicanes, signale qu'elle se trouve « dans un bien piètre état et que les normes actuelles sont probablement les plus faibles d'entre toutes les écoles que nous avons à notre charge ». Il ajoute que le directeur est sur le point de partir en congé de maladie et n'est plus en mesure d'administrer l'école correctement. Alderwood en conclut alors que « même si les employées vivent dans des conditions intolérables, le directeur ne semble pas y voir quelque chose de mal ». Aussi trois des quatre employées avaient-elles décidé de démissionner[41]. Un nouveau drame frappe l'établissement en 1953 lorsqu'une élève, Bertha Jimmy, meurt de la leucémie[42].

Si le directeur Grant a ses points faibles, le parcours du pensionnat de Carcross est semé d'embûches encore plus redoutables au cours des années qui suivent. Les problèmes s'accumulent : retrait d'enfants de l'école par les parents, nombre anormalement élevé de démissions de membres du personnel, hausse du taux d'absentéisme et intensification des problèmes de santé. On attribue au directeur la faute de tous ces problèmes, et on fonde de grands espoirs sur son remplaçant, un homme plus jeune doté d'un plus grand sens de la discipline et d'une motivation plus forte. En moins d'une décennie, les problèmes plus graves réapparaissent. On détermine que la solution consiste à remplacer le directeur.

Les anglicans fondent alors leurs espoirs sur un nouveau directeur et sur la nouvelle école bâtie en 1954. Or, peu après son ouverture, un grave incendie se déclare dans la salle des chaudières de la nouvelle école de Carcross[43]. En 1956, le nouveau directeur C. T. Stanger cherche à faire transférer un garçon qui, bien qu'étant souvent « poli, bien élevé, aimable, gentil et bon élève en général », intimide les plus petits, vole des autres élèves et de l'école, et a été puni pour avoir fait des fugues. Durant son séjour de cinq années à l'école, l'élève a, selon le directeur, tout essayé : « Comme il ne réagissait pas au retrait de privilèges, j'ai commencé à lui administrer des coups de courroie lorsqu'il enfreignait les règles. Plus tard, je l'ai encouragé à se tenir occupé. Lorsqu'il avait des ennuis, on lui retirait des privilèges, mais on lui faisait consacrer ses énergies à faire des choses utiles. Récemment, lorsqu'il était puni pour mauvaise conduite, on le traitait uniquement avec gentillesse. Encore une fois, sans succès. »

Dans une ultime tentative en vue de l'humilier pour l'amener à améliorer son comportement, l'élève est transféré dans le dortoir des plus jeunes[44]. Une semaine plus tard, il s'enfuit légèrement vêtu par temps froid au-dessous de zéro. Il est retrouvé et ramené à l'école. Quelques jours plus tard, il est transféré à l'externat indien de Whitehorse. Selon M. G. Jutras, surintendant des Indiens, « le fait qu'il ait de la famille à cette école a considérablement favorisé son intégration[45] ».

Les anciens élèves dont les enfants fréquentaient l'école vers la fin des années 1950 n'estiment pas que le système se soit amélioré depuis leurs études. L'un d'entre eux relate à l'anthropologue Richard King son conflit avec le directeur :

> Vous savez, on ne nourrissait pas très bien les enfants. De temps en temps, j'amenais à ma fille une orange ou un petit cadeau spécial, mais il n'appréciait pas. Il cherchait constamment à savoir ce qu'elle avait fait et à la punir. Un jour, après avoir été violemment battue, elle décide de se sauver et de venir ici. Je me suis rendu à l'école et je lui ai dit qu'elle n'y retournerait plus, que j'allais aller voir l'agent et lui dire comment il [le directeur] dirigeait son école. Il s'est excusé et m'a dit : « Oublions tout cela ». C'est ce que j'ai fait. Mais ma fille n'a plus jamais remis les pieds à cette école.

Afin que sa fille puisse entrer à l'école locale, ce père décide d'obtenir son émancipation et de renoncer au statut que la *Loi sur les Indiens* lui accorde[46].

Même s'il est dangereux de se sauver de l'école de Carcross en raison du climat rigoureux de la région, des fugues surviennent malgré tout. Un dimanche matin de juillet 1932, deux garçons fuguent alors qu'ils se trouvent sur le terrain de jeu de l'école. Le matin suivant, ils sont à une gare ferroviaire à cinquante-deux kilomètres de l'école. Lorsqu'ils ont vent des plans ébauchés pour les ramener à l'école, ils disparaissent de nouveau. La Gendarmerie royale retrouve leur trace à huit kilomètres de Whitehorse et les ramène à l'école[47]. À l'été 1947, deux garçons tentent de descendre la rivière Pelley en radeau vers Dawson City. Après trois jours, ils sont repérés sur le fleuve Yukon. L'un des garçons, qui avait déjà fugué dans le passé, est renvoyé de l'école. L'autre garçon y est ramené[48].

En 1959, après trois fugues du pensionnat de Carcross, on punit une élève en lui coupant les cheveux très courts. Lorsqu'Erik Nielsen, député du Yukon, soulève la question, le surintendant des Indiens lui explique que les cheveux de la fille « n'ont pas été coupés plus court que ce qui est normalement fait lorsque les enfants sont admis à l'école ». Selon le surintendant, le fait que « la mère de Ruth préférait qu'elle soit à maison pour garder ses frères et sœurs et aider à entretenir la maison » est le seul motif pouvant expliquer ces fugues[49].

En 1960, le gouvernement fait construire une grande résidence protestante à Whitehorse, où les élèves plus âgés sont transférés. Carcross devient alors le principal pensionnat pour les élèves des Premières Nations de la 1re à la 3e année.

Il existait toujours une incertitude quant à l'objectif de l'instruction dispensée aux élèves à l'école de Carcross, car il était peu logique d'enseigner l'agriculture aux enfants autochtones au nord du 60e parallèle. De plus, on ne trouvait dans ces régions aucune usine ou aucun atelier où ces élèves pourraient travailler s'ils avaient la formation requise. Le compromis était de fournir aux élèves une formation jugée utile dans leur collectivité locale. Outre la charpenterie générale, on enseignait aux élèves de Carcross la chasse et la pêche. Comme c'était le cas dans le Sud, les filles étaient préparées aux travaux domestiques[50]. Au début du siècle, l'école mettait sous presse son propre bulletin scolaire[51]. Un ancien élève y ayant participé travaillera comme typographe à Whitehorse pendant de nombreuses années, alors qu'un autre occupera un poste de comptable stagiaire dans une compagnie de chemin de fer[52]. Un autre jeune homme connaîtra tout autant de succès dans une carrière plus traditionnelle. Encouragé par son père, il quitte l'école pour apprendre à chasser et pêcher et, éventuellement, gagner sa vie en vendant le gibier qu'il attrape à la compagnie de chemin de fer, à l'école et aux mineurs[53]. D'entrée de jeu, l'on s'inquiétait que les anciens élèves ne soient plus aptes à réintégrer leur société et y vivre. Huit ans après l'ouverture de l'école, une Autochtone de Moosehide se plaint à l'évêque Stringer que « lorsqu'ils [les enfants] vont trop longtemps à l'école, ils ne veulent plus être avec nous — ils veulent être avec les Blancs, et s'éloignent graduellement de nous »[54]. En 1934, un missionnaire anglican s'inquiète du fait que les élèves deviennent « éventuellement des parias de leur propre société, sans jamais vraiment atteindre les normes intellectuelles des Blancs. En d'autres mots, ils se retrouvent à l'envers et à l'endroit tout à la fois — une condition de pitoyable impuissance »[55].

Une solution consistait à garder les élèves en tant qu'employés de l'école. En 1918, Stringer cherche l'approbation (et le financement) d'Affaires indiennes afin de garder un orphelin à l'école pour qu'il y travaille une fois ses études terminées, vers l'âge de dix-huit ans[56]. Duncan Campbell Scott rejette la demande de financement supplémentaire sous prétexte que le gouvernement a déjà investi 3 000 $ dans l'éducation du garçon au cours des treize dernières années. Si l'école souhaite le garder, elle devra payer son salaire à même son propre budget[57]. En 1933, le directeur du pensionnat de Carcross espère que James Tyzya, un élève d'Old Crow qui doit obtenir son diplôme la même année, accepte de devenir ouvrier de l'école. Lorsqu'il refuse le poste, Hawksley exprime sa déception. Selon lui, Tzyza est un bon garçon qui a su tirer profit de sa formation. Il perdrait tous ses acquis s'il réintégrait « le mode de vie quelque peu fainéant des Indiens d'Old Crow »[58]. Tzyza fléchit et décide de rester. Hawksley informe le directeur que si Tzyza change à nouveau d'idée, « il devra soit payer lui-même son voyage de retour à Old Crow, soit trouver du travail dans la région[59] ». En 1935, Tzyza travaillait toujours comme ouvrier à l'école[60].

L'école baptiste de Whitehorse

Dans les années 1940, les perspectives d'emploi des projets de construction de chemins de fer attirent de nombreux Autochtones à Whitehorse[61]. Or, les parents découvrent qu'aucun des externats de la collectivité n'accepte d'élèves autochtones, engendrant ce qui sera considéré comme une crise sociale en croissance[62]. En septembre 1946, le révérend H. J. Lee, ministre baptiste et ancien officier de la Gendarmerie royale, réagit à cette crise en établissant un externat indien dans la mission baptiste qu'il a ouverte à Whitehorse plus tôt la même année[63]. L'initiative lui vaut un soutien local considérable. L'infirmière hygiéniste de Whitehorse, le Club Kiwanis, le Men's Council et le chef des Premières Nations locales, Jim Boss, soutiennent l'établissement[64]. Pour leur part, les Affaires indiennes hésitent à approuver le projet sans l'aval de l'Église anglicane[65]. L'évêque anglican du Yukon fait alors savoir aux Affaires indiennes que l'école proposée serait, selon lui, « au plus grand bénéfice des Indiens ». Les anglicans allaient éventuellement regretter cette décision[66].

L'école ouvre ses portes en janvier 1947. En mars, les Affaires indiennes conviennent de financer les fournitures et un enseignant[67]. Par la suite, Lee transfère son école dans une hutte abandonnée par la Corporation des biens de guerre[68], puis fait l'acquisition d'un second bâtiment de surplus militaires pour y aménager un dortoir. L'évaluation de l'école par les Affaires indiennes parle « d'efforts louables qui bénéficient de beaucoup de bonne volonté locale[69] ». En août 1947, Lee demande aux Affaires indiennes de subventionner les frais de pension de vingt jeunes élèves[70]. La plupart d'entre eux proviennent de la collectivité de Champagne, qui n'est pas dotée d'un externat régulier[71]. Sensible aux revendications des anglicans d'être l'Église dominante au Yukon, les Affaires indiennes refusent alors d'accorder à l'école le titre de pensionnant officiel. Elles continuent toutefois de payer les fournitures de l'école et, vers la fin de 1947, financent deux enseignants[72].

À l'automne 1947, l'école compte plus de quarante pensionnaires, y compris au moins une douzaine d'enfants indiens non inscrits[73]. Comme l'a souligné l'agent des Indiens, R. J. Meek : « Il est possible que certains d'entre eux aient le droit de fréquenter l'école locale des Blancs, mais nous ne nions pas qu'ils n'y sont pas les bienvenus » — une façon alambiquée de reconnaître que les élèves en question sont des Métis et ne sont pas les bienvenus sur le territoire des écoles publiques[74]. Devant le refus des Affaires indiennes de subventionner ces élèves, le Conseil territorial du Yukon convient de verser 1,10 $ par jour pour chaque enfant non inscrit en pension à l'école[75]. En septembre 1948, les Affaires indiennes décident de verser quatre-vingt-quinze sous par jour pour chaque enfant inscrit, soit quinze sous de moins que ce que le gouvernement territorial versait pour chaque enfant non inscrit en pension à l'école, tout en soutenant que l'école « n'est pas un pensionnat indien[76] ».

Outre ses deux enseignants, l'école dispose d'un directeur bénévole, d'un mécanicien, d'un cuisinier, d'un superviseur des garçons, d'une superviseure des filles et d'une blanchisseuse. Une évaluation menée par l'agent des indiens local souligne que, même si Lee est baptiste, son école est administrée comme une institution interconfessionnelle et non comme une mission baptiste, et que ses enseignants sont pleinement qualifiés[77]. Dans le but de stimuler la production d'articles d'artisanat pour le marché du tourisme local, l'école fait l'acquisition d'un métier à tisser, l'intention de Lee étant d'enseigner, aux enfants comme aux adultes, comment tisser au métier[78]. En 1949, le gouvernement territorial remet ses surplus d'outils et de fournitures à l'école afin qu'elle les utilise dans le cadre de son programme de formation professionnelle. Les Affaires indiennes conviennent ensuite de financer la moitié des coûts de rénovation de l'atelier[79]. L'un des enseignants de l'école territoriale assure une formation manuelle à raison d'une heure trois quarts par jour, trois jours par semaine[80].

Des préoccupations sont soulevées au sujet du dépistage médical auquel sont soumis les enfants lorsque Donald Miller, un garçon de dix ans, meurt en février 1951 des suites d'une méningite tuberculeuse. Ce décès amène Philip Phelan, représentant des Affaires indiennes, à se demander si « toutes les précautions possibles sont prises pour s'assurer que seuls les enfants médicalement aptes sont admis au foyer ». Ses soupçons ont été éveillés par le fait que les formulaires d'admission à l'école sont signés par une infirmière plutôt que par un médecin[81]. Meek précise que le seul médecin civil de Whitehorse n'est pas toujours disponible pour examiner les nouveaux élèves. Le médecin avait toutefois consenti à ce que l'infirmière de l'école, en qui il avait confiance, procède aux examens médicaux. Suite au décès du jeune Miller, on décide de soumettre chaque enfant de l'école à une radiographie[82].

En 1950, les déficiences des bâtiments de surplus militaires que Lee avait acquis deviennent de plus en plus manifestes. Selon Lee, l'école présente un « risque d'incendie sérieux ». Il sollicite alors du gouvernement fédéral un nouveau bâtiment qu'il administrerait lui-même[83]. Parallèlement, les Affaires indiennes envisagent de transférer l'école de Carcross à Whitehorse. Elles rejettent la proposition de Lee, se disant préoccupées par le fait qu'il ne jouit du soutien d'aucun « corps religieux »[84]. En partie en réaction à cette plainte, l'école est alors incorporée en tant qu'école indienne de mission baptiste[85]. La question de savoir si l'école n'est l'affaire que d'un seul homme est mise à l'épreuve en 1952 lorsque Lee perd la vie dans un accident de la route. Sa veuve et, plus tard, son frère assureront alors la direction de l'organisation, qui continuera de jouir d'appuis locaux[86]. Or, ni sa veuve ni son frère ne parviennent à convaincre le gouvernement de remplacer les bâtiments de plus en plus délabrés. En 1954, R. F. Davey, représentant des Affaires indiennes, en vient à la conclusion que les huttes abritant le foyer baptiste sont « dans un état de délabrement tel qu'il faudrait les abandonner »[87]. À l'époque, l'école fournissait des installations scolaires et des installations d'hébergement à 140 élèves des Premières Nations et à 25 élèves « non indiens »[88]. Même si le gouvernement territorial et les Affaires indiennes reconnaissent la nécessité de fournir des classes et des installations d'hébergement plus nombreuses et plus sûres aux élèves autochtones de la région de Whitehorse, rien n'est fait[89].

Peu d'élèves ont laissé un registre de leur séjour à l'école. L'un des souvenirs évoqués donne à penser que, même si les Affaires indiennes n'étaient pas prêtes à accorder à l'école baptiste le statut de « pensionnat indien », l'existence qu'y menaient ses élèves était sensiblement la même que dans n'importe quelle autre école du Nord. Daukaly, aussi connu sous le nom de Hammond Dick, a grandi à Ross River, au Yukon. En 1954, il est recruté à l'École indienne de mission baptiste.

> On nous emmenait dans des camions militaires bâchés sous le regard de nos parents. C'était un bien triste moment. Les enfants, entassés à l'arrière de ces camions, étaient conduits à Whitehorse par la route South Canol. Ils ramassaient d'autres élèves le long du chemin. Souvent, il faisait froid, et il n'y avait pas de chauffage à l'intérieur de ces camions, et aucune façon de se protéger contre cette étouffante poussière. Mes cousins plus âgés m'ont dit que j'avais pleuré la moitié du chemin menant à Whitehorse.

À l'école, Daukaly « rencontre des élèves de régions diverses et lointaines. On interagissait comme tous les autres enfants d'âge scolaire. On se faisait des amis autant que des ennemis. On a appris à voler de la nourriture de la cuisine et des caves, car on ne nous nourrissait pas assez ». Pour chauffer l'école l'hiver, les autres élèves et lui devaient transporter des bûches de la pile de bois jusqu'à l'école. Lorsqu'il est pris à construire un fort avec du bois glané à même la pile, un superviseur le frappe sur la tête avec une bûche. On l'envoie au bureau du directeur, car on le prend à parler sa langue traditionnelle. « Il [le directeur] nous demandait de nous retrousser les manches, puis nous frappait de toutes ses forces. Cela nous laissait des zébrures rouges partout sur les avant-bras[90]. »

En 1954, certains parents anglicans refusent d'envoyer leurs enfants à l'école de Carcross, préférant plutôt les inscrire à l'école baptiste de Whitehorse, car « ils pourraient visiter leurs enfants chaque fois qu'ils se rendraient à Whitehorse ». Le surintendant local des Indiens déclare que, parce que Carcross se trouve à « plus de quatre-vingts kilomètres de Whitehorse et que le transport est difficile, il comprend en quelque sorte leur réaction »[91]. Néanmoins, le gouvernement fédéral cherchera à procéder au transfert d'élèves de l'école de Whitehorse, qui accueille alors 140 élèves en pension, à l'école de Carcross nouvellement reconstruite. En mars 1955, l'école indienne baptiste de Whitehorse réussit à bloquer le transfert par le gouvernement fédéral de quarante-quatre élèves vers Carcross[92]. Ce n'était que partie remise. En juin, le gouvernement sabre le nombre d'admissions autorisé de l'école (le nombre d'élèves qu'il soutient dans chaque école), qui passe alors de 140 à 80 en raison « de la présence d'un sérieux risque d'incendie au pensionnat indien de Whitehorse dû à sa nature désordonnée et au haut degré d'inflammabilité des matériaux utilisés dans sa construction »[93]. Lee proteste contre cette initiative. Il accuse les représentants du gouvernement « de vouloir décourager les Indiens d'envoyer leurs enfants à [leur] école »[94]. Le jour suivant la rédaction de cette lettre par Lee, L. R. Shields, de la Société de l'aide à l'enfance du Sud du Yukon, exprime au protecteur de l'enfance son mécontentement « quant aux conditions sanitaires et à la propreté de l'école indienne de mission ». Lors d'une de ses visites, elle découvre que « certains enfants souffrent d'impétigo et de diarrhée et que l'un des travailleurs à l'orphelinat a contracté une hépatite infectieuse »[95].

Le transfert des élèves a lieu malgré tout. Selon un rapport rédigé par le surintendant d'une société missionnaire anglicane, les élèves transférés de l'école baptiste à l'école anglicane de Whitehorse ont « de la difficulté à s'adapter à la liberté relative du pensionnat de Chooutla. Le personnel était apparemment très strict à l'école de Lee : peu de jeux, pas de temps libres, etc. »[96]

On convient généralement à ce moment de la nécessité d'étendre les services d'éducation fournis aux peuples autochtones du Yukon. Le gouvernement, les anglicans, les catholiques et les baptistes veulent tous que de nouvelles écoles et de nouvelles résidences soient construites à Whitehorse. Les catholiques souhaitent se voir accorder le contrôle de leur propre résidence, Coudert Hall, une demande qui sera par la suite honorée. Les anglicans souhaitent aussi, de leur côté, pouvoir exercer le plein contrôle de la résidence protestante. Or, comme Henry Cook, chef de l'Administration des écoles indiennes anglicanes, le fait remarquer dans une lettre adressée à l'évêque du Yukon, le gouvernement ne peut construire d'école pour les anglicans à Whitehorse pour « remplacer une école dont la construction a été entreprise par un autre groupe alors que le besoin est si criant. En permettant des conditions favorables à l'implantation de Lee, notre Église a perdu beaucoup de terrain il y a quelques années »[97].

À contrecœur, les anglicans acceptent alors une proposition du gouvernement de construire une école protestante non confessionnelle. Ils reconnaissent qu'à défaut d'accepter cette offre, le gouvernement se verrait obligé de bâtir une résidence baptiste[98]. Pour ce qui est des baptistes, Earl Lee accepte, en 1959, le poste de directeur surveillant du nouveau foyer baptiste de Whitehorse[99]. En 1960, l'anglican Henry Cook se plaint auprès des Affaires indiennes que les représentants de la mission baptiste de Whitehorse ne démontrent pas « l'esprit de coopération auquel s'attend la direction en ce qui a trait au placement des élèves indiens au Yukon »[100]. Mais les anglicans ne sont pas mieux qu'eux. À un moment donné, l'évêque anglican déclare :

> Nous ne sommes PAS disposés à coopérer avec les « baptistes » SAUF s'il n'existe aucun autre moyen de rester en contact avec nos enfants autochtones, de qui nous prenons soin depuis si longtemps. L'une des difficultés en ce qui a trait à la coopération avec les « baptistes » réside dans le fait qu'ils ne sont pas, à ma connaissance, membres d'une quelconque fédération baptiste, du Conseil canadien des Églises ou du Conseil œcuménique des Églises. Ils sont tout simplement une secte[101].

Les anglicans perdront cette bataille, mais réussiront à convaincre le gouvernement fédéral de faire instruire tous les élèves protestants de la 1re à la 3e année à l'école de Carcross. Cela incite alors les baptistes à garder leur école et leur résidence de Whitehorse en activité pour les élèves moins âgés[102]. Les Affaires indiennes refusent toutefois de financer une telle initiative[103]. Il semble que le conflit opposant les anglicans et les baptistes fragilise le poste de directeur de Yukon Hall (le nom donné à la nouvelle résidence non confessionnelle de Whitehorse) occupé par Lee. En effet, quatre mois après l'ouverture de Yukon Hall, le gouvernement fédéral doit nommer un nouveau dirigeant responsable. On choisit alors une personne de confession ni baptiste ni anglicane : Ivan Robson, l'ancien directeur de l'école presbytérienne de Kenora, en Ontario[104]. En 1962, Lee est employé par les Affaires indiennes, en Colombie-Britannique[105].

L'ouverture de foyers à Whitehorse marque le début de la fin de la période des écoles de missionnaires au Yukon. Les élèves du Yukon continueront de fréquenter l'école de Carcross jusqu'en 1969 et l'école catholique de Lower Post, en Colombie-Britannique, jusqu'en 1975[106]. (Les faits s'étant produits après les années 60 sont le sujet de la section suivante du présent volume). Toutefois, à partir des années 1960, ce sont les gouvernements, d'abord le fédéral, puis le territorial, plutôt que les Églises qui déterminent l'avenir des pensionnats du Yukon.

L'ère des missionnaires dans les pensionnats du Nord remonte aux années 1850. C'est une époque qui, du début à la fin, a été marquée par de profonds conflits interconfessionnels. Parce que les gouvernements hésitaient à fournir des services éducatifs de quelque nature que ce soit aux peuples autochtones du Nord, l'impact sur les écoles de missionnaires était limité. Les conflits étaient en grande partie limités à la vallée du Mackenzie et à quelques régions du Yukon. Le but premier des écoles était surtout de convertir les élèves et de leur fournir un enseignement religieux. Il y avait un manque de clarté et peu de cohérence quant aux autres objectifs en matière d'éducation. En effet, plusieurs s'inquiétaient du fait que les jeunes qui n'avaient pas fréquenté l'école et avaient été élevés par leur famille étaient mieux préparés à la vie dans le Nord. Tout comme c'était le cas dans les écoles du Sud, la discipline était rigoureuse, l'alimentation restreinte, et les conditions, souvent précaires. Dans les années 1950, le gouvernement fédéral avait décidé de remplacer les écoles de missionnaires — la plupart desquelles tombaient en ruines — par des foyers et des externats publics. L'ère des missionnaires allait paver la voie à un nouveau régime administratif dans les années à venir.

2

Les bureaucrates remplacent les missionnaires : les pensionnats dans le Nord après 1950

Introduction

Avant 1950, il est difficile pour les peuples autochtones d'obtenir une éducation officielle dans toutes les régions du Nord canadien. Les missionnaires sont les seuls à s'y intéresser. Il existe des pensionnats de petite taille à Carcross et à Whitehorse au Yukon, dans trois collectivités de la vallée du fleuve Mackenzie dans l'ouest des Territoires du Nord-Ouest, et dans de petites collectivités le long des côtes du Labrador. Ces écoles de mission ont une longue histoire : l'école catholique de Fort Providence est fondée en 1867, et l'action éducative des Frères moraves au Labrador débute à la fin du XVIIIe siècle.

Dans les années 1950, à la suite d'importantes découvertes de pétrole et de minerais dans les Territoires du Nord-Ouest, le gouvernement fédéral cherche à asseoir son autorité politique sur le Nord canadien. Pour ce faire, il décide notamment d'établir une série de résidences et d'externats connexes pour les élèves. Pour le Nord, ces changements marquent la fin de la période des pensionnats associés aux missions et le début de l'ère du contrôle gouvernemental.

Le gouvernement fédéral choisit d'établir le modèle des pensionnats dans le Nord au moment même où il s'engage à fermer ceux du Sud. À cette époque, le gouvernement connaît très bien les nombreux problèmes associés aux pensionnats. L'expérience vécue par les élèves dans les pensionnats du Nord ressemble à celle des élèves autochtones de partout au pays. Les élèves sont séparés, souvent par de grandes distances, de leur famille, de leur langue, de leur collectivité et de leur culture. L'enseignement qu'ils y reçoivent ne les prépare pas à bien gagner leur vie dans une économie basée sur les salaires, pas plus qu'elle ne les prépare à retourner vivre sur leurs terres. Dans les pensionnats, les enfants ne sont pas surveillés adéquatement, sont exposés à des situations dangereuses à un moment de leur existence où ils sont vulnérables, sont susceptibles de vivre de l'intimidation et, plus grave encore, sont des cibles de choix pour les prédateurs sexuels.

Dans le Nord, le rythme et l'incidence de ce changement varient d'une région à l'autre. Au Yukon et dans la région de la vallée du Mackenzie dans la partie ouest des Territoires du Nord-Ouest, par exemple, le passage des anciennes politiques aux nouvelles se fait dans la continuité. De nouveaux établissements sont construits, mais, même si ceux-ci appartiennent maintenant au gouvernement, les représentants des Églises conservent la responsabilité de leur administration quotidienne. Les parents de la plupart des enfants qui fréquentent ces écoles ont eux aussi étudié dans des pensionnats[1].

La situation est très différente dans l'Arctique de l'Est et le Nord du Québec (aujourd'hui le Nunavut et le Nunavik). Dans ces deux régions, où vit la majorité de la population inuite du Canada, la mise en place des pensionnats s'inscrit dans un ensemble de changements dramatiques et traumatisants. Le système des pensionnats et des écoles est imposé aux Inuits sans consultation, par des gens qui ne parlent pas leur langue. La plupart des parents ne sont pas allés à l'école et les résidences sont souvent situées à des milliers de kilomètres du foyer familial. Les parents n'ont pas la chance de voir où leurs enfants habiteront ou de garder contact avec eux après leur départ. La construction d'une série de petits foyers dans les collectivités de l'Arctique de l'Est et du Nord-du-Québec a accéléré le processus par lequel les Inuits sont passés d'un monde composé de près d'un millier de communautés migratoires à la vie dans moins d'une centaine d'établissements permanents. Les planificateurs du gouvernement pensaient que les familles laisseraient leurs enfants dans les pensionnats et continueraient de passer une partie de l'année sur leurs terres. Les parents choisissent plutôt de s'installer toute l'année dans les collectivités situées à proximité de leurs enfants. D'autres politiques du gouvernement, notamment celles concernant les allocations familiales, l'hébergement et les soins de santé, accélèrent le processus[2].

Pour les élèves inuits qui se retrouvent à l'extérieur de leur région natale, tous les aspects, ou presque, de la vie sont différents et étranges — et bien souvent traumatisants. À cette époque, la région fait également face à une épidémie de tuberculose. Dans les années 1950, on estime qu'un tiers de la population inuite est infectée par cette maladie. Le traitement courant à l'époque consiste à isoler les personnes infectées dans des sanatoriums du Sud du Canada : en 1956, la plus grande concentration d'Inuits de tout le pays, soit 332 Inuits, se trouve au Mountain Sanatorium à Hamilton, en Ontario. Au cours de cette année-là, plus de 1 500 Inuits reçoivent des traitements, souvent très longs, pour la tuberculose[3]. Au Labrador (aujourd'hui le Nunatsiavut), le gouvernement fédéral cherche à se soustraire à sa responsabilité à l'égard des peuples autochtones. Par conséquent, il n'étendra pas son modèle de pensionnats et d'externats à la région. Le gouvernement de Terre-Neuve néglige également la région. En conséquence, au Labrador, l'ère des pensionnats dirigés par des missionnaires se poursuit jusque dans les années 1970.

Deux périodes distinctes marquent l'ère du contrôle gouvernemental dans la plupart des régions du Nord du Canada. Avant 1969, le gouvernement fédéral chapeaute le système d'éducation à l'intention des Autochtones au Yukon, dans les Territoires du Nord-Ouest et le Nouveau-Québec. La mise en place du système de pensionnats et d'externats a lieu à cette époque. Le Yukon et les Territoires du Nord-Ouest sont alors dirigés par des gens du Sud nommés par le gouvernement fédéral. En 1969, la responsabilité de l'éducation des Autochtones est en bonne partie transférée aux gouvernements des territoires. Pour ce qui est du Nord-du-Québec, dans les années 1970, la Convention de la Baie James de 1975 prévoit le transfert de la responsabilité de l'éducation à une commission scolaire autochtone. Le transfert de la responsabilité de l'éducation à l'échelon local dans les collectivités dotées d'une forte population autochtone entraîne la fin du système des pensionnats après 1969.

CHAPITRE 7

Le gouvernement fédéral repense sa politique sur le Nord

La politique du gouvernement fédéral concernant les pensionnats pour les Inuits et les Premières Nations du Nord se distingue à deux égards des politiques antérieures du Sud en matière de pensionnats. Tout d'abord, la mise en place de ces écoles commence relativement tard et se fait rapidement. En effet, ce n'est qu'en 1955 que le gouvernement fédéral commence à diriger l'élaboration d'un vaste programme de pensionnats pour le Nord. Avant cette date, il se contente de fournir une certaine aide financière aux pensionnats dirigés par les Églises. Dans les années 1950, le Nord compte huit écoles du genre : quatre le long du fleuve Mackenzie dans les Territoires du Nord-Ouest, une à Carcross et deux à Whitehorse au Yukon, et une à Lower Post dans le Nord de la Colombie-Britannique. L'autre grande différence concerne l'augmentation importante du nombre d'enfants inuits fréquentant des pensionnats. En 1949, seuls 111 Inuits du Nord vont à l'école à temps plein. Douze fréquentent un externat à Kuujjuaq (Fort Chimo) dans le Nord-du-Québec, huit vont au pensionnat anglican à Fort George, au Québec, et 91 d'entre eux se trouvent dans les deux pensionnats d'Aklavik, dans les Territoires du Nord-Ouest[1].

Avant les années 1940, le gouvernement du Canada trouve le Nord du pays relativement peu important pour atteindre son principal objectif qui consiste à étendre et à protéger l'État canadien. Même si, depuis la fin du XIXe siècle, du personnel de la Compagnie de la Baie d'Hudson, des missionnaires anglicans et catholiques de même que quelques scientifiques et explorateurs se rendent dans le Nord, et y vivent, les principaux représentants du gouvernement dans le Nord avant la Seconde Guerre mondiale sont des membres de la Gendarmerie royale du Canada (GRC)[2]. Le gouvernement n'a aucune politique concrète sur la gouvernance et l'administration de la vaste région se trouvant au nord du 60e parallèle (du Yukon au Nord du Québec). Cette absence de politique a pour conséquence qu'avant les années 1940, les peuples autochtones du Nord reçoivent peu d'attention et d'aide d'Ottawa, contrairement aux Autochtones du reste du pays[3]. Dans les années 1930, le gouvernement fédéral refuse d'accepter toute responsabilité pour le bien-être des Inuits du Québec alléguant que, comme il ne s'agit pas d'« Indiens », ces derniers relèvent de la province. En 1939, la

Cour suprême du Canada tranche en faveur du Québec et établit que les Inuits sont des « Indiens » et qu'à ce titre, en vertu de l'*Acte de l'Amérique du Nord britannique*, le gouvernement du Canada est responsable de leur bien-être dans tout le pays[4].

Le rôle du Canada dans le Nord change à la suite de la Seconde Guerre mondiale et de la guerre froide. Dans la foulée de l'attaque de Pearl Harbor en 1941, l'armée américaine crée un système d'aérodromes reliant Edmonton à l'Alaska. S'ensuit la construction de l'autoroute de l'Alaska reliant le Nord de la Colombie-Britannique et l'Alaska en passant par le Territoire du Yukon. Réalisée en deux ans, cette route, tout comme les routes du commerce de la fourrure au XIXe siècle, amène son lot de nouvelles occasions et de contraintes, y compris des maladies, aux populations autochtones du Nord[5]. L'armée américaine est également présente en Arctique de l'Est. Au début des années 1940, les forces américaines construisent et entretiennent des aérodromes et des stations météorologiques à divers endroits dans le Nord, notamment à Kuujjuaq, Iqaluit (Frobisher Bay), Churchill et Coral Harbour (sur l'île Southampton). L'armée canadienne participe peu à ces projets américains et exerce peu de contrôle sur ces derniers[6]. Les États-Unis financent également la construction du pipeline Canadian Oil (communément appelé le pipeline Canol). D'importants dépassements de coûts entraînent toutefois la fermeture du pipeline en 1945, treize mois après son ouverture, et laisse pour legs un paysage meurtri et souillé[7]. Tout comme dans sa politique d'avant-guerre concernant le Nord, le gouvernement du Canada ne semble pas vouloir réglementer l'intrusion américaine dans le Nord. La présence américaine se poursuit à la fin de la guerre. Lorsque les tensions associées à la guerre froide augmentent, les Américains, avec l'aide des Canadiens, réaménagent leur système de défense dans le Nord. Plutôt que d'accroître la défense de la partie Ouest de l'Arctique, les stratèges militaires cherchent à défendre la partie sud du Canada et les États-Unis contre des attaques aériennes émanant de l'Union soviétique transitant par le pôle Nord. De 1945 jusqu'aux années 1950, les militaires américains et canadiens construisent une série de stations météorologiques et de défense aérienne dans le Nord. Plus important encore, à partir de 1955, on construit trois lignes de stations radars, notamment un système de détection lointaine avancée. Connues sous le nom de « ligne DEW », et s'étendant de l'Alaska jusqu'au Groenland en passant par le Nord du Canada, ces stations radars deviennent des points de contact entre les Inuits et le personnel militaire relativement isolé[8].

La présence militaire accrue dans le Nord force le gouvernement canadien à reconnaître sa responsabilité envers les Inuits. Comme l'indique un rapport du gouvernement fédéral en 1955, la guerre a porté les problèmes des peuples du Nord « à l'attention du gouvernement et du peuple canadien en général »[9]. Ces préoccupations envers les Inuits, ainsi que l'intérêt grandissant du Canada à l'égard de la défense militaire et des ressources naturelles du Nord, sont à l'origine d'une série d'activités gouvernementales d'après-guerre. Le début symbolique de cette nouvelle ère de contrôle bureaucratique commence par l'annonce, en 1953, du premier ministre Louis St-Laurent concernant la création, par son gouvernement, du tout premier ministère du Nord canadien et des Ressources nationales, sous la gouverne de Jean Lesage. Le nouveau ministère a la responsabilité de créer une politique cohérente et soigneusement centralisée pour moderniser le Nord et ses habitants.

Sur le plan politique, le Nord est essentiellement une colonie interne du Canada. Dans les Territoires du Nord-Ouest, par exemple, le pouvoir exécutif relève d'un commissaire nommé par Ottawa dont les bureaux se trouvent dans le Sud et qui, de 1921 à 1963, se trouve à être le sous-ministre du ministère fédéral qui administre les ressources naturelles appartenant au Canada. Au fil des ans, cette responsabilité relève des ministères suivants : Intérieur (1921 à 1936), Mines et Ressources (1936 à 1945), Ressources et Développement économique (1945 à 1953), et Nord canadien et Ressources nationales (1953 à 1966). Le commissaire est un fonctionnaire influent et les employés du territoire sont ses subordonnés directs. Le commissaire préside également le Conseil des Territoires du Nord-Ouest.

Jusqu'en 1951, les membres du Conseil sont des hauts fonctionnaires de la fonction publique fédérale nommés par le gouvernement. Les réunions ont lieu à Ottawa. En 1951, le gouvernement permet l'élection de trois conseillers issus des circonscriptions de la vallée du fleuve Mackenzie. Le gouvernement continue de nommer les cinq autres membres du Conseil. D'autres membres élus sont ajoutés en 1966, y compris les premiers membres de circonscriptions inuites. Lentement, les fonctions administratives et législatives sont transférées d'Ottawa vers le Nord : dans l'Arctique de l'Ouest, un petit bureau administratif à Fort Smith (1921) et un conseil local à Yellowknife (1940) ajoutent une mince couche de gouvernement local puis, en 1967, le siège du gouvernement se déplace d'Ottawa à Yellowknife, même si le chef du gouvernement des Territoires du Nord-Ouest demeure un commissaire nommé, tout comme son sous-commissaire et ses deux commissaires adjoints, qui sont d'anciens agents de la GRC. L'année 1975 est la dernière année au cours de laquelle des membres nommés siègent à l'Assemblée législative. Cependant, le commissaire nommé assume encore les principales fonctions exécutives du territoire — gouvernement, finances et ressources humaines — jusqu'au milieu des années 1980. Ces changements graduels font suite au déménagement du gouvernement d'Ottawa à Yellowknife en 1967. De nos jours encore, les Territoires du Nord-Ouest sont dans une phase de transition relativement au contrôle de leurs propres ressources non renouvelables. Le Nunavut n'a pas encore le plein pouvoir sur ses ressources naturelles.

Pendant des décennies, le Yukon est également gouverné par un commissaire nommé et un conseil composé à la fois de représentants nommés et élus. En 1969, on met en place l'équivalent d'un cabinet territorial, mais la majorité de ses membres sont nommés par le conseil. Ce n'est qu'en 1979, lorsque le Yukon introduit les partis politiques dans son modèle de gouvernance (pour remplacer le système de consensus sans partis politiques toujours en place dans les Territoires du Nord-Ouest et au Nunavut), que le rôle du commissaire s'est transformé pour ressembler à celui du lieutenant-gouverneur d'une province et que le premier parti majoritaire du parlement détient le pouvoir de former le cabinet du territoire[10].

Une nouvelle politique pour les Territoires du Nord-Ouest

La nouvelle politique pour le Nord, notamment celle concernant les Territoires du Nord-Ouest, est annoncée dans une série d'articles parus pendant la période comprise entre le printemps de 1953 et celui de 1955 dans le magazine *The Beaver*, publié par la Compagnie de la Baie d'Hudson. Comme la présence du gouvernement dans l'Arctique de l'Est — la terre natale de la plupart des Inuits du Canada — a été limitée jusque-là, les articles présentent divers points de vue concernant la mesure dans laquelle les Inuits doivent changer de culture[11]. La série met en vedette les travaux d'anthropologues, de missionnaires et de marchands de fourrure et se conclut par un article de Jean Lesage lui-même. Elle présente des études de cas sur « le dilemme auquel est confronté l'homme occidental lorsqu'il traite avec les peuples primitifs », conçues pour « contribuer à la discussion ayant lieu en ce moment au pays au sujet des changements rapides dans les territoires du Nord du Canada »[12]. La série démontre qu'il y avait des tensions importantes parmi les auteurs à propos du sort des peuples « primitifs », et des Inuits en particulier, dans le contexte de l'expansion de la modernité. Même si les collaborateurs s'entendent généralement sur le fait que les peuples « primitifs », comme on les décrit à l'époque, changent inévitablement au contact des économies et des sociétés modernes, et que ce changement est généralement une bonne chose, ils ne s'entendent pas du tout sur la mesure dans laquelle de tels groupes devraient pouvoir conserver leurs pratiques et leur identité culturelles.

En général, les anthropologues qui participent à cette série d'articles, y compris Margaret Mead dans son article sur le Pacifique Sud, soutiennent que l'intégration des « peuples primitifs » à la société moderne doit être rapide et totale. Pour Mead et ses collègues, la « culture primitive », et par extension l'identification à celle-ci, doit être entièrement absorbée par la culture moderne « dominante » et le sera grâce au mariage interracial, aux projets d'éducation du gouvernement ou à la participation à l'économie moderne[13].

Donald Marsh, l'évêque anglican de l'Arctique, explique pour sa part que le gouvernement doit créer dans le Nord un système d'éducation qui « fournit aux Esquimaux une éducation qui les préparerait à adopter les façons de faire de l'homme blanc tout en étant en mesure d'avoir un mode de vie autochtone »[14].

Dans le dernier article de la série, Jean Lesage tente de trouver un équilibre entre la nécessité de moderniser le Nord et l'importance de protéger la culture inuite. Au cours de l'été 1954, Lesage se rend dans le Nord pour déterminer s'il serait souhaitable d'étendre le projet d'éducation aux Inuits et aux Premières Nations de la région et les manières de s'y prendre pour ce faire[15].

L'article de Lesage s'articule autour de trois thèmes. Tout d'abord, il est avantageux, tant pour les Inuits que pour la nation canadienne, que le Nord et les Inuits soient intégrés dans le Canada moderne. « L'objectif de la politique du gouvernement est relativement simple », écrit-il, « elle a pour but de donner aux Esquimaux les mêmes droits, privilèges, occasions et responsabilités que tous les autres Canadiens; bref, elle doit leur permettre de participer pleinement à la vie nationale du Canada[16]. » Il rejette les idées des « sentimentalistes » qui croient que « l'Esquimau doit être laissé à lui-même sans quoi il sera gâté »[17]. Selon lui, il est impossible d'arrêter la modernité : « Il est inutile de se demander si l'Esquimau était plus heureux avant la venue de l'homme blanc, puisque l'homme blanc est venu et qu'il est impossible de renverser le temps[18]. » Ces changements étant inévitables, Lesage estime que le gouvernement a la responsabilité d'aider l'Inuit à « escalader l'échelle de la civilisation »[19]. Le projet de modernisation des Inuits du Nord ne serait pas à sens unique. Selon lui, le Canada récolterait également les bénéfices de la présence de la modernité dans le Nord : les Inuits rééduqués seraient un atout important pour l'expansion du Canada dans le Nord. « L'exploitation de ces terres », explique-t-il, nécessite « la participation de leurs plus anciens résidants »[20].

Ensuite, la modernisation des Inuits n'est pas, pour lui, synonyme d'assimilation culturelle. Lesage souhaite moderniser les Inuits tout en les laissant conserver leur identité culturelle et les façons de faire liées à leur culture. Il estime que l'on doit dire aux familles inuites que l'adoption de nouvelles technologies et l'envoi de leurs enfants à l'école n'entraîneront pas « une perte d'identité de la culture esquimaude »[21]. Par ailleurs, Lesage affirme que ces changements devraient, dans une certaine mesure, se faire en consultation avec les Inuits et, suivant l'exemple du Groenland et de l'Alaska, les dirigeants inuits devraient être en mesure de prendre certaines décisions[22]. La proposition de Lesage a pour objectif global d'intégrer l'Inuit dans un Canada moderne tout en lui permettant de garder intacte son identité culturelle : « Les Esquimaux n'ont pas à devenir des hommes blancs[23]. »

Troisièmement, selon l'article, le gouvernement utiliserait trois mécanismes principaux — l'éducation, les soins de santé et une « économie saine » — pour amener le Nord et les Inuits dans la modernité canadienne[24]. Concrètement, cela veut dire établir dans le Nord des hôpitaux semblables à ceux du Sud et les doter en personnel, créer de nouvelles possibilités économiques pour contrer ce qu'il estime être une dangereuse dépendance au commerce de la fourrure du renard blanc et ériger des écoles[25]. Sur la question des écoles, Lesage demeure assez vague sur ses objectifs. Il écrit que des écoles gouvernementales devraient être établies à proximité des populations; toutefois, ce qui est encore plus important, il rejette le modèle de pensionnats ou de résidences qu'il estime inapproprié. Il écrit : « Les pensionnats nécessitent une longue séparation des enfants de leurs parents et de leurs modes de vie traditionnels et peuvent mal préparer les élèves à la vie qu'ils devront mener[26]. » Au lieu des pensionnats, Lesage propose que le gouvernement tente le recours à « l'enseignement itinérant » dans le cadre duquel un enseignant se déplacerait d'un campement à l'autre et auquel on ajouterait une certaine instruction au moyen des ondes radio[27].

Le rapport annuel du ministère du Nord canadien et des Ressources nationales pour l'année 1955 reprend bon nombre des observations et arguments contenus dans l'article de Lesage paru dans *The Beaver*[28]. Tout comme l'article, le rapport met l'accent sur la nécessité de moderniser le fonctionnement de l'économie inuite; il explique les raisons morales et économiques pour lesquelles le Canada doit agir dans le Nord (« les Esquimaux du Canada, dont l'entretien constitue présentement une charge financière, pourront devenir un élément de richesse pour notre nation »); il précise que les changements apportés doivent tout de même permettre aux Inuits de conserver leur identité culturelle (« certaines de ces nouvelles façons de faire n'ont pas à changer de manière importante leur mode de vie traditionnel »)[29]. La politique en matière d'éducation constitue la seule différence importante entre le rapport et l'article. En effet, contrairement à l'article du magazine, le rapport du gouvernement précise que l'éducation dans le Nord doit passer par les pensionnats.

Reprenant la phrase de Lesage dans *The Beaver*, le rapport reconnaît que « la fréquentation des internats comporte une longue séparation des parents et des coutumes traditionnelles et il peut en résulter que, de retour chez lui, l'étudiant soit mal préparé pour ce genre de vie »[30]. Cependant, dans le paragraphe suivant, le rapport précise que le gouvernement a déjà approuvé une politique sur le recours aux externats et aux pensionnats dans le Nord.

> Le gouvernement a approuvé au début de 1955 un vaste programme de construction d'écoles et de logements d'écoliers assurant aux enfants des Territoires du Nord-Ouest [...]. Ce programme vise à mettre les enfants indigènes, tant indiens qu'esquimaux, en mesure de s'adapter aux nouvelles conditions modernes et à leur permettre de profiter, par l'acquisition de connaissances et l'apprentissage de métiers, de nouvelles occasions d'emploi. Étant donné que leur existence nomade ou semi-nomade rend impossible une fréquentation scolaire continue sauf aux endroits où il existe des internats, le nouveau programme comprend la construction de logements pour écoliers. Ces écoles et logements seront construits au cours d'une période de six années et ils seront surtout établis dans la vallée du Mackenzie où le besoin en est le plus urgent. La construction d'externats et de logements est prévue à Fort McPherson, Fort Smith, Fort Simpson et Aklavik [...] et à Frobisher Bay dans l'île Baffin[31].

Il y aurait deux principaux types d'écoles : les externats pour l'enseignement général et les écoles de formation professionnelle pour l'enseignement des métiers.

> Les écoles seront fréquentées par les enfants indiens et esquimaux qui y sont hébergés ainsi que par les enfants de toute autre race dont les maisons se trouvent dans l'établissement. Il est particulièrement important d'éviter la ségrégation des races en matière d'éducation. Le mélange de tous les enfants — qu'ils soient indiens, esquimaux, de sang mêlé ou blanc — dans les écoles normales présente des avantages sociaux et psychologiques importants pour le Nord.

Dans ce système, les élèves autochtones et non autochtones auraient pu être ensemble, mais les élèves protestants et catholiques devaient être séparés. Sous la pression des Églises, le gouvernement accepte d'exiger que les élèves catholiques aient des professeurs catholiques et les élèves protestants des professeurs protestants. À Fort Smith, où la plupart des élèves sont catholiques, il est convenu dès le départ que tous les professeurs jusqu'à la neuvième année, ainsi que le directeur, seraient catholiques. À Inuvik et à Fort Simpson, les écoles ont deux ailes distinctes, une pour les catholiques et l'autre pour les protestants[32]. Bien que les professeurs soient des employés du gouvernement fédéral, des règles complexes sont élaborées en vertu desquels les directeurs doivent être de même confession religieuse que la majorité des élèves d'une école. Lorsque les écoles sont grandes, des directeurs adjoints, de même religion que la minorité des élèves, sont nommés. Les spécialistes enseignant notamment les sciences, les métiers ou l'économie familiale doivent être de la même confession religieuse que la majorité des élèves. Si tous les élèves d'une même classe sont catholiques, l'enseignant peut être membre de cet ordre religieux, porter les vêtements associés à sa confession et afficher des images et des symboles religieux dans la salle de classe. Des manuels scolaires catholiques peuvent être utilisés lorsque les élèves protestants sont minoritaires[33].

Chacune de ces écoles doit avoir un foyer ou une résidence bâti par le gouvernement mais administré par les Églises. Au départ, le foyer de Yellowknife doit faire figure d'exception. Elle sera non confessionnelle et administrée par le gouvernement[34]. Le gouvernement fédéral commence déjà à assumer une certaine responsabilité à l'égard de l'éducation des Inuits. En 1949, il ouvre une école à Kuujjuaq, au Québec. L'année suivante, il met sur pied des écoles dans les Territoires du Nord-Ouest à Tuktoyaktuk, Kugluktuk (Coppermine), Coral Harbour, et Kimmirut (Lake Harbour), et à Inukjuak (Port Harrison), au Québec[35]. En 1955, les missionnaires oblats inaugurent Turquetil Hall, un foyer à Chesterfield Inlet sur la côte ouest de la baie d'Hudson. Les enfants fréquentent un externat fédéral administré par les Sœurs de la Charité (Sœurs Grises)[36].

En avril 1955, la responsabilité de l'éducation des enfants des Premières Nations du Nord passe de la Division des affaires indiennes au ministère du Nord canadien et des Ressources nationales. On prétend que « [c]ette direction et ce contrôle centralisés permettront l'établissement d'un régime d'enseignement uniforme et plus efficacement organisé. La Division des Affaires indiennes continuera d'administrer les écoles pour enfants indiens qu'elle possède dans le Territoire du Yukon[37]. » Le résultat le plus immédiat est le transfert de la responsabilité des pensionnats des Territoires du Nord-Ouest, qui passent de la Division des affaires indiennes à la Division des affaires du Nord[38].

Dans les années suivantes, la Division des affaires indiennes joue un rôle plus actif dans la supervision des pensionnats du Yukon tandis que la Division des affaires du Nord chapeaute l'éducation dans les Territoires du Nord-Ouest. En 1955, la Division des affaires indiennes fait partie du ministère de la Citoyenneté et de l'Immigration, tandis que celle des affaires du Nord relève du ministère du Nord canadien et des Ressources nationales. Lors de la création du ministère des Affaires indiennes et du Nord canadien en 1966, les deux divisions sont regroupées au sein d'un même ministère[39].

En 1958, une bonne partie du nouveau système d'éducation commence à prendre forme. Cette année-là, le gouvernement dresse le bilan suivant :

> L'installation scolaire de Fort Smith compte maintenant 20 salles de classe à la suite de l'ouverture d'une école fédérale de 14 classes. Une résidence pouvant accueillir 200 élèves a également été ouverte. À Fort McPherson, on est passé de trois à six salles de classe et une nouvelle résidence de 100 élèves a été établie. L'école fédérale de Hay River compte maintenant neuf salles de classe. Une nouvelle école secondaire et professionnelle employant 15 personnes et une résidence pour 100 élèves ont ouvert leurs portes à Yellowknife et accueillent le programme de formation professionnelle anciennement offert à Leduc, en Alberta. Les écoles fédérales de Fort Simpson, Inuvik et Tuktoyaktuk sont passées de deux à trois salles de classe. L'école de Fort Good Hope, qui comptait une seule classe, en possède maintenant deux. L'école d'Old Crow, dans le Territoire du Yukon, est maintenant une école fédérale à la suite de la conclusion d'une entente spéciale avec la Division des affaires indiennes[40].

La construction de deux foyers à Inuvik fait partie d'un vaste projet d'Affaires du Nord afin de créer une communauté dans le Nord dotée des commodités des régions urbaines du Sud. Aklavik, dans le delta du fleuve Mackenzie, constitue le centre administratif du gouvernement fédéral pour la région. Cependant, le centre se trouve dans une zone inondable. On construit donc une nouvelle collectivité, Inuvik, 55 kilomètres plus à l'est. Les résidants sont peu consultés, et bon nombre décident de ne pas s'installer dans la nouvelle collectivité. Inuvik s'est donc développée comme une collectivité isolée physiquement. Le réseau de distribution aérien sous coffrage, qui transporte l'eau et les déchets dans des tubes d'acier isolés, ne dessert pas, par exemple, la portion nord-ouest de la collectivité où vivent la plupart des familles autochtones[41].

Dans l'Est de l'Arctique, on observe une approche plus fragmentaire. Les populations autochtones sont petites, l'économie de la chasse et du piégeage (dopée par des transferts gouvernementaux) fait encore vivre une population largement dispersée, et la construction de nouveaux immeubles est difficile en raison du coût du transport par océan et de la courte durée de la saison de la construction. Selon le même rapport de 1958 :

> Dans la région de l'Arctique, des écoles fédérales comportant une seule classe ont été établies à Arctic Bay, Eskimo Village près de Rankin Inlet, Resolute et Spence Bay dans les Territoires du Nord-Ouest et à Povungnetuk [sic] dans la province de Québec. À Rankin Inlet, l'école de la mine comportant une seule classe a été remplacée par une école fédérale de deux classes. L'école fédérale de Baker Lake compte maintenant deux salles de classe. Il y a maintenant six employés à Frobisher Bay pour cette école de quatre classes. Une nouvelle école de deux classes a ouvert ses portes à Cambridge Bay. L'école de Great Whale River possède maintenant deux classes de plus pour un total de quatre classes. La construction de nouvelles écoles est amorcée pour Payne Bay et Fort Chimo au Québec et pour Eskimo Point dans les Territoires du Nord-Ouest[42].

Cette nouvelle réalité change la vie des habitants de manière importante, notamment dans l'Arctique de l'Est. Tandis qu'en 1949 111 enfants inuits fréquentent l'école à temps plein dans le Nord, ce nombre est de 1 165 enfants en février 1959[43].

En 1965, le gouvernement fédéral envisage une autre expansion du système des foyers. On prévoit la construction d'une installation de 200 lits à Iqaluktuuttiaq (Cambridge Bay) et à Behchoko (Fort Rae), et d'un pensionnat de 100 lits à Igloolik et à Pangnirtung. De plus, le gouvernement prévoit l'établissement d'installations dotées des capacités suivantes : 60 lits à Fort Good Hope, 44 lits à Deline (Fort Franklin), 40 lits à Uluqsaqtuua (île Holman) et 36 lits à Mittimatalik (Pond Inlet)[44]. Aucune de ces installations n'a été construite.

Même s'il y était question d'externats, de foyers et de centres de formation professionnelle, la politique de 1955 lancée par Lesage mènera à la création de deux types distincts de pensionnats : les « grands foyers » ou « halls » et les « petits foyers ». Selon le gouvernement fédéral, les petits foyers étaient conçus pour accueillir « de 8 à 12 enfants de niveau primaire, généralement supervisés par un couple d'Indiens ou d'Esquimaux ». Les grands foyers devaient compter « 100 lits ou plus pour accueillir de grands groupes d'élèves du primaire ou une combinaison d'élèves du primaire et du secondaire et étaient administrés par des employés de l'Église concernée ou du gouvernement fédéral d'une manière continue »[45].

Dans les faits, les grands foyers servent essentiellement aux élèves des niveaux supérieurs du secondaire et aux programmes de formation professionnelle, tandis que les petits foyers de « type familial » ont presque tous cessé leurs activités en 1970. En 1967-1968, le rapport annuel du ministère des Affaires indiennes et du Nord canadien indique que la Division des services d'architecture du Ministère prévoit qu'une « nouvelle résidence type pouvant accommoder 12 élèves » sera « construite à divers endroits »[46].

L'ouverture de nouveaux foyers et externats entraîne la fermeture des anciens pensionnats. L'établissement de Fort Resolution ferme ses portes en 1957[47]. Les deux pensionnats d'Aklavik cessent leurs activités en 1959 lorsque les foyers d'Inuvik ouvrent leurs portes[48]. L'école de Fort Providence, qui avait amorcé ses activités en 1867, ferme en 1960[49]. En 1963, sept nouveaux foyers, capables d'accueillir au total environ 1 100 élèves, sont bâtis dans l'Arctique de l'Ouest[50]. Les anglicans sont censés administrer Stringer Hall à Inuvik, Fleming Hall à Fort McPherson, et Bompas Hall à Fort Simpson. L'administration de Grollier Hall à Inuvik, Lapointe Hall à Fort Simpson et Breynat Hall à Fort Smith serait confiée, quant à elle, aux catholiques[51]. De plus, Turquetil Hall dans la baie d'Hudson peut accueillir 70 élèves[52]. En 1964, le centre de formation professionnelle de Churchill, qui vient d'ouvrir ses portes, peut accueillir au départ 160 élèves[53]. En 1969, le système des pensionnats des Territoires du Nord-Ouest héberge 1 331 élèves[54].

Cela représente un écart important par rapport à ce que les hauts fonctionnaires avaient imaginé. Hugh Keenleyside, qui, en 1947, devient sous-ministre des Mines et des Ressources et commissaire des Territoires du Nord-Ouest, aurait souhaité une éducation non confessionnelle pour le Nord. Le compromis mis en place fait suite à la pression des Églises sur le gouvernement libéral de l'époque[55].

Certains fonctionnaires fédéraux, dont le superintendant des écoles pour la région du Mackenzie, W. E. Winter, voient la présence des Églises comme une trahison de ce principe et prennent fortement position sur le sujet. En 1957, Winter écrit une longue lettre à ses supérieurs dans laquelle il fait état de ses objections. Il y affirme d'entrée de jeu que les pensionnats devraient être « un dernier recours pédagogique destiné uniquement aux enfants qui sont si négligés ou isolés qu'il serait impossible autrement de les éduquer ». À son avis, les pensionnats qui ont été construits devraient être administrés par le gouvernement « et aucune distinction religieuse ne devrait guider leur fonctionnement ». Dans la mesure du possible, il préfère que l'on établisse des pensionnats laïcs administrés par le gouvernement. Dans le cas d'enfants vivant dans des conditions très isolées, il recommande que le gouvernement embauche des professeurs itinérants plutôt que d'envoyer ces enfants dans des pensionnats. Cela permettrait à ces enfants de « demeurer avec leurs parents et de recevoir quand même une instruction ». Il s'oppose également à la décision d'embaucher uniquement des enseignants catholiques à Fort Smith et recommande que les Églises soient « écartées de tous les aspects concernant l'organisation et l'administration de cette école ». Par ailleurs, il est contre l'établissement d'ailes distinctes pour les protestants et les anglicans aux écoles de Fort Simpson et d'Inuvik (au moment d'écrire cette lettre, Inuvik est seulement connue sous le nom d'East Three, l'embranchement où elle se trouve sur le delta du fleuve Mackenzie). La conclusion de sa lettre est dure. Il estime que « l'influence débilitante et démoralisante des Églises sur le programme éducatif du Nord doit cesser ». Winter soutient que si le Ministère n'adopte pas l'approche qu'il propose, il ne pourrait pas demeurer en poste[56]. Le gouvernement ne change pas sa politique et Winter démissionne[57].

Le Yukon

Des politiques similaires en matière d'éducation sont mises en place au Yukon. Le territoire se distingue dans le Nord en raison de sa population majoritairement non autochtone attribuable en bonne partie à la ruée vers l'or du Klondike dans les années 1890 et par la suite à l'ouverture, pendant la guerre, de l'autoroute de l'Alaska, reliant le Yukon au Sud. Étant donné que la moitié de la population du territoire habite à Whitehorse, les services sont concentrés dans cette ville, notamment depuis qu'elle a remplacé Dawson City à titre de capitale en 1953. Les Autochtones représentent entre 25 et 30 % de la population du territoire, mais ont toujours été beaucoup plus nombreux dans les collectivités périphériques[58].

En 1945, il y a encore seulement six écoles et quatorze professeurs dans le territoire qui enseignent à moins de 450 élèves. Pendant les années 1940, le territoire compte deux pensionnats : l'école anglicane de Carcross et l'externat et la résidence baptistes de Whitehorse. En 1951, une école catholique ouvre ses portes à Lower Post, en Colombie-Britannique, à la frontière du Yukon et de la Colombie-Britannique. Les élèves qui la fréquentent sont originaires tant du Nord de la Colombie-Britannique que du Yukon[59].

Avant 1948, le gouvernement du territoire laisse à la Division des affaires indiennes la responsabilité des enfants ayant le statut d'Indien en vertu de la *Loi sur les Indiens*. Outre les pensionnats, l'Église anglicane administre des externats destinés aux élèves des Premières Nations à Old Crow, Moosehide et Mayo. Des externats similaires sont administrés par l'Église catholique à Snag, Burwash Landing, Carmacks et Ross River. En 1957, seuls 79 des 1 754 élèves fréquentant des écoles financées par le territoire sont issus des Premières Nations.

En 1956, une note du ministère du Nord canadien et des Ressources nationales sur l'éducation au Yukon indique que la Division des affaires indiennes envisage la construction d'un foyer dans une nouvelle partie de Whitehorse en vue de remplacer le pensionnat baptiste. Un fonctionnaire du Ministère, F. E. Cunningham, recommande ce qui suit : « Les enfants qui y seront hébergés devraient fréquenter soit l'école publique ou l'école catholique de Whitehorse. Nous croyons qu'il est très important que les élèves indiens et non indiens soient dans les mêmes classes. » La note propose également qu'« au cours des cinq prochaines années, l'enseignement de la neuvième à la douzième année devrait se donner exclusivement à Whitehorse »[60]. Cette année-là, l'évêque catholique J. L. Coudert exerce des pressions sur Ottawa en vue de l'établissement d'un foyer catholique à Whitehorse. On estime que les élèves qui terminent leur scolarité à l'école de Lower Post, soit après leur huitième année, n'ont pas la formation dont ils ont besoin « pour faire concurrence à leurs voisins blancs ». Ces élèves, qui seraient hébergés au foyer catholique proposé pour Whitehorse, poursuivraient leurs études dans « les écoles de formation professionnelle que le gouvernement du Yukon prévoit établir »[61].

Un changement important survient en 1960 au moment de l'ouverture de deux foyers à Whitehorse. Les élèves qui y sont hébergés fréquentent les écoles publique et privée (catholique) de Whitehorse. Le foyer du Yukon héberge des élèves protestants issus des Premières Nations tandis que le foyer de Whitehorse (plus tard appelé Coudert Hall) est destiné aux élèves des Premières Nations qui sont catholiques. Au départ, 86 élèves fréquentent le foyer du Yukon; au cours de l'année scolaire 1965-1966, ils sont 109. Au foyer de Whitehorse, il y a au départ 45 élèves; au cours de l'année 1965-1966 ce nombre s'élève à 67.

L'ouverture des deux foyers à Whitehorse s'accompagne de la fermeture de l'école et de la résidence baptistes de la collectivité. Les écoles de Carcross et de Lower Post demeurent toutefois ouvertes. Au cours de l'année scolaire 1965-1966, l'école de Carcross compte 110 élèves de la première à la quatrième année et celle de Lower Post est fréquentée par 152 élèves de la première à la sixième année. Lorsqu'ils terminent leur scolarité à ces écoles, les élèves sont transférés à Watson Lake ou à Whitehorse. À la suite de l'ouverture de nouveaux externats administrés par le territoire, le commissaire du Yukon, G. R. Cameron, pense que ce n'est qu'une question de temps avant que l'école de Carcross ferme ses portes. L'augmentation du nombre d'externats administrés par le territoire a déjà entraîné la fermeture d'externats dirigés par l'Église au Yukon. En 1965, 489 élèves des Premières Nations fréquentent des externats administrés par le territoire (176 élèves sont hébergés dans les deux foyers de Whitehorse)[62].

Tandis que les pensionnats des Territoires du Nord-Ouest relèvent de la Division des affaires du Nord et que tous les enfants d'âge scolaire des territoires peuvent les fréquenter selon le Ministère, les pensionnats du Yukon relèvent de la Division des affaires indiennes et les critères d'admission sont plus serrés. En 1961, la Division des affaires indiennes informe le ministère du Bien-être du Yukon qu'elle accepterait de six à dix élèves non indiens, à condition que les territoires ou la Division des affaires du Nord subventionnent les places[63].

En 1960, le système proposé en 1955 est en place. Au cours des neuf années suivantes, il sera administré par le gouvernement fédéral. À la fin de cette période, le gouvernement fédéral transfère la responsabilité de l'éducation des Premières Nations du Yukon au gouvernement du Territoire du Yukon et la responsabilité des pensionnats des Territoires du Nord-Ouest au gouvernement de ce territoire. Le transfert de responsabilité mènera au démantèlement graduel du système de pensionnats dans le Nord. Dans les années 1970, la plupart des petits foyers ont cessé leurs activités, mais les plus grands demeurent en place.

CHAPITRE 8

Les externats fédéraux

De petits et grands foyers ont été construits à proximité des externats fédéraux. Ils étaient financés par le gouvernement fédéral, et exploités en collaboration avec les externats. Dans chaque collectivité, le foyer et l'école devaient former un complexe ou un campus à deux secteurs offrant ce qu'un observateur a appelé « une expérience éducative complète » avec apprentissage en classe et vie en résidence[1]. Dans ce modèle, l'apprentissage en classe comprenait les leçons théoriques sur la modernité et la vie au Canada, et ces leçons étaient appliquées de manière concrète dans les foyers. Comme l'observe un expert nommé par le gouvernement au sujet de la relation entre le foyer et l'école en 1965, « un foyer adéquat [...] peut s'avérer complémentaire aux enseignements sociaux dispensés à l'école et concrétiser les apprentissages scolaires qui ne seraient autrement, au fond, que des exercices théoriques teintés d'idéalisme »[2].

Les externats fédéraux sont un élément clé du programme de foyers. Pour la plupart, les externats fédéraux mettaient l'accent sur deux éléments centraux : l'enseignement de la langue anglaise, ainsi que les valeurs, les aptitudes et les connaissances comprises dans le programme d'études des écoles canadiennes du Sud. Donc, pour les élèves fréquentant ces salles de classe, la journée d'école était littéralement marquée par une exposition à une langue et à des images d'ailleurs.

Programme d'études

Dans sa présentation de 1947 au Comité parlementaire mixte spécial chargé de l'étude de la *Loi sur les Indiens*, J.-W. McKinnon, nommé inspecteur des écoles pour les Territoires du Nord-Ouest en 1946, dit ceci :

> Les écoles des Territoires du Nord-Ouest devront un jour avoir leur propre programme scolaire. Étant donné que cette région a des problèmes qui lui sont particuliers, nous ne pouvons satisfaire aux besoins éducatifs de sa population, en adhérant à des programmes préparés pour des localités entièrement dif-

> férentes et transplantés tels quels. En ce qui concerne les jeunes Indiens, il faut leur enseigner à mieux vivre, à épargner, à acquérir des habitudes hygiéniques, à améliorer leurs foyers, à gagner leur vie autrement que par la chasse et la pêche. Nous visons à aider l'Indien à subvenir à ses propres besoins et à se maintenir à un niveau de vie convenable[3].

Même si la nécessité d'un programme pour le Nord est reconnue très tôt, les écoles continuent d'utiliser le programme du Sud. Tout au long des années 1950 et 1960, aucune pression centralisée de la part des responsables à Ottawa n'est observée pour adapter le programme dans sa totalité. Même si Jean Lesage et ses successeurs continuent de promettre la création d'un programme mieux adapté à la réalité du Nord, pendant toute la période allant de 1955 jusqu'aux années 1970, les élèves inuits et du Nord reçoivent presque exclusivement un enseignement selon le programme créé pour les écoles du Sud, et utilisent du matériel adapté à ce programme. De 1958 à 1965, chaque rapport annuel du ministère du Nord canadien et des Ressources nationales promet que des « programmes spéciaux » sont « élaborés » pour le Nord, mais explique qu'à court terme, le Ministère doit poursuivre avec le programme du Sud, enseigné en anglais dans les écoles du Nord[4].

Au début des années 1960, l'anthropologue américain Richard King enseigne pendant un an dans une école à Carcross au Yukon dans le cadre d'un projet de recherche. Dans le livre qu'il a écrit à la suite de son expérience, il note que ni le programme d'études pour les écoles primaires de la Colombie-Britannique ni le guide des enseignants du Yukon ne « font référence aux enfants indiens ou aux écoles indiennes ». Aucun enseignant à l'école n'avait reçu de formation particulière sur la manière d'enseigner aux enfants autochtones[5]. La tenue de dossiers était réduite au minimum.

> Aucun des tests de diagnostic ou de connaissances prescrits n'est administré aux enfants, quel que soit leur niveau. En effet, l'information inscrite sur les bulletins archivés est superficielle et imprécise. De nombreux enfants qui avaient réussi leur année scolaire avec des notes satisfaisantes on dû reprendre leur année. Pour d'autres enfants, le bulletin n'est préparé qu'après une fréquentation d'un an ou deux et leur assiduité n'est pas notée. D'autres mentionnent aussi des écarts inexpliqués d'un an sur leur bulletin[6].

Dans le cas d'une élève qui a fréquenté l'école pendant huit ans, on n'a qu'un seul dossier, soit « une feuille de notes »[7].

Le roulement de personnel dans les écoles est très élevé. À l'école de Carcross, au cours de l'année où King enseignait, il y avait cinq professeurs; un seul y travaillait depuis plus d'un an[8]. Les enseignants n'avaient que peu de formation sur ce à quoi ils devaient s'attendre en arrivant dans le Nord. En 1970, Ivan Mouat, responsable de l'éducation depuis longtemps dans les Territoires du Nord-Ouest, écrit ceci :

> Le roulement de personnel chez les enseignants est problématique dans le district de l'Arctique. Il arrive rarement qu'un enseignant reste plus de deux ans dans un établissement, et bon nombre d'entre eux ne reste qu'un an. Dans certains cas, les enseignants refusent de débarquer de l'avion une fois rendus dans le centre isolé; l'école locale n'ouvre donc pas ses portes avant qu'un remplaçant soit trouvé. Certains, incapables de vivre dans l'isolement, doivent être retirés. Désormais, la politique prévoit que deux enseignants soient envoyés dans une nouvelle école, que l'embauche soit justifiée ou non[9].

Dans le district du Mackenzie, on enseigne le programme de l'Alberta; dans le district du Keewatin, on enseigne le programme du Manitoba; dans l'est de l'Arctique, on enseigne le programme de l'Ontario; et dans le Nouveau-Québec (Nunavik) on enseigne le programme protestant du Québec[10]. En 1987, le conseiller pédagogique Roger LeFrançois indique à la commission territoriale sur l'éducation des Premières Nations que « le programme d'études de la Colombie-Britannique est donné au Yukon. Ce programme d'études s'adresse largement à une population urbaine, de classe moyenne et blanche ». Bien que des documents et des programmes plus polyvalents aient été mis au point, ils sont pour la plupart accessibles dans les grands centres, et non dans les régions où les Premières Nations constituent un large segment de la population[11].

Les manuels scolaires que les élèves lisent présentent généralement des problèmes et des exemples qui reflètent davantage la vie dans les milieux urbains du Sud. En 1960, Ann Meldrum, directrice d'école à Kangirsuk (Payne Bay) au Québec, rapporte que « les seuls livres et cahiers d'exercices fournis en quantité sont ceux de la série *Dick and Jane* »[12]. En plus d'utiliser la méthode et le contenu adaptés aux régions du Sud, les enseignants mettent l'accent sur le lien avec le Commonwealth britannique et la monarchie de même que sur la nation canadienne. Pour les enfants inuits, dont bon nombre ont grandi dans des camps éloignés ou dans des zones situées à proximité du réseau de détection lointaine avancée (DEW), l'apprentissage d'une langue étrangère et du concept de nation ne cadrait clairement pas avec leur expérience et leurs antécédents.

Même si le Ministère ne s'attardait pas vraiment à l'élaboration d'un programme d'études pour le Nord, il se concentrait quand même sur l'offre d'une formation professionnelle. À Yellowknife et à Churchill, les écoles avaient le mandat particulier de répondre à ce besoin. Une formation professionnelle était offerte à Yellowknife pour les Inuits et les Premières Nations de l'Arctique de l'Ouest, et à Churchill pour les Inuits de l'est et du nord du Québec[13]. Parmi les formations professionnelles offertes à Akaitcho Hall à Yellowknife, il y avait des cours sur la construction de bâtiment, la mécanique à temps plein, l'opération d'équipement lourd, l'économie domestique et les métiers requis pour obtenir un emploi dans le cadre du projet de la Commission d'énergie du Nord canadien[14].

Selon le rapport annuel des Affaires indiennes de 1966–1967 concernant l'école professionnelle de Churchill :

> Les étudiants les plus avancés ont exécuté, au cours de l'année, la construction complète d'une maison de cinq pièces dotée d'installations d'électricité, de plomberie et de chauffage. Dans l'aile réservée aux salles de classe, tous les étudiants passent quotidiennement une demi-heure à étudier des sujets généraux ayant trait à leur cours de préparation technique. C'est là également que se trouvent les laboratoires destinés aux jeunes filles. Le programme d'études de ces dernières comprend notamment des cours de dactylographie, de travail de bureau, d'art culinaire, de puériculture, de couture, de soins de beauté et d'économie domestique. Afin de permettre aux élèves d'acquérir une véritable expérience du travail auquel elles se préparent, on a conclu des ententes avec la Commission hospitalière du Manitoba et le Service d'alimentation de l'Institut canadien des aveugles, grâce auxquelles les étudiantes de niveau avancé ont pu acquérir une formation pratique, soit comme aides-infirmières dans des hôpitaux, soit comme aides au Service d'alimentation[15].

À Inuvik, où se trouvent deux résidences d'une capacité totale de 500 élèves, la formation professionnelle se limite à l'économie domestique pour les filles et au travail en atelier pour les garçons[16].

Fréquentation scolaire

Même l'année scolaire n'est pas adaptée à la vie dans le Nord. Depuis 1960, la politique des Affaires du Nord consiste à modifier l'année scolaire s'il y a entente entre les dirigeants locaux, le directeur et l'administrateur de la région. Comme l'indique le directeur de la Direction des régions septentrionales, « bon nombre de nos petites écoles ainsi que certaines écoles de taille moyenne souffrent gravement du grand nombre d'absences en mai et juin parce que les enfants accompagnent leurs parents à la chasse et à la pêche pendant des périodes de deux à trois mois ». En 1960, pour tenter de résoudre ce problème à Deline (Fort Franklin), on ferme l'école de la mi-mai ou du début juin jusqu'au début d'août. L'école est aussi fermée du 4 novembre au 2 janvier. Dès 1963, l'école reprend l'horaire conventionnel : selon le directeur, les familles ne partent plus tous ensemble à la chasse au printemps, et à l'automne, il y a moins de garçons qui accompagnent leur père pour aller piéger.

Cependant, le directeur mentionne qu'il est très difficile de s'assurer que les familles amènent leurs enfants à l'école dès leur retour au sein de la collectivité à la fin de la chasse printanière. « Pour eux, les mois d'été représentent la liberté et de nombreux parents ont indiqué clairement qu'ils ne souhaitaient pas que leurs enfants aillent à l'école en août. » Il est aussi très difficile de donner des cours dans les périodes ou le jour dure près de vingt-quatre heures, alors que les « collectivités sont actives vingt-quatre heures par jour ». Une année, deux enseignants d'Uluqsaqtuua (île Holman) ont voyagé avec les familles pour la chasse printanière. À Chesterfiled Inlet, les vacances s'étendent du 15 mai au 15 août afin de permettre aux élèves de revenir à la maison avant la débâcle printanière[17].

Langue d'enseignement

L'anglais était la langue d'enseignement. En 1965, en réponse aux critiques catholiques sur le rôle prééminent de l'anglais dans l'éducation des Inuits, le haut fonctionnaire des Affaires du Nord R. A. J. Phillips explique ceci : « Nous avons trop peu d'enseignants qui maîtrisent l'esquimau pour qu'il soit possible d'enseigner la langue, et nous devrons attendre plusieurs années avant qu'une population d'Esquimaux ait une éducation suffisante pour entreprendre une carrière en enseignement. » On soutient également que la négation de la connaissance des langues nationales du pays reléguerait les prochaines générations d'Inuits à une citoyenneté de seconde classe[18].

En 1959, E. W. Lynn, un responsable de la Compagnie de la Baie d'Hudson à Taloyoak (Spence Bay) dans les Territoires du Nord-Ouest, écrit au fonctionnaire J. V. Jacobson d'Affaires du Nord au nom des parents d'enfants qui fréquentent l'école à Inuvik.

> Je crois que les règlements appliqués à l'école d'Inuvik empêchent les enfants de parler, de lire ou d'écrire dans leur propre langue; je trouve ça choquant. D'une part, ce serait un crime que les Esquimaux perdent l'esprit artistique de leur écriture et d'autre part, les parents de ces enfants veulent toujours avoir des nouvelles de leur fils ou de leur fille, alors comment peuvent-ils le faire s'ils ne savent plus écrire et lire l'esquimau?
>
> Je suis d'avis qu'il faut faire quelque chose, parce que vous savez, en 1953, j'ai envoyé trois de mes enfants à l'école anglicane d'Aklavik. Lorsqu'ils sont revenus à la maison, aucun d'eux ne pouvait parler l'esquimau. Il y a deux ans, j'ai envoyé un autre de mes garçons à l'école d'Aklavik. Il maîtrisait très bien l'esquimau et pouvait l'écrire dans un style qui coulait. Sa mère, qui ne parle que l'esquimau, lui a fait promettre de continuer de lui écrire dès qu'il le pouvait. Pendant un an, il lui écrivait tout le temps, imaginez combien elle était heureuse lorsqu'elle recevait une lettre qu'elle pouvait comprendre. Mais l'hiver dernier, il lui a écrit une lettre dans un esquimau si mauvais qu'elle n'a rien pu comprendre de ce qu'il lui disait. À la fin c'était écrit : « J'oublie comment écrire en esquimau, maintenant on ne nous enseigne que l'anglais. » Son cœur était brisé.

Lyall recommandait que les enfants reçoivent « quelques leçons par semaine » dans leur propre langue et qu'ils soient tenus d'envoyer une lettre par semaine à la maison. Même si « c'était une très bonne idée d'enseigner aux Esquimaux les méthodes de l'homme blanc, qu'adviendrait-il de ceux qui doivent retourner dans leurs terres et y faire leur vie? », se demandait-il[19].

Un fonctionnaire d'Affaires du Nord lui répond qu'il pouvait « très bien comprendre qu'en tentant de familiariser les élèves esquimaux avec la langue anglaise, les enseignants d'Inuvik ne les encourageaient pas à parler esquimau à l'école ». Il ajoute qu'il n'est pas d'accord avec les politiques de l'école qui visent à empêcher les élèves de communiquer avec leurs parents dans leur propre langue à la maison. On recommande qu'une personne soit embauchée pour offrir aux élèves « une formation sur l'emploi de la langue esquimaude et pour s'assurer que les élèves écrivent régulièrement des lettres à la maison en esquimau »[20]. Quelques écoles font des efforts modestes pour offrir une certaine éducation dans les langues autochtones. En 1959, à Chesterfield Inlet, Affaires du Nord autorise l'embauche de Rosalie Iguptk pour enseigner l'écriture syllabique à Turquetil Hall, une heure par jour, cinq jours par semaine[21].

Quelques enseignants tentent d'adapter, pour leurs élèves inuits, le programme du Sud donné en anglais. Par exemple, une enseignante de l'externat fédéral de Taloyoak aide ses élèves à créer un livret d'histoires qu'ils ont eux-mêmes rédigées au sujet de leur collectivité, et un enseignant d'Arctic Bay écrit et chante des chansons sur le paysage local[22]. Cependant, même dans cette forme adaptée, l'anglais est la langue dominante et la forme des chansons et des histoires demeure euro-canadienne : les chansons sont chantées en anglais et accompagnées à la guitare, et les histoires sont écrites en anglais dans des livres reliés[23].

En 1967, le missionnaire oblat J. M. Rouselière écrit au sujet d'une récente visite dans le Nord :

> Il n'y a rien pour dissiper mon impression qu'aucune place n'est envisagée dans les écoles pour l'esquimau, même si les enseignants du Mackenzie viennent tout juste de recevoir des instructions visant à encourager les aides autochtones à parler l'esquimau aux débutants. L'hiver dernier, dans une école de Pelly Bay, j'ai moi-même entendu une aide esquimau, une jeune femme, dire à des enfants qui parlaient ensemble : « Ne parlez pas esquimau ici! »... et ces élèves n'étaient pas en classe[24].

En 1967, R. A. J. Phillips, l'ancien directeur de la Direction des régions septentrionales, défend les politiques linguistiques des écoles contre les accusations de « génocide culturel ». Le ministère des Affaires indiennes, écrit-il, se considère comme « le protecteur le plus efficace des traditions culturelles des Esquimaux. Il est prêt à utiliser la langue locale dans les niveaux inférieurs, mais par principe et par souci de commodité, il s'engage fermement à enseigner l'anglais. C'est une question de principe parce que l'éducation libérale ne peut s'obtenir que par l'usage d'une langue importante[25]. »

Même si de nombreux enfants ayant fréquenté les foyers disent qu'ils pouvaient parler des langues autochtones dans les foyers, selon un rapport de 1963, une élève de Snare Lake aurait été bâillonnée avec du ruban adhésif parce qu'elle avait parlé le dogrib à Grollier Hall[26].

Margaret Leishman, qui vivait à Lapointe Hall et à Grollier Hall, conserve de vifs souvenirs d'élèves punis pour avoir parlé des langues autochtones.

> J'avais de très bonnes notes à l'école, donc je n'avais pas à m'occuper d'eux, vous savez, et j'ai vu plusieurs de mes consoeurs de classe se faire... Chaque fois qu'on parlait le slavey, ce qu'on faisait tout le temps de toute façon, mais lorsqu'on se faisait prendre, vous savez, ils étaient punis parce qu'ils avaient parlé leur langue, parce qu'on devait communiquer ensemble. Parce que selon notre tradition, c'est comme ça que l'on communique pour répondre à nos besoins et là non... tu ne pouvais pas faire ça. Donc, c'était très, très difficile pour nous, et j'ai vu plusieurs de mes amis se faire punir, vous savez, surtout par les sœurs, elles prenaient un bâton ou une règle et elles les frappaient sur la tête, des choses comme ça. Encore une fois, j'ai vu beaucoup de... J'ai vu beaucoup de choses dans les pensionnats et mes sœurs et frères aussi, vous savez[27].

En 1964, Affaires du Nord revoit sa politique linguistique concernant les foyers. Jusque-là, la politique consiste à « encourager et à favoriser l'usage de l'anglais par les élèves dans les résidences d'élèves et dans le plus de situations parascolaires possible ». On note dans le document de politique que « les langues autochtones sont encore largement parlées dans les résidences » et que l'on encourage les enfants à écrire à leurs parents, en général dans leur « langue maternelle ». Bien qu'on ne prévoie pas interdire les langues autochtones dans les résidences, la décision politique est la suivante : « maintenir notre politique actuelle qui consiste à encourager un usage plus répandu de l'anglais à l'extérieur de la classe plutôt que de planifier un programme visant un emploi plus répandu des langues autochtones ». Cependant, on s'attendait à ce qu'au cours des années subséquentes, les langues autochtones soient enseignées dans les écoles[28].

En 1970, R. G. Williamson, membre de l'Assemblée législative des Territoires du Nord-Ouest, soulève des préoccupations quant à l'absence de formation en langue inuite au centre de formation professionnelle de Churchill. Il affirme qu'on lui a dit que le programme d'enseignement de la langue inuite de quarante minutes par semaine pendant six semaines, dirigé par le pasteur anglican Roger Briggs et offert l'année précédente, n'était pas offert cette année[29]. La question est transmise à Ralph Ritcey, qui est à ce moment le surintendant de la formation professionnelle à Affaires du Nord. Selon Ritcey, Briggs a donné des cours à Churchill pendant l'année scolaire 1968–1969 durant une brève période. En outre, la participation à ces cours était volontaire. Devant la critique de Williamson, Ritcey affirme que le Ministère est prêt à permettre à Briggs d'offrir à nouveau les cours, à condition qu'ils aient lieu le soir et que la participation demeure volontaire[30]. Un fonctionnaire du Ministère, Ivan Mouat, note qu'il est peu probable que la réponse de Ritcey satisfasse Williamson[31]. En avril 1970, le directeur de l'éducation pour les Territoires du Nord-Ouest, B. C. Gillie, annonce qu'un « programme de lecture en esquimau sera amorcé » à Churchill en septembre prochain[32]. Même s'il est impossible de respecter cette échéance, S. T. Mallon de l'école de langue esquimaude à Rankin Inlet est embauché en 1971 pour mettre en place un programme inuit pour Churchill[33]. Un ancien étudiant de Churchill est embauché pour enseigner l'inuktitut; Jose Kusugak devient ensuite gestionnaire de la Société Radio-Canada et président de l'Inuit Tapirisat du Canada. Eva Aariak, future première ministre du Nunavut, est l'une des étudiantes de Kusugak. Elle se souvient de Kusugak.

> Toujours en interaction avec sa classe, il faisait des blagues, des devinettes ou présentait une autre activité qui n'avait aucun lien avec le cours. Il nous a enseigné le nouveau système d'écriture normalisé ICI (Inuit Cultural Institute) et je le considère comme l'une des personnes clés qui ont animé mon amour de la langue et de la culture inuites[34].

En partie pour répondre aux organisations autochtones, le gouvernement des Territoires du Nord-Ouest fait une place dans son programme d'études à l'acquisition des aptitudes pour la chasse et l'utilisation de la terre et à la pratique de ces activités traditionnelles. Même si ces réformes sont modestes, elles suffisent pour provoquer des plaintes de la part du gouvernement fédéral indiquant que les fonctionnaires des Territoires du Nord-Ouest permettent « une formation qui mène à une vie de loisirs » dans leurs écoles[35].

Personnel

En 1974, Bryan Pearson, membre de l'Assemblée législative d'Iqaluit (Frobisher Bay) propose, de façon quelque peu dérisoire, que l'on pourrait améliorer le système d'éducation dans le Nord en congédiant d'un coup la moitié des enseignants et en les remplaçant par des gens de la collectivité. Cette proposition est à l'origine de l'éditorial rédigé par le bédéiste et auteur inuit Allootook Ipellie :

> Je crois que ce serait l'un des plus grands miracles que pourrait connaître le Nord, si cela se produisait [...]. Je soutiendrais la déclaration de M. Pearson, s'il pouvait donner au ministère de l'Éducation des Territoires du Nord-Ouest plus de temps pour former les Inuits afin qu'ils occupent des postes d'enseignants à temps plein [...] Je suis persuadé que M. Pearson est beaucoup plus intelligent que sa déclaration le laisse croire.

Après avoir réfléchi à l'importance des enseignants inuits comme modèles ainsi qu'à la nécessité de s'assurer que les Inuits souhaitent réellement occuper ces postes, Ippellie poursuit :

> Si la plupart des enseignants dans le Nord étaient des Inuits, les enfants inuits pourraient s'identifier à eux et réagir de façon plus positive à leur présence. Au lieu de penser qu'ils ne pourront jamais devenir meilleurs que leur professeur blanc, les enfants inuits commenceraient à penser que si un Inuk peut faire ça, ils le peuvent eux aussi. Cette situation favoriserait la création d'une meilleure relation entre les jeunes et les aînés, non seulement dans les écoles, mais aussi dans toute la collectivité. Il ne fait aucun doute que de nombreux autres avantages découleraient de cette initiative[36].

Les parents se sentaient souvent laissés de côté par le personnel de l'école et les administrateurs. En 1970, les parents inuits de Cambridge Bay expriment leurs préoccupations au sujet des mauvaises relations entre l'école et la collectivité aux responsables locaux du bien-être ainsi qu'à un missionnaire plutôt qu'aux responsables scolaires. Ils sont d'avis que l'école n'est pas assez stimulante et que la discipline est trop permissive et que les membres du personnel ne s'intéressent pas suffisamment aux élèves ni à la collectivité. N. J. Macpherson, le surintendant de l'éducation, demande aux membres du personnel de revoir la liste de plaintes et de « prendre les mesures nécessaires pour améliorer toute phase du fonctionnement de l'école qui est lacunaire »[37].

En 1979, deux membres de l'Assemblée législative, Ipeelee Kilabuk et Piita Irniq (un ancien pensionnaire), soulignent qu'il faut des enseignants inuits pour maintenir la culture inuite. Il faut donc embaucher des Inuits et des Dénés, de préférence des aînés, à titre d'enseignants à temps plein dans certaines collectivités. Le sous-commissaire John Parker répond que l'administration pourrait très clairement devoir réagir en coupant dans d'autres programmes ou en congédiant d'autres enseignants[38].

L'exploitation des écoles était empreinte de conflits sur les croyances religieuses des membres du personnel. Par exemple, en 1966, les anglicans se plaignent parce que le Ministère a décidé d'embaucher un non-protestant, en l'occurrence un membre de la foi bahá'íe, pour enseigner à Qamani'tuaq (Baker Lake). C. M. Bolger, fonctionnaire du ministère du Nord canadien, répond ceci :

> C'est la politique du Ministère de n'embaucher que des enseignants catholiques dans ces classes où une majorité d'enfants catholiques sont inscrits. Des directeurs catholiques sont embauchés dans les écoles où la plupart des personnes inscrites sont de cette religion. Les enseignants de confession religieuse autre que le catholicisme sont embauchés dans des classes où la plupart des élèves inscrits sont protestants. De la même façon, les directeurs qui sont d'une autre religion que le catholicisme sont embauchés dans les écoles où la plupart des personnes inscrites sont protestantes[39].

Cette réponse ne satisfait pas l'évêque anglican Donald Marsh, qui écrit : « Il y a de nombreuses années, lorsque nous avons discuté de la question des appartenances religieuses des enseignants et des directeurs, il a été convenu et entendu que les enseignants doivent d'abord tous être anglicans et que, s'il n'y a pas suffisamment d'anglicans qui acceptent de servir dans l'Arctique, les personnes acceptées doivent être de l'une des confessions religieuses importantes au Canada. » Il s'attendait à ce que ces personnes soient de religion protestante. Les membres de la foi bahá'íe, dit-il, ne sont pas des chrétiens et ne doivent pas être considérés comme étant des protestants. Comme les « Esquimaux sont presque tous anglicans », il fait valoir que leurs enseignants devraient l'être aussi. Les non-anglicans, particulièrement les non-chrétiens, pourraient « introduire leurs propres croyances étranges dans leurs enseignements à l'école, ou ouvrir des écoles du dimanche concurrentes ce qui créerait, comme vous pouvez l'imaginer, de l'incertitude et des bouleversements dans l'esprit des élèves, de leurs parents et du clergé concerné »[40]. Sans le reconnaître, il décrivait bien sûr le processus même que les missionnaires anglicans avaient suivi lorsqu'ils ont décidé de convertir les Inuits et les autres peuples autochtones en leur faisant abandonner leurs propres pratiques spirituelles.

Pour sa part, la hiérarchie catholique demeurait méfiante et hostile à l'égard du Ministère. En 1961, le père André Renaud, directeur général de la Commission esquimo-indienne des oblats, affirme que les hauts dirigeants sont non seulement des protestants laïques, mais aussi, en règle générale, ouvertement anticatholiques. En ce qui concerne l'éducation, il dit ceci : « Maintenant que les catholiques ont été quasi éliminés des postes supérieurs, la section de l'éducation du ministère des Affaires indiennes est un véritable paradis des orangistes[41]. »

Résultats pédagogiques

Dans l'ensemble les résultats pédagogiques étaient décevants, tant au Yukon que dans les Territoires du Nord-Ouest. À l'automne 1961, le foyer catholique de Whitehorse (par la suite appelé Coudert Hall) ouvre ses portes. L'année suivante, le directeur de la résidence, le révérend Eugene Cullinane, rédige une évaluation désolante des tentatives visant à intégrer les élèves dans le système scolaire de Whitehorse. Après trois mois d'école, il devient apparent que la plupart des élèves, inscrits de la huitième à la douzième année, étaient en situation d'échec. « La situation académique en déclin présentait une grave menace à la stabilité même de notre nouveau foyer et à la vie entre ses murs, ce qui causait beaucoup de préoccupations. Au milieu de l'année, la plupart de nos élèves étaient très frustrés parce qu'ils n'étaient pas capables de suivre le programme d'études. » Un programme de tutorat d'urgence est donc mis en place et un grand nombre d'élèves sont placés dans une année inférieure. Cette mesure permet à certains élèves plus jeunes de s'améliorer. Par contre, les plus vieux étaient « très misérables, mécontents, hostiles »; un grand nombre d'entre eux demandaient à retourner à la maison et d'autres s'enfuyaient tout simplement. Quatorze élèves partent dès qu'ils ont 16 ans. Une de ces jeunes est accueillie par ses parents à la maison « dans un état de détresse, au bord de la dépression nerveuse ». Parmi les 40 élèves qui fréquentaient l'école, il s'attendait à ce que seulement 18 retournent l'année suivante. Soixante pour cent des élèves inscrits décrochent.

Cullinane évalue ensuite les répercussions des vingt dernières années d'efforts en matière d'éducation. Malgré ce qu'il appelle « les efforts sincères et honnêtes » du gouvernement et des Églises, « une évaluation candide et neutre des résultats jusqu'ici obtenus révèlent un échec relatif ». Le sort des Premières Nations du Yukon pendant cette période, écrit-il, ne s'améliore pas; « il s'aggrave ».

Les élèves quittent les écoles mal préparés pour la vie. « Éduqués dans un pensionnat ordonné et strict de 6 à 16 ans, ils ne connaissent aucun autre mode de vie, ni celui de leurs ancêtres, ni celui de l'homme blanc, et ils n'ont aucune compétence ni formation de métier leur permettant de gagner leur vie. Ils se retrouvent suspendus entre ces deux mondes dans un vide qui n'est comblé pratiquement que par des troubles affectifs. »

Pour se préparer à l'année qui s'en vient, Cullinane demande à son personnel de passer l'été « dans les villages indiens afin de mieux connaître les Autochtones ». Pendant l'année scolaire, le personnel devait suivre des cours à distance en anthropologie culturelle.

Quant à l'enseignement offert, il dit qu'il est évident que « seul un pourcentage de nos jeunes Indiens des deux sexes est capable d'être actuellement intégré dans les écoles, les collèges et la formation professionnelle de l'homme blanc ». Un plus grand groupe, mais quand même une minorité, devrait recevoir une formation professionnelle. Mais la plupart doivent suivre une formation dans une école de métier, c'est-à-dire un stage pratique comportant « le moins de matières académiques possible, peu importe lesquelles ». Enfin, « un programme d'études spécialement conçu et un environnement adapté doivent être offerts à la grande majorité de nos jeunes Indiennes du Yukon afin de leur enseigner les arts anciens et la science en ce qui a trait à l'établissement et à l'entretien d'une maison et pour développer chez elles la stabilité affective et la maturité nécessaires à la réussite de leur mariage et à la stabilité de leur foyer ». Cullinane estime que l'échec des écoles est particulièrement grave pour la femme : « Mature sur les plans physique et sexuel, mais encore une jeune enfant sur le plan affectif, elle est exploitée, faite victime, profanée et démoralisée par le type dépravé, psychotique et prédateur qu'est l'homme blanc, celui que le Yukon semble toujours attirer. C'est l'intégration à son plus bas[42]. »

Dans une autre évaluation datant de cette période, Cullinane écrit qu'il s'attendait à ce que le taux de décrochage chez les 16 ans soit de 100 %, malgré le remplacement

« des enseignements faibles et vulnérables sur le plan émotif » par des « enseignants plus stables et efficaces ». L'intégration, perçue comme étant implantée à un rythme révolutionnaire, en était la cause. Le déplacement des élèves d'un « environnement presque entièrement indien au Yukon (du village et du pensionnat), selon une politique ségrégationniste *de facto*, vers une immersion soudaine, après 13 ou 14 ans, dans le monde et les écoles de l'homme blanc en guise de tentative d'intégration — voilà une violation de toute loi physique et biologique fondamentale ». Il est d'avis que « les procédures actuelles sont en réalité la cause d'une désorientation de la personnalité chez les élèves et des maladies névrotiques qui entraînent l'alcoolisme et la soi-disant délinquance juvénile »[43].

Un message semblable a déjà été envoyé un an plus tôt, en 1961, par W. E. Grant, le surintendant des Indiens de l'agence du Yukon, à l'assistant du commissaire aux Indiens en Colombie-Britannique, soulignant que dans les « endroits où les enfants vivaient à la maison et fréquentaient un externat local, ils apprenaient suffisamment de choses de leurs parents, du moins pour savoir comment piéger, chasser et pêcher. Les enfants qui ont passé sept ou huit ans en pensionnat et qui ne poursuivent pas leurs études après la sixième année sont effectivement "perdus" lorsqu'ils retournent dans la réserve à 16 ans. » Il recommande que les enseignants dans les pensionnats indiquent quels élèves, selon eux, ne se rendront pas au secondaire. Ceux-ci recevraient une formation minimale en classe. Ils passeraient plutôt leurs journées à faire de la menuiserie, de la mécanique, des travaux en électricité, de la plomberie ainsi que le piégeage et l'entretien ménager, les soins à domicile, le service aux tables, l'artisanat et la couture[44].

En 1963, D. W. Hepburn, l'ancien directeur de l'école fédérale à Inuvik, publie un article préoccupant intitulé « Northern Education: Façade for Failure ». Il fait valoir que l'éducation offerte dans les nouvelles écoles fédérales était « désespérément inadéquate. Les raisons de cet échec sont claires : les objectifs du Ministère sont profondément confus, le programme pédagogique est inadapté, et plusieurs pratiques actuelles du système sont non seulement mal conçues, mais carrément dangereuses[45]. »

Les fonctionnaires du Ministère soutenaient que les écoles étaient conçues pour permettre aux élèves « de devenir efficaces en [anglais], sans perdre leur propre traduction culturelle et linguistique ». Cependant, Hepburn écrit ceci : « Aucune disposition, quelle qu'elle soit, ne figure dans le programme d'études pour encourager le maintien de la langue maternelle, de la culture ou des aptitudes. » Même si 60 % des élèves de l'école d'Inuvik étaient inscrits aux trois premières années du primaire, peu d'enseignants possédaient une quelconque expérience en enseignement primaire et « quasiment aucun d'entre eux n'a reçu et ne recevra une formation spéciale en éducation des Indiens de la part du Ministère »[46]. Par le fait même, à leur sortie de l'école, les élèves « non seulement ne possèdent pas les compétences requises pour exercer la plupart des emplois salariés permanents, mais également les compétences nécessaires pour l'économie traditionnelle »[47].

Dans leurs déclarations à la CVR, les anciens élèves ont confirmé l'exactitude de la prédiction d'Hepburn, à savoir que les élèves n'auraient pas les compétences requises pour vivre selon le mode de vie traditionnel. Petah Inukpuk, ancien élève d'un des foyers d'Inuvik, explique qu'avant d'aller à l'école, il était un chasseur nomade qui, même à l'âge de cinq ans, avait sa propre équipe de chiens et était capable de chasser le phoque[48]. Il parlait de ces années avec fierté. Son départ pour le foyer et l'école à Inuvik ont mis fin à ce mode de vie, créant ainsi un écart entre lui et son passé, et entre lui et ses parents. Comme il l'indique, après avoir terminé l'école, « j'ai dû repartir à zéro puisque je ne savais plus rien »[49]. Avant tout, l'expérience du pensionnat est celle de l'obligation, dans une très courte période, de se séparer d'un mode de vie pour devenir rapidement acculturé, par l'entremise du foyer[50].

En 1970, le système des foyers est en place depuis maintenant une décennie, mais seulement 1 800 élèves des Territoires du Nord-Ouest fréquentaient des écoles secondaires, même si, à cette époque, l'école secondaire incluait la septième et la huitième année. Un peu moins de la moitié de ces élèves (644) étudiaient dans les niveaux supérieurs, soit de la dixième à la douzième année. Dans l'est de l'Arctique, seulement 14 élèves se sont inscrits dans des niveaux supérieurs, soit de la neuvième à la douzième année[51]. En 1971, Grollier Hall (Inuvik) fait l'examen des statistiques d'inscription et conclut que des cinquante garçons de niveau supérieur inscrits à l'école chaque année, trois étaient renvoyés, neuf partaient par choix et 38 terminaient leur année. D'entre eux, environ 24 retournaient l'année suivante[52]. Au cours des années subséquentes, certains signes positifs sont observés : dans le deuxième trimestre de l'année scolaire 1986-1987, le taux de réussite des élèves d'Akaitcho Hall (Yellowknife) est de 88 %[53]. Dans le premier trimestre de l'année suivante, il est de 78 %[54]. Cependant, il y a d'autres résultats moins réjouissants : en 1990-1991, 38 élèves de la région du Kitikmeot (anciennement la région centrale de l'Arctique) ont décroché et quitté Akaitcho Hall[55]. On comptait 12 000 élèves inscrits dans les écoles des Territoires du Nord-Ouest en 1980, mais seulement 192 ont été diplômés cette année-là[56]. En 1988, les élèves autochtones représentaient 70 % des inscriptions au secondaire dans les Territoires du Nord-Ouest, mais seulement 31 % des diplômés[57].

Nombreux étaient les élèves qui ne pouvaient s'identifier au contenu des manuels scolaires. Par exemple, Lillian Elias se souvient : « Quand je regardais Dick et Jane, je pensais que Dick et Jane étaient au ciel quand je voyais tout le gazon vert. Ça vous montre ce que je savais de Dick et Jane[58]! » Cependant, d'autres trouvaient l'expérience en classe enrichissante. Paul Quassa mentionne que l'école de Chesterfield Inlet, bien qu'extrêmement stricte, connaissait la réussite; « Si je regarde la façon dont le système d'éducation était mis en place, ça fonctionnait vraiment. On nous enseignait bien[59] ». Piita Irniq est d'accord : « L'éducation que nous avons reçue à Chesterfield Inlet était excellente » malgré les abus que lui et de nombreux autres élèves ont déclarés être survenus à cette époque dans cet établissement[60]. Eddie Dillon, un ancien élève de l'école Sir Alexander Mackenzie alors qu'il vivait à Stringer Hall à Inuvik, est reconnaissant de l'éducation qu'il a reçue dans les années 1960. Dans son témoignage à la CVR, il prend soin de remercier ses parents ainsi que le « gouvernement du Canada » de lui avoir donné l'occasion de faire des études, ce qu'il n'aurait pas eu dans son propre village[61].

Dans son rapport de 1994 sur les abus à l'école Joseph Bernier et Turquetil Hall de Chesterfield Inlet, rapport préparé au nom du gouvernement des Territoires du Nord-Ouest, l'avocate Katherine Peterson de Yellowknife écrit ceci :

> On pourrait établir un bien fondé solide concernant la déclaration généralisée selon laquelle l'existence des pensionnats en soi constituait une expérience abusive pour les élèves parce qu'ils étaient retirés de leur milieu et placés dans un environnement effrayant et détaché de leur famille et de leur culture[62].

Plus précisément, elle écrit sur la manière dont les élèves étaient ridiculisés parce qu'ils parlaient mal l'anglais ou qu'ils étaient incapables de terminer leurs travaux scolaires; « une discipline trop zélée »; l'isolement arbitraire de la fratrie de sexe opposé; le manque d'attention porté à la culture inuite et l'accent trop prononcé sur « la culture occidentale et sa supériorité »; et la séparation de jeunes enfants de leurs soutiens traditionnels et liens familiaux[63]. Elle distingue l'assimilation culturelle dans un commentaire particulier :

> L'enseignement de la culture inuite, l'amélioration de celle-ci et la valeur qui lui est accordée ne constituent pas une part importante de l'expérience des anciens élèves de l'école de Chesterfield Inlet. L'accent semblait plutôt porter sur la promotion de la langue anglaise, de la culture occidentale et des tenants de la religion catholique. Par conséquent, les enfants inuits se sont non seulement fait voler, du moins pendant une certaine période, le sentiment de valeur à l'égard de leur culture, mais ils ont aussi perdu des années au cours desquelles ils auraient pu vivre cette culture dans leur propre collectivité. Dans une culture où le rôle de la famille et le lien avec la terre sont si importants, il est facile de voir pourquoi ces élèves ont vécu un si fort sentiment de détachement et de perte[64].

Peterson remarque que quelques anciens élèves décrivent positivement leurs expériences à l'école. Par exemple, l'un deux indique qu'il n'aurait jamais appris à lire ou à écrire en syllabique s'il n'était pas allé à l'école. D'autres mentionnent que l'école les a préparés à occuper des postes de responsabilité dans leurs collectivités. Cependant, l'évaluation globale démontre que le temps passé à l'école a détourné ces enfants de leurs collectivités, brisé leurs liens avec leur culture et réduit leurs capacités parentales[65].

Dans leurs déclarations, certains anciens élèves expriment aussi de manière positive l'avantage d'avoir appris l'anglais[66]. Les anciens élèves se rappellent aussi l'excitation liée à l'apprentissage du monde à l'extérieur de l'Arctique. Des élèves inscrits à l'école de Churchill parlent de l'enseignement qu'ils ont reçu de la part d'enseignants ouverts d'esprit qui trouvaient important de les exposer aux changements sociaux et politiques ayant cours dans le monde entier dans les années 1960[67]. John Amagoalik écrit ceci à propos du centre de formation professionnelle de Churchill : « Nous avons eu d'excellents professeurs. Nous parlons d'eux encore aujourd'hui [...]. Ils nous traitaient comme des gens normaux. Nous n'avions jamais fait l'expérience de ce genre d'attitude auparavant et ça a été libérateur, d'une certaine manière, de se retrouver avec de nouveaux professeurs qui nous traitaient en égal[68]. » David Simailak, un élève de l'école Duke of Edinburg à Churchill, explique que le temps passé au pensionnat lui a offert un éventail de nouvelles possibilités. Il se rappelle tendrement ses bons résultats en mathématiques et dans les concours d'épellation, et son voyage à l'Expo 67 de Montréal[69].

Pour d'autres élèves, la classe était agréable pour une tout autre raison. Dans le cas des enfants qui étaient intimidés ou qui souffraient d'abus physiques ou sexuels dans les foyers, la classe était un refuge sécuritaire. Pour Marjorie Ovayuak, intimidée par des filles plus âgées à Stringer Hall, la classe était son refuge : « On riait de moi, on me taquinait, on était sur mon dos... Le foyer n'était pas si terrible, mais lorsque j'allais à l'école, j'étais heureuse... Tant que j'étais loin de Stringer Hall[70]... »

Ce ne sont pas tous les élèves du Nord qui ont étudié dans le Nord. À la fin des années 1950, le gouvernement fédéral envoie 51 jeunes Inuits à Leduc en Alberta, pour une formation afin de travailler pour le réseau DEW[71]. Dans les années 1960, le gouvernement fédéral décide de lancer le programme des « Esquimaux expérimentaux », dans le cadre duquel on sélectionnait des jeunes capables de vivre une vie de classe moyenne et de fréquenter l'école dans des endroits variés comme Petite Rivière dans le comté de Lunenburg en Nouvelle-Écosse, à Winnipeg et à Ottawa[72]. L'expérience avait pour but de favoriser l'éducation des jeunes et de montrer aux sceptiques que les élèves inuits étaient, du moins sur le plan académique, égaux à leurs homologues non inuits. Comme d'autres qui les ont suivis, certains étaient capables de s'épanouir sur les plans social et académique, et reconnaissaient les avantages de leur participation au programme. En raison de leur immersion dans la société blanche, lorsque ces élèves sont retournés à la maison, ils se sont avérés indispensables pour aider à combler le fossé entre les gens de leurs collectivités et les autorités gouvernementales[73]. Bon nombre ont joué ces rôles de leadership dans des campagnes de défense et de reconnaissance des droits des Inuits. Peter Ittinuar, qui a fait ses études secondaires à Ottawa pendant deux ans, est devenu le premier membre inuk du Parlement[74]. Malgré son succès, Ittinuar estime que, pour de nombreux enfants, le programme a donné des résultats mitigés. Dans son autobiographie, Ittinuar écrit que son ami d'école Zebedee Nungak de Puvirnituq a toujours dit « qu'il n'a jamais regretté l'expérience, mais qu'il ne s'en est jamais remis non plus »[75].

CHAPITRE 9

Les grands foyers

Bien qu'en 1955, Jean Lesage, alors ministre du Nord canadien et des Ressources nationales du Canada, avait déjà indiqué que les pensionnats ne convenaient pas au Nord canadien, six ans plus tard, en 1961, le système de grands foyers du gouvernement fédéral y est pleinement établi. Les foyers reproduisent les problèmes qui caractérisent les pensionnats du Sud du Canada. Il s'agit de grandes institutions enrégimentées, dirigées par des missionnaires dont la principale préoccupation est de convertir et de garder les fidèles. Le curriculum est inapproprié, sur les plans culturel et géographique et, si un certain nombre d'écoles ont acquis une réputation enviable, la plupart regroupent des élèves qui n'obtiennent pas de bons résultats scolaires. Les abus sexuels représentent un grave problème dans certains établissements. Cette maltraitance est jumelée à l'omission du gouvernement et des administrations scolaires de procéder à de véritables enquêtes et de poursuivre les responsables devant les tribunaux. On fait passer les intérêts institutionnels avant ceux des enfants.

La plupart des élèves qui vivent dans les deux foyers du Yukon, à Whitehorse, sont issus de familles des Premières Nations. Dans les Territoires du Nord-Ouest, sept grands établissements ont été érigés dans cinq collectivités de l'Arctique de l'Ouest : Yellowknife, Fort McPherson, Fort Smith, Fort Simpson et Inuvik. (Le collège Grandin, lui aussi situé à Fort Smith, ne fait pas partie des grands foyers du système fédéral et sera abordé séparément.) Ces collectivités sont établies sur le fleuve MacKenzie et son delta, ou sur les lacs et les rivières de son bassin versant. Les élèves des Premières Nations, les Métis et les Inuits sont regroupés dans les différents pensionnats de l'Arctique de l'Ouest. Lors de l'ouverture du centre de formation professionnelle Churchill, en 1964, il n'y a qu'un seul foyer dans l'Arctique de l'Est : Turquetil Hall, à Chesterfield Inlet, sur la rive Ouest de la baie d'Hudson. Le nombre limité de foyers dans l'Est oblige de nombreux enfants inuits à s'inscrire aux écoles et aux foyers de l'Arctique de l'Ouest, plus particulièrement ceux d'Inuvik (la collectivité la plus au Nord parmi celles dont les pensionnats se trouvent à l'Ouest) et de Yellowknife (qui offrent aux élèves l'accès à toute une gamme de programmes de formation professionnelle). Ainsi, en 1970, à Inuvik, 185 élèves inuits provenant de régions aussi éloignées qu'Iqaluktuuttiaq (Cambridge Bay), Taloyoak (Spence Bay) et Gjoa Haven[1], résident à Stringer Hall. La même année, Yellowknife regroupe des élèves de tous les coins de l'Arctique, y compris Iqaluktuuttiaq, Kugluktuk (Coppermine), Inuvik, Iqaluit (Frobisher Bay), Bathurst Inlet et même le Nouveau-Québec[2]. En une seule année, le centre de formation professionnelle Churchill accueille des élèves de Qamani'tuaq (Baker Lake), de Chesterfield Inlet, de Coral Harbour, d'Arviat (Eskimo Point), d'Igloolik, de Kangiqliniq (Rankin Inlet), de Naujaat (Repulse Bay), de Whale Cove, de Qikiqtarjuaq (île Broughton), de Kinngait (Cape Dorset), d'Iqaluit, de Grise Fiord, de Pangnirtung, de Mittimatalik (Pond Inlet) et de Resolute Bay, des régions qui, à l'époque, font toutes partie des Territoires du Nord-Ouest, puisque la création du Nunavut n'aura lieu qu'en 1999. Les élèves proviennent aussi d'Ivuyivik (Port Harrison), de Quaqtaq, de Kangirsuk (Payne Bay) et de Sugluk, dans le nord du Québec[3]. Les distances que doivent parcourir certains de ces élèves sont prodigieuses : Inuvik est à plus de 1 500 kilomètres de Taloyoak, alors que 2 200 kilomètres séparent Iqaluit de Yellowknife[4].

Les résidences sont souvent de grands immeubles. À Inuvik, par exemple, Grollier Hall et Stringer Hall ont été conçus pour recevoir chacun 250 élèves[5]. Initialement, Akaitcho Hall, à Yellowknife, doit accueillir 100 élèves, Bompas Hall, dirigé par l'Église anglicane, 50 élèves, et Lapointe Hall, un établissement catholique dans la même collectivité, peut en recevoir 150. À Akaitcho Hall, l'effectif initial compte dix personnes : un directeur, une surveillante et son adjointe, un cuisinier et un commis de cuisine, une blanchisseuse, un concierge, un homme à tout faire et deux superviseurs de dortoir (un homme et une femme). Lapointe Hall, qui compte cinquante élèves de plus, se voit attribuer trois employés supplémentaires[6]. Ainsi, à la fin des années 1960, deux groupes distincts d'employés travaillent à Stringer Hall. Le premier est constitué de quatre superviseurs non autochtones, responsables des dortoirs des garçons et des filles (un pour chacun des dortoirs des enfants plus âgés et un pour chacun des dortoirs des plus jeunes), ainsi qu'un certain nombre d'adjoints autochtones qui s'occupent des plus petits. Le deuxième groupe, comprenant l'infirmière et le personnel de cuisine et de salle à manger, est dirigé par la surveillante de l'établissement et travaille à l'extérieur des dortoirs. La plupart des membres du personnel, à l'exception des adjoints des superviseurs de dortoirs et de certains employés de cuisine et de salle à manger, ne sont pas originaires du Nord et ne parlent que l'anglais. La surveillante et son personnel ont pour tâche d'encadrer les activités du réfectoire, les superviseurs étant responsables des dortoirs[7].

À Stringer Hall, à Inuvik, au début des années 1960, il n'est pas rare que le nombre d'inscriptions dépasse la capacité d'accueil. Ainsi, en 1963, l'établissement héberge 277 élèves, alors qu'il ne peut en accueillir que 250. Pour sa part, Grollier Hall, qui se trouve dans la même collectivité, compte soixante-quinze lits inoccupés. Comme ils sont identifiés comme étant de confession anglicane, les enfants ne peuvent être transférés de Stringer Hall à Grollier Hall, ce dernier étant dirigé par des catholiques[8]. En 1964, Stringer Hall héberge 300 élèves et aucune solution visant à désengorger l'établissement n'est envisagée dans un proche avenir[9]. Il n'est donc pas surprenant de lire, en 1965, à la suite d'un examen des pensionnats, que « l'existence de pensionnats séparés et distincts, jumelée au fait que les écoles suivent des programmes d'activités parascolaires séparés et distincts ne peut qu'entraîner une duplication inutile et non fondée »[10]. En 1967, un examen des conditions sanitaires de Turquetil Hall, à Chesterfield Inlet, mène à la conclusion que l'installation est « nettement surpeuplée. »[11]

Dans plusieurs pensionnats, l'intimité est limitée, surtout au cours des premières années, alors que la plupart des élèves dorment dans des dortoirs au sein desquels les lits sont « disposés comme dans l'armée, pour accueillir cinquante ou soixante personnes dans une seule pièce »[12]. Les résidents des foyers de Yellowknife et de Churchill jouissent d'une intimité et d'un confort beaucoup plus grands. Il s'agit en effet de pensionnats assez modernes, munis de chambres plus petites, pouvant accueillir quatre personnes[13].

Recrutement et résistance

En 1960, le gouvernement fédéral dresse une liste de sept critères pour la sélection des élèves qui fréquenteront les foyers et les pensionnats du Nord :

- Ils doivent résider dans un secteur « relativement près » de l'établissement.
- Ils doivent avoir subi un examen médical et des radiographies.
- Ils doivent être âgés de six ans au 31 décembre de l'année de l'admission.
- La priorité est accordée aux élèves qui ont fréquenté l'établissement l'année précédente.
- Ils doivent appartenir à la même confession religieuse que l'autorité dirigeante de l'établissement.
- Ils ne doivent pas avoir accès à des externats ou à d'autres établissements d'enseignement.
- Le recrutement ne doit pas dépasser le nombre d'inscriptions approuvé pour l'école[14].

Initialement, les Affaires indiennes recommandent qu'avant de les admettre dans les pensionnats, les « enfants indiens soient examinés par un médecin et les Esquimaux, par une infirmière ». Si cela témoigne probablement du fait que peu de médecins pratiquent dans l'Arctique de l'Est, un fonctionnaire ne peut s'empêcher de faire remarquer qu'il ne comprend pas pourquoi « un médecin est requis pour les enfants indiens et une infirmière pour les Esquimaux »[15].

Lors de la sélection des premiers élèves des pensionnats d'Inuvik, en 1959, les Affaires du Nord comptent sur les études préliminaires menées par les missionnaires, les employés de la Compagnie de la Baie d'Hudson, les enseignants et les agents de la Gendarmerie. Les élèves sont envoyés aux points de rassemblement dans de petits avions, puis se rendent à Inuvik à bord d'avions plus importants[16].

Norman Burgess a souvent eu le mandat d'organiser le transport aérien des premiers élèves. Il fait une troublante description de la façon dont une petite fille a été soustraite à sa famille, dans un secteur éloigné, à l'est de l'île Herschel. La famille se trouvait dans une embarcation, sur l'eau, lorsque l'avion

> [...] s'est posé juste à côté. Au milieu de nulle part, ils ont enlevé la petite fille, qui criait et se débattait, l'ont mise dans l'avion — la mère pleurait, le père pleurait, l'enfant pleurait, tout cela faisait partie du jeu, à l'époque — et transportée à Inuvik pour la placer dans un pensionnat. C'était très éprouvant et je ne prétends pas que j'étais d'accord, mais on n'avait pas tellement le choix[17].

Certains enfants, comme Eric Anautalik, n'avaient jamais même vu d'avion auparavant[18]. Cela amplifiait l'excitation du voyage, mais plusieurs élèves se souviennent de ce périple aérien comme étant inconfortable et dangereux[19]. Beatrice Bernhardt indique qu'elle n'avait que six ans et qu'on ne lui a donné ni nourriture ni eau, pendant le voyage entre la région de Kugluktuk et Inuvik[20]. Paul Quassa, qui était lui aussi âgé d'environ six ans, lorsqu'il a été envoyé d'Igloolik à Chesterfield Inlet, se souvient qu'il n'y avait pas de siège, ni de mesures de sécurité à bord de l'avion : « On était assis sur le plancher de l'avion. » Il se souvient aussi que les enfants devaient uriner dans l'avion. « Il n'y avait pas de salle de bain, à bord. Mais, comme on était des enfants, on ne pouvait pas se retenir. » À l'instar des autres allers-retours qu'il effectuera dans l'avenir, le premier vol de Paul Quassa, entre Naujaat et Kangiqliniq, comporte plusieurs escales au cours desquelles de nombreux enfants viennent s'ajouter : « On s'arrêtait le long de la route, puis l'avion décollait et on repartait[21]. »

« Selon un témoin, ils kidnappent les enfants pour remplir l'école »

Les foyers font l'objet d'une vague de publicité négative. En septembre 1959, Erik Watt, journaliste au *Winnipeg Free Press*, écrit un article sur le recrutement des élèves dont le titre se lit comme suit : « Selon un témoin, ils kidnappent les enfants pour remplir l'école ». D'après Watt, un résident d'Old Crow, au Yukon, lui a rapporté que les enfants avaient été ni plus ni moins kidnappés pour « remplir et justifier la création d'une super école dont personne ne veut dans le Nord, à l'exception du gouvernement et de l'Église anglicane ». Watt précise que les enfants d'Old Crow ont été placés au nouveau foyer anglican de Fort McPherson. L'article insiste sur la distance qu'ont dû parcourir les élèves, l'opposition des parents au fait de se séparer de leurs enfants et la ségrégation religieuse essentielle au système. Un policier de la Gendarmerie souhaitant garder l'anonymat est cité en ces termes : « Aucune Église ne souhaite voir ses convertis entachés au contact des membres d'une autre confession. C'est un excellent moyen de leur apprendre comment devenir de bons citoyens[22]. »

Les rumeurs d'enlèvements ne s'estompent pas. Au début des années 1960, Richard Bell, alors ministre de la Citoyenneté et de l'Immigration, déclare : « On a fait beaucoup de publicité autour de la rumeur selon laquelle le gouvernement enlève littéralement les bébés des bras de leur mère pour les héberger dans des foyers (tout cela au nom de l'éducation). L'absurdité de telles allégations est démontrée par le fait que tous les élèves doivent être d'âge scolaire, soit au moins six ans, et que le consentement des parents ou du tuteur légal est obligatoire à l'admission[23]. »

Des formulaires de consentement sont en effet généralement obtenus des parents, mais il arrive parfois qu'une certaine pression soit exercée. En 1963, un fonctionnaire des Affaires du Nord, W. G. Booth, voyage dans les Territoires du Nord-Ouest, en compagnie de l'équipe chargée des Traités, afin de recruter des élèves pour les pensionnats d'Inuvik. Dans une collectivité, les parents insistent sur le fait qu'au lieu d'envoyer leurs enfants ailleurs, ils souhaitent qu'on construise un externat dans la collectivité. « À première vue, il ne semble pas être question du départ de quelque enfant que ce soit », écrit-il. Toutefois, avec l'aide du policier de la Gendarmerie, qui est là en tant que membre de l'équipe chargée des Traités, et l'interprète du gouvernement, il réussit finalement à « obtenir les signatures des parents de six enfants »[24].

Dans un article d'*Inuit Today*, daté de 1977, Armand Tagoona décrit les pressions exercées sur les parents pour obtenir leur consentement. Il se souvient avoir été approché par le responsable des règlements pour servir d'interprète auprès d'un couple dont la petite fille était sur la liste des enfants devant être envoyés au centre de formation professionnelle Churchill. Les parents s'opposaient à son départ, puisqu'elle était en âge de se marier. Le fonctionnaire a demandé à Tagoona de leur expliquer que, s'ils ne laissaient pas partir leur fille, il ne voulait plus jamais les voir dans son bureau. « Même si vous n'avez plus rien à manger, on ne vous accordera pas d'aide sociale... ». La mère et le père se sont alors tournés l'un vers l'autre, d'un regard entendu, et la mère a fini par dire : « D'accord, elle peut partir[25]. »

Norman Attungala se souvient que c'est un fonctionnaire des Affaires indiennes qui lui a dit d'envoyer son fils au pensionnat[26]. Les survivants expliquent qu'en d'autres temps, les parents envoyaient leurs enfants au pensionnat parce que le gouvernement les menaçait de retenir le paiement des allocations familiales si les enfants demeuraient à la maison[27]. À de nombreuses occasions, les enfants ont tout simplement été envoyés au pensionnat. sans consultation préalable des parents ou des enfants eux-mêmes. Dans certains cas extrêmes, la force physique est utilisée.

Eric Anautalik explique le traumatisme subi lorsque, à seulement trois ans et demi, il est enlevé par un policier de la GRC qui lui dit, dans ces termes, qu'il « l'amène vers l'âge moderne »[28]. Il se remémore : « J'étais bouche bée, je veux dire que j'ai été littéralement enlevé des bras de ma mère par le policier... En un seul jour, toute ma vie a changé[29]. »

Mary Charlie, de Ross River, au Yukon, se souvient d'avoir été encerclée et amenée au pensionnat de Lower Post, dans le Nord de la Colombie-Britannique.

> Je me souviens que lorsque je suis partie pour l'école, j'étais dans le bois, à environ 14 milles d'ici. C'est là qu'on vivait. Un gros camion est venu et a emmené tout le monde. Je me souviens d'une fille, mon amie, elle s'appelait Agnes... Elle ne voulait pas aller à l'école, alors elle a couru autour du lac, environ la moitié du lac, et c'est un très grand lac, mais ils l'ont attrapée quand même et ils nous ont embarqués dans le gros camion. Et on ne s'est jamais assis, il n'y avait pas de banc ou quoi que ce soit d'autre pour s'asseoir dans ce gros camion de bois. En tout cas, il n'y avait pas de siège et on n'a pas eu d'eau et rien à manger de toute la journée pendant qu'on roulait, qu'on prenait des enfants et c'était sale et poussiéreux et on ne savait même pas — je ne savais même pas où je m'en allais[30].

Angus Lennie, qui a vécu aux pensionnats d'Alkavik et d'Inuvik, dit que sa vie a changé pour toujours, lorsqu'il a mis les pieds dans un pensionnat pour la première fois.

> J'étais encore tout petit; je me souviens d'avoir marché vers le grand bâtiment, avec un peu de vêtements. Personne ne m'avait expliqué ce qui se passait. Je me souviens que mes parents nous avaient déposés, mes frères, ma sœur et moi et, du point de vue d'un enfant, c'était vraiment un environnement bizarre. Alors, chaque sœur... nous a rencontrés à la porte. C'est comme cela que mon parcours dans les pensionnats a commencé. Un parcours que je n'oublierai jamais. Le fait de traverser ces portes a marqué la division au sein d'une famille qui avait été heureuse et unie. Dès que les portes se sont refermées, mon cauchemar a commencé. Nos parents n'étaient plus là pour nous protéger. Ma sœur a été amenée de l'autre côté et, à partir de ce moment-là, on n'a plus eu de contact, joué, on ne s'est plus raconté des histoires. Je pense vraiment que c'est à cet instant de ma vie que ma famille, qui avait déjà été heureuse, a éclaté[31].

L'expérience est douloureuse pour les parents. Towkie Karpik se souvient qu'un fonctionnaire fédéral est venu à Pangnirtung afin de recruter des enfants pour les pensionnats.

> Quand il est venu chercher les enfants, il était tellement agressif et terrifiant que je n'ai eu d'autre choix que de le laisser les prendre. Je n'ai pas eu d'autre choix que de dire oui, même si je ne voulais pas qu'ils partent. Qui le voudrait? Personne n'avait enlevé nos petits enfants auparavant. Quand ils les ont pris, toutes les mères ont amorcé leur deuil, comme si leurs petits étaient morts. Croye-

> z-moi, c'est la chose la plus terrible au monde que de voir quelqu'un emmener vos enfants et de ne pas pouvoir l'en empêcher. L'homme blanc était tellement intimidant et il est venu prendre nos enfants, nos innocents petits enfants que nous nous attendions à élever nous-mêmes. Nous pensions qu'ils allaient demeurer avec nous jusqu'à ce qu'ils aient atteint l'âge adulte. Être abandonnés par nos enfants a été horrible, nous ne devions pas être séparés d'eux pendant leur enfance. Ils devaient demeurer avec nous[32].

Apphia Agalakti Siqpaapik Awa a élevé ses enfants dans la région de l'île de Baffin. Deux de ses garçons ont fréquenté le centre Churchill.

> On ne pouvait pas communiquer avec eux puisqu'on n'avait pas le téléphone et, comme on était dans le campement, on ne recevait pas de lettres. On n'a eu aucune nouvelle d'eux pendant très, très longtemps. On ne savait pas comment ils allaient et je me souviens d'avoir été très inquiète. Finalement, Simon a écrit une lettre que quelqu'un nous a apportée au campement. Il disait qu'il s'ennuyait terriblement et qu'il voulait que ses parents parlent aux professeurs pour qu'ils le laissent retourner chez lui. Il disait qu'il avait peur des Indiens de l'école. Ce n'était qu'un jeune enfant. Je lui ai répondu qu'il lui fallait être patient et attendre le moment prévu de son retour. Je lui ai écrit qu'il devait patienter jusqu'au printemps[33].

Après des mois ou des années de scolarité, le retour dans la collectivité est presque aussi difficile que la séparation. Peggy Tologanak décrit la cassure qui se manifeste dans ces relations brisées, lorsque les enfants reviennent à la maison, pour les vacances d'été. Parmi les plus jeunes, certains ont complètement oublié qui sont leurs parents : « Je me souviens que, lorsqu'on atterrissait à Cambridge [pour les vacances], on nous amenait tous à l'école et les parents venaient nous chercher. De nombreux enfants pleuraient parce qu'ils ne savaient pas qui étaient leurs parents. Ils avaient oublié. » Les plus vieux se souviennent de leurs parents, mais l'idée de retourner chez eux les rebute : « Certains... enfants ne voulaient pas retourner chez leurs parents. Ils disaient "ils sont tellement sales et sentent si mauvais" et ils pleuraient et on devait les forcer à retourner chez eux[34]. »

Les responsables des écoles sont parfaitement conscients des implications que comportent les changements apportés aux collectivités du Nord. Un manuel, préparé pour le centre de formation professionnelle Churchill, fait la mise en garde suivante :

> On doit faire accepter l'idée, tant par les parents que par l'enfant, que l'enseignement de l'anglais et l'acculturation qui y est associée sont des éléments essentiels à une éducation plus poussée. Lorsqu'il reviendra à la maison, l'enfant ne sera plus celui qu'il était, au début de son parcours scolaire. Il aura un point de vue différent et pourrait ne pas accepter d'emblée ce qu'il retrouvera à son retour[35].

Une fois arrivés au pensionnat, les enfants sont soumis à une série de procédures visant à les inscrire, les laver et leur donner d'autres vêtements. Plusieurs survivants se souviennent du numéro qui leur a été attribué, à leur arrivée, et du fait de se voir dépouiller de leurs vêtements, fabriqués à la main. Norman Yakeleya se rappelle avoir reçu le numéro 297, lorsqu'il est arrivé à Grollier Hall.

> J'avais six ans quand on m'a donné mon numéro... un garçon plus âgé était là pour nous aider, on nous remettait un crayon-feutre noir et un numéro – on devait l'inscrire sur tous nos vêtements, les bas, les caleçons, les shorts, les pantalons, les bottes et ils inscrivaient votre numéro sur vous et sur vos vêtements. Ils ne vous appelaient pas « Norman », ils vous appelaient par votre numéro et vous deviez lever la main et dire « ici ». Alors, ils ne vous donnaient pas un nom. Ils vous remettaient un numéro et c'est comme ça que vous deviez vous identifier. Et je pensais encore à ça dans la forêt. Quel genre de société fait ça aux gens[36]?

Peggy Tologanak, d'Iqaluktuuttiaq, explique qu'à chaque année, sa mère s'évertuait à fabriquer de nouveaux vêtements pour qu'elle et sa fratrie les portent à l'école et comment, à leur arrivée, ces vêtements étaient confisqués et remplacés par des vêtements manufacturés dans le Sud du pays[37]. Lorsque les sœurs de Lower Post lui prennent ses vêtements, Marjorie Jack demande : « Qu'allez-vous faire de mes vêtements? Ma mère m'a fait un manteau, ma mère est une couturière. Maman m'a fait ces vêtements, pourquoi vous les prenez? » Elles ont répondu : « Eh bien ici, on porte tous la même chose et on va te donner des vêtements[38]. »

Dans des cas encore plus extrêmes, les élèves voient les autorités brûler les vêtements que leur ont donnés leurs parents[39]. En plus de retirer leurs « vieux » vêtements, les élèves sont forcés de prendre une douche et leur chevelure est examinée pour détecter la présence de poux; si nécessaire, ils doivent laver leurs cheveux avec un agent nettoyant puissant[40]. Helen Naedzo Squirrel se rappelle très bien à quel point elle a trouvé le processus humiliant et effrayant : « Elles nous enlevaient nos vêtements. Elles nous rassemblaient tous les uns à la suite des autres et nous ordonnaient d'entrer dans les douches. Elles nous lavaient la tête et tout le corps — pensant qu'on avait des poux, peu importe. Ensuite, elles nous coupaient les cheveux[41]. » Pour Piita Irniq, le souvenir de ses premiers jours à l'école ravive le trouble que les enfants, y compris lui-même, ressentaient à la suite de ce processus visant à les laver et à changer de vêtements; comme si, « du jour au lendemain, nous étions devenus des hommes blancs et des femmes blanches »[42]. Pour Anna Kasudluak, les changements entraînés par le port de ces nouveaux vêtements étaient difficiles à supporter : « C'était très lourd de devoir assumer cette nouvelle garde-robe[43]. »

Du point de vue officiel, les tenues fabriquées à la maison doivent être changées. En se remémorant l'arrivée des élèves à la résidence Churchill, en 1964, Ralph Ritley, surintendant de la formation professionnelle dans les Territoires du Nord-Ouest, précise que « moins de dix jeunes étaient vêtus de façon convenable pour l'école » Cet enseignant explique comment les autres membres du personnel et lui-même, convaincus qu'ils contribuaient à améliorer la santé des enfants, passaient les premiers jours de l'année scolaire à laver les élèves et à leur attribuer de nouveaux vêtements. Il note que certains de ses collègues avaient « passé de douze à quatorze heures à laver des enfants, à leur couper les cheveux, à brûler leurs vêtements et à les vêtir avec de nouveaux habits »[44]. En 1963, les pensionnats recevaient quarante-huit dollars par année pour les vêtements. Les parents de Snare Lake, dans les Territoires du Nord-Ouest, se plaignent cette année-là que les enfants n'ont pas eu le droit de revenir à la maison avec les vêtements du foyer, mais qu'ils portaient plutôt les mêmes vêtements qu'à leur arrivée à l'école, lesquels « étaient passablement usés »[45].

Embrigadement : « On se trouvait dans un endroit qui nous était totalement étranger. »

Une fois lavés et habillés, les enfants sont initiés à leur routine quotidienne. Si le système scolaire les oblige à se conformer à un nouveau — et très curieux — type d'horaire, il ne permet pas aux enfants de se sentir aimés ou bien traités[46]. Veronica Dewar, pensionnaire à Churchill dans les années 1960, explique que, malgré ses succès en classe, son séjour au centre a été entaché par le style de vie rigide de l'endroit et l'absence d'amour et de soins, à l'opposé de ce qu'elle avait connu auprès de ses parents, à Coral Harbour. Au sujet de ses premiers jours au foyer de Churchill, elle dit : « C'est comme si on avait été enrôlés dans l'armée. » Elle ajoute : « C'était un environnement extrêmement froid, totalement différent de celui qu'on avait connu chez nos parents. On se trouvait dans un endroit qui nous était totalement étranger[47]. » Eva Lapage a des sentiments mitigés concernant la période passée à l'école de Churchill.

> Dans ce pensionnat, il y avait surtout des Inuits qui provenaient de toutes les régions. C'est là où je me trouvais et il n'y avait aucun moyen de communiquer. C'était intéressant et nous avons eu beaucoup de plaisir, mais ma famille me manquait beaucoup… J'étais l'aînée et ma famille m'aimait beaucoup. Mes parents m'adoraient. J'étais gâtée, vous savez, je n'avais qu'à pleurnicher un peu et j'obtenais ce que je voulais. Tout à coup, tout s'est envolé.
>
> Si elle s'est sentie bien traitée à l'école, la discipline y était très rigoureuse.
>
> Ce vieux bâtiment était une base de l'armée. Il y a avait plusieurs ailes et la cafétéria était loin. On devait attendre les uns à la suite des autres, on portait tous le même uniforme et on se ressemblait tous[48].

Les tableaux 9.1 et 9.2 présentent les routines quotidiennes d'Akaitcho Hall et de Stringer Hall.

Tableau 9.1. Horaire quotidien, Akaitcho Hall, 1958

6 h 30 :	Les élèves qui ont pour tâche de voir aux détails du déjeuner se lèvent, font leur toilette et se rapportent au chef dès 7 h
7 h :	Lever de tous les élèves
7 h 30 – 8 h :	Déjeuner
8 h – 8 h 25 :	Corvée
8 h 30 – 11 h :	Classes
11 h 45 – 12 h 30 :	Dîner
12 h 30 – 13 h :	Période libre (fumoir, salle de récréation)
13 h – 15 h :	Classes
15 h 30 – 17 h :	Période libre (les élèves sont autorisés à aller en ville pour faire des achats, etc.)
17 h – 17 h 30 :	Souper
17 h 30 – 18 h :	Période libre (fumoir, salle de récréation)
18 h – 19 h 30 :	Période d'étude
19 h 30 – 21 h 30 :	Période libre (salle de récréation, gymnase, etc.)
21 h 30 :	Au dortoir pour une heure de tranquillité
22 h 30 :	Les lumières sont éteintes

Source : CVR, ARN, Bibliothèque et Archives Canada, RG85, volume 708, dossier 630/105-7, partie 3, Installations des écoles secondaires – Yellowknife [Écoles publiques et séparées], 1958–1959, A. J. Boxer à J. M. Black, 9 décembre 1958. [AHU-000005-0000]

Tableau 9.2 Horaire quotidien, Stringer Hall, vers 1966–1967

6 h 45 – 7 h 30	Lever, habillage et toilette
7 h 30 – 8 h	Déjeuner
8 h – 8 h 45	Nettoyage des dortoirs, de la salle à manger, des salles, mise en place des tables, etc. Préparation à la classe.
8 h 45 – 12 h	Classes
12 h – 13 h	Dîner. Nettoyage de la salle à manger après le repas, mise en place des tables, etc.
13 h – 14 h	Classes
16 h – 17 h 30	Jeux dans le foyer, le gymnase et les dortoirs; jeux de cartes (paris), guitare.
17 h 30 – 18 h	Souper
18 h – 18 h 30	Nettoyage de la salle à manger, vaisselle, etc.
19 h – 21 h	Période d'étude dans la salle à manger.
19 h – 19 h 30	Les garçons et les filles plus jeunes se préparent à aller au lit
21 h – 21 h 30	Collation dans le dortoir pour les plus jeunes, goûter dans la salle à manger pour les plus vieux

21 h 30 – 21 h 45	Les élèves de 13 et 14 ans se préparent à aller au lit
21 h 45- 22 h	Les élèves de 14 et 15 ans se préparent à aller au lit
22 h – 22 h 30	Tous les autres élèves se préparent à aller au lit
23 h	Les lumières sont éteintes

Source : Clifton, *Inuvik Study*, p. 57.

À la résidence de Churchill, les élèves se lèvent à 7 h en semaine, ont des pauses-repas d'une heure, à 7 h 30, 12 h 15 et 17 h 30, et une collation à 20 h 30. Ils partent pour l'école à 8 h 45, reviennent à la résidence pour dîner, puis retournent à l'école jusqu'à 16 h. Les périodes de récréation ont lieu de 16 h à 17 h 15 et de 19 h 30 à 21 h. La période entre 18 h 30 et 19 h 30 est réservée à l'étude et les lumières sont censées être éteintes à 21 h 30. Les élèves ont la tâche de faire leur lit, de ranger, de nettoyer les salles de bains et, une fois par semaine, de laver et de cirer le plancher des dortoirs[49].

Comme les foyers organisent les activités de la vie quotidienne en se fondant sur l'âge et le sexe, la plupart des frères et sœurs dorment, mangent et vont à l'école séparément. Les règles strictes qui régissent les relations homme-femme, en particulier, signifient que même s'ils vivent dans le même établissement, les frères peuvent rarement parler ou rendre visite à leurs sœurs et vice versa. Peggy Tologanak, à Stringer Hall dans les années 1960, se rappelle très clairement avoir été séparée de ses huit frères et sœurs. « À partir de l'instant où on entrait au foyer, jusqu'au moment où on en sortait, on n'avait pas l'autorisation de voir les membres de notre famille, on ne pouvait pas s'asseoir avec eux et leur parler était difficile[50]. » Noël représentait une rare occasion pour Peggy de reprendre contact avec sa fratrie. « Les seules fois où on pouvait se réunir en famille [au foyer], c'était à Noël », se souvient-elle.

> On se levait le matin et on courait pour aller retrouver nos frères et sœurs. [On allait leur demander] comment ils allaient et puis, ils permettaient toujours aux enfants de se réunir dans la salle à manger, le jour de Noël… des grandes familles aux plus petites. Chaque année que j'ai passée au foyer, les Tologanak ont toujours été les premiers à être appelés parce qu'on était la plus grande famille. Et on avait la possibilité de nous asseoir avec nos frères et sœurs le jour de Noël. Et là, on rattrapait le temps perdu, en quelque sorte, puisqu'on n'avait pas le droit de se voir [le reste de l'année scolaire][51].

Veronica Dewar explique dans quelle mesure le foyer lui a enlevé la possibilité de recevoir l'amour et la tendresse de ses parents. « Pendant très longtemps, il n'y a pas eu d'amour ou d'attention autour de nous. » Si, au foyer, les soins médicaux étaient supérieurs à ceux qu'elle aurait reçus à Coral Harbour, elle explique qu'elle ne pouvait « pas recevoir les câlins » dont elle aurait eu besoin de ses parents, lorsqu'elle était malade ou qu'elle s'était blessée[52]. En n'offrant aucune affection, le foyer, malgré sa médecine moderne et ses routines et activités bien intentionnées, est incapable de prendre adéquatement soin d'elle et de ses compagnons de classe.

Pour certains élèves, la vue de la disposition physique du foyer, ou même du paysage autour de l'établissement peut être une expérience déstabilisante et traumatisante. Piita Irniq, habitué de vivre au sein d'une famille relativement petite et dans l'espace restreint d'un igloo, se souvient que le bruit et, surtout, la taille du dortoir à aire ouverte de Turquetil Hall a été un « choc culturel » pour lui[53]. De même, pour les enfants élevés en Arctique de l'Est et envoyés dans les écoles d'Inuvik, de Chesterfield Inlet et de Churchill, le paysage physique —principalement les arbres — exacerbe le sentiment de se trouver dans un lieu étrange, où non seulement la langue et la culture du foyer sont nouveaux, mais également la terre même sur laquelle le bâtiment est construit. Une survivante du Nunavut se souvient que, peu après son arrivée à Churchill, elle voulait que quelqu'un coupe tous les arbres « pour que je puisse voir assez loin »[54].

Amitié et intimidation

Coupés de leur famille, les élèves se tournent les uns vers les autres pour se soutenir. Dans les notes qu'il a prises alors qu'il travaillait comme superviseur à Stringer Hall, au milieu des années 1960, Rodney Clifton fait le constat suivant : « Il arrive souvent qu'après le repas, les élèves retournent au dortoir en s'enlaçant, alors qu'ils marchent dans les corridors » et qu'une fois dans les dortoirs, les plus jeunes garçons « dorment ensemble ou s'allongent sur le lit de leurs camarades pour se raconter des histoires[55]. » Selon Clifton, les garçons plus âgés parlent jusqu'à une heure avancée de la nuit : « Les élèves de 11e et de 12e année ne dorment presque jamais ensemble, mais ils s'allongent sur le lit de leurs camarades et parlent jusque tard dans la nuit. Ils échangent sur les histoires de leurs ancêtres, leurs expériences sexuelles, leurs expériences de chasse et les nouvelles quotidiennes[56]. » Certains élèves ont d'excellents souvenirs des amitiés qu'ils ont entretenues dans les foyers. Plusieurs se souviennent y avoir rencontré de bonnes personnes, tant parmi les membres du personnel que dans le corps étudiant[57]. « Je ne me plaisais pas à Grollier Hall, se souvient Beatrice Bernhardt, sauf quand on s'amusait ensemble et qu'on avait la permission d'être entre nous, à la récréation[58]. » Un ancien pensionnaire de Stringer Hall, Eddie Dillon, réfléchit sur le rôle de l'amitié en ces termes : « Je regrette de ne pas avoir pu communiquer avec ma famille pendant toutes ces années [au foyer]... mais les élèves avec qui on allait à l'école à Stringer Hall sont nos familles élargies. On avait ça en commun[59]. »

Plutôt que de réconforter, certains élèves commettent des actes d'intimidation. Les jeunes filles inuites, inuvialuites (Inuits de l'Arctique de l'Ouest) et des Premières Nations subissent toutes de l'intimidation de la part d'autres groupes et même, parfois, des membres de leur propre communauté. Beatrice Bernhardt se souvient que, quoi que les membres du personnel aient pu faire, « les plus importants abus [au foyer] étaient commis par les autres élèves ». Amère, elle se rappelle avoir été traitée de « stupide », d'« imbécile » et de « sale Esquimaude », au foyer. Au sujet des filles qui la harcelaient, elle dit qu'elles étaient « extrêmement méchantes[60]. » Les filles originaires du centre de l'Arctique racontent, elles aussi, des histoires similaires. Peggy Tologanak mentionne que les Gwich'in et les Inuvialuites l'ont intimidée pendant son séjour à Stringer Hall. Elle se rappelle avoir été qualifiée de « crasseuse » et de « puante[6]. » De même, Jeannie Evalik, d'Iqaluktuuttiaq, est considérée comme une marginale, à Inuvik. Elle se souvient plus particulièrement d'un membre du personnel qui la traitait d'« Esquimaude stupide »[62]. D'autres filles sont intimidées en raison d'un handicap. Marjorie Ovayuak dit que, si elle s'entendait avec la plupart des autres enfants, à Stringer Hall, elle a été tourmentée parce qu'elle avait perdu l'ouïe dans une oreille[63].

Judi Kochon se rappelle comment un groupe de filles, à Grollier Hall, ont intimidé une plus jeune en lui volant ses bonbons.

> Pendant tout le temps où elle a été partie, je me sentais tellement mal, vous savez, je comprenais que je ne pouvais rien faire, mais je me sentais mal pour elle parce que je savais ce qu'elle subirait si elle se faisait prendre. Elle est revenue avec les bonbons, mais cela avait pris tellement de temps, pour moi, c'était une véritable agonie d'attendre qu'elle revienne et de savoir que rien ne lui était arrivé[64].

Les élèves éprouvent parfois de la difficulté à s'ajuster à la vie au foyer. Dans un rapport sur le renvoi, au cours du premier semestre, de cinq « élèves à problèmes » d'Akaitcho Hall, l'administrateur A. J. Boxer recommande qu'« une plus grande attention soit portée à la sélection des élèves. Il est totalement inapproprié de mêler des délinquants immoraux à des adolescents sains, en pleine croissance[65]. » En approuvant la demande d'un élève qui souhaite quitter Yellowknife et retourner dans sa collectivité, N. J. Macpherson, directeur de l'école Sir John Franklin, indique qu'« une sélection plus rigoureuse permettrait de prévenir la récurrence du problème que posent les élèves qui ne peuvent ou ne veulent s'adapter à la vie, ici[66]. » Au sujet des difficultés qu'éprouvent les élèves à s'ajuster à la vie au pensionnat, un membre du personnel de soins aux enfants du foyer d'Ukkivik, à Iqaluit, écrit, au début des années 1970, que pour de nombreux élèves, le pensionnat accueille :

> [...] plus de gens que dans leur collectivité tout entière. La plupart n'ont jamais côtoyé autant de personnes de leur âge auparavant. Un nouvel environnement demande qu'on s'y adapte. Les grands-parents ou les parents ne sont pas là pour répondre aux questions. Il n'y a pas de bébés ou de jeunes enfants dont il faut prendre soin. Les garçons ne peuvent aller à la chasse. Même les visites traditionnelles à Frobisher Bay deviennent dangereuses, alors que l'alcool circule librement et que les filles se font continuellement aborder par des hommes ivres[67].

La nourriture

Il semble que, si on la compare aux menus des pensionnats tenus par des missionnaires dans les années 1950, la nourriture servie dans les foyers se soit beaucoup améliorée, sur les plans de la qualité et de la quantité. Alice Blondin-Perrin, qui fréquentait le pensionnat catholique St. Joseph, à Fort Resolution, a été transférée à Breynat Hall, à Fort Smith, lors de son ouverture. Dans ses mémoires, elle se rappelle que la nourriture s'était considérablement améliorée. À Breynat Hall, on servait aux élèves « un repas chaud : soupe, bœuf en daube ou encore cuisiné avec une autre viande, pâté chinois, pain et lait. Le souper était également délicieux : purée de pommes de terre, pain de viande ou poisson et légumes. Je pouvais manger maintenant des carottes, des betteraves, des navets et des pois cuits dans l'eau dont jadis j'avais tant détesté le goût et que j'aimais, maintenant[68]. »

En 1956, la conclusion d'un examen des pensionnats des Territoires du Nord-Ouest se lit comme suit : « La nourriture servie aux pensionnaires est excellente, tant du point de vue de la qualité que de la quantité. » Les élèves sont nourris selon les recommandations du Guide alimentaire canadien et « les administrateurs ont mis en commun leur imagination et leurs compétences pour donner aux élèves plus que la quantité minimale indiquée dans le guide. » Les quantités de lait, de fruits, de légumes, de céréales, de pain, de crème glacée et beurre offertes sont considérées comme étant généreuses[69]. Mais si la quantité et la qualité se sont améliorées, il n'en demeure pas moins, comme le souligne Alice Blondin-Perrin, qu'il s'agit d'un régime alimentaire du Sud. Aucun élève ne s'y adapte facilement. Au début des années 1970, un membre du personnel de soins aux enfants du foyer d'Iqaluit écrit que la nourriture est adéquate, selon les normes en vigueur dans le Sud. Toutefois :

> [...] la diète des Esquimaux n'est pas celle de l'homme blanc. Du jarret de porc et de la choucroute n'ont pas le même attrait pour les élèves que du phoque, de l'omble chevalier ou du caribou. Par conséquent, la majeure partie de la nourriture est jetée, au lieu de remplir les estomacs. Les boissons gazeuses et les tablettes de chocolat font toutefois exception[70].

Après avoir d'abord toléré certains aliments traditionnels, le gouvernement finit par les interdire dans les résidences. En 1961, on sert aux élèves de Turquetil Hall deux repas de poisson cru et deux repas de bœuf cru par semaine. Il ne s'agit pas de caribou du Nord traditionnel, mais de bœuf en provenance d'une usine de transformation de la viande de Winnipeg; le poisson est pêché localement. Le directeur de la résidence, René Bélair, est un fervent partisan de cette pratique. Il précise qu'aucun des enfants n'a été malade après avoir mangé des aliments crus. « N'oubliez pas que ce ne sont pas des Blancs, mais des Esquimaux. Ils aiment cela et c'est bon pour eux. Une chose que vous n'arriverez jamais à faire est d'empêcher un Esquimau de manger de la viande crue. C'est exactement comme la crème glacée, pour nous[71]. » Un avis des médecins, remis aux Affaires indiennes, conclut qu'une telle diète représente une menace pour la santé des enfants puisque la viande peut être « infestée de vers pouvant causer des maladies, des incapacités et, dans certains cas, la mort ». R. A. Bishop, des Affaires du Nord, informe René Bélair que l'école doit se plier aux recommandations des médecins et cesser de servir de la viande crue aux élèves, et ce, malgré l'impopularité de cette décision[72]. Par conséquent, l'offre de poisson et de viande crus cesse à l'été de 1962[73].

En 1961, les élèves du pensionnat anglican Stringer Hall, à Inuvik, se voient offrir du poisson blanc congelé cru une fois par mois et de la viande crue de caribou à la même fréquence. L'administrateur de la résidence, Leonard Holman pense que, puisque les aliments crus sont des « gâteries », cesser d'en servir ne posera pas de problème[74]. Dans une note distincte, Holman se questionne à savoir si les aliments congelés et crus sont aussi dangereux que le prétendent les fonctionnaires, soulignant le fait que ce sont « les gens du même ministère qui nous ont conseillés et recommandé d'inclure ces éléments à titre de "gâterie spéciale" dans notre régime alimentaire et que cela était tout à fait sûr ».

> Il y a un an, au cœur de l'épidémie de rougeole, un petit Esquimau d'une collectivité très primitive a été très malade et ne montrait aucun signe de rétablissement. Il était allongé, avec une fièvre très élevée et ne voulait même pas boire. Parmi nos employés, nous avons une Esquimaude, Mme Annie Anderson. Elle est native de la région de Coppermine et parle leur dialecte. Chaque fois que quelqu'un est malade, elle laisse sa couture et se rend aider l'infirmière, en s'adressant toujours aux malades dans leur propre langue, ce qui s'est avéré très bénéfique. Il a appelé et demandé S'IL VOUS PLAÎT qu'on lui donne un morceau de caribou congelé. Personne n'était disponible, elle est donc descendue et est revenue avec un petit morceau de caribou congelé. Il a tout juste réussi à le saisir dans sa main, l'a enfoui dans sa bouche et est demeuré étendu là, à sucer et à mastiquer le morceau de viande. C'est à ce moment-là que s'est amorcée la guérison. Juste un petit goût de chez lui, qui lui avait été offert par l'une des siens, qui savait et qui comprenait[75].

À la fin de la première décennie d'activité, le régime est presque exclusivement constitué d'aliments du Sud. En 1970, le menu typique de Stringer Hall est le suivant :

Déjeuner	Blé soufflé, rôties, confitures, lait
Dîner	Sandwiches au fromage grillé, tomates en conserve, prunes, lait
Souper	Rôti de bœuf, sauce, purée de pommes de terre, pois, crème glacée, biscuits (faits maison), lait[76]

Dans les années 1990, on tente, à plusieurs reprises, de réintroduire la nourriture traditionnelle. En 1990, le pasteur anglican d'Akaitcho Hall, Tom Gavac, rapporte en effet que « de nombreux élèves souhaitent que des aliments plus traditionnels et coutumiers soient servis —notamment du caribou et du poisson ». Lorsqu'il explore la possibilité d'offrir de tels aliments, on l'informe que la viande ne pourrait être servie à moins de faire l'objet d'une inspection du gouvernement, un processus qui s'avère trop coûteux. Tom Gavac écrit : « À mon avis, il est presque inconcevable que des jeunes qui consomment régulièrement du caribou et du poisson (parfois tous les jours, dans leur collectivité) ne peuvent se voir offrir ces aliments au moins une fois par semaine[77]. »

De nombreux élèves éprouvent énormément de difficultés à s'adapter au régime du Sud. À Turquetil Hall, on se souvient d'une nourriture répétitive et déficiente : au déjeuner, c'était toujours du gruau et, au dîner, des sandwiches, de la soupe et du thé[78]. N'ayant pas vraiment d'autre choix, les enfants se voient forcés d'adopter cette nourriture institutionnalisée.

Soins de santé

En 1960, la Direction des services de santé des Indiens du Nord du ministère fédéral de la Santé recommande qu'une infirmière autorisée soit dépêchée dans chaque foyer accueillant 200 élèves ou plus. Pour les foyers en région éloignée, on recommande la présence d'une infirmière, même si le nombre d'inscriptions est en deçà de 200. Pour donner suite à ces recommandations, on doit procéder à l'embauche d'infirmières à Inuvik et à Fort Smith. À Turquetil Hall, on est d'avis que la surveillante peut assurer la prestation de soins adéquats, dans la mesure où elle demeure une « personne énergique, maternelle et extrêmement fiable » et qu'elle détient une « connaissance des soins à domicile et des premiers soins »[79].

Dans les foyers de plus de 100 pensionnaires, il semble que les élèves aient accès à un niveau de soins médicaux de beaucoup supérieur à celui qui était offert dans les anciens pensionnats. À Akaitcho Hall, la première surveillante est une infirmière autorisée. Dès le départ, les écoles locales prévoient des radiographies et des examens de la vue pour les élèves. Le médecin local est en mesure d'extraire des dents, mais il apparaît évident que les services d'un dentiste sont requis de manière urgente[80]. Au centre de formation professionnelle de Churchill, un examen médical (auquel les élèves qui ne se sentent pas bien doivent se présenter) a lieu chaque matin, la surveillante du foyer est une infirmière autorisée et une infirmière du service de santé public est disponible trois demi-journées par semaine. L'hôpital est à environ 200 mètres de l'école et des rendez-vous avec les médecins et des dentistes sont fixés au besoin[81].

Initialement, on prévoit des visites régulières de l'infirmière de la Direction des services de santé des Indiens du Nord à Fort Simpson, alors que le personnel du service des consultations externes de l'hôpital catholique romain local s'occupe du foyer de confession catholique[82]. Dans les faits, le système est loin d'être idéal. Lorsqu'un enfant atteint de tuberculose est admis au foyer Bompas Hall de Fort Simpson, en décembre 1963, l'administrateur, Ben Sales, proteste. Il fait remarquer que le garçon doit recevoir d'importantes doses de médicaments chaque jour, pendant sept mois. Il écrit : « Nous n'avons pas d'infirmière professionnelle au sein de notre personnel pour prendre la responsabilité de cette médication[83]. »

Les maladies contagieuses se propagent rapidement dans les grands dortoirs. En 1959, la rougeole qui s'était manifestée chez quatre élèves, finit par en contaminer 70, dans les deux résidences d'Inuvik[84]. L'année suivante, on recense 20 cas de grippe dans les mêmes établissements, alors que sévit une « légère épidémie »[85]. Un autre rapport urgent, présenté en 1961, fait état de 106 cas d'influenza dans les foyers[86]. En 1963, 93 élèves ont la grippe, à Fort Simpson[87]. Trois ans plus tard, une épidémie de grippe frappe Fleming Hall, à Fort McPherson, et Bompas Hall, à Fort Simpson, entraînant l'annulation du Festival de Pâques, à Fort Simpson[88]. En 1971, les infirmeries des foyers de Whitehorse peuvent fournir les premiers soins et administrer des médicaments, mais aucune d'entre elles n'est munie de lit. Il est donc impossible d'isoler les enfants atteints de maladies infectieuses du reste des élèves[89]. Malgré ces problèmes, une évaluation des foyers des Territoires du Nord-Ouest, menée en 1965, conclut que les foyers « ont d'excellentes infirmeries pour les garçons et les filles »[90].

Les politiques relatives à la déclaration des maladies semblent être inexistantes au début, ou communiquées de manière inadéquate au personnel. Lorsqu'une jeune fille de Qamani'tuaq, chez qui on soupçonne une appendicite, est hospitalisée à l'automne de 1964, l'administration de la résidence n'en informe pas la famille. Les élèves, toutefois, envoient des lettres à la collectivité, lesquelles amènent la mère à penser que sa fille a été hospitalisée à la suite de blessures subies lors d'une altercation sur un terrain de jeu. Comme on peut l'imaginer, cette situation provoque chez elle beaucoup d'anxiété. En s'excusant pour le délai, le surintendant régional des écoles de Keewatin lui écrit : « Les procédures concernant les rapports d'admissions qui doivent m'être remis sont désormais en vigueur et soyez assurée que ces rapports seront acheminés à la résidence d'origine des élèves dans l'avenir[91]. »

En 1978, des parents de la région de Kangiqliniq (Rankin Inlet) apprennent que leur fils a été hospitalisé pour une pneumonie, lorsqu'un autre élève appelle chez lui et annonce la nouvelle. Il s'agit, semble-t-il, de la plus récente d'une longue série d'échecs de communication de telles nouvelles. Melinda Tatty, vice-présidente du Comité communautaire d'éducation de Rankin Inlet, confirme que, par le passé, des élèves ont été hospitalisés, traités pour des fractures et même opérés, sans que les parents en soient informés. « Un appel téléphonique immédiat, informant les parents que leur enfant est malade ou blessé et un appel de suivi pour leur faire part des progrès de l'enfant et de son rétablissement éventuel, à la suite d'une maladie grave, ce n'est pas trop demander[92]. »

Avec le temps, les bâtiments commencent à se détériorer, entraînant l'apparition de dangers pour la santé et la sécurité. En 1965, un inspecteur juge que le système de traitement des eaux usées de l'école de Deline (Fort Franklin) est « inadéquat et insalubre ». Les eaux usées sont en effet pompées dans un fossé qui se déverse dans le Grand lac de l'Ours, à seulement 200 mètres de la source d'approvisionnement en eau potable de l'école[93]. La même année, à Inuvik, les conditions qui prévalent dans une salle de classe temporaire sont si sérieuses qu'un inspecteur envisage la fermeture de l'établissement. En guise de toilettes, les filles doivent se contenter de seaux munis d'un rebord en plastique, dans une pièce sans ventilateur, alors que le baril qui contient l'eau potable est rouillé et que le fond est couvert d'une boue jaunâtre[94]. L'école de Fort Simpson éprouve des problèmes, elle aussi. À cet endroit, les élèves utilisent toujours deux bâtiments « petits et très inadéquats » qui, selon un représentant de l'Église anglicane, « ont été jugés impropres à l'usage ». Le plus petit des deux — une unité d'une seule pièce mal aérée, utilisée pour faire la classe à 23 enfants — est muni d'un poêle au mazout et d'un réservoir qui fuit sérieusement. Il n'y a pas d'eau potable, ni de toilettes, ce qui oblige les enfants à sortir pour utiliser les installations de l'autre bâtiment[95]. On ne donnera suite à la demande de remplacement qu'en 1970[96].

Des préoccupations croissantes concernant l'état de Fleming Hall, à Fort McPherson, apparaissent au début des années 1970. À la suite d'une inspection menée en 1973, on décrit la résidence comme étant « en mauvais état, mal entretenu, la propreté faisant défaut en plusieurs endroits. » Par exemple :

- Les « escaliers et les issues de secours [du rez-de-chaussée] sont sales, des débris de verre, de la nourriture et des ordures jonchent parfois le sol ».
- Les « murs, les planchers et les plafonds [de la salle de jeux] sont sales [...] un matelas déchiré, aux ressorts exposés, sert à faire des culbutes ».
- « Deux toilettes sur six sont hors d'usage », dans la salle de bains des filles, et « cinq portes de cabine sur six sont sorties de leurs gonds »; le « papier hygiénique est déposé sur le sol », en raison de l'absence de distributeurs[97]. En 1975, des fonctionnaires du ministère fédéral des Travaux publics concluent que « la majeure partie de la plomberie est pratiquement pourrie, comme le sont certaines composantes du système électrique »[98].

Une amélioration par rapport aux écoles de missionnaires

Les élèves transférés des anciens pensionnats de missionnaires ont tendance à évaluer positivement les nouveaux foyers. Dans ses mémoires, Alice Blondin-Perrin, qui a fréquenté l'école de Fort Resolution, écrit, au sujet de Breynat Hall, à Fort Smith :

> Tout sentait le neuf et la propreté, comparé aux murs vieillots et décrépits du pensionnat St. Joseph qui sentait le renfermé. Tout en faisant le tour de l'inter-

> nat, nous sommes parvenus au dortoir où se trouvait une Sœur Grise. De beaux grands lits meublaient la pièce, en contraste aux petites couchettes en fer de Fort Resolution. Le lit était garni d'un matelas spongieux, d'un oreiller doux au toucher et de beaux draps neufs humant la lavande et pavoisé d'un couvre-lit attrayant. À chacune était assigné un casier pour y déposer ses effets personnels[99].

Albert Canadien est arrivé au pensionnat de Fort Providence à un très jeune âge. Il a fait sa dixième année à Yellowknife, alors qu'il vivait à Akaitcho Hall.

> Au lieu des grands dortoirs auxquels j'étais habitué, on nous a installés à quatre dans une chambre. Il y avait deux lits superposés, des placards et des commodes, ainsi que des bureaux près de la fenêtre pour faire nos devoirs. À cet endroit, j'ai vécu et étudié avec des Inuits, des Métis, des Blancs et même des Chinois. C'était tout un changement, par rapport à mon expérience du pensionnat. Les moments que j'ai vécus au foyer m'ont servi plus tard, dans la vie. Ils m'ont appris à m'entendre avec les gens d'autres cultures, à les respecter et à les traiter de la même façon que les autres[100].

Canadien apprécie le fait que les élèves ne sont plus sous étroite supervision. « On avait une certaine liberté, selon nos principes d'intégrité personnels. C'était une grande amélioration, par rapport au système des pensionnats[101]. »

Après un séjour au foyer de Coppermine, Richard Kaiyogan dit que la vie, à Akaitcho Hall, était comme « vivre à l'hôtel Quatre Saisons[102] ». Florence Barnaby se serait bien passée de l'année qu'elle a vécue à Grollier Hall, la résidence catholique d'Inuvik. Elle apprécie, toutefois, son séjour à Akaitcho Hall.

> C'était bien, parce que tout le monde était ensemble. C'est que… ils ne séparaient pas les catholiques des anglicans et des protestants. Et nous — je suis revenue à la maison pour l'été et je suis ensuite retournée à Akaitcho Hall. J'aimais Akaitcho Hall parce qu'on organisait des danses tous les vendredis et c'était très agréable, vous savez. On mangeait avec les garçons. Ils ne nous disaient pas : « Non, tu ne peux pas, tu dois t'asseoir toute seule, ou les garçons de ce côté. » Cela ne fonctionnait pas comme ça[103].

Willy Carpenter fréquente une école de missionnaires à Aklavik, avant de vivre dans les foyers et de fréquenter les externats d'Inuvik et de Yellowknife. Il dit que la vie à l'école de missionnaires a été « la période la plus difficile de ma vie; j'étais très jeune et comme — on me traitait comme un animal. J'étais traité comme un animal. Ils nous nourrissaient même comme des animaux. » Stringer Hall, à Inuvik, était, d'après lui, « complètement différent d'Aklavik. Après Stringer Hall, je suis allé à Akaitcho Hall; c'était comme vivre à l'hôtel, vous savez[104]. »

Steve Lafferty n'est demeuré que très peu de temps à Breynat Hall avant d'être renvoyé à la maison parce qu'il était trop solitaire. Lorsque, plus tard, il est allé à

Lapointe Hall, il dit : « J'y étais heureux parce qu'on jouait beaucoup au hockey et là, aussi, on m'a donné un emploi... J'aimais travailler, ils savaient que j'aimais ça, alors j'ai beaucoup travaillé en cuisine. » Il appréciait aussi le fait que les garçons avaient l'autorisation de sortir sur les terres pour prendre des lapins. Plusieurs liens d'amitié qui ont duré toute sa vie ont été tissés à l'école. D'Akaitcho Hall, il se soutient d'avoir été « entièrement libre »[105].

D'autres élèves qui n'ont pas connu les anciens pensionnats évaluent Akaitcho Hall positivement. Brenda Jancke et Bernice Lyall qui, toutes deux, ont fréquenté Akaitcho Hall dans les années 1980, échangent plusieurs souvenirs heureux, sur leur expérience scolaire. Brenda Jancke fait remarquer que, si elle reconnaît que de nombreux Inuits ont perdu des liens avec le savoir traditionnel, « l'école n'a pas du tout été une mauvaise expérience », pour elle, et qu'elle a été en mesure de conserver le savoir traditionnel, grâce à son père, qui n'a jamais été envoyé à l'école[106]. Bernice Lyall a des commentaires élogieux sur plusieurs aspects de la période qu'elle a passée à Akaitcho Hall, alors qu'elle était âgée de 17 ans : « On a vraiment passé de bons moments », dit-elle. Elle se souvient plus particulièrement des sports — le volleyball et le hockey — et l'excellent personnel de l'école : ils ont eu « les meilleurs professeurs et les meilleurs éducateurs », se rappelle-t-elle[107].

Les enfants autochtones reçoivent souvent un accueil hostile dans les écoles publiques. Leda Jules dit que le transfert d'un pensionnat isolé de Lower Post à Coudert Hall, à Whitehorse, a été un choc. « Je n'avais jamais connu de Blancs avant d'aller à la résidence Coudert de Whitehorse. On demeurait toujours dans un pensionnat, mais on allait à l'école publique voisine, Christ The King High. C'est là que, pour la première fois, j'ai fait l'expérience du racisme. » Lorsqu'un garçon de l'école la traite de « squaw », elle riposte. « Sœur Agnes avait l'habitude de nous frapper avec une verge à mesurer pour nous séparer, mais j'étais déjà une vraie combattante et je n'allais pas laisser tomber... Je n'étais plus la petite fille obéissante, cette petite qui arrivait de Lower Post, vous comprenez? »

Le rôle des Églises dans la vie au foyer

Bien que, dans les Territoires du Nord-Ouest et au Yukon, les foyers sont payés et généralement conçus par le gouvernement fédéral, les missionnaires continuent de jouer un rôle majeur au sein des internats. Par exemple, la plupart des foyers sont, du moins au début, administrés par les Églises anglicane et catholique. L'influence continue de l'Église se reflète dans les noms des foyers. Initialement, le gouvernement fédéral souhaite donner aux écoles les noms de grands explorateurs du Nord et aux foyers, ceux de Premières Nations ou de personnages autochtones. C'est le modèle qui a été suivi à Yellowknife, où l'école a été nommée en l'honneur de sir John Franklin et le foyer, en hommage au chef déné Akaitcho, qui a servi de guide à Franklin[108]. L'Église catholique préfère que les foyers dont elle a la charge soient nommés de façon à indiquer que l'endroit est sous sa responsabilité[109]. Par conséquent, les foyers administrés par l'Église portent le nom de missionnaires catholiques ou anglicans. À Chesterfield Inlet, Turquetil Hall (nommé en l'honneur d'Arsène Turquetil, un missionnaire oblat) est construit en même temps que l'école Joseph Bernier (en référence au dirigeant de douze expéditions du gouvernement canadien dans les mers polaires). À Inuvik, les enfants vivent à Grollier Hall et à Stringer Hall, foyers nommés respectivement en référence au père P. Grollier, et à Isaac Stringer, un missionnaire anglican. Ils fréquentent l'école fédérale Sir Alexander Mackenzie (en référence au commerçant de fourrures dont les expéditions l'ont amené du fleuve Mackenzie à l'océan arctique[110]). Au Yukon, le foyer protestant porte simplement le nom de « Yukon Hall », mais le pensionnat catholique, Coudert Hall, est nommé en hommage à l'évêque Jean L. Coudert[111]. Ce n'est qu'en 1971, lors de l'ouverture du foyer Ukkivik, à Iqaluit, qu'est ravivée la pratique voulant qu'on intègre des noms et des langues autochtones dans la désignation des foyers[112].

Si l'école et la résidence de Churchill ne sont pas censées être confessionnelles, les Églises anglicane et catholique comptent bien jouer un rôle dans leur fonctionnement. L'évêque anglican Donald Marsh est outré d'apprendre que cinq garçons de confession anglicane des collectivités d'Igloolik et du bassin Foxe sont hébergés au dortoir catholique de Chesterfield Inlet, lors d'une escale pendant le trajet vers l'école de Churchill. L'hébergement des garçons dans « cet environnement » amène l'évêque à douter du fait « qu'on s'occupe bien d'eux, comme il s'agit d'enfants anglicans »[113]. En 1964, les représentants de l'Église catholique se plaignent qu'on n'en fait pas assez pour s'assurer que les élèves catholiques ne vivent pas dans des dortoirs qui sont supervisés par des non-catholiques[114]. Le pensionnat s'est assuré d'installer les garçons catholiques dans des chambres séparées des garçons qui sont de confession différente. Toutefois, selon le père R. Haramburu, ce n'est pas suffisant[115].

On attend des élèves qui résident dans des foyers non confessionnels, comme le centre de formation professionnelle de Churchill, qu'ils aillent à l'église, le dimanche. En 1970, les représentants des Églises anglicane et catholique, inquiets devant la baisse du nombre d'élèves de Churchill qui assistent aux services du dimanche dans les églises locales, demandent que l'école mette en application une politique existante visant à donner des devoirs aux élèves qui ne fréquentent pas l'église le dimanche. De tels devoirs, disent-ils, ne devraient pas être perçus comme des punitions, mais plutôt comme des « moyens de leur faire clairement comprendre qu'ils ne peuvent utiliser à leur guise le temps qui devrait être consacré à l'église »[116]. La politique en vigueur indique que les enfants qui ne vont pas à l'église doivent se voir assigner des tâches comme de l'étude supervisée, ou des « travaux légers »[117]. Pour sa part, le directeur de l'école, F. Dunford, résiste à l'application d'une telle mesure, voyant en l'attribution de ces tâches « un acte punitif ou réprobateur »[118].

En 1969, le gouvernement procède à une évaluation de la politique de gestion des écoles par l'Église. Ainsi, on soutient que la gestion de l'Église a permis :

1) Des soins de qualité supérieure, pour ce qui est des préoccupations personnelles et de la compréhension humaine, qui ont été fournis par un groupe de personnes dévouées et irremplaçables;

2) Des coûts de fonctionnement moins élevés que s'ils avaient été engagés par le gouvernement;

3) Bien que les foyers de confessions différentes ont pour effet de créer la division au sein des collectivités, le biais religieux a été minimisé le plus possible et sa croissance semble s'amoindrir, au fil des années[119].

Étant donné les abus sexuels continus dans un certain nombre de résidences administrées par l'Église, il est difficile d'accepter que les foyers gérés par cette même Église offrent des « soins de qualité supérieure ». L'affirmation selon laquelle le biais religieux a été minimisé le plus possible est discutable : les déclarations des anciens élèves indiquent clairement qu'on apprend aux catholiques à se méfier des protestants et vice versa. On ne peut toutefois nier que les Églises ont effectivement permis au gouvernement d'économiser de l'argent au fil du temps, compte tenu de la main-d'œuvre bon marché intrinsèquement liée à plusieurs ordres religieux, permettant d'assurer le fonctionnement des foyers pour beaucoup moins que si le gouvernement s'en était chargé, et ce, pendant des années.

Activités parascolaires

En comparaison avec les écoles de missionnaires, les foyers, avec leurs gymnases et leurs patinoires, offrent aux élèves une gamme d'activités parascolaires plus étendue. Le gouvernement fédéral paie 10 $ par élève chaque année, afin de contribuer aux activités parascolaires — un montant que le représentant de l'Église anglicane Henry Cook considère ridiculement bas, en 1959[120]. Selon un observateur d'Inuvik, dans les années 1960, les équipes sportives sont presque exclusivement constituées d'élèves autochtones[121]. Grollier Hall est équipé d'une piscine et d'un aréna couvert et dispose de divers équipements sportifs qui ont été acquis grâce aux initiatives de financement de l'Église catholique[122]. Lorsque les oblats cessent de s'impliquer dans la gestion de la résidence, en 1987, ils souhaitent faire don des installations au gouvernement des Territoires du Nord-Ouest[123]. À la suite d'une série de cliniques de ski en 1965 et en 1966, Grollier Hall devient le centre du Territorial Experimental Ski Training (TEST)[124].

Dès le départ, Akaitcho Hall se dote d'un conseil étudiant responsable de rédiger une chronique dans le journal local, d'organiser des danses et de défendre les intérêts des élèves. Il est financé par les revenus des machines distributrices de boissons gazeuses[125]. Les activités récréatives sportives comprennent le patinage, le hockey et le basketball[126]. On met également sur pied des clubs de danses carrées, de « hot rod », de sciences, de tir à la carabine, de beaux-arts, d'animation radiophonique et de rédaction d'un journal scolaire[127]. Au pensionnat Churchill, on pratique notamment le patinage, le hockey, le ballon-balai, le bowling et le basketball. Les élèves peuvent aussi participer à la radio amateur et aux clubs d'échecs, faire de la gymnastique et prendre part à des groupes de danses carrées, chanter dans la chorale, faire partie des Scouts ou des cadets. De plus, on organise des danses le vendredi soir et des films sont diffusés le samedi, en après-midi et en soirée dans la salle de cinéma de la résidence[128]. À Turquetil Hall, en 1957, les soirées récréatives sont organisées à l'externat et au foyer, ce qui permet aux enfants de s'adonner à différentes activités, comme des jeux de société, de chanter, d'écouter de la musique, de jouer au bingo ou au ping-pong[129]. Le représentant des Affaires du Nord, J. V. Jacobson, applaudit la formation d'un groupe de Scouts à Turquetil Hall, en 1959, soulignant que cela « devrait largement contribuer à compléter l'éducation offerte aux garçons de la collectivité »[130]. En 1963, les Louveteaux de Fleming Hall attendent avec impatience la tenue d'une fin de semaine de camping au début du mois de mai. Plus tôt durant l'année, une importante harde de caribous est passée dans la région permettant ainsi « aux plus vieux de l'école d'aller à la chasse avec leurs parents et d'avoir le plaisir de tirer sur un caribou pour la première fois »[131].

Certains élèves ont des souvenirs heureux des premières possibilités et expériences vécues au foyer. À Churchill, Paul Quassa apprécie les soirées cinéma, regarder la soirée du hockey à la télévision, patiner et jouer au basketball contre les équipes de garçons non autochtones du nord du Manitoba : « Nous, les Inuits, sommes plutôt petits et les *qallunaat* [non-Inuits/gens de race blanche] étaient très grands! [Mais] on les battait tout le temps[132]. » Si David Simailik se souvient d'avoir joué dans un groupe de rock, plusieurs autres se rappellent les amitiés qu'ils ont nouées dans les dortoirs[133].

Alex Alikashuak a de bons souvenirs des commodités offertes au centre de Churchill.

> Notre école était dans un ancien camp militaire. Elle était donc tout équipée. Nos dortoirs se trouvaient dans les anciennes casernes et ils étaient tous reliés par un système de distribution qui menait à ce qu'on appelait la « salle de récréation ». En continuant, vous arriviez à un théâtre, une vraie salle de théâtre, comme celles d'aujourd'hui, on avait cela. Au bout, il y avait un premier et un deuxième étage qui étaient comme des dépanneurs. On avait un petit café là-dedans, vous savez. On avait un peu de ceci, un peu de cela… On était très, très bien équipés. Je ne sais pas comment l'expliquer. On avait tout. Comme un gymnase

> où les gens pouvaient aller jouer au basketball, au volleyball ou s'adonner à toutes les activités possibles dans un gymnase[134].

Betsy Annahatak a des souvenirs semblables. Elle est passée de Kangirsuk, au nord du Québec, au centre de formation professionnelle de Churchill, alors qu'elle était jeune adolescente. « J'ai eu du plaisir. Je me disais que j'avais du plaisir. J'allais à l'école, c'était merveilleux. On avait des activités récréatives, comme du volleyball, du basketball, des films, des activités intéressantes. Et dans ce temps-là, je pensais : "Ça va, c'est bien, c'est agréable, on est jeunes"[135]. »

L'une des premières inquiétudes soulevées est le fait que peu d'élèves ont de l'argent de poche. L'administrateur d'Akaitcho Hall, A. J. Boxer, explique que le manque d'argent de poche « contribue aux petits vols dans les dortoirs, où il n'y a pas de casiers ». Pour contrer le problème, il fait une demande de cadenas que les élèves pourraient installer sur leur commode[136]. En 1965, Affaires du Nord autorise le versement d'une allocation de un dollar par semaine aux pensionnaires âgés de quinze ans et plus qui n'ont « pas d'autre source de revenus »[137].

Peu de ressources sont disponibles pour les activités non sportives. Lors d'un examen des foyers, mené en 1965, Joseph Katz, professeur d'éducation à l'Université de la Colombie-Britannique, fait remarquer que, comme la plupart des établissements sont équipés de terrains de jeux et d'installations sportives adéquates, on a tendance à « perdre de vue d'autres types de programmes ». Il recommande l'introduction de plus de « musique, de peinture et de sculpture, de tissage, de tricot, de perlage, de couture et d'autres activités du même ordre »[138].

Si les élèves aiment participer à des jeux, des sports et des clubs, pour les Affaires du Nord, toutes ces activités parascolaires sont reconnues pour leur potentiel d'assimilation. Un document de politique, rédigé en 1964, souligne qu'Affaires du Nord encourage « les Scouts et les Guides, les cadets, les clubs de loisirs, la présentation de films, les compétitions sportives entre les différentes écoles, des journées communautaires, certaines activités offrant à ces élèves l'occasion de vivres des expériences d'acculturation qui s'ajoutent à celles de l'école »[139].

Au début du mois de janvier 1977, une inspection de Lapointe Hall permet d'identifier le besoin de mieux former le personnel en ce qui a trait aux sports et aux programmes récréatifs[140]. Il semble qu'on n'ait pas donné suite à ces recommandations. Lorsque quatre élèves de la résidence comparaissent à la cour de Fort Simpson, à la fin de 1977, pour vol dans une résidence privée, le magistrat de l'endroit demande à la Gendarmerie d'effectuer une enquête sur les conditions qui prévalent à la résidence. Dans un rapport visant à informer le commissaire territorial de l'évolution de la situation, Brian Lewis, directeur de l'éducation des Territoires du Nord-Ouest, écrit : « Je m'attends à ce que cette question engendre des répercussions sérieuses, parce qu'on ne peut espérer de rapport positif[141]. » En effet, le rapport met en lumière le nombre limité d'activités récréatives pour les élèves. « Tous les élèves ou presque ont mentionné que le manque d'activités était le principal inconvénient, au foyer. Ils ont indiqué qu'ils s'ennuient, assis à ne rien faire autour[142]. »

Règlements et mesures disciplinaires

Il semble que, dans l'ensemble, il n'y a eu aucune politique du ministère concernant le comportement des élèves, ou de règlements visant à régir la discipline dans les résidences. Par conséquent, chaque institution établit ses propres politiques. La punition corporelle est en vigueur au Yukon jusqu'en 1990. Le gouvernement des Territoires du Nord-Ouest abolit la pratique en 1995[143]. Dans un rapport sur Akaitcho Hall, en 1958, l'administrateur résident, A. J. Boxer, écrit : « Nous accordons une grande liberté aux élèves en ce qui a trait à leurs visites au village. Un grand pourcentage n'abuse pas de ce privilège et pour les autres, nous avons réalisé des progrès en établissant des mesures préventives satisfaisantes au moyen de périodes de détention prolongées et, dans les cas plus sérieux, des périodes de détention illimitée — ou une supervision étroite — ont été imposées[144]. »

En 1962, des jeunes filles annoncent que la discipline est tellement stricte, à Akaitcho Hall, qu'elles prévoient ne pas retourner à la résidence. Selon une enquête menée par le surintendant régional des écoles, un certain nombre de jeunes filles disent que leur surveillante en chef est trop sévère. Les membres du personnel, pour leur part, pensent que la surveillante travaille avec ardeur et sollicitude et indiquent que sa rigueur découle de « son dévouement envers les filles dont elle prend soin et à l'égard desquelles elle pense avoir une grande responsabilité ». On dit aussi que de nombreuses élèves lui demandent volontairement son avis et des conseils. Mais on pense aussi qu'elle a tendance à s'en prendre à certaines élèves et à leur rappeler leur mauvaise conduite créant, de ce fait, « un climat de tension dans le dortoir »[145].

À Stringer Hall, à la fin des années 1960, une personne ou un groupe, comme tout un dortoir, peut se voir retirer des privilèges. À défaut, le châtiment corporel est utilisé, bien que rarement. En de telles circonstances, on laisse à l'administrateur du foyer le soin d'appliquer la punition, bien qu'en certaines occasions, les surveillants giflent ou frappent les enfants sans l'approbation de l'administrateur[146]. Ces formes de punition, plus particulièrement le châtiment corporel, indignent les élèves qui ont grandi dans une culture au sein de laquelle les enfants sont rarement frappés. Comme le fait remarquer un membre du personnel affecté à la surveillance : « Les Blancs du foyer imposent une forme de contrôle qui est perçue par les enfants comme étant radicale et sévère[147]. »

Les résidences qui hébergent des élèves plus jeunes semblent mettre en pratique des mesures disciplinaires encore plus rigoureuses. Au Yukon, l'école de Carcross fonctionne à la manière des pensionnats traditionnels. La discipline y est très stricte et le personnel de l'Église exerce un important contrôle sur l'établissement. Au sujet de l'année qu'il y a passée comme enseignant, au début des années 1960, Richard King écrit :

> Les châtiments sont généralement plus sévères que ce que quelqu'un pourrait craindre de recevoir. Les enfants peuvent être battus, mais les raclées ne se produisent pas souvent. Les punitions les plus fréquentes sont le retrait de privilèges, le confinement ou l'isolement — lesquels entraînent tous de sérieux dommages à l'image que projette quelqu'un sur les autres, comme à son ego. Il s'avère donc souvent nécessaire pour les enfants de mentir lorsqu'ils sont surpris à se comporter de façon contraire à ce qui a été spécifiquement demandé.

Comme les enfants ne révèlent pas qui, parmi eux, a brisé une règle, les administrateurs imposent des punitions de groupe. « Un jour, tout le dortoir des garçons a été envoyé au lit immédiatement après le souper pendant un mois — y compris les soirs de cinéma — parce qu'ils avaient parlé après que les lumières aient été éteintes et que personne ne voulait dire qui avait raconté des histoires dans l'obscurité[148]. » En 1964, une enseignante de Carcross, I. M. McCoy, dépose une plainte aux Affaires indiennes concernant la manière dont certains membres du personnel traitent les élèves. Elle souligne, notamment, que l'un d'entre eux frappe de jeunes enfants sur la tête, à l'aide d'un journal roulé, s'ils sortent de la queue, lorsqu'ils vont à la toilette. McCoy, qui se sent persécutée par ses collègues lorsqu'elle défend les élèves, part occuper un poste dans une école publique[149].

Il semble qu'à la résidence et à l'école de la région éloignée de Chesterfield Inlet, les conditions ressemblent à celles d'un pensionnat plus traditionnel et axé sur les châtiments. Dans un rapport de 1994 sur les agressions physiques et sexuelles à l'école Joseph Bernier et à la résidence Turquetil Hall, de Chesterfield Inlet, l'avocate Katherine Peterson écrit :

> Les enquêtes menées par la GRC ont permis de recenser 115 allégations d'abus physiques. Certaines allégations de voies de fait prennent la forme d'un excès de zèle dans l'application des mesures disciplinaires, comme le fait de frapper les élèves avec des courroies, des règles, des verges à mesurer ou de leur administrer une fessée. Dans certains cas, ces sanctions dépassent les limites raisonnables. De plus, des allégations de voies de fait ayant entraîné des blessures chez les élèves circuleraient. Un enseignant, qui n'est pas membre de l'institution catholique romaine, est reconnu pour sa dureté et le zèle dont il fait preuve en matière de discipline. Les expériences dont ont été victimes les élèves que je défends comprennent notamment le fait d'avoir été projetés contre les murs de la classe; une élève a littéralement été soulevée de sa chaise par les oreilles. Peu après, elle a souffert de saignements et d'écoulements des oreilles, bien qu'il soit difficile, pour l'instant, de confirmer que cela résulte de ce geste. Les élèves ont rapporté avoir été frappés à plusieurs reprises sur le visage, le dos, les épaules,

> le derrière de la tête et les fesses. Une enfant se souvient avoir été soulevée de sa chaise par les cheveux. De plus, l'examen que j'ai effectué des déclarations fournies par la GRC indique une allégation de voie de fait contre un enfant placé dans un pétrin à pain automatique, qui y a été laissé pendant une période prolongée, entraînant des contusions et des lacérations chez la victime. Une autre déclaration a été obtenue de la GRC concernant un élève qui a été lancé, au travers la fenêtre de la classe[150].

Dans certains cas, on a l'impression que les administrateurs n'ont pas réussi à imposer ou à maintenir l'ordre. En 1966, un fonctionnaire fédéral conclut qu'à Yukon Hall, à Whitehorse, le manque de contrôle est tel, que l'administrateur a dû être démis de ses fonctions. Parmi les exemples illustrant le manque de discipline, il cite notamment « les remarques des élèves au sujet de l'administrateur, des élèves plus âgés qui se présentent sous l'influence de l'alcool, d'autres qui sont en possession d'alcool au pensionnat, une provocation délibérée de l'administrateur par les élèves qui déambulent dans les couloirs ». Le personnel se plaint que, si l'administrateur a mis en place des règles rigoureuses, il ne les applique pas lorsque son personnel lui signale des cas d'infraction. Il est par exemple arrivé, une fois, qu'aucune mesure disciplinaire ne soit prise contre un élève qui avait frappé le directeur. L'auteur anonyme du rapport recommande que « l'administration du foyer soit de nouveau confiée à un groupe religieux », de préférence anglican[151].

Les administrateurs des résidences doivent déterminer les comportements acceptables et ceux qui sont à proscrire. Puisque de très nombreux élèves fument, le foyer catholique de Whitehorse crée un fumoir. Cela est préférable au fait de fumer dans les dortoirs, ce qui peut présenter un risque d'incendie. Les élèves qui apportent de l'alcool à la résidence peuvent être expulsés[152].

La nature aléatoire des règles établies attire l'attention à l'échelle nationale lorsqu'en 1969, Ron Haggart, un chroniqueur du *Telegram,* de Toronto, décrit les règlements qui gouvernent Akaitcho Hall, comme des exemples « d'apartheid et de paternalisme ». À l'heure des repas, les élèves doivent limiter leur conversation aux personnes qui partagent leur table, les filles n'ont pas le droit de porter des pantalons ou des jeans à la cafétéria et on ne peut s'approvisionner en savon et en dentifrice, qu'à la condition de « présenter ce qui reste des produits antérieurement fournis ». Les élèves doivent obtenir l'autorisation de sortir de la résidence. Le dimanche, ils ne peuvent sortir avant d'avoir assisté à la messe, parce que « l'enseignement et la pratique de la religion représentent depuis toujours une partie importante de la vie dans le Nord du Canada ». Les élèves doivent avoir la permission d'amener des invités au sein du pensionnat et ils doivent se « limiter à un invité par mois ». Les élèves qui arrivent au foyer en voiture doivent remettre leur clé à l'administration et ne sont pas autorisés à conduire leur véhicule pendant leur séjour au foyer[153]. Pour défendre ces règles, le ministre des Affaires indiennes et futur premier ministre du Canada, Jean Chrétien, ne trouve rien de mieux à dire que « plus de la moitié » du nombre estimé de 180 pensionnaires ont dix-huit ans ou moins. Il rejette les accusations de racisme en soulignant que soixante-dix résidants sont non-Autochtones[154].

Au cours du mois qui suit la parution de la chronique de Haggart, un conseil étudiant est mis sur pied et les règles sont soumises à un examen[155]. Dans une correspondance privée, Stuart M. Hodgson, commissaire des Territoires du Nord-Ouest, jette le blâme sur Steve Iveson, un membre de la Compagnie des Jeunes Canadiens (un organisme de développement communautaire du gouvernement fédéral), qui a été en contact avec un certain nombre de pensionnaires insatisfaits. Hodgson ajoute qu'il a malheureusement été nécessaire de renvoyer deux de ces élèves de la résidence[156]. Elles ont été impliquées dans une confrontation verbale avec des employés de la résidence, alors que ceux-ci tentaient de lire une communication importante de l'administration d'Akaitcho Hall, dans la salle à manger de l'école. Les filles, qui sont considérées comme des élèves douées, ont été renvoyées, mais on a pris la décision de leur fournir le financement nécessaire pour qu'elles puissent s'inscrire à une résidence privée afin de terminer leurs études[157].

À la suite d'un examen de ces nouvelles règles, Chrétien félicite Hodgson d'avoir retiré les « éléments discutables » que comportaient les règles précédentes. Il fait remarquer que l'un des règlements proposés interdisant la consommation de boissons alcoolisées « partout et en tout temps », pendant le séjour des élèves à la résidence, « brime les droits de ceux qui sont âgés de 21 ans et plus ». Il suggère qu'on interdise simplement les boissons alcoolisées à l'intérieur de l'établissement[158]. La liste finale des règles ne comporte que cinq pages (la version précédente en comptait vingt-sept) et ne contient aucune des dispositions que Haggart a ridiculisées[159]. Les nouvelles règles ne sont pas toujours appliquées rigoureusement. En 1980, des surveillants ayant interdit de sortie un élève, qui avait enfreint les règlements de la résidence, découvrent qu'un collègue a levé la punition, sans les consulter. Comme un administrateur de l'établissement le fait remarquer, cette pratique rend « les procédures disciplinaires inefficaces »[160].

Lorsqu'on demande à voir les lignes directrices de la résidence Stringer Hall, en 1969, l'administrateur Leonard Holman répond qu'il n'y a pas de règles écrites. Toutefois, d'après sa lettre, il apparaît clairement qu'il existe un certain nombre d'attentes, en ce qui a trait au comportement des élèves. Ceux-ci doivent donc se présenter à temps, à l'heure des repas; ils peuvent mâcher de la gomme où ils le désirent, sauf à la chapelle et à la salle à manger et fumer, s'ils sont âgés de seize ans et plus (les élèves de quinze ans peuvent fumer s'ils présentent une permission écrite de leurs parents). Ils peuvent inviter des amis pour un repas ou une fin de semaine au foyer ou manger et passer une fin de semaine chez leurs amis — à condition qu'ils signalent leur absence d'avance. Les élèves plus âgés peuvent sortir plus tard une fois par semaine — mais doivent être de retour au plus tard à minuit. Holman est fier du fait que la majorité des élèves respectent cette règle[161]. Par exemple, un vendredi soir de 1967, 104 élèves de Stringer Hall signent le registre de sortie pour aller au cinéma ou voir la partie de basket-ball locale. De ce nombre, seul un élève n'est pas revenu à la fin de la soirée, ce dernier ayant décidé de passer la nuit chez sa tante[162]. Holman explique à ceux qui atteignent l'âge légal de consommer des boissons alcoolisées que, s'ils ont désormais le droit de fréquenter des débits de boissons, il préférerait qu'ils s'en abstiennent[163].

Quelques mois après la nomination d'un nouvel administrateur au pensionnat, en 1974, les élèves de Stringer Hall présentent une pétition réclamant le congédiement de l'administrateur adjoint. Selon le document, il a agressé plusieurs élèves qui vivent au pensionnat et exercé un chantage pour les forcer à faire des choses contre leur gré[164]. Bien qu'un certain nombre d'élèves signent plus tard un document indiquant qu'ils souhaitent retirer leur nom de la pétition, il est clair que des problèmes persistent à la résidence[165]. Dans le cadre d'une enquête menée par l'inspecteur du gouvernement des Territoires du Nord-Ouest, les membres du personnel se sont plaints du manque de soutien du nouvel administrateur, en matière de discipline, de ses absences trop fréquentes et du fait qu'il « approuve la consommation d'alcool et d'autres comportements antisociaux parmi les élèves ». Pour sa part, le nouvel administrateur pense que certains membres du personnel souhaitent le voir « diriger le pensionnat comme une prison ». L'inspecteur conclut qu'il existe un « manque de communication et de respect mutuel entre les membres du personnel »[166].

À la fin des années 1980, Grollier Hall met sur pied un tribunal étudiant qui impose des sanctions, comme des retenues et des corvées, aux élèves qui enfreignent les règlements[167]. Dans le cadre du processus, les élèves doivent remplir un formulaire, décrivant ce qu'ils ont fait, pour quels motifs ils ont agi de la sorte et ce qu'ils prévoient pour répondre de leurs actes[168].

Gary Black, le surintendant adjoint de l'éducation des Territoires du Nord-Ouest, écrit, après une visite à Lapointe Hall, en 1973, que « [la situation] peut, au mieux... être décrite comme tolérable. Seules des rénovations très coûteuses pourraient permettre d'améliorer les choses. » Black mentionne de nombreux problèmes au sein du personnel, qu'il attribue à la nature autoritaire de l'administrateur du pensionnat. Black rapporte ce qui suit : « Les gens qui sont à l'extérieur de la résidence, considèrent celle-ci, peut-être avec raison, comme une île entourée de murs infranchissables. Plusieurs activités d'intégration, qui étaient organisées antérieurement entre les élèves du pensionnat et ceux de l'extérieur, ont maintenant disparu[169]. »

Ce n'est pas un critique du système, mais bien l'un de ses plus hauts responsables qui compare la résidence à une prison ou à une forteresse. En rejetant la responsabilité de la majeure partie des problèmes à l'administrateur, il reconnaît l'importance capitale de la dotation pour le succès ou l'échec des pensionnats. L'année suivante, la résidence est prise en charge par la Société Koe Go Cho, un organisme déné de Fort Simpson[170].

Surveillance

Les questions de discipline sont compliquées par le fait que les foyers sont insuffisamment dotés en effectifs, que les postes de supervision sont mal définis (en fait, souvent non définis) et que les employés des foyers n'ont ni le bagage ni la formation nécessaires pour les tâches qui leur sont confiées. De maigres conditions salariales exacerbent tous ces problèmes.

En 1965, un examen des foyers des territoires du Nord-Ouest permet de cerner les problèmes de ratios personnel-élèves. À Breynat Hall, un établissement catholique romain de Fort Smith, on compte dix-sept surveillants responsables de 145 élèves. Il n'y a que trois surveillants masculins pour soixante-trois garçons. À Stringer Hall, à Inuvik, vingt-trois personnes s'occupent de 290 élèves. En septembre 1965, au début de la deuxième année d'existence du centre de formation professionnelle Churchill, l'une des employés a fait part de ses préoccupations à l'évêque anglican Donald Marsh. Elle écrit : « Le nombre insuffisant d'employés ne permet pas aux membres du personnel d'avoir des journées de congé définies. Tout le monde souffre, lorsqu'on attend des gens qu'ils travaillent sans relâche. En ce qui me concerne, si je n'obtiens pas de répit dans un avenir prévisible, il faudra me remplacer[171]. »

En 1965, on peut lire, dans un rapport des Affaires indiennes sur les conditions observées à Yukon Hall, à Whitehorse :

> [...] il semblait n'y avoir que deux surveillants en devoir, un homme et une femme, et très peu d'attention accordée à l'organisation de quelque programme de ce soit, à l'exception de l'étude, supervisée par Mlle Loan. L'esprit de convivialité et de spontanéité, que l'on retrouve normalement chez les jeunes des écoles secondaires, semblait complètement absent, au foyer Yukon Hall[172].

Six ans plus tard, un examen de Yukon Hall, qui vient d'être fusionné avec Coudert Hall, permet d'identifier un certain nombre de problèmes dans les soins des enfants à la résidence. Comme le premier intervenant en soins aux enfants est aussi responsable de la surveillance d'un groupe d'élèves, un manque de « supervision directe des techniciens en soins aux enfants » est constaté. Il n'existe pas non plus de programme d'orientation officiel, à l'intention des nouveaux intervenants en soins aux enfants. Par conséquent, « plusieurs employés ne connaissent pas avec exactitude leurs devoirs et responsabilités ». Le ratio personnel-élèves est aussi très élevé : dans l'un des dortoirs, il représente soixante-cinq élèves pour deux surveillants[173].

En janvier 1976, un père se déclare préoccupé par la sécurité de son fils, qui vit à Fleming Hall, à Fort McPherson. L. Donavon dit que lors d'une visite au pensionnat, il a vu une sortie de secours verrouillée, des ordures empilées devant la porte de secours de la cuisine, un approvisionnement en eau insuffisant et les « enfants sont laissés à eux-mêmes les fins de semaine, sans personnel de surveillance, ou encore avec des employés ivres »[174].

Une enquête de la GRC sur les conditions qui prévalent au foyer de Fort Simpson, en 1977, conclut que l'installation n'a pas suffisamment d'employés. À un moment quelconque, le ratio surveillant-élèves est d'un surveillant pour vingt élèves, alors que de l'avis du policier enquêteur, il devrait être d'un surveillant pour huit ou dix élèves. Des employés excédés « crient, jurent et frappent les élèves ». Il remarque que les surveillants agissent comme les « mères de la maison », ils réveillent les élèves le matin, s'assurent qu'ils ont suffisamment de vêtements et les mettent au lit, le soir. « De plus, ils disciplinent les enfants, si besoin est. » Si une liste des règlements de l'établissement a été dressée, il n'y a pas de politique ou de directives concernant le type ou la méthode disciplinaire qui doit être utilisée : « On laisse cette décision à la discrétion des surveillants[175]. »

La plupart des surveillants des dortoirs manquent de formation. Comme le fait remarquer l'auteur du rapport de 1965, Joseph Katz : « Le personnel de ces pensionnats, qui est directement chargé de l'orientation sociale, académique, spirituelle et collective, a grand besoin d'une formation spécialisée, comme les chefs et autres[176]. » Le fait que les dossiers des élèves au foyer soient jugés « rudimentaires » et « inefficaces pour guider les autres surveillants et employés concernés » reflète également le besoin d'une meilleure formation[177]. Dans ses notes datant du milieu des années 1960, l'ancien surveillant Rodney Clifton fait remarquer que peu de ses collègues à Stringer Hall avaient la formation nécessaire pour travailler dans le Nord. Ils détenaient très peu, sinon aucune connaissance, en matière d'éducation interculturelle, en savaient peu sur le Nord ou sur les gens qui y vivent et ne comprenaient pas le rôle du foyer. Il n'y avait aucune formation disponible pour les aider à combler cette lacune[178]. À son avis, de nombreux employés de foyers se fondaient sur un postulat raciste, selon lequel le comportement inapproprié des élèves résultait du fait qu'ils ne se souciaient de rien[179].

Une enquête portant sur les conditions au centre de formation professionnelle Churchill conclut que les surveillants n'ont pas obtenu de descriptions de postes écrites avant leur embauche : « Il semble que chaque surveillant a une compréhension différente des conditions de l'emploi et ils sont unanimes à dire que les conditions réelles au sein desquelles ils évoluent sont quelque peu différentes de celles qui leur avaient été décrites lors de leur embauche. » Le problème relève du fait qu'il ne semble toujours pas y avoir de descriptions de postes présentées sur un document écrit. Par conséquent, le fonctionnaire des Affaires du Nord qui a mené l'enquête recommande de « ne pas perdre de temps à soumettre leurs conditions de travail par écrit. »

De plus, l'administrateur du pensionnat est pris dans une guerre de pouvoir avec le directeur de l'école et la surveillante de la résidence (qui est également l'épouse d'un représentant régional des Affaires du Nord). Les membres du personnel de la résidence se retrouvent au milieu de ces conflits[180]. En octobre 1965, cinq surveillants décident de partir, mais leur démission finit par être annulée[181]. Les problèmes de personnel sont récurrents : en novembre 1971, on rapporte que le « moral des employés est si bas que cela affecte les élèves »[182]. Cinq personnes démissionnent en août 1972[183].

En décembre 1974, des élèves du foyer se rendent à la résidence du président du Conseil d'établissement de Fort McPherson, John Simon, pour se plaindre du fait que l'administrateur boit et qu'il agresse verbalement les élèves. Simon visite la résidence, y trouve l'administrateur en train de réprimander un certain nombre d'enfants et découvre qu'il a bu. On reconnaît qu'il y a « un manque réel de supervision au pensionnat », étant donné qu'on « passe de l'alcool, de la bière et de la colle en contrebande dans les dortoirs sans que la situation ne soit détectée par le personnel »[184]. En 1974, le gouvernement des Territoires du Nord-Ouest envisage la fermeture de Fleming Hall, en raison du faible nombre d'inscriptions. Les élèves seraient placés dans des foyers locaux ou envoyés à Inuvik[185]. Le foyer ferme ses portes à la fin de l'année scolaire 1975-1976[186].

Le manque de personnel dans les établissements mène à un manque de surveillance qui peut avoir des conséquences tragiques. Le 11 juin 1972, deux garçons qui vivent à Stringer Hall, à Inuvik, quittent la résidence pour faire une promenade. Robert Toasi et David Kasoni trouvent un canot sur le lac Boot, en bordure de la collectivité. Ils utilisent des planches en guise de rames, s'installent dans le canot et traversent un canal pour aboutir à un autre lac. Sur le chemin du retour, le canot renverse. David réussit à nager jusqu'à la rive, mais Robert Toasi, âgé de quinze ans, se noie. Son corps est retrouvé le soir suivant. Une enquête conclut qu'il s'agit d'une noyade accidentelle[187].

Une lourde charge de travail et des salaires de misère ont pour conséquence un taux de roulement du personnel très élevé. La démission de deux surveillants à Akaitcho Hall, en 1966, amène K.W. Hawkins, administrateur du district de Mackenzie, à faire la remarque suivante : « Au cours des deux dernières années, nous avons été touchés par un roulement continu des employés de surveillance à Akaitcho Hall et avons, pendant de longues périodes, fonctionné sans le personnel adéquat. Étant donné les salaires offerts, il affirme : « il est presque impossible de recruter et de retenir les gens détenant des qualifications minimales, encore moins ceux qui possèdent les qualifications requises. » Hawkins craint de devoir « dans un proche avenir, faire face à une situation telle, qu'il ne sera plus du tout possible d'assurer le fonctionnement d'Akaitcho Hall »[188].

Malgré de telles préoccupations, les salaires demeurent très bas. En 1973, Evelyn Nind écrit une lettre au gouvernement des Territoires du Nord-Ouest, dans laquelle elle compare deux offres d'emploi du gouvernement, annoncées le même jour : l'une pour un poste de surveillante de dortoir et l'autre pour un emploi de secrétaire particulière du commissaire adjoint des Territoires du Nord-Ouest. Le salaire offert pour le poste de surveillante va de 6 632 $ à 8 034 $ alors que, pour la secrétaire, on offre de 7 513 $ à 9 055 $. Elle demande : « À partir de ces deux annonces, pouvons-nous supposer que, de l'avis du gouvernement, le travail d'une secrétaire a plus de valeur que celui d'une personne chargée de la responsabilité d'orienter et de conseiller nos jeunes jusqu'à la maturité[189] ? »

Comme le personnel est mal supervisé, les conflits avec les élèves sont inévitables. En 1987, les membres du Comité régional de l'éducation de Kitikmeot (KREC) du Centre de l'Arctique rencontrent les élèves de l'extérieur, qui fréquentent les écoles de la région. Mel Pardy, un responsable de l'éducation des Territoires du Nord-Ouest, qui fait partie de la délégation du KREC, rapporte que les élèves décrivent les surveillants d'Akaitcho comme étant « insensibles et… n'exprimant que peu, sinon aucune préoccupation réelle du bien-être de chaque élève. »

> Seuls quelques surveillants sont perçus comme étant véritablement soucieux d'assurer le bien-être des élèves, la majorité des surveillants semblant n'accorder de l'importance qu'à l'application des règles. Ceux-ci sont vus comme des « agents de probation » qui « ont toujours l'œil sur nous » et « espèrent seulement nous surprendre en train de faire quelque chose de mal ». Ces exemples illustrent bien le niveau de paranoïa des élèves[190].

Les foyers du Nord sont aux prises avec deux problèmes de discipline majeurs. Le premier concerne les élèves qui s'enfuient. Le deuxième est relativement nouveau dans les pensionnats : la consommation et l'abus d'alcool et, plus tard, de drogue.

Fugues

Pour les foyers de Whitehorse, les fugues représentent un problème courant. Au début du mois d'octobre 1960, F. Barnes, administrateur par intérim de Yukon Hall, le foyer protestant de Whitehorse, rapporte un nombre troublant de fugues.

Le problème est compliqué par le fait que plusieurs des enfants ont été admis sans bordereau d'admission signé. Sa description des quatre principales causes d'absentéisme offre un aperçu des conditions de vie, au sein de l'institution.

> (a) Relâchement de la discipline et absence de portes verrouillées — Nous traitons les enfants avec indulgence et gentillesse et ils attribuent probablement cela à du « laxisme ». Je comprends qu'ils ne sont pas habitués à être considérés de la sorte, mais je crois que cela sera profitable à long terme. Ils jouissent d'une plus grande liberté qu'autrefois et profitent de la situation. J'aimerais toutefois qu'on continue à appliquer ces mesures de manière objective, même si on perd quelques élèves plus vieux en cours de route. M. Grant pense que chaque fugueur devrait être ramené et puni, mais j'ai des doutes quant au châtiment

> corporel, puisque je n'ai pas les bordereaux d'admission qui me permettent de savoir quels enfants nous ont été confiés.
>
> (b) Manque de compréhension du besoin d'éducation et de sa valeur de la part des parents et des enfants. Il me semble que les différents groupes religieux ont demandé aux parents d'envoyer les enfants à leur propre école, jusqu'à ce que les parents considèrent que le fait d'envoyer leurs enfants où ce que ce soit est un privilège. Par conséquent, si les enfants ne sont pas heureux ici, les parents les garderont à la maison, etc. Les enfants se plaignent amèrement du fait de devoir faire leur lit et de balayer les planchers et considèrent que cela devrait être « fait pour eux », selon un père que j'ai rencontré.
>
> (c) Conscience de soi — Plusieurs enfants plus âgés qui ont été amenés ici ne sont qu'en 5e ou en 6e année. Ils ne se sentent pas à leur place avec des enfants blancs qui ont 3 ou 4 ans de moins et je peux difficilement leur reprocher d'abandonner.
>
> (d) Mal du pays— Cela peut être une véritable maladie et plusieurs en sont atteints et ont peur. L'environnement et les visages sont étranges et la première et la deuxième nuit, le système d'alarme s'est déclenché, ce qui a effrayé tout le monde. Personne ne sait pourquoi cela s'est produit et cela arrive encore parfois, mais plus la nuit, heureusement[191].

Peu de temps après que Barnes eut écrit cette note, un certain nombre de jeunes filles s'enfuient de la résidence. Le représentant de l'école dépêché pour les ramener se « heurte à l'opposition de la part des parents, concernant le retour des enfants ». Le père de l'une des élèves se plaint que sa fille, après avoir été battue par le directeur, en a eu la main enflée. Barnes refuse cette allégation, précisant qu'« aucun enfant n'a subi de châtiment corporel cet automne. » Barnes demande aux Affaires indiennes de l'autoriser à avoir recours à la GRC pour ramener les enfants qui refusent de retourner à l'école[192].

Coudert Hall, le foyer catholique romain de Whitehorse, adopte une politique visant à tout simplement renvoyer les fugueurs de seize ans et plus. Lorsqu'il renvoie deux fugueuses, en 1961, le directeur du pensionnat, E. A. Cullinane, indique les filles ont « admirablement bien réagi aux bons soins et à la ferme discipline en vigueur, ici ». Mais, si elles ont consenti de nombreux efforts dans leurs études, elles ont été déçues par « la formation théorique qui leur a été imposée ». Il poursuit, en disant qu'il « est en effet regrettable qu'on ne leur ait pas proposé un curriculum plus pratique et plus réaliste, visant à perfectionner leurs qualités féminines, et la formation spécialisée dont elles ont besoin pour devenir de bonnes épouses et de bonnes mères ».

Cullinane n'est pas convaincu du bien-fondé d'une punition, pour les fugueurs de moins de seize ans. Il pense en effet que l'administration de châtiments corporels ne fait « qu'empirer les choses, intensifier le ressentiment et l'hostilité envers l'autorité »[193]. Son successeur, Marcel Piché, rapporte, en 1965, qu'il a infligé une punition corporelle à l'aide d'une lanière de cuir à trois jeunes filles pour « leur inconduite pendant la fin de semaine du festival Sourdough », à Yellowknife. La fin de semaine précédente elles avaient fugué et, selon Piché, s'étaient mal comportées[194].

En 1964, deux jeunes filles de quinze ans et deux de quatorze ans sont renvoyées chez elles, après s'être enfuies de Coudert Hall et avoir passé la fin de semaine en ville. L'administrateur rapporte qu'il est soulagé que les plus vieilles soient parties, puisqu'elles « étaient des fautrices de trouble, au pensionnat »[195]. En 1967, le directeur de Coudert Hall donne des instructions pour qu'une jeune fille de quatorze ans, qui en est à sa troisième fugue, soit renvoyée chez ses parents, lorsqu'elle aura été retrouvée[196],

Plusieurs enfants des Territoires du Nord-Ouest proviennent de collectivités isolées, qui se trouvent à des milliers de kilomètres des résidences. En 1967, un élève de Stringer Hall, à Inuvik, achète un billet d'avion pour se rendre dans sa collectivité d'origine. Il plie bagage et part, sans en parler à ses amis ou aux administrateurs de l'école. À sa demande, sa mère lui avait fait parvenir l'argent nécessaire pour qu'il puisse se procurer un billet d'avion[197]. En février 1968, on a recours à la Gendarmerie pour retrouver trois filles âgées de treize à quinze ans, qui se sont enfuies de Stringer Hall, avec seulement « plusieurs couvertures et un peu de nourriture du chariot pour la collation du soir ». Le père de l'une des jeunes filles avait récemment déclaré qu'il retirerait sa fille de l'école si elle ne se comportait pas correctement. Elles sont retrouvées, deux jours plus tard, dans une maison privée, à Inuvik[198].

Le meilleur et le pus sûr moyen d'être déclaré absent est de ne pas retourner à l'école, après une visite à la maison. Par exemple, en 1985, trente-quatre élèves ne reviennent pas à Akaitcho Hall, après la semaine de relâche[199]. Chaque année, à Pâques, les parents de Peggy Tologanak lui rendent visite au pensionnat d'Inuvik. Elle et ses frères et sœurs, prennent ensuite l'avion, pour rendre visite à de la famille à Reindeer Station. À la fin de la visite, Peggy et les autres enfants tentent de ne pas retourner au pensionnat. « Quand l'avion revenait nous chercher, les enfants du foyer se cachaient. On ne voulait pas y retourner. Mais ils nous cherchaient et nous cherchaient dans les collines et finissaient par nous ramener au foyer[200]. »

Deux garçons de moins de dix ans tentent quatre fois de s'enfuir de Stringer Hall, en 1972. Ils reviennent d'eux-mêmes ou sont ramenés au pensionnat chaque fois[201]. Le 23 juin 1972, trois garçons, Lawrence Jack Elanik, Bernard Andreason, et Dennis Dick, s'enfuient de Stringer Hall[202]. Andreason est retrouvé vivant, à quelques kilomètres de Tuktoyaktuk. Il a marché environ 150 kilomètres et perdu près de quatorze kilos. Ses pieds sont extrêmement enflés. Le corps d'Elanik est retrouvé, mais on cesse les recherches pour localiser le corps de Dick. Le directeur de Stringer Hall, L. Holman, indique dans son rapport que :

> Tout ce qu'il était possible de faire a été fait pour tenter de retrouver ces garçons avant qu'il ne soit trop tard. La GRC, le bureau et le personnel du directeur régional, les propriétaires d'avions privés, les différentes compagnies aériennes,

> les exploitants d'hélicoptères, les citoyens et les membres des Forces armées à Inuvik ont fait un travail remarquable[203].

Au lieu de s'enfuir, certains élèves emploient des stratégies plus passives pour résister et s'adapter à la vie au pensionnat. L'un des mécanismes d'adaptation employés par les élèves est de « faire taire » leurs émotions. Lavinia Brown explique que le fait d'être au pensionnat l'a amenée à bloquer tout ce qu'elle avait connu et expérimenté dans l'enfance : « On était éteints », dit-elle[204]. Richard King, qui enseignait à l'école Carcross, au début des années 1960, fait remarquer : « Dès leur troisième année à l'école, les élèves trouvent que la routine est le moyen le plus simple de composer avec la vie. L'attrait de l'apprentissage, pour le simple plaisir d'apprendre, a été remplacé par des manœuvres programmées. On déteste devoir prendre des décisions, à moins d'en tirer des avantages directs[205]. »

Alcool et drogues

Au début de l'hiver 1992, un élève résidant à Akaitcho Hall meurt de froid, après s'être enivré lors d'une fête pendant la fin de semaine[206]. Son décès souligne le fait que la consommation d'alcool — par le personnel et les élèves des pensionnats — a été un problème récurrent dans les pensionnats du Nord, de leur ouverture à leur fermeture. Peu de temps après l'ouverture d'Akaitcho Hall, l'administrateur de l'établissement commence à renvoyer des élèves pour ébriété[207]. Le pensionnat adopte une politique, en vertu de laquelle les élèves sont renvoyés après le deuxième incident lié à l'alcool les impliquant[208].

Au départ, la politique d'Akaitcho Hall n'interdit pas seulement l'alcool au sein du pensionnat, mais elle défend aux élèves d'en consommer à l'extérieur de l'établissement. Comme, à l'époque, l'âge légal pour consommer de l'alcool est de vingt-et-un ans, l'interdiction de boire correspond à la législation territoriale. Cela change en 1970, alors que l'âge légal pour consommer de l'alcool est fixé à dix-neuf ans, dans les Territoires du Nord-Ouest et au Yukon[209], exacerbant un problème déjà très sérieux, pour les foyers.

À Akaitcho Hall, les membres du personnel ne sont pas autorisés à consommer de l'alcool, lorsqu'ils sont en devoir ou se trouvent au pensionnat. Toutefois, une note de l'administrateur du pensionnat, datant de 1965, suggère que ces règles sont parfois enfreintes. L'administrateur rappelle aux membres du personnel qu'ils ne sont pas autorisés à boire pendant les heures de travail et qu'il « n'est pas prêt à reconnaître que le fait d'être en état d'ébriété ou de semi-ébriété est acceptable pour les membres du personnel... qu'ils soient, ou non, en devoir »[210]. Au même établissement, en 1971, un surveillant des garçons démissionne, en raison de « son problème d'alcool ». En discutant de cette démission, l'administrateur fait savoir qu'il s'agit d'une bonne chose, puisque la consommation d'alcool du surveillant avait causé « des inquiétudes et de l'anxiété »[211]. À Stringer Hall, la consommation d'alcool des membres du personnel est aussi problématique. Selon Rodney Clifton, certains de ses collègues « boivent pas mal », arrivent « en retard au travail ou un peu ivres »[212]. Contrôler la consommation d'alcool du personnel est une préoccupation constante pour les administrateurs et les autres enseignants. À Stringer Hall, les employés ne font pas souvent l'objet de mesures disciplinaires pour ce motif. Un assistant est congédié, mais rapidement réembauché[213].

La consommation d'alcool des élèves est non seulement illégale, mais peut entraîner de la violence. En 1971, quatre élèves d'Akaitcho Hall (deux sont âgés de dix-sept ans et deux, de dix-huit ans) passent une soirée dans une cabane appartenant au foyer. Ils consomment de l'alcool et l'un d'eux a emprunté une arme de poing à un autre élève de l'école. Pour des raisons obscures, il tire et blesse les trois autres[214]. Une élève de dixième année est renvoyée d'Akaitcho Hall après avoir attaqué et battu une autre pensionnaire, alors qu'elle était en état d'ébriété. La victime doit recevoir quatre points de suture pour refermer les blessures qu'elle a subies sur la tête[215]. En 1986, la mère d'un élève de Deline se plaint du fait qu'une femme organise des beuveries pour les élèves de Grollier Hall. Elle dit qu'après avoir participé à l'un de ces événements, son fils a été reconnu coupable de voies de fait sur une personne rencontrée sur les lieux[216].

Le renvoi d'une résidence entraîne de lourdes conséquences. Les élèves ayant fait l'objet d'un renvoi à deux reprises ne sont plus admissibles au soutien financier accordé par les Territoires du Nord-Ouest, dans le cadre du programme des pensionnats[217].

Dès le début, les règles sont appliquées avec discrétion. En 1959, deux jeunes filles, l'une âgée de seize ans et l'autre, de vingt ans, participent à une fête dans une résidence de Yellowknife, après avoir dit qu'elles allaient à l'église. Lorsque l'une d'elles rentre à la résidence en état d'ébriété, la Gendarmerie est dépêchée sur les lieux. L'autre jeune fille est localisée et ramenée au foyer. Bien que les règles interdisent aux pensionnaires de boire de l'alcool, quel que soit l'endroit, la décision est prise de renvoyer la jeune fille de vingt ans, qui aurait exercé une influence fâcheuse, et de permettre à sa compagne de seize ans de demeurer au pensionnat[218]. En 1996, le surintendant des écoles du district de Mackenzie des Territoires du Nord-Ouest se plaint du fait que l'administrateur d'Akaitcho Hall n'a pas été assez sévère lors d'un « récent épisode de consommation d'alcool impliquant un certain nombre de jeunes filles de son établissement ». Il est également d'avis que certaines d'entre elles ne devraient pas être admises à Akaitcho Hall au cours de la prochaine année scolaire[219]. En juin 1972, l'administrateur d'Akaitcho Hall s'oppose à l'admission d'une trentaine d'anciens élèves, au cours de l'année suivante. Dans la plupart des cas, le motif est un problème de consommation d'alcool[220].

Plusieurs élèves sont renvoyés et ne sont pas réadmis, en raison de problèmes liés à l'alcool. En 1966, une vingtaine d'élèves plus âgés de Grollier Hall passent leurs soirées en ville, reviennent en état d'ébriété et rapportent parfois de l'alcool à l'établissement. La dixième fois qu'un élève de vingt-et-un ans revient ivre au pensionnat en trois mois, le dirigeant de Grollier Hall demande au surintendant des écoles la permission de le renvoyer[221]. En 1967, l'administrateur de Stringer Hall, Leonard Holman, recommande le renvoi de trois élèves pour des motifs d'agressivité, de désobéissance et de consommation d'alcool avant l'âge légal[222]. L'année suivante, onze élèves sont renvoyés du pensionnat pour « consommation d'alcool et intoxication, comportement odieux, insolent et grossier, désobéissance et refus de se conformer aux règles du pensionnat, langage obscène et manque de respect de l'école, du pensionnat et du personnel »[223].

En 1976, Piita Irniq (alors connu sous le nom de « Peter Ernerk »), un ancien pensionnaire devenu membre du Conseil territorial, intervient au nom d'un garçon de sa circonscription qui a été expulsé d'Akaitcho Hall, pour s'être battu. Irniq, qui est d'avis que le jeune est un « bon élève », se dit préoccupé par le cas, parce qu'il « connaît très bien le genre de choses qui peuvent se produire loin de la maison ». Il demande qu'on donne une autre chance au garçon. « Que lui arrivera-t-il, lors de son [retour] à Rankin Inlet, après avoir été expulsé? Le reste de la société l'oubliera et il ne sera jamais en mesure de trouver un emploi convenable, où que ce soit[224]. » Dans ce cas, les efforts d'Irniq se sont avérés vains : en juin 1977, le nom du garçon figure sur la liste des élèves renvoyés en décembre 1976[225].

Dans les années 1980, Akaitcho Hall impose une période de probation à tout pensionnaire qui enfreint les règles concernant l'alcool et en informe les parents, par lettre[226]. Un élève peut ne pas être expulsé avant la quatrième infraction[227].

Les élèves qui violent les règles à Grollier Hall doivent signer des contrats avec l'administration. L'un d'entre eux oblige l'élève à se joindre aux Tambours de Grollier Hall et à vivre selon leur code d'éthique, à s'inscrire à deux programmes sportifs, à participer à six rencontres d'un groupe de soutien et à arrêter de « traîner avec sa petite amie dans le hall d'entrée principal de Grollier Hall »[228]. Dans les années 1990, les administrateurs de Grollier Hall envoient régulièrement des lettres aux parents les avisant du fait que leur enfant a enfreint les règles du pensionnat, en matière de consommation d'alcool et de drogue[229].

Au début des années 1980, l'administrateur d'Akaitcho Hall identifie un nouveau problème : la consommation de drogues. Il estime que cela « atteint de telles proportions que des mesures doivent impérativement être planifiées et mises en œuvre immédiatement ». Il explique que, jusqu'à maintenant, l'école a abordé l'utilisation de drogues— lesquelles comprennent, d'après lui, la marijuana, le haschisch et le LSD — par du « counselling, de l'information, etc. » Il souhaite maintenant que la GRC mène une rigoureuse enquête, y compris une fouille du pensionnat[230]. Les policiers répondent qu'ils n'ont effectué que deux saisies à l'école et qu'aucune d'entre elles n'a mené à des accusations. Ils ne semblent pas disposés à procéder à une fouille du dortoir. Ils acceptent toutefois de collaborer avec l'administration pour s'attaquer au problème[231]. Au printemps 1982, trois garçons sont surpris en train de fumer de la marijuana dans les toilettes et le nouvel administrateur conclut que « la consommation d'alcool et de drogues au pensionnat continue de représenter un sérieux problème contre lequel il ne semble pas y avoir de méthode de contrôle efficace »[232].

Les parents sont à la fois inquiets de ce qui peut arriver à leurs enfants pendant leur séjour au pensionnat et préoccupés par les conditions qui prévalent dans les institutions. Ils voient dans l'abus d'alcool la manifestation d'un problème plus profond. En 1982, des parents de Kangiqliniq sont bouleversés d'apprendre que leur enfant a été expulsé d'Akaitcho Hall et renvoyé à la maison. Ils disent qu'ils n'ont pas été informés que leur enfant éprouvait des problèmes de discipline. Dans un autre cas, l'administrateur du pensionnat refuse de prendre des mesures disciplinaires, lorsqu'un garçon en état d'ébriété panique et quitte le pensionnat en pleine nuit, en portant des vêtements inappropriés. Au lieu de le rechercher, le surveillant aurait dit que le garçon, une fois l'effet de l'alcool dissipé, reviendrait au pensionnat. Trois garçons qui ne partagent pas l'avis du surveillant décident de mener eux-mêmes une recherche et demeurent à l'extérieur jusqu'à minuit passé. À la lumière de ces faits, le comité de parents de la région de Keewatin d'Akaitcho Hall demande à l'administration de renvoyer le surveillant en question[233]. Les parents de plusieurs collectivités de la région de Keewatin donnent suite à leurs préoccupations en se rendant à Yellowknife pour visiter Akaitcho Hall. Ils produisent un rapport détaillé de vingt-et-une pages portant sur leur évaluation de l'établissement. Le fait que le corps étudiant soit divisé en petits groupes et que la cohésion semble faire défaut est l'une de leurs premières observations. Ils concluent également qu'il est nécessaire d'embaucher des « conseillers bilingues qui peuvent communiquer en inuktitut et en anglais ». De plus, « les enfants jouissent de trop de temps libre non structuré. Dès nos premières réunions, il est très clair que les abus de drogues et d'alcool allégués résultent de situations sociales et non des causes sous-jacentes que nous avions initialement identifiées ». Les élèves rapportent aussi que certains membres du personnel tentent de leur imposer leurs propres valeurs religieuses. Le problème, pensent les parents, réside dans le manque d'orientation constructive donnée au personnel[234].

Malgré des changements dans l'approche, le problème demeure. En 1987, la punition administrée à un groupe de garçons qui reviennent à Akaitcho Hall alors qu'ils sont en état d'ébriété, comprend un confinement d'une semaine au dortoir, la rédaction d'un essai sur la question, la rencontre d'un conseiller aux élèves et une période de probation[235]. Trois ans plus tard, cinq employés élaborent une proposition de traitement contre la consommation d'alcool et de drogues à Akaitcho Hall. Elle comprend les étapes à suivre, dès la détection initiale de la consommation de drogues et d'alcool (perte de privilèges, lettre aux parents, exigence de participer à des séances de counselling). Dans les cas où un deuxième incident survient dans les trois mois qui suivent, l'élève doit s'engager à ne pas faire usage de drogue ou d'alcool pendant soixante jours et à participer à une séance d'évaluation personnelle et à trois séances éducatives. Après une troisième occurrence, une équipe composée de certains membres du personnel et de professionnels de l'extérieur (et, si possible, d'un membre de la famille) préparent une stratégie spécifique pour l'élève[236]. En raison du mécontentement d'au moins un membre du groupe, ce plan n'est pas mis en œuvre[237].

En 1991, lorsqu'on demande à Jim Martin, du conseil scolaire de la division Dogrib, de commenter la politique relative à la consommation de drogues et d'alcool d'Akaitcho Hall, celui-ci indique que cet enjeu ne devrait pas être abordé comme une question de discipline, mais comme une question de santé. « L'expulsion d'un élève souffrant d'un problème de consommation de drogue et d'alcool qui n'a pas été traité et son renvoi dans sa collectivité n'est pas à l'avantage de l'élève, de sa famille, de sa collectivité et des Territoires du Nord-Ouest. À court terme, il ne sert qu'aux surveillants de dortoirs[238]. »

Un rapport du mois de mars 1992 sur le dortoir des filles à Akaitcho Hall, comprend le constat suivant : « L'abus d'alcool menace sérieusement nos jeunes. Jusqu'à maintenant, cette année, nous n'avons pas été en mesure de surmonter le problème. Il est temps d'apporter quelques changements et d'avoir un message clair[239]. »

Au cours des années 1990, le personnel peine à trouver des politiques appropriées visant à composer avec la consommation d'alcool : certains craignent que les élèves soient renvoyés trop rapidement, alors que, pour d'autres, l'institution ne semble se concentrer que sur le fait d'aider « les pensionnaires à surmonter les périodes difficiles un mois à la fois ». La différence d'âge des élèves, qui ont entre quinze et vingt-deux ans, représente aussi un problème. V. J. Feltham, le chef du dortoir des garçons, écrit : « Il est déjà assez difficile de composer avec des jeunes de 15 à 17 ans, sans avoir des modèles âgés de 20 ans qui semblent éprouver du plaisir à boire de l'alcool[240]. »

La situation est la même dans les foyers du Yukon. À Whitehorse, les problèmes sont liés aux difficultés et aux risques auxquels sont confrontés les élèves, lorsqu'ils sont à l'extérieur du pensionnat. En 1966, M. Brodhead, surintendant des écoles adjoint par intérim, au ministère des Affaires indiennes, au Yukon, dépeint une image morne de la situation qui prévaut à Yukon Hall, le foyer protestant de Whitehorse. Il écrit :

> Le degré de désorganisation sociale dans la collectivité de Whitehorse est consternant. Elle est évidente dans les nombreux problèmes de discipline qui se manifestent parmi les élèves du pensionnat de Yukon Hall. L'alcool, l'absentéisme et la promiscuité sexuelle ajoutent de nouvelles dimensions aux problèmes que nous éprouvons à éduquer ces enfants.

Il espère pouvoir améliorer la situation en divisant le corps étudiant en groupes, chacun étant sous la direction d'un surveillant. Les groupes auraient la responsabilité de déterminer à quoi ils consacreraient leur temps libre[241]. L'année suivante, trois jeunes filles sont renvoyées chez elles pour avoir consommé de l'alcool avant l'âge légal fixé à Whitehorse[242].

Les grands pensionnats n'ont pas fait entrer la drogue et l'alcool dans le Nord. Mais ils ont empêché les jeunes de bénéficier d'une surveillance parentale et communautaire pendant leur adolescence. Les élèves qui fréquentent les grands pensionnats se retrouvent au sein de communautés qui offrent peu d'occasions récréatives et qui, dans certains cas, ont la réputation de réunir des conditions de vie difficiles. La disponibilité de l'alcool et des drogues, surtout après 1970, place les élèves à haut risque de toxicomanie, risque que les administrateurs des écoles et des pensionnats n'ont jamais été capables de contrôler efficacement.

« Un endroit particulièrement sinistre »

Plusieurs des problèmes décrits plus haut sont interreliés. La résistance des parents, du personnel mal formé et surchargé, le manque de supervision et les traumatismes liés au fait d'être séparé de sa famille ne sont jamais des phénomènes isolés. Ces facteurs interagissent et s'amplifient mutuellement dans les grands foyers de Churchill et d'Iqaluit. Le centre de formation professionnelle Churchill est situé à Fort Churchill, où le gouvernement fédéral a transféré une partie de la base militaire aux Affaires du Nord[243]. Selon Ralph Ritcey, un agent de l'éducation des Affaires du Nord, les Églises anglicane et catholique romaine se sont d'abord opposées à l'envoi d'élèves à l'école de Churchill, lors de son ouverture en 1964. L'évêque anglican Donald Marsh fait valoir que l'école a initialement été prévue pour Qamani'tuaq ou Iqaluit et ne se trouve à Churchill qu'en raison de la présence d'une « série de bâtiments vides »[244]. Il pense que ce sera difficile de trouver des parents qui accepteront d'y envoyer leurs enfants. « Il ne fait aucun doute que les Esquimaux sont désireux de voir leurs enfants recevoir une éducation, mais ils ne souhaitent pas les perdre ou être sans nouvelles. Leur plus grande crainte est toutefois Churchill[245]. » Ils ne veulent pas abandonner leurs enfants à la vie difficile qu'ils associent à une base et à un port militaires.

Pour favoriser le recrutement, E. A. Côté, sous-ministre des Affaires indiennes et du Nord canadien, fait une tournée de la région en promettant que tout élève qui complétera trois ans de formation à l'école de Churchill sera admissible à « une formation plus poussée dans le Sud du Canada, s'il le souhaite »[246]. En juillet 1964, Côté écrit : « Les catholiques romains de Keewatin ont bien répondu, mais l'enthousiasme a été moins grand du côté des anglicans… Près de la totalité des catholiques romains disponibles se sont déjà inscrits. » En tout, le sous-ministre espère inscrire cent soixante élèves : cent anglicans et soixante catholiques. Les six postes de surveillant seront distribués dans les mêmes proportions[247].

Malgré ce succès initial, l'évêque Marsh constate que plusieurs parents hésitent à envoyer leurs enfants à Churchill — et que ces derniers trouvent difficile de les récupérer une fois qu'ils y sont. Lorsqu'en mars 1965, un parent du Nord québécois tente de récupérer son fils qui se trouve à Churchill, le représentant des Affaires du Nord à Ivuyivik en est informé. « Nous nous demandons comment le départ d'un élève en mai pourrait affecter les autres. Ne faites aucune promesse aux parents pour le moment[248]. »

À la fin de 1966, le gouvernement fédéral pense qu'il est nécessaire de mettre au point une stratégie de relations publiques pour contrer la réputation négative de l'école de Churchill, auprès des parents inuits[249]. Selon un bulletin de nouvelles de la radio de la CBC, les inquiétudes des parents concernant des allégations de consommation d'alcool et d'inconduite sexuelle les amènent à refuser que leurs enfants fréquentent l'école et à retirer ceux qui s'y trouvent déjà[250]. Des plaintes concernant des beuveries dans certains dortoirs des employés à Fort Churchill sont formulées et les Affaires du Nord doivent admettre que Fort Churchill est « un grand camp où vivent de nombreuses personnes célibataires ». S'il est possible, pour les Affaires du Nord, d'exercer un certain contrôle sur ses employés, « cela n'est pas le cas en ce qui concerne le personnel des autres ministères. » On consent donc tous les efforts nécessaires pour séparer les élèves des « activités sociales des adultes ailleurs à Fort Churchill »[251].

Tout le débat refait surface lorsque l'école de Churchill est remplacée par une nouvelle école à Iqaluit. La résidence Ukkivik n'ouvre pas ses portes avant 1971, bien que l'établissement ait été proposé à la fin des années 1960. À Iqaluit, la construction du foyer et d'une école secondaire, entraîne une vive opposition des parents. Le gouvernement fédéral a en effet décidé de construire cet établissement à Iqaluit pour répondre aux préoccupations des parents qui ne souhaitent pas envoyer leurs enfants dans un établissement aussi éloigné que Churchill. Le gouvernement a également pris en considération la « possibilité irréalisable de construire de plus petites écoles secondaires, dispersées dans d'autres secteurs de la région ». On souligne qu'Iqaluit abrite « 25 % de toute la population autochtone de la région ». Selon un fonctionnaire, W. W. Buell, certains pensent qu'Iqaluit « ne représente pas un bon endroit moralement et socialement pour cette école. On doit en effet prendre en considération le fait que les gens qui ont plaidé en faveur de ce projet n'ont pas de réelles connaissances ou de compréhension des enjeux et que leur opinion est fondée sur les ouï-dire[252]. »

Ces croyances sont néanmoins profondément ancrées chez plusieurs parents. En novembre 1968, soixante-dix résidants d'Igloolik participent à une réunion communautaire pour discuter de la proposition de construire une école à Iqaluit. Ils refusent d'y envoyer leurs enfants et envoient une pétition en ce sens à un certain nombre de politiciens, y compris Martin O'Connell, un député originaire de l'Ontario. En soulevant la question en leur nom, O'Connell précise que, si les parents ne s'opposent pas à l'idée d'envoyer leurs enfants à l'extérieur, dans une école secondaire centralisée, ils considèrent qu'Iqaluit est « un endroit particulièrement sinistre ». Dans une lettre au ministre du Développement du Nord, Jean Chrétien, O'Connell dit : « J'en suis venu à comprendre que ce point de vue est partagé par de nombreuses collectivités de la région[253]. »

Malgré cela, une grande école fédérale, le centre éducatif Gordon Robertson (GREC), et la résidence Ukkivik ouvrent tous les deux leurs portes en 1971. Peu après l'ouverture de l'école, le directeur de l'externat fédéral, C. D. King, se plaint du manque de discipline au pensionnat. Selon lui,

> [...] des élèves vont et viennent toute la nuit et certains se trouvent dans des lieux inappropriés, des filles et des garçons ont été vus dans des endroits sombres du pensionnat en train de s'embrasser et de se caresser, des élèves entrent dans l'entrepôt, des boîtes de lotions à rasage ayant été trouvées sous le bâtiment, des garçons visitent les chambres des filles, des élèves féminines se prostituent, etc.

King mentionne qu'il ne peut blâmer les parents de ne pas vouloir envoyer leurs enfants à Iqaluit : « Je ne voudrais pas que mes propres enfants habitent dans l'un de nos pensionnats, à l'heure actuelle[254]. »

À la suite d'une visite de la nouvelle résidence Ukkivik, l'agent de l'éducation des Territoires du Nord-Ouest, N. J. Macpherson, exprime ses préoccupations au sujet de rapports selon lesquels « certains pensionnaires vivent dans la crainte, en raison de la consommation d'alcool et des bagarres qui ont lieu au pensionnat indien de Frobisher Bay ». Il informe le directeur du pensionnat que son personnel et lui ne peuvent « modifier le comportement d'un élève qui terrorise d'autres élèves » et que cet élève devra être expulsé[255].

Alors que l'année scolaire tire à sa fin, le directeur King demande qu'on examine de plus près les faits mentionnés dans certains rapports, selon lesquels « des élèves féminines craignent de vivre au pensionnat », qu'un élève « a menacé d'autres élèves » et qu'un autre « a menacé et battu des garçons », que « deux élèves masculins ont rendu visite à des élèves filles dans leur chambre » et qu'un troisième a invité des élèves filles dans sa chambre, où il leur a offert de l'alcool[256].

En juin 1972, à la fin de la première année d'activité du pensionnat, l'administrateur Rod McKenzie démissionne, pour occuper un poste au gouvernement du Manitoba[257]. Son successeur, James Earle, n'y demeure que quelques mois avant de quitter, en novembre 1972. Dans sa lettre de démission, il écrit : « Il m'est impossible de poursuivre, comme administrateur », ajoutant que les motifs de son départ sont nombreux, mais qu'il ne souhaite « pointer du doigt dans toutes les directions et créer des tensions dans plusieurs secteurs »[258]. Un examen permet de conclure qu'un incident, au cours duquel un surveillant a été attaqué par un pensionnaire, figure parmi les raisons qui l'ont amené à démissionner. Des dissensions au sein du personnel entraînent également la démission de deux surveillants, alors que deux autres sont renvoyés, pendant le mandat d'Earle, pour ce qu'il convient d'appeler des « traitements psychiatriques »[259].

À l'automne de la même année, un groupe d'élèves signent une lettre soulignant les frustrations que provoque la vie au pensionnat.

> Nous parlons, mais personne n'écoute. Nous ne pouvons avoir de conversations confidentielles avec nos surveillants parce que tout ce que nous disons est inscrit dans un cahier de rapports que tous les membres du personnel peuvent lire. Nous gardons donc tout cela en nous et nos tensions nous amènent à vandaliser le bâtiment, à nous battre les uns avec les autres, en raison des frustrations que nous ne pouvons communiquer. Plusieurs élèves tentent de se tourner vers le passé, parce que le passé semblait heureux, alors qu'ils rejettent l'avenir, qui semble malheureux et déconcertant[260].

Un intervenant en soins aux enfants qui démissionne du pensionnat l'année suivante écrit un long rapport mettant en lumière les insatisfactions rencontrées alors qu'il travaillait à l'installation. Il précise que les enfants n'étaient pas vêtus de manière appropriée et les problèmes vus et entendus n'étaient pas abordés adéquatement.

> Il existe également des problèmes avec les élèves qui ont besoin de soins psychiatriques ou, à tout le moins, de services de counselling beaucoup étendus que ce qui est offert dans l'île de Baffin. Le pensionnat n'est pas équipé pour composer avec ces personnes et, bien que dans certains cas, le personnel ait recommandé des traitements ou un examen plus poussés, la politique en vigueur consiste à renvoyer les personnes dans les collectivités, où elles ne « nous » causeront plus de problèmes. Comme la plupart de leurs problèmes émanent probablement des difficultés liées à l'identité Esquimau-homme blanc, il m'apparaît plus logique de traiter ces élèves plutôt que de laisser le problème s'amplifier et exploser au sein de la bande[261].

Mary Olibuk Tatty a été envoyée à Akaitcho Hall, à Yellowknife, en raison de la mauvaise réputation du pensionnat d'Iqaluit.

> Dans les années 1980, ma mère, aujourd'hui décédée, a eu un jour la possibilité de m'envoyer dans un endroit appelé Frobisher Bay, maintenant, c'est Iqaluit ou Yellowknife. Je ne savais pas où ma mère allait m'envoyer, mais deux filles plus vieilles que moi et qui étaient allées à Ukkivik sont revenues à la maison enceintes, alors ma mère a décidé de m'envoyer ailleurs. Je suis contente de sa décision parce que, vous savez… je voulais qu'elle me fasse confiance puisque c'est elle qui m'a poussée à finir mon secondaire. De ses seize enfants, je voulais qu'elle soit particulièrement fière de moi[262].

Si les préoccupations parentales concernant les communautés de Churchill et d'Iqaluit semblent bien fondées, le gouvernement fédéral omet d'en reconnaître la légitimité ou de prendre des mesures visant à régler efficacement les problèmes. Churchill et Iqaluit ne sont pas les seules collectivités à être dangereuses. En 1959, un individu de Yellowknife est accusé d'avoir séduit une élève d'Akaitcho Hall. Il est également reconnu coupable d'avoir fourni de l'alcool à un mineur. Il est condamné à une peine d'un an de prison. Les élèves impliqués sont expulsés du pensionnat et retournent chez eux[263].

Une élève de seize ans, originaire d'Arviat et pensionnaire d'Akaitcho Hall, est violée par un jeune homme qu'elle a rencontré dans un restaurant de Yellowknife, en novembre 1971[264]. La même année, une élève de Stringer Hall est violée par quatre individus rencontrés dans un café d'Inuvik[265]. Le parcours scolaire peut mettre en péril la santé mentale de certains élèves. En décembre 1977, un jeune élève d'Iqaluktuuttiaq, pensionnaire à Akaitcho Hall fait une tentative de suicide. Lorsqu'il obtient son congé de l'hôpital, on le renvoie chez lui, dans sa collectivité[266].

Une autre inquiétude parentale est le fait que les filles peuvent tomber enceintes pendant leur séjour au pensionnat. Lorsque cela se produit, on réagit habituellement en expulsant les élèves. En 1962, une élève quitte le pensionnat catholique romain de Whitehorse, après être tombée enceinte[267]. En 1968, une autre élève ne revient pas à l'école, après les vacances des Fêtes, parce qu'elle attend un enfant[268]. Devant ces pressions, les pensionnats offrent bien peu, en termes de soutien. Pendant l'année scolaire 1989-1990, Akaitcho Hall fait appel aux services d'un aumônier, pour offrir du counselling; en novembre et décembre 1989, neuf élèves le consultent pour des problèmes d'alcoolisme et de toxicomanie, trois au sujet de leur solitude et de leurs difficultés à s'adapter à la vie de dortoir, cinq en raison de problèmes relationnels et deux, parce qu'ils viennent de perdre un être cher[269].

Abus

Deux foyers des Territoires du Nord-Ouest sont devenus tristement célèbres en raison de leur long passé d'abus sexuels : Grollier Hall, à Inuvik, et Turquetil Hall, à Chesterfield Inlet, tous deux catholiques. Quatre membres du personnel de Grollier Hall sont reconnus coupables d'agressions sexuelles sur des élèves. Deux des déclarations de culpabilité se produisent alors que les individus sont toujours employés dans un pensionnat ou peu de temps après leur démission. Dans les deux cas, l'école et les autorités gouvernementales n'ayant pas mené d'enquête en bonne et due forme, plusieurs années plus tard, les deux hommes sont de nouveau reconnus coupables d'agressions sur d'autres élèves, ces dernières ayant été commises alors qu'ils travaillaient à Grollier Hall. Pendant vingt ans, de 1959 à 1979, au moins un prédateur sexuel a fait partie du personnel de Grollier Hall en tout temps[270].

Les allégations d'agressions sexuelles à Turquetil Hall, qui a été en activité beaucoup moins longtemps, jusqu'à sa fermeture, en 1969, n'ont pas été soulevées avant les années 1990. Une enquête effectuée par la GRC se solde par la recommandation de ne pas déposer d'accusations. Dans son rapport sur le pensionnat, Katherine Peterson conclut que de « graves incidents d'agressions sexuelles se sont produits à l'école de Chesterfield Inlet, alors que l'école était ouverte »[271].

Au début des années 1960, deux individus qui travaillent et résident à Fleming Hall, le foyer anglican de Fort McPherson, sont déclarés coupables d'avoir entretenu des relations inappropriées avec des mineurs[272].

En 1971, le gouvernement fédéral apprend qu'un employé du pensionnat catholique Coudert Hall, de Whitehorse, agresse sexuellement les élèves. Au lieu de porter l'affaire à l'attention de la police et d'offrir de l'aide à la famille, le gouvernement se contente de congédier l'individu. Il ne sera poursuivi— et reconnu coupable — relativement à ces activités, que dix-neuf ans plus tard[273]. En 1993, un ancien employé de Grollier Hall et de l'école Lower Post, en Colombie-Britannique — qui était fréquentée par des élèves du Yukon— est reconnu coupable d'avoir commis des agressions sexuelles sur les élèves de Lower Post, à la fin des années 1950[274].

Ces condamnations ne rendent que partiellement compte de la situation. On ne croit pas tous les élèves, lorsqu'ils affirment avoir été victimes d'abus. Toutefois, il est clair que le nombre d'agressions sexuelles sur les élèves est beaucoup plus important que ne le suggèrent les condamnations. Par exemple, en date du 14 septembre 2014, les demandes d'indemnité de 1 383 résidents des Territoires du Nord-Ouest ont été approuvées, en vertu du Processus d'évaluation indépendant des préjudices résultant d'une agression sexuelle survenue dans une école ou un pensionnat. Des réclamations similaires de 344 résidents du Nunavut et de 438 résidents du Yukon ont été admises. Les réclamations des Inuits du Nord du Québec font partie des 1 776 demandes d'indemnité admises, présentées par des résidents du Québec[275]. (Une réclamation admise est une demande présentée par quiconque est admissible à une indemnité, en vertu de la Convention de règlement relative aux pensionnats indiens. Comme le processus juridictionnel est en cours, il n'est pas encore possible de déterminer le nombre de réclamations résolues.)

Les anciens élèves parlent de leurs expériences d'abus au sein de ces écoles et des pensionnats, lors d'événements de consignation de déclarations publics et privés, organisés par la CVR. Paul Voudrach parle des abus qu'il a subis aux mains d'un membre du personnel de Grollier Hall, dans les années 1960.

> Avant mon huitième anniversaire, raconte-t-il, j'ai été tiré de mon lit, on a recouvert ma bouche... je ne me souviens pas d'être allé dans la chambre, sa chambre. Mais ce matin-là [après]... je me rappelle clairement l'heure où cela

> s'est produit… je me suis levé à 6 h 30, parce que la religieuse arrivait toujours à sept heures avec sa claquette pour réveiller tout le monde. Il fallait que je retourne dans mon lit avant. Alors que je sortais, on m'a demandé de prendre quelques bonbons, parce que c'est là où se trouvaient les bonbons qu'on avait l'autorisation d'acheter avant le film du dimanche soir. J'ai dit : « Non, je ne vais pas en prendre. » Et j'ai dit : « Il faut que je retourne dans mon lit avant que la sœur se réveille[276]. »

Les filles aussi étaient agressées. Lors de la séance publique de la CVR, Beatrice Bernhardt dit qu'elle a été abusée « dans ce petit escalier, dans la petite salle de jeux »[277]. Veronica Dewar, qui a vécu à Churchill dans les années 1960, explique comment elle a été harcelée sexuellement par les enseignants. Une fois, dit-elle, un enseignant s'est approché d'elle et « il était ivre [et] essayait de toucher ma peau ». Une autre fois, « dans la salle de bains, la surveillante a essayé de prendre une photo de moi complètement nue. Ce n'est pas bien. Et ce n'est pas approprié [ces gestes][278]. » Margaret Bouvier raconte les abus qui se sont produits, un jour qu'elle avait été convoquée dans le bureau d'un prêtre, à Lapointe Hall.

> Je savais que je n'avais rien fait de mal. Et, encore aujourd'hui, je ne le sais même pas [ce qu'il a dit]. Il m'a installée sur ses genoux, levé ma robe et enfoncé son doigt en moi. Vous savez, quand on y pense, c'est comme, qu'est-ce qu'on était censés faire? On était censés leur faire confiance. Je voulais ma maman et mon papa. Je voulais tellement voir mon papa. J'ai tenté de m'enfuir; j'ai été prise. Ils m'ont dit qu'ils allaient m'attacher si j'essayais de m'enfuir une autre fois. Et je ne pouvais parler de rien. J'avais tellement peur[279].

Les victimes d'abus sont désemparées. On leur a appris à respecter l'Église, l'école et les autorités gouvernementales au foyer, à faire confiance aux personnes chargées de prendre soin d'eux. Être abusé par ces mêmes personnes était difficile à comprendre, pour les enfants. Paul Voudrach décrit son agresseur comme étant « quelqu'un qui était censé être un homme de confiance »[280]. Dewar était tout aussi troublée et se demandait pourquoi un homme se mettait à la toucher : « Ces [gestes] m'étaient complètement étrangers [comme adolescente], surtout quand on ne les connaît pas… on n'a pas de lien et ils essaient de vous faire des avances sexuelles[281]. »

La crainte de parler à quelqu'un de l'agression s'ajoute à cette confusion. En raison de la honte ou par crainte de représailles, peu de victimes d'agression en parlent aux autres employés du pensionnat, aux membres de leur famille, ou même à leurs parents. Andre Tautu, victime d'abus à Chesterfield Inlet, était un jeune enfant, tout comme Voudrach, lorsqu'il a été agressé par un employé. Tautu explique comment le pouvoir persuasif des prêtres et de l'Église catholique a engendré, chez lui et chez d'autres enfants, une très grande crainte de parler de cette agression à qui que ce soit, y compris à ses propres parents. Pendant toute sa vie, Tautu n'a jamais pu expliquer à sa mère, qui était profondément catholique, ce qui s'est passé à l'école et pourquoi il n'est jamais retourné en classe[282]. Elijah Nashook raconte qu'il a refusé de retourner à Churchill après sa première année scolaire parce qu'il ne pouvait supporter de voir le visage de son agresseur tous les jours : quitter le pensionnat était « pour moi, un mécanisme de survie », explique-t-il[283]. Pour des gens comme Voudrach, Tautu et Nashook, la crainte de la divulgation se poursuit bien après leur départ de l'école et le décès de leurs agresseurs. Dans le témoignage qu'il a livré à la CVR, juste avant de mourir, Andre Tautu explique que, alors que sa mère était sur son lit de mort, la peur ou la honte l'a empêché de lui parler des agressions sexuelles et que ce n'est qu'au début des années 1990 qu'il a commencé à en parler. C'est aux audiences de la CVR, en 2011, que Paul Voudrach et Veronica Dewar ont fait une première déclaration au sujet des agressions qu'ils ont subies. Comme le dit Voudrach, dans son témoignage : « J'ai traîné ça [avec moi]..., ces abus sexuels et ces agressions, pendant quarante-neuf ans[284] ».

Jimmie Itulu se souvient avoir aimé sa première année au foyer d'Iqaluit, mais qu'à un certain moment, pendant sa deuxième année à l'école, il a été agressé par le surveillant du dortoir. « Si on était vraiment malades, il fallait qu'on reste [au dortoir] et on avait des surveillants, à la résidence », explique-t-il. C'est une de ces journées où il était malade qu'Itulu a été victime d'abus sexuels.

> J'étais dans ma chambre. Et notre surveillant est entré dans la chambre pour voir comment j'allais. Et [il] a dit : « Je vais t'aider à te sentir mieux. Tourne-toi sur le ventre et [je] vais masser ton dos. » [Et il] a commencé à masser mon dos. Et il m'a dit de me retourner et de me coucher sur le dos. J'ai commencé à avoir des soupçons à ce moment-là. Je n'avais jamais vu quelqu'un se faire masser le devant. Et c'est à ce moment-là qu'il a commencé à m'agresser[285].

Eric Idlaut raconte qu'il a été abusé par son compagnon de chambre à Ukkivik, un garçon plus âgé qui se trouvait aussi à avoir un lien de parenté avec lui. « Chaque fois que j'allais au lit, il m'agressait sexuellement, parce que notre chambre était verrouillée et que personne ne pouvait y entrer. Nous étions entièrement seuls dans notre chambre[286]. »

Certains élèves vivent toute l'expérience comme une agression. Agnes Chief a fréquenté l'école Lower Post et vécu à Coudert Hall et à Yukon Hall, à Whitehorse. Elle décrit sa vie au sein de cette institution comme rien de moins que « l'enfer sur terre ».

> J'appelle ça « l'usine de la haine », où vous apprenez à ne faire confiance à personne, parce qu'il y a ces enfants qui sont toujours prêts à se faire du capital au détriment des autres. J'ai vu des petites filles dans la cour de récréation, debout, sur des tables, avec des petites culottes sales sur la tête parce qu'elles ne pouvaient pas articuler, elles ne pouvaient pas parler. Elles n'avaient pas le droit de parler leur propre langue et ne connaissaient pas l'anglais. Et je me souviens de petits garçons à qui on avait mis des robes, parce qu'ils avaient osé dire bonjour à leurs sœurs[287].

L'abus constant des élèves, au sein de ces institutions, représente l'échec complet du gouvernement et des Églises en ce qui concerne le choix et la supervision adéquate des employés. Lorsque les problèmes sont soulevés, ni la police, ni l'Église ni le gouvernement ne mène d'enquête sérieuse. Par conséquent, l'étendue des agressions n'a pas adéquatement été reconnue et les victimes n'ont pas reçu le soutien dont elles auraient eu besoin. Au lieu de cela, la gravité des infractions est minimisée. Après avoir convaincu — et forcé — les parents du Nord à envoyer leurs enfants dans des résidences et fait des promesses sur la qualité des soins que les enfants recevraient, le gouvernement fédéral n'a pas fait le nécessaire pour protéger ces derniers contre les agressions. L'État n'a donc pas rempli son devoir fondamental envers les enfants du Nord du Canada.

Le Collège Grandin et le centre de formation professionnelle Churchill

En 1960, l'Ordre des oblats ouvre le foyer Grandin à Fort Smith, qui est alors la capitale des Territoires du Nord-Ouest. Cette installation diffère en plusieurs points des autres foyers qui ont été construits en Arctique de l'Ouest. Par exemple, le gouvernement fédéral a payé pour la construction des sept autres foyers. Il dirige lui-même l'un d'entre eux et a confié, à l'aide d'un contrat, la direction des six autres à des organismes religieux. Le foyer Grandin est toutefois une initiative catholique. Il devait initialement servir de séminaire pour la formation à la prêtrise de jeunes âgés de douze ans et plus. Les responsables espèrent recruter au moins vingt élèves la première année[288].

Quatre ans plus tard, un nouvel établissement, rebaptisé Collège Grandin, ouvre ses portes et peut accueillir quarante élèves. En annonçant cette expansion, l'oblat Paul Piché explique qu'il est convaincu que

> [...] l'avenir du Nord repose sur les peuples autochtones du Nord qui resteront au pays et qu'une éducation supérieure aura préparés à prendre le leadership, en assumant les responsabilités de leur collectivité dans leur coin de pays. Pour atteindre ces objectifs, des moyens doivent être mis en œuvre pour permettre à ces élèves de terminer leurs études secondaires de manière appropriée, en obtenant des notes plus élevées que la simple moyenne ou la note de passage.

En demandant au gouvernement fédéral de financer la résidence, Piché prétend que l'établissement du collège complète le système des foyers, qu'il offre une ambiance et une formation différentes pour les élèves qui manifestent un potentiel de leadership.

> Dans les foyers actuels, ce groupe est constamment mêlé à des élèves moins talentueux, aux intérêts divers, qui travaillent vers l'atteinte d'objectifs non définis ou qui n'ont pas de but en particulier; ils sont parfois bien loin d'obtenir de bonnes notes en classe et très peu enclins à faire des efforts notables pour améliorer leurs résultats scolaires.

Tel qu'envisagé, le Collège Grandin doit accueillir trente-cinq garçons qui suivront des cours de la neuvième à la douzième année à l'externat local. Comme la résidence ne vise plus à préparer des jeunes à la prêtrise, on peut également y accueillir des filles. Celles-ci, explique Piché, pourraient résider au Collège Grandin, puisque les pensionnats catholiques existants de Fort Smith (Breynat Hall) et de Fort Simpson (Lapointe Hall) sont « tout à fait inadéquats pour les jeunes filles qui désirent poursuivre des études secondaires »[289].

C'est au premier recteur du Collège Grandin, le père Jean Pochat-Cotilloux, qu'on attribue généralement le changement d'orientation de l'école et son succès. Dans une entrevue accordée après avoir pris sa retraite, il déclare : « C'est bien de former des prêtres. Je ne suis pas contre, mais il existe des besoins plus urgents. On doit d'abord bâtir une nation. » En fondant son approche sur les travaux du philosophe catholique Jacques Maritain, il concentre son attention sur le développement du leadership. Comme il le rappelle, son message aux élèves est : « Ils ne vous donneront pas le pouvoir, vous allez devoir le prendre. Vous êtes les chefs de file de demain. Présentez-vous aux élections. Prenez tout ce que vous pouvez. Soyez avides... sinon vous vous inclinerez, vous traînerez des pieds et devrez compter sur l'aide sociale toute votre vie[290]. »

En 1965, on compte trente-cinq élèves au Collège Grandin. À cette époque, les oblats prévoient commencer à offrir un programme préparatoire à l'université. Les élèves continuent de fréquenter l'externat de Fort Smith, mais il y a deux prêtres « titulaires d'un diplôme » qui leur offrent du soutien dans leurs études. Le collège est équipé d'un gymnase, comprend un groupe de musique et une petite chorale. Les oblats espèrent former un groupe d'élèves qui serviront de leaders communautaires dans toute la région du Nord. Comme Maurice Beauregard le souligne à la presse, en 1965, « les jeunes de Grandin devraient être en mesure d'organiser les loisirs d'une petite collectivité »[291].

Rosa Van Camp est l'une des premières filles à s'inscrire au Collège Grandin, en 1964.

> J'étais la plus jeune des filles du pensionnat. Les attentes envers les élèves étaient élevées et cela se ressentait physiquement, au sein du bâtiment. Chaque élève avait un bureau dans sa chambre, une bibliothèque était mise à notre disposition dans les résidences des garçons et des filles et les surveillants étaient disponibles nuit et jour, à titre de tuteurs et de conseillers. Graduellement, des cours de musique et d'harmonie, des sports et des expéditions de camping se

> sont ajoutés à notre horaire. Ces activités permettaient aux élèves de faire des choses ensemble et de développer des liens d'amitié durables[292].

De plus, « on parle slave, chip et dogrib, au Collège Grandin. On n'était jamais puni pour ça, contrairement à la pratique adoptée dans certaines résidences dans le passé »[293]. Un autre ancien élève, Barney Masuzumi, dit qu'à Grandin, on l'a informé que si un employé, quel qu'il soit, posait la main sur lui, il pourrait le faire inculper pour agression[294].

Dans un bulletin de liaison de 1981, les élèves procèdent à une évaluation de ce que l'école a fait pour eux. Une jeune fille indique que, lorsqu'elle est arrivée au collège, elle était « très égoïste, insolente et dotée d'un mauvais caractère ». Après trois ans, elle est devenue « une personne complètement différente, un peu insolente, mais c'est une bonne chose. » Un deuxième élève écrit que l'école lui a permis d'acquérir « la confiance en moi qui était nécessaire pour poursuivre et réaliser les objectifs que je m'étais fixés. » Un troisième dit : « À Grandin, l'éducation occupe la première place. » Les élèves peuvent participer à des sports d'équipe, mais « si on prend du retard dans nos travaux scolaires, il faut abandonner les sports »[295].

Initialement, les fonctionnaires du ministère des Affaires indiennes et du Nord canadien s'opposent à toute forme de financement du Collège Grandin. On prétend que cela nuirait aux écoles et aux résidences existantes et que cela entraînerait un chevauchement inutile[296]. La demande de financement des oblats soulève également des questions quant à savoir si les décisions en matière d'éducation devraient être prises par le gouvernement fédéral ou le gouvernement territorial. Lors du débat qui s'ensuit, le sous-ministre des Affaires indiennes et du Nord canadien, E. A. Côté, penche en faveur de l'octroi de financement au Collège Grandin, puisque c'est au gouvernement qu'incombe la responsabilité de l'éducation des Premières Nations et des Inuits[297]. Ce n'est pas avant le printemps 1966, que le gouvernement fédéral offre officiellement du financement au Collège Grandin[298]. Au lieu de financer l'établissement de la même manière que pour les autres pensionnats des Territoires du Nord-Ouest, le ministère des Affaires indiennes et du Nord canadien offrent de fournir au collège une allocation de pension[299]. À la fin du mois de novembre 1967, les fonds n'ont toujours pas été versés au collège[300].

Sous la direction de Pochat-Cotilloux, le Collège Grandin acquiert une réputation d'« usine de fabrication de leaders ». Ethel Blondin-Andrew, la première femme autochtone à être nommée au Cabinet fédéral, dit qu'elle a été « sauvée » par le Collège Grandin, où elle a appris que « la discipline, y compris une bonne condition physique, est essentielle »[301]. Antoine Mountain est transféré au Collège Grandin en 1965, après avoir « fait le tour de Grollier Hall; j'étais pas mal épuisé émotivement. » À cet endroit, explique-t-il, « on s'attendait à ce que vous fassiez toujours de votre mieux, pas seulement sur le plan scolaire, mais aussi dans d'autres activités, comme les sports, l'horrible Bishop's Orchestral Band, que je fuyais comme la peste ».

Pendant ses études, Mountain s'inscrit au club des arts et, avec une enseignante en art de la région, Violet Shawanda, « fait des excursions pour dessiner en plein air des lieux exotiques locaux, comme les rapides Pelican »[302]. Nick Sibbeston, Stephen Kakfwi, John T'seleie, James Wah-shee et Michael Miltenburger font partie des leaders du Nord qui sont passés par le Collège Grandin, au cours des années 1960[303]. On attribue à Pochat-Cotilloux le crédit d'avoir mis l'accent sur le développement du leadership, à l'école. C'est la raison pour laquelle plusieurs anciens élèves en gardent un souvenir impérissable. En 2005, entre quarante et cinquante anciens élèves se sont réunis pour célébrer les quatre-vingts ans de Pochat-Cotilloux. Melody McLeod se rappelle « dans quelle mesure chaque personne était encouragée à cultiver ses propres intérêts et aptitudes. » Elle pense que l'école se démarquait par le fait que les élèves avaient la liberté d'exprimer leurs vues ou de parler leur langue[304].

Pochat-Cotilloux quitte le Collège Grandin et Fort Smith en 1970, pour poursuivre son œuvre missionnaire à Behchoko (Fort Rae), près de Yellowknife[305]. Son départ semble avoir entraîné une réflexion sur le rôle du collège. Lors d'un examen effectué par un membre du personnel non identifié, à la fin de 1972–1973, on constate que seulement vingt-sept des quarante élèves qui étaient inscrits au collège poursuivent toujours leurs études. L'auteur indique que les garçons ne semblent pas « considérer l'éducation très sérieusement », alors que, « chez les filles, l'énergie est faible, cette année. Les plus vieilles entretiennent des relations avec des garçons de la ville, ce qui modifie leur sujet d'intérêt. » De plus, les surveillants des garçons et des filles quittent leur poste au beau milieu de l'année.

L'auteur de l'évaluation est à l'emploi du collège depuis la fin de 1969. Dans son examen de l'historique de l'établissement, il note qu'en 1964, on a effectué un virage, en passant de la formation de garçons à la prêtrise à l'éducation de leaders. La question qu'il faut se poser, dit-il, est la suivante : « Avons-nous formé des leaders chrétiens? » À son avis, lors de son arrivée au collège, celui-ci n'était jamais descendu aussi bas. Les inscriptions étaient trop nombreuses, l'attention portée à la sélection des élèves qui entraient au collège était insuffisante et les qualifications du personnel étaient « de faible ou de mauvaise qualité ». Il se demande si l'école pourra devenir le « centre d'éducation chrétienne » qu'il devait être, si on n'apporte pas de changement majeur[306].

De telles inquiétudes continuent d'être soulevées : en 1983, l'administrateur de l'école écrit qu'il entretient de sérieuses réserves sur la capacité de l'établissement à offrir « une chance aux adolescents catholiques de poursuivre leurs études secondaires dans un esprit catholique ». Sa principale objection vient du fait que les élèves ont fréquenté l'école publique locale. « Il est pratiquement impossible, pour un prêtre de Grandin, de défaire ce que fait l'école publique, tout en donnant une formation catholique positive. » Il serait peut-être préférable, suggère-t-il, de fermer l'école et de relocaliser les élèves du Collège Grandin à Yellowknife, où ils pourraient fréquenter l'externat catholique[307].

En 1985, le diocèse de Mackenzie-Fort Smith décide de fermer le Collège Grandin. L'évêque Paul Piché écrit que l'objectif de « former une génération d'hommes et de femmes qui peuvent contribuer à la société dans son ensemble, de même qu'à l'Église » a été partiellement atteint, puisque plusieurs anciens élèves ont joué des rôles de leaders dans le Nord. Toutefois, le sentiment général est que « la formation de la famille chrétienne devrait maintenant avoir préséance sur la formation des jeunes en particulier »[308].

L'influence du Collège Grandin est omniprésente. Pendant son mandat comme ministre de l'Éducation des Territoires du Nord-Ouest, en 1990, Stephen Kakfwi propose la création, dans le Nord, d'un pensionnat axé sur la formation générale et le développement du leadership. Misant sur sa propre expérience au Collège Grandin, Kakfwi explique aux médias que de tels établissements peuvent « créer une collectivité où les jeunes se lancent des défis et sont encouragés à bien faire. On y constante une énorme croissance de la confiance en soi et de la croyance en ses propres capacités[309]. »

Le Collège Grandin n'était pas le seul endroit à jouer un rôle de premier plan dans la formation de leaders autochtones du Nord. Paul Quassa rappelle que, dans les années 1960, le centre de formation professionnelle Churchill a accueilli plusieurs futurs politiciens inuits, dont lui-même, Sheila Watt-Cloutier, Piita Irniq, John Amagoalik et James Arvaluk. Il explique qu'à l'instar des autres futurs chefs de file, il a été exposé à un monde beaucoup plus large que celui qu'il aurait connu, s'il était demeuré dans son campement ou sa collectivité. Quassa explique comment il a entendu parler des revendications territoriales en Alaska, quel a été le travail du Parlement du Canada et l'atmosphère générale des grands mouvements sociaux, à la fin des années 1960[310]. De même, John Amagoalik ajoute : « Nous [à Churchill] avions, comme sources d'inspiration, des forces de l'extérieur : des gens comme Martin Luther King Jr, John F. Kennedy et Pierre Trudeau[311]. » Amagoalik et Quassa s'entendent pour dire que la combinaison de ces forces extérieures et du fait que Churchill accueillait des Inuits de toutes les régions de l'Arctique a joué un rôle crucial dans le choix de plusieurs élèves de se lancer en politique. Pour les deux hommes, à la fin des années 1960, Churchill incarne le lieu où d'autres futurs leaders inuits et eux-mêmes ont compris l'urgence d'opérer un changement dans l'Arctique : « Nous avons passé beaucoup de temps [à Churchill] à discuter de la manière dont nous allions changer l'Arctique », affirme Amagoalik[312]. Paul Quassa se souvient lui aussi que c'est à Churchill « que beaucoup d'entre nous ont adopté un mode de pensée plus rebelle. Il est probable que nous [pensions que nous] étions assez grands pour faire face aux *qallunaat*[313]. » À la fin des années 1980, la participation de plusieurs diplômés de Churchill et de Grandin a été essentielle à la création du nouveau territoire du Nunavut.

Les anciens élèves entretiennent également de bonnes relations avec les fonctionnaires fédéraux de l'éducation. Piita Irniq garde un très beau souvenir de Ralph Ritcey, dirigeant de la formation professionnelle aux Affaires du Nord, dans les années 1950. Il a d'ailleurs prononcé l'éloge funèbre à ses funérailles, en 2003. Irniq a décrit Ritcey comme étant un homme qui « se préoccupait grandement de l'avenir des Inuits, qui a défendu leurs droits et participé activement à l'éradication du colonialisme, dans l'Arctique »[314].

Eddie Dillon a fait des observations semblables à propos de ses anciens camarades de classe, à Stringer Hall. Comme il l'a mentionné au début de son témoignage, dans le cadre de la CVR, les personnes qui ont quitté les écoles et sont devenues d'importants leaders dans le Nord font aussi partie de l'héritage des pensionnats. En mentionnant les noms de certaines personnes qui ont fréquenté Stringer Hall, Eddie Dillon déclare qu'il est « fier » d'être allé à Stringer Hall et fier de ses nombreux camarades de classe qui sont devenus des chefs de file politiques de premier plan, dans l'Arctique[315]. »

À titre de ministre fédéral des Affaires du Nord et des Ressources nationales, Jean Lesage a entrepris une importante expansion des pensionnats dans le Nord du Canada.

Bibliothèque et Archives Canada, Duncan Cameron, PA-108147.

Dans les années 1950, le gouvernement confiait à des missionnaires le soin d'offrir de l'éducation et des services médicaux dans le Nord canadien.

Bibliothèque et Archives Canada, Wilfred Doucette, Fonds de l'Office national du film.

Turquetil Hall, résidence catholique romaine à Chesterfield Inlet (Territoires du Nord-Ouest), maintenant Igluligaarjuk, au Nunavut. Un rapport de 1994 a conclu que « de graves incidents d'agression sexuelle s'étaient produits » à l'école et à la résidence.

Diocèse de Churchill-Hudson Bay, CHB 07 02909.

Des élèves et des membres du personnel du campement anglican de Coppermine, dans les Territoires du Nord-Ouest en 1958.
Bibliothèque et Archives Canada, Fonds de la famille Joseph Vincent Jacobson, e004923640.

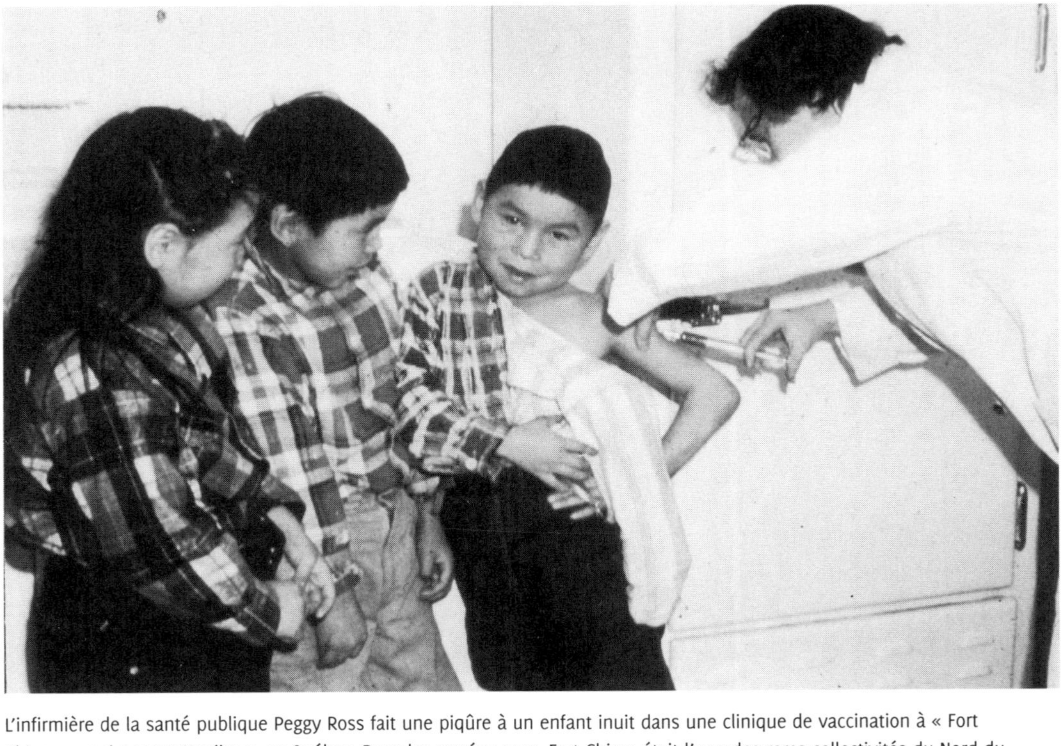

L'infirmière de la santé publique Peggy Ross fait une piqûre à un enfant inuit dans une clinique de vaccination à « Fort Chimo », maintenant Kuujjuaq, au Québec. Dans les années 1940, Fort Chimo était l'une des rares collectivités du Nord du Québec à avoir une école.
Bibliothèque et Archives Canada, Fonds du ministère de la Santé nationale et du Bien-être social, e002504588.

Un externat du gouvernement, sa résidence et son poste de soins infirmiers à « Cape Dorset », dans les Territoires du Nord-Ouest, maintenant Kinngait, au Nunavut.

Bibliothèque et Archives Canada, Alexander Stevenson, Fonds d'Affaires indiennes et du Nord canadien, e008128820.

La résidence et l'externat de Fort Simpson, dans les Territoires du Nord-Ouest. L'école de Fort Simpson avait également deux ailes distinctes : l'une catholique, l'autre protestante.

Archives Deschâtelets, collection des Oblats de Marie Immaculée.

Des membres du personnel et des élèves de Breynat Hall, résidence catholique romaine de Fort Smith, dans les Territoires du Nord-Ouest.

Archives Deschâtelets, collection des Oblats de Marie Immaculée.

Akaitcho Hall à Yellowknife. Au départ, le foyer Akaitcho Hall était le seul grand foyer des Territoires du Nord-Ouest qui n'était pas administré par une organisation religieuse.

Ministère des Travaux publics et des Services, Archives des Territoires du Nord-Ouest, G-1979-023-2149.

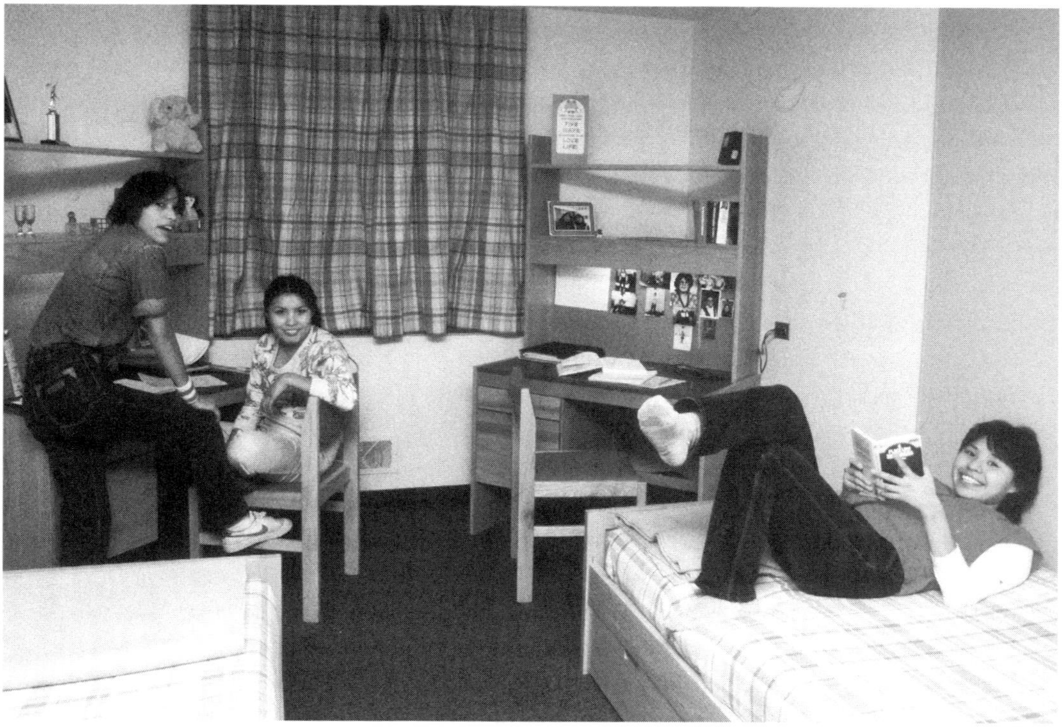

Des élèves dans un dortoir d'Akaitcho Hall à Yellowknife, dans les Territoires du Nord-Ouest. Les élèves qui avaient auparavant fréquenté des pensionnats de mission plus anciens parlaient souvent favorablement de la vie à Akaitcho Hall.

Ministère des Travaux publics et des Services, Archives des Territoires du Nord-Ouest, G-1995-001-1605.

Breynat Hall à Fort Smith, dans les Territoires du Nord-Ouest.
Ministère des Travaux publics et des Services, Archives des Territoires du Nord-Ouest, G-1995-001-1876.

Les activités parascolaires étaient importantes dans la vie du collège catholique Grandin à Fort Smith, dans les Territoires du Nord-Ouest.
Archives Deschâtelets, collection des Oblats de Marie Immaculée.

La salle à manger de Stringer Hall, la résidence anglicane d'Inuvik, dans les Territoires du Nord-Ouest, en 1970.
Ministère des Travaux publics et des Services, Archives des Territoires du Nord-Ouest, Wilkinson, N-1979-051-0400S.

L'extérieur de l'école Sir Alexander Mackenzie à Inuvik, dans les Territoires du Nord-Ouest, en avril 1970. L'école avait deux ailes distinctes : une catholique, l'autre protestante.
Ministère des Travaux publics et des Services, Archives des Territoires du Nord-Ouest, Wilkinson, N-1979-051 : 0409S.

Grollier Hall, la résidence catholique d'Inuvik, dans les Territoires du Nord-Ouest. Quatre membres du personnel de Grollier Hall ont été reconnus coupables d'agression sexuelle sur des élèves de l'école.
Ministère des Travaux publics et des Services, Archives des Territoires du Nord-Ouest, Fonds James Jerome, N-1987-017-2240.

Des élèves inuits de l'école de Fort Churchill, au Manitoba, en 1964.
Collection de photographies de l'Institut culturel Avataq, Collection Ida Watt, NUN-IWT-23.

La résidence Fleming Hall et l'externat de Fort McPherson, dans les Territoires du Nord-Ouest. Au début des années 1960, deux hommes qui travaillaient et vivaient à Fleming Hall, le foyer anglican de Fort McPherson, ont été reconnus coupables de relations inappropriées avec des mineurs.

Archives du Synode général de l'Église anglicane du Canada, P8454-66.

Bompas Hall, résidence anglicane de Fort Simpson, dans les Territoires du Nord-Ouest. Lorsqu'un garçon atteint de tuberculose a été admis à Bompas Hall en décembre 1963, l'administrateur, Ben Sales, a protesté. Il a souligné le fait que le garçon devait recevoir une dose élevée de médicaments tous les jours pendant sept mois. Il a écrit : « Au sein de nos employés, nous n'avons pas d'infirmière professionnelle qui pourrait se charger des soins de cet enfant. »

Archives du Synode général de l'Église anglicane du Canada, P7530-87.

L'école catholique romaine de Lower Post, à la frontière entre la Colombie-Britannique et le Yukon, a ouvert ses portes en 1951. Elle accueillait des élèves du Nord de la Colombie-Britannique et aussi du Yukon.
Archives Deschâtelets, collection des Oblats de Marie Immaculée.

Des membres du personnel et des élèves de l'école de Lower Post, dans le Nord de la Colombie-Britannique.
Archives Deschâtelets, collection des Oblats de Marie Immaculée.

Yukon Hall, résidence protestante à Whitehorse, au Yukon.
Archives du Yukon, Fonds Edward Bullen, 82-354 no 25.

Coudert Hall, résidence catholique romaine de Whitehorse, au Yukon.
Archives du Yukon, Fonds Edward Bullen, 82-354 no 26.

L'externat de Pangnirtung, dans les Territoires du Nord-Ouest (fait maintenant partie du Nunavut).
Archives de l'Université de la Saskatchewan, Fonds de l'Institut des études nordiques, diapositive 15.

Église de Moravie et de l'école de la mission, Makkovik, au Labrador, 1926.
L. T. Burwash, Canada, Fonds d'Affaires indiennes et du Nord canadien, Bibliothèque et Archives Canada, PA-099500.

Des enfants se rendent au nouvel orphelinat de l'International Grenfell Association, au Labrador, en 1922.

The Rooms, division des archives provinciales, collection de photographies de l'International Grenfell Association, VA 94-40.7.

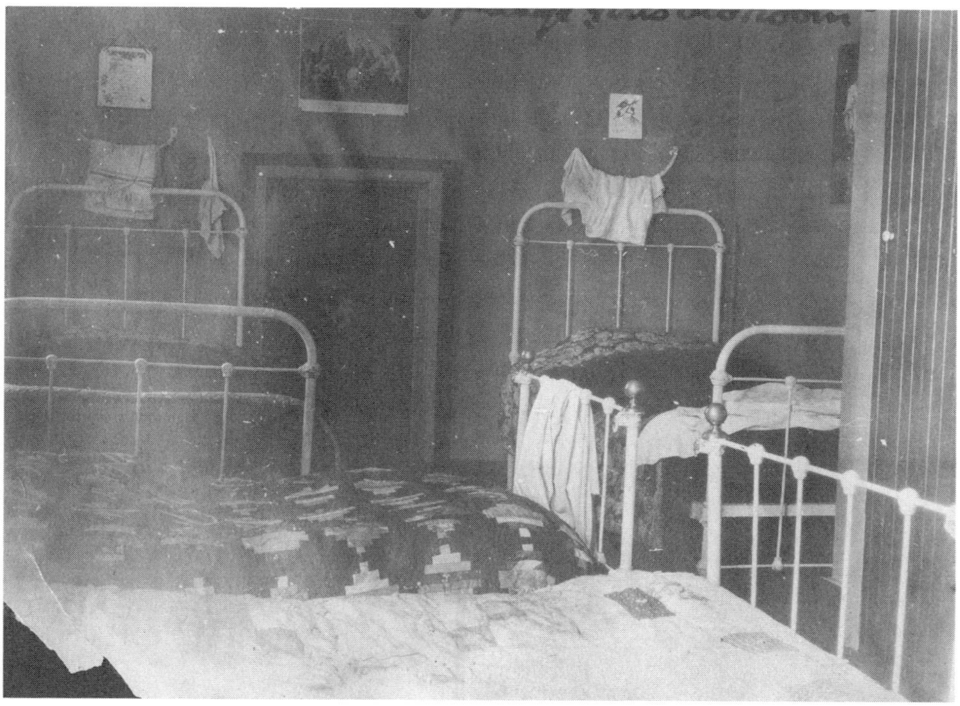

La salle des filles à l'orphelinat de l'International Grenfell Association au Labrador.

The Rooms, division des archives provinciales, collection de photographies de l'International Grenfell Association, VA 118-62.5.

CHAPITRE 10

Les petits foyers

Le programme des petits foyers vise à offrir aux familles inuites une expérience de pensionnat moins perturbante que celle offerte par les grands foyers. En 1960, le gouvernement fédéral passe tout près d'installer des écoles dans toutes les collectivités des Territoires du Nord-Ouest et du Nunavut (Nouveau-Québec) qui comptent suffisamment de jeunes d'âge scolaire pour justifier l'établissement d'un externat. Malgré tout, environ 1 100 enfants n'ont pas accès à une école. Leurs parents vivent dans de petits campements et passent la majeure partie de l'année sur le territoire, à chasser et à pêcher. Certains de ces enfants sont déjà logés dans des maisons situées dans des collectivités dotées d'un externat. Là où les installations d'hébergement sont inexistantes ou inadéquates, on prévoit placer ces enfants dans des « foyers s'apparentant à de petites familles » dans les collectivités ayant un externat. Selon un document de planification de 1960 :

> Dans la mesure du possible, ces foyers doivent [simuler] des unités familiales et reproduire l'atmosphère d'une maison normale. Les standards doivent être aussi proches que possible de ceux qui prévalent dans la région, et la supervision, y compris la cuisine, le lavage et autre tâche connexe, devrait être confiée par contrat à une veuve ou un couple plus vieux d'origine esquimaude qui nécessiterait autrement l'aide du gouvernement sous une forme ou une autre. Les ressources alimentaires locales doivent être utilisées le plus possible.

La paie offerte à ces « parents de foyers », comme ils seraient plus tard surnommés, doit en principe être « maintenue au plus bas minimum ».

En principe, les enfants doivent se rendre dans leur collectivité d'accueil avec leurs parents plutôt que d'y être transportés par le gouvernement. « Ainsi, ils pourront voir où leur enfant vivra et rencontrer le superviseur pour se rassurer quant aux soins apportés à leur enfant et quant à la sécurité du foyer[1]. » Les enfants doivent provenir d'une région située à l'intérieur d'un rayon de 80 kilomètres du foyer. La moitié des enfants doivent être des garçons, l'autre moitié des filles. La priorité va aux élèves de 6 à 10 ans. La priorité est également accordée à ceux qui seraient autrement incapables de fréquenter l'école. Pour être admis, chaque élève doit se soumettre à un examen médical. Enfin, « le consentement de l'un ou des deux parents doit être obtenu avant l'admission d'un enfant ». Les cas d'aide à l'enfance peuvent également être placés dans les foyers à condition d'obtenir l'autorisation du surintendant des écoles des Affaires du Nord. « Une demi-ration alimentaire d'adulte est fournie par enfant. » Une somme additionnelle de 200 dollars est fournie par groupe de 8 enfants pour l'achat « d'aliments frais »[2].

À plusieurs égards, ces petits foyers constituent une version plus permanente des foyers-tentes dont l'Église anglicane avait fait l'expérience à Coppermine dans les années 1950. En 1952, le sous-comité fédéral sur l'éducation des Inuits avait recommandé que l'établissement de foyers-tentes durant la saison estivale soit envisagé à Coppermine et à Chesterfield Inlet afin de travailler de concert avec les écoles fédérales du coin. Le foyer de Coppermine devait être de confession anglicane et compter 50 enfants; celui de Chesterfield Inlet devait être de confession catholique. Toutefois, après un premier essai du modèle des foyers-tentes, les catholiques décident d'établir un foyer permanent[3].

Les anglicans maintiennent quant à eux l'approche des foyers-tentes de manière plus vigoureuse. L'évêque Donald Marsh propose que les enfants logent dans cette habitation temporaire du printemps jusqu'au mois d'août, au moment « où leurs parents partent pour le camp d'hiver ». Ces foyers sont composés de tentes en toile, montées sur des murs et des planchers de bois. De l'avis de Marsh, ces conditions permettraient aux enfants de « maintenir leur mode de vie autochtone le plus possible, comme il est par ailleurs souhaitable »[4].

À compter de 1955, les élèves sont logés selon un ratio de quatre enfants par tente et l'école a cours six mois par année. À tout moment, le nombre d'élèves en résidence varie de 30 à 45[5]. Les tentes sont chauffées avec des poêles au kérosène ou au propane[6]. Il est difficile de recruter des élèves localement; par conséquent, certains viennent de collectivités plus éloignées, comme Uluqsaqtuua (île Holman) et l'île Read[7].

Des plaintes persistantes sont déposées quant à la qualité des installations du gouvernement fédéral : les tentes sont sans cesse balayées de courants d'air, les dispositifs de chauffage posent des risques d'incendie et le personnel est, selon les termes employés par l'évêque Marsh, inadéquat[8]. En 1956, l'évêque Marsh déclare : « Les enfants dorment dans la tente servant de salle à manger étant donné que les portes de bois promises pour fermer les tentes-dortoirs n'ont pas été installées. Par conséquent, les tentes se remplissent de neige dès qu'il y a un coup de vent et les poêles à mazout ne cessent de s'éteindre en raison du froid[9]. » La fermeture des foyers-tentes en 1959 coïncide avec l'ouverture des grands foyers dirigés par les anglicans à Inuvik[10].

Au moins quatorze petits foyers sont érigés dans les Territoires du Nord-Ouest et quatre au Québec (des foyers seront également exploités à Fort Georges et à Mistassini, au Québec, dans les années 1970, mais ils ne font pas partie du programme original et ils ne seront pas administrés de la même façon). La majorité des foyers accueillent des élèves issus de collectivités inuites[11].

Les foyers sont construits par des équipes de construction du Sud, qui ont souvent des échéanciers serrés. À Qamani'tuaq (Baker Lake), par exemple, la construction du foyer prend fin seulement trois jours avant l'arrivée des premiers élèves, ce qui laisse peu de temps pour la formation de personnel du foyer[12]. La qualité des foyers varie d'une collectivité à une autre. La directrice Ann Emmett affirme qu'à l'automne 1965, les foyers d'Igloolik ressemblent à des « taudis [...]. Les toits ont coulé de façon importante, laissant çà et là des dépôts blancs sur les plafonds et sur certains murs, semblables à des taches de sel[13]. » David Davies, directeur à Mittimatalik (Pond Inlet), est quant à lui plutôt fier du foyer de sa collectivité. Il écrit : « Ces magnifiques demeures contiennent chacune des dortoirs de trois ou quatre lits, une salle de jeu, une vaste salle à manger, une cuisine bien équipée et deux salles de bains[14]. » Par ailleurs, P. B. Gorlick, surintendant régional du bien-être social, déclare en 1965 que le docteur J. P. Harvey a été « très perturbé » de constater que les foyers d'Arviat (Eskimo Point) n'étaient pas dotés de baignoires ni de douches. « Des salles de bain appropriées sont essentielles à la vie des enfants qui habitent ces petits foyers »[15], affirme Harvey.

L'entretien des foyers est un problème récurrent. En 1970, les conduites d'eau des baignoires et d'une des douches d'un foyer d'Iqaluktuuttiaq (Cambridge Bay) gèlent. Comme elles sont faites de plastique, il est impossible d'y appliquer de la chaleur pour les dégeler. De plus, aucun plan de construction détaillé ne montre où se trouvent ces conduites sous le plancher. Dans ce même foyer, le manque de raccords fait en sorte qu'il est difficile de pomper les réservoirs d'eaux usées. En outre, le fait que les foyers aient été construits sans porche les rend vulnérables au froid et aux grands vents. Le directeur F. S. Ellis écrit : « Au cours d'une tempête, il y a deux semaines, la porte nord du foyer Annie s'est envolée, emportant avec elle un garçon qui s'y trouvait[16]. »

Par ailleurs, l'administration de certains foyers est chaotique. Affaires du Nord a pourtant préparé un manuel décrivant la formation qui doit être offerte aux mères chargées de superviser ces foyers. Ce manuel est envoyé à la fin de l'année 1960. Cependant, le personnel scolaire de Qamani'tuaq et de Kuujjuaraapik (Grande rivière de la Baleine) affirme en 1962 n'avoir jamais vu ce document[17].

Les premiers foyers sont construits pour loger huit élèves, mais en 1970, Affaires du Nord indique qu'ils peuvent plutôt en accueillir douze. En plus de ces douze élèves, les foyers abritent également les enfants des parents-superviseurs, généralement dans des chambres de 3 mètres sur 3,6 mètres[18].

Dès le départ, des préoccupations sont soulevées quant au risque que ces petits foyers mènent les parents des enfants qui y logent à s'installer dans les collectivités d'accueil à l'année plutôt que de les inciter à continuer à vivre dans les terres. En 1957, un fonctionnaire d'Affaires du Nord recommande d'adopter une approche prudente dans l'établissement d'un foyer à Qamani'tuaq. Il écrit : « Nous devrions tenter d'éviter d'installer dans des communautés traditionnelles des institutions qui contribuent à la congrégation et qui pourraient nuire à la chasse et à la trappe sur les terres. Baker Lake est l'une de ces communautés traditionnelles[19]. »

Karl Kristensen, un enseignant local, s'oppose à l'idée d'interner des élèves dans le foyer de Kimmirut (Harbour Lake), sur l'île de Baffin. Pour lui, il vaut mieux « amener l'école directement dans le campement (la maison) des enfants pour qu'ils puissent connaître à la fois le quotidien de la vie autochtone et la vie scolaire, plutôt que de les extirper de leur milieu autochtone pour les amener dans un environnement scolaire (ce que nous faisons, dans une certaine mesure, en les logeant dans ces foyers) ». Kristensen craint que les parents migrent vers Kimmirut pour être avec leurs enfants, ce qui exercerait une grande pression sur les ressources locales de la chasse, de la trappe et de la pêche, en plus de créer un « problème inutile d'aide publique ». La communauté inuite de Kimmirut est un « groupe très fier, dont les membres s'appuient mutuellement », écrit-il. « Il serait malavisé et malheureux de prendre une mesure nouvelle qui tendrait à changer cette situation très enviable[20]. » Un rapport de 1965 de la Gendarmerie de Mittimatalik émet la mise en garde suivante :

> Le seul problème prévu dans l'immédiat... est une migration massive des campements vers les colonies. Le phénomène a été très évident cette année à Pond Inlet [...]. Il est principalement dû au désir des parents d'être à proximité de leurs enfants qui quittent le campement pour fréquenter l'école de la colonie. Les familles esquimaudes étant tricotées serrées, le problème perdurera. D'après moi, il devrait même s'intensifier considérablement avec le temps. Au cours de la dernière année, un campement entier s'est déplacé vers la colonie. Le seul motif évoqué pour expliquer cette migration est le désir du groupe d'être près de ses enfants qui fréquentent l'école[21].

Le guide d'exploitation des foyers précise que les petits foyers doivent « faire office de phase intermédiaire entre la maison autochtone et la maison moderne de l'homme blanc, à laquelle, idéalement, l'enfant indigène devrait s'adapter rapidement »[22]. Un mémoire de 1960 portant sur la planification et l'exploitation de ces petits foyers souligne qu'on devrait inciter les élèves à parler en anglais. Toutefois, on ajoute ceci :

> [N]ous croyons qu'il est une bonne chose d'autoriser les enfants à parler leur langue maternelle dans le foyer lorsqu'ils le désirent. Le foyer contribue certes de manière essentielle au processus d'apprentissage, mais il doit également être symbole de sécurité pour les enfants. Il doit y régner une atmosphère familiale et nous savons tous à quel point nous nous sentons plus à la maison quand nous pouvons communiquer dans notre langue maternelle[23].

Dans la pratique, le personnel scolaire juge difficile d'exploiter un établissement destiné à servir de « phase intermédiaire ». Décrivant sa philosophie de l'éducation pour l'école de Qamani'tuaq, le directeur Ivan Mouat écrit en 1962 que ces « enfants sont Canadiens avant d'être Esquimaux. Les enfants canadiens vont à l'école tous les jours, et ils arrivent à l'heure. Nous ne pouvons pas passer des heures en dehors de la salle de classe pour une randonnée ou un jeu. » C'est la ligne qu'il a choisi de prendre, dit-il, pour diriger l'école cette année-là[24].

En 1965, Orland Larson, directeur à Qikiqtarjuaq (île Broughton) écrit : « Nous considérons l'enseignement de l'anglais comme langue seconde comme étant le principal enjeu du programme scolaire nordique. » Il affirme qu'un collègue et lui ont utilisé abondamment des marionnettes dans les cours de langue et écrit « d'innombrables histoires à partir des événements locaux, des mythes et des contes préférés des enfants pour compléter le matériel de lecture ». Larson insiste sur la nécessité de mettre au point un programme orienté vers la réalité nordique, affirmant qu'il « ne suffit pas d'imiter le cursus du Sud en y apportant quelques modifications »[25].

La décision de confier l'exploitation des foyers à des Inuits locaux plutôt qu'à un superviseur blanc du Sud représente une différence marquée par rapport à la pratique passée. Selon le manuel d'exploitation des foyers, les parents-superviseurs doivent « fournir aux enfants un repas adéquat, voir à ce que leur literie et leurs vêtements soient propres et en bon état, veiller à ce que le foyer soit propre et rangé, superviser et discipliner les enfants, en somme agir comme tout parent avisé et judicieux le ferait »[26].

C'est au directeur local de l'externat fédéral qu'il incombe d'embaucher le personnel du foyer. Le directeur a également pour instruction d'être « constamment au fait des activités du foyer et de demander la collaboration d'autres fonctionnaires municipaux en cas de problème ». Dans un premier temps, un instructeur ou une instructrice, « par exemple la femme d'un employé du gouvernement », doit offrir aux parents-superviseurs une formation de deux semaines avant l'ouverture du foyer. Par la suite, la personne désignée doit inspecter le foyer sur une base hebdomadaire[27].

Dans son rapport de 1962, le directeur de Qamani'tuaq, Mouat, écrit que les mères qui supervisent les foyers font un « travail admirable dans des conditions éprouvantes. Elles n'ont ni système de pression d'eau, ni système d'eau chaude, ni sécheuse, mais il est attendu d'elles qu'elles fassent le lavage de huit enfants en plus des autres tâches ménagères du foyer[28]. » L'année suivante, Mouat écrit que le travail de l'une des mères « n'a pas été exceptionnel », qu'une charge trop lourde avait été imposée à « une néophyte » et qu'elle s'améliorerait sans doute avec l'expérience. Les problèmes qu'il avait relevés l'année précédente demeurent non résolus.

> Elles doivent laver le linge et la literie d'au moins huit enfants avec un équipement inadéquat. Elles n'ont ni eau courante, ni système de chauffage de l'eau, ni système de traitement de l'eau, ni sèche-linge[29].

En 1960, M. P. Walsh, directeur de l'école d'Arviat, soulève des préoccupations quant à l'intention du gouvernement d'embaucher des veuves pour superviser les foyers.

> Nous devrions prévoir une formation pour les garçons plus âgés afin qu'ils acquièrent les compétences propres à leur culture. Conséquemment, nous devrions confier la supervision des foyers à des « pères » capables de les amener chasser, entre autres, et de leur enseigner le mode de vie des Esquimaux. Si notre intention est d'essayer de simuler l'environnement familial naturel et de faire en sorte que ces foyers soient gérés comme des maisons esquimaudes, nous devons faire face au fait que cela signifie les faire manger certains aliments esquimaux. Ces produits, il faut se les procurer, et la meilleure façon de le faire est d'y placer un mari et un « père »[30].

Toutes les embauches ne sont pas un succès. À Kangirsuk (Payne Bay), une mère-superviseure est congédiée après trois mois pour avoir été, selon la directrice Ann Meldrum, « méchante avec les enfants, y compris les siens — ce qui est inhabituel — au point où deux enfants ont mouillé leur lit ». Lorsque cette mère a été remplacée par sa sœur, l'atmosphère se serait améliorée « au centuple »[31]. En 1963, la directrice Ann Emmett, à Igloolik, rapporte que le père-superviseur d'un foyer, « psychologiquement malade et présentant une propension à la violence », a dû être évacué sur un vol d'urgence[32]. En 1967, certains parents de Sanikiluaq (îles Belcher) affirment que leurs enfants ne sont pas satisfaits des mères qui supervisent leur foyer ou des conditions générales de leur maison à Kuujjuaraapik (Québec). Il est recommandé que des clichés de la résidence et des renseignements sur « les activités des enfants, la qualité des repas et la supervision » soient présentés aux parents pour les rassurer et leur montrer que leurs enfants sont bien pris en charge[33].

Bien que les parents supervisant les foyers soient censés élever les enfants dans un cadre qui reflète les pratiques communautaires, ils sont étroitement surveillés par le personnel scolaire local. Dans le Nord-du-Québec, par exemple, ces parents doivent aller suivre un cours de six semaines qui leur enseigne ce qui est attendu d'eux en matière d'entretien ménager, de cuisine et de soins aux enfants. Ces cours comprennent également une formation en langue anglaise[34]. À propos des foyers de Mittimatalik, le directeur David Davies écrit en 1967 : « Des couples d'Esquimaux convenables sont payés pour diriger les foyers sous la supervision du directeur d'école, même si ma femme observe de près ces maisons. » Bien que les produits locaux doivent constituer une bonne part de l'alimentation, Davies rapporte que des « conseils sont donnés aux mères-superviseures relativement à la préparation des repas et quant à la meilleure manière d'assurer l'entretien de la maison »[35].

En 1976, une inspection des foyers d'Iqaluktuuttiaq conclut que dans l'un d'eux, les « enfants semblent obtenir des soins dévoués ». Les repas sont décrits comme étant « bien préparés et savoureux ». Alors que l'exploitation de l'autre foyer doit être améliorée, l'inspecteur estime que les parents de celui-ci « aiment tous deux les enfants dont ils ont la charge et, à mon avis, leur donnent des soins dévoués »[36]. En 1989, le directeur Dawn Wilson d'Iqaluktuuttiaq donne une évaluation positive d'une équipe de parents-superviseurs. Il remarque que des « aliments traditionnels sont disponibles en tout temps », et ajoute que le « père chasse et pêche pour la famille ». De plus, les élèves sont encouragés à utiliser la cuisine pour cuire de la bannique. En général, les repas sont considérés comme étant « bien équilibrés et nutritifs ». Les résidents du foyer sont toujours propres et bien soignés, et leurs vêtements sont bien entretenus. Les parents semblent encourager les enfants tant dans leurs études que dans leurs activités de loisirs, prévoyant du temps d'étude et organisant des danses et des soirées vidéo pour eux[37].

Il est attendu des parents-superviseurs qu'ils veillent à offrir du poisson et de la viande d'origine locale, mais les foyers sont aussi fournis en conserves[38]. De plus, des aliments sont achetés à des chasseurs locaux. En 1968, le directeur de Kuujjuaraapik achète de la viande de phoque, des lagopèdes et des oies auprès des peuples inuits et de Premières Nations de la région pour les foyers. À Igloolik, les parents-superviseurs fournissent le plus gros des poissons consommés, tandis qu'à Mittimatalik le poisson local est « utilisé avec modération en raison de son prix élevé »[39].

Au début du programme, Affaires du Nord s'attendait à ce que les parents fournissent les vêtements des enfants logés dans les petits foyers[40]. En 1963, W. C. Devitt, surintendant de district des écoles, affirme que les enfants qui fréquentent les petits foyers n'ont en général « que le strict minimum de vêtements, se retrouvant sans vêtement propre au moment du lavage ». Plutôt que de les approvisionner en vêtements, il recommande que des séchoirs industriels soient installés dans tous les foyers pour que le linge des enfants puisse être lavé et séché lorsqu'ils sont couchés[41]. La directrice Ann Emmett d'Igloolik rapporte en 1963 que bon nombre des enfants arrivent au foyer « sales et vêtus de chiffons »[42]. L'année suivante, lorsque les parents des enfants du foyer d'Igloolik se rendent dans la collectivité pour y faire du commerce, la directrice leur demande d'acheter tous les vêtements nécessaires à leur enfant. Du tissu est offert à ceux qui recourent à l'aide d'urgence afin qu'ils puissent fabriquer eux-mêmes les vêtements[43].

En 1965, la politique qui régit l'habillement des enfants dans les grands foyers est étendue aux petits foyers. Cette politique prévoit que les vêtements soient fournis aux enfants à leur arrivée dans les petits foyers. A. Stevenson, administrateur de l'Arctique, écrit que l'approvisionnement doit être « clairement établi d'après les besoins ». Il ajoute qu'il faut « user de prudence et procéder à une évaluation réaliste de la responsabilité que nous pouvons assumer par rapport à celle des parents relativement à l'habillement des enfants ». Les directeurs sont autorisés à dépenser 60 dollars en vêtements par élève (comparativement à 100 dollars à l'école de Churchill, qui accueille des élèves plus âgés)[44]. Des efforts sont investis pour acheter des parkas fabriqués dans le Nord, mais compte tenu des fonds limités, il est décidé, en 1968, d'importer des parkas du sud du Canada[45]. Il est difficile d'établir dans quelle mesure ces politiques sont bien communiquées. Par exemple, en 1970, le directeur d'Iqaluktuuttiaq, F. S. Ellis, demande s'il existe une prestation pour vêtir les enfants dont les parents n'ont pas les moyens de le faire[46].

Le recrutement des enfants et leur maintien dans les foyers constituent un problème constant. En 1961, C. M. Bolger, l'administrateur de l'Arctique, écrit : « Nous faisons tout ce qui est en notre pouvoir pour recruter des adolescents convenables pour remplir au moins deux [des trois foyers de Kuujjuaraapik]. » À cette fin, des demandes sont envoyées dans toutes les collectivités du Nunavik[47]. Les efforts de recrutement ont dû être coercitifs, car l'année suivante, une note d'Affaires du Nord insiste sur le fait que le personnel de terrain doit obligatoirement obtenir l'approbation signée des parents pour inscrire un enfant dans un foyer des collectivités de Sanikiluaq à Kuujjuaraapik[48].

À l'automne 1963, Affaires du Nord est forcé de reconnaître qu'il y a un sérieux problème de fréquentation des foyers. En novembre, les trois foyers de Qikiqtarjuaq sont vides. Au mois d'août précédent, tous les enseignants de l'école de la collectivité ont remis leur démission; le nombre d'inscriptions a donc dû être réduit et il a été décidé de ne pas accueillir d'enfants dans les foyers. À Kinngait (Cape Dorset), un seul des trois foyers est utilisé. À Kangirsuk, deux foyers sont vides. Un des foyers d'Arctic Bay est utilisé comme salle de classe temporaire. La collectivité de Pangnirtung compte quant à elle trois foyers, mais comme l'école du coin n'a que deux enseignants, un seul d'entre eux suffit. Seulement deux des trois foyers d'Arviat sont habités, le troisième servant d'espace de bureau. Enfin, à Sanikiluaq, Kuujjuaraapik, Kangirsuk, Qamani'tuaq et Igloolik, tous les foyers construits accueillent des enfants[49].

Les enjeux relevés à Kinngait illustrent certains des problèmes de recrutement et de maintien des élèves dans les foyers. En 1963, trois des onze enfants qui y ont été admis sont retirés, leurs parents « jugeant le personnel du foyer inadéquat ». Plus précisément, un père décide de retirer son enfant victime d'intimidation. Un autre reprend son fils qui s'ennuie de la maison. Un troisième retire sa fille qui souffre du traitement que lui infligent d'autres jeunes filles. Le directeur Brian Lewis conclut à l'époque que le père-superviseur du foyer hait viscéralement son travail. Lewis écrit que les membres de la collectivité n'ont aucune confiance dans cet homme pour « superviser de jeunes garçons ». Le directeur permet aux parents de retirer leurs enfants, car il croit que le système des foyers a été imposé à la collectivité. Empêcher les gens de ramener leur enfant aurait causé, lui semble-t-il, un « tort irréparable ». Selon lui, il n'aurait pas fallu essayer de combler tous les foyers d'un seul coup. « Il aurait été de loin préférable d'essayer un foyer, et de trouver des gens convenables pour y loger et pour le diriger[50]. »

Le plan initial était de recruter des enfants dans des campements situés à au plus 80 kilomètres de l'établissement. Mais comme les foyers de Kinngait sont à moitié vides, B. Shasstein, fonctionnaire à Affaires du Nord, recommande que soient choisis des « enfants de campements plus éloignés, en fait de n'importe quel endroit où ils peuvent être trouvés »[51]. En 1967, un foyer avait été transformé en salle de classe et les fonctionnaires fédéraux planifient de faire de même avec tous les autres foyers[52].

W. Berry, administrateur sectoriel d'Affaires du Nord, adopte la ligne dure à Mittimatalik. En 1964, il refuse à deux groupes de parents de retirer leur enfant du foyer qui s'y trouve. Il affirme avoir réussi au cours des années précédentes à remplir deux foyers dans la collectivité en usant de persuasion. Mais, écrit-il, « les parents des enfants qui sont encore dans les campements et qui devront envoyer leur progéniture lorsque les nouveaux foyers pour 12 enfants seront construits l'an prochain, ne sont pas convaincus des bienfaits de la scolarisation et sont effrayés à l'idée de se séparer de leurs enfants. Ils ignorent que leur petit monde rétrograde est forcé de changer. Ils espèrent seulement que leurs enfants soient de bons chasseurs et de bonnes couturières. Ils ne peuvent et ne veulent être convaincus du contraire. »

Berry recommande au gouvernement « d'invoquer toutes les dispositions du décret sur les écoles qui prévoit des sanctions pour absentéisme. » Sinon, il est d'avis que le gouvernement devrait annuler la construction des futurs foyers. Il demande : « Respecterons-nous le décret ou permettrons-nous à ces parents non avisés et rétrogrades d'être les arbitres de notre politique[53]? »

Bon nombre des foyers ne seront jamais habités. En 1965, la collectivité de Qikiqtarjuaq compte trois foyers, ce qui dépasse largement les besoins. Conséquemment, les élèves occupent deux des bâtiments et le troisième est utilisé à diverses fins, dont l'éducation des adultes. Puisqu'il n'y a pas suffisamment d'élèves pour remplir ne serait-ce que deux foyers, le directeur Orland Larson écrit ceci en 1965 :

> [I]l a été décidé que tous les enfants fréquentant l'école de la collectivité feraient l'expérience de la vie en foyer. Ainsi, chaque semaine, six nouveaux enfants vont s'installer dans le foyer pour une période de six jours. À tour de rôle, toutes les trois semaines, chaque enfant se rend donc au foyer pour y passer quelques jours. Cette façon de faire a l'avantage non seulement d'utiliser les provisions des foyers (qui présentent un surplus), mais aussi d'offrir aux enfants des repas équilibrés, un sommeil adéquat et une occasion de prendre un bain et de se laver. Chacun retourne à la maison la fin de semaine venue pour aider ses parents. La plupart des résidents permanents des foyers viennent d'un campement voisin. Nous croyons avoir été capables d'éliminer tout sentiment de préjudice envers les quelques enfants qui logent en tout temps dans le foyer[54].

Si de nombreux foyers demeurent vides, d'autres sont constamment surpeuplés. En 1964, 27 enfants logent dans les foyers d'Igloolik, pourtant conçus pour en accueillir 18[55]. En raison du risque d'incendie créé par cette surpopulation, il est interdit aux visiteurs, y compris les parents en visite, de passer la nuit dans les foyers[56]. L'année suivante, les écoles d'Igloolik et Pangnirtung doivent refuser des enfants en raison du manque d'espace dans leurs foyers[57].

La plupart des foyers auront une courte durée de vie. À l'été 1960, un foyer-tente est installé tout près d'une école saisonnière qui accueille 24 enfants à Kangiqsualujjuaq (George River), au Québec[58]. Les foyers de Kangirsuk ferment en 1962 et les sept enfants qui y logeaient doivent retourner à la maison[59]. L'année suivante, toutes les familles ayant eu recours au foyer s'établissent à Kangirsuk[60]. Les fonctionnaires espèrent remplir les foyers avec les élèves de Koartak. À l'automne 1964, toutefois, selon un fonctionnaire d'Affaires du Nord, les parents de Koartak refusent même de considérer la possibilité d'envoyer leurs enfants à Kangirsuk[61]. Quant au foyer de Sanikiluaq, il ouvre au mois d'octobre 1963 et accueille pour sa première année six enfants[62]. À l'hiver 1964, les familles de ces enfants décident de s'installer dans la collectivité. Par conséquent, les élèves quittent le foyer et retournent vivre avec leurs proches. Les fonctionnaires fédéraux parviennent toutefois à convaincre les garçons de retourner au foyer. À l'époque, un fonctionnaire écrit : « L'ensemble du concept des foyers est maintenant bien connu et bien compris des gens du coin. Cela nous sera utile pour les années à venir[63]. » C'est une évaluation pour le moins optimiste. En septembre 1964, après une année de fonctionnement, seulement deux élèves habitent dans le foyer[64]. Au mois de novembre suivant, il est complètement vide[65]. En 1968, quatre enfants du campement sud sont placés dans des collectivités locales pour pouvoir fréquenter l'école de Sanikiluaq. Selon certaines déclarations, trois de ces enfants vivent dans des « résidences insalubres et surpeuplées ». Toutefois, le quatrième enfant loge avec l'interprète du gouvernement, qui est autorisé à louer le bâtiment du foyer à six lits qui aurait autrement été inhabité[66].

Les services de santé sont limités. En 1962, Ivan Mouat, directeur à Qamani'tuaq, critique la lenteur du ministère fédéral de la Santé à fournir des traitements aux personnes ayant reçu un diagnostic de tuberculose.

> Il y avait un garçon dans ma classe (qui est d'ailleurs toujours dans la colonie) qui est un cas présumé de tuberculose. S'il a effectivement la maladie, il devrait être immédiatement transféré pour recevoir des traitements. Pour l'instant, ça fait presque trois mois qu'il est dans une habitation surpeuplée. D'un point de vue strictement personnel, je m'oppose au fait d'être inutilement exposé à des germes actifs de tuberculose dans une salle de classe bondée. D'un point de vue plus large, je n'ai pas d'autre choix que de protester contre le fait de mettre inutilement en danger toute une classe d'élèves[67].

L'année suivante, Mouat écrit : « Dès mon arrivée ici, des signes évidents de troubles visuels pouvaient être observés. Malgré de nombreuses notes de service sur le sujet, *aucun enfant* n'a subi un examen oculaire[68]. » En 1962, une épidémie de grippe à Inukjuak (Port Harrison), au Québec, impose un si lourd fardeau sur les installations médicales locales que six enfants sont traités dans l'un des foyers[69]. En 1967, une épidémie de méningite frappe les régions de l'Arctique, particulièrement celle du Keewatin. Deux enfants meurent à Repulse Bay, deux à Arviat, un à Rankin Inlet et un à Qamani'tuaq. Un des enseignants d'Arviat en est atteint. Malgré sa guérison, la maladie semble avoir eu un « effet démoralisant sur le personnel marié ayant des enfants dans la collectivité ». Il n'est pas clairement établi à cette époque que la méningite est liée à la tuberculose, mais la maladie continue de représenter un important problème dans les collectivités. Au printemps de 1963, Arviat est le théâtre d'une épidémie de tuberculose. Les listes de classe de juin montrent que 33 des 84 étudiants se trouvent au sanatorium de Clearwater, au Manitoba[70]. Cette année-là, on envisage de transformer les foyers de Kinngait en installations pour les enfants malades de la région[71]. En 1964, 14 enfants inuits ayant été traités à l'hôpital de Moose Factory, en Ontario, sont transférés à l'école de Moose Factory[72]. De septembre 1966 à mars 1967, 25 personnes doivent être évacuées de la collectivité d'Arviat pour recevoir un traitement; 50 autres personnes reçoivent un diagnostic de tuberculose. Une grave épidémie de la maladie avait frappé la même collectivité à peine quatre ans plus tôt[73].

D'anciens pensionnaires se rappellent d'une vie difficile dans les foyers, parfois même d'y avoir subi de mauvais traitements. Un d'entre eux déclare avoir été agressé sexuellement par le père-superviseur du foyer[74]. Caroline Nivixie n'a pas subi ce type d'agression, mais elle explique de quelle manière ses parents-superviseurs avaient failli à leur tâche de prendre soin des enfants du foyer qu'elle fréquentait dans le Nord-du-Québec. À son avis, ses parents-superviseurs utilisaient leur fonction au profit de leur propre famille. Par exemple, elle se souvient que les parents-superviseurs envoyaient une partie des rations d'aliments qui étaient fournies au foyer pour nourrir les pensionnaires à leurs proches d'un campement voisin. Par conséquent, il ne restait plus suffisamment d'aliments pour les repas des pensionnaires[75]. Le manque de nourriture et le contrôle des denrées sont des enjeux que d'autres survivants des petits foyers rapportent. Eric Anautalik se souvient s'être tourné vers les familles du coin pour se nourrir lorsque les réserves du foyer étaient épuisées[76].

De nombreux survivants se souviennent s'être senti « doublement intrus » dans les petits foyers : ils étaient non seulement des étrangers par rapport à leur foyer, mais également par rapport à la collectivité d'accueil et à l'externat qu'ils fréquentaient. Plusieurs d'entre eux affirment avoir été intimidés par les enfants du coin et les parents-superviseurs du foyer. Sarah Peryouar se souvient que tout concourait à la faire sentir différente : « On était traité différemment à cause de nos parents et à cause de qui on était[77]. » Jimmy Itulu, de Kimmirut, n'a jamais résidé dans l'un de ces foyers, mais il se souvient que les enfants qui y vivaient étaient punis plus sévèrement que les enfants de la collectivité[78]. De la même manière, Annie Agligoetok, qui a reçu de mauvais traitements de ses parents-superviseurs, a également été intimidée par les enfants d'Iqaluktuuttiaq pendant les années où elle a habité dans le foyer de cette collectivité. Elle se rappelle de quelle manière son tout nouveau parka, que lui avait donné le personnel du foyer à son arrivée à Iqaluktuuttiaq, avait été déchiré et mis en morceaux par d'autres enfants après des semaines d'intimidation.

> J'avais peur d'aller dehors pour la récré... à cause des enfants qui m'intimidaient. J'avais peur d'aller à la maison directement de l'école au foyer parce que les enfants... veulent me faire du mal pour aucune raison, je ne sais pas — j'étais juste différente des autres personnes de la collectivité peut-être.... Ça a duré une semaine.... Ça me dérangeait vraiment beaucoup.... Mon tout nouveau parka, les enfants qui m'intimidaient l'ont déchiré. Je suis rentrée à la maison avec mon parka déchiré et j'ai été sermonnée à cause de ça. J'ai été punie pour trois jours juste parce que mon parka était déchiré, et c'était pas de ma faute — c'était les enfants qui m'intimidaient[79].

Dora Fraser affirme que dans certains foyers de l'est de l'Arctique, on ligotait parfois les enfants à une chaise pour les punir. Elle affirme également que dans certains cas, les gens chargés de superviser les foyers s'absentaient. Lorsque ça arrivait, « certains des enfants plus âgés s'en prenaient aux plus jeunes pour obtenir des faveurs sexuelles ». Lorsqu'une des femmes de sa collectivité d'origine a pris le poste de superviseure du foyer, elle a pensé que les conditions s'amélioreraient. « Elle était la pire. Elle nous méprisait, genre, elle nous méprisait à mort. On n'était rien pour elle. On était méchant. On était très négatif. Elle était une personne très négative. » Elle se souvient aussi des taquineries dont les enfants étaient victimes.

> On était sur une terre étrange. On se faisait beaucoup agacer à cause de notre langue. On parlait un dialecte différent. On nous traitait de mangeurs de phoques, de chiens, d'insulaires. « Tu sens le phoque. » C'était ma, notre première expérience, mais avec le temps... On est des insulaires, on mange des fruits de mer, de la bouffe, des mets traditionnels, mais dès qu'on est arrivé dans ce foyer, ça a changé[80].

Les petits foyers sont créés dans l'intention d'offrir une expérience moins perturbante et moins aliénante que les grands foyers. À plusieurs égards toutefois, ils ont peut-être plutôt rendu plus difficile pour les pensionnaires d'établir des liens d'amitié avec les autres enfants et tout aussi difficile de garder contact avec leur propre famille. Certes, les enfants ont le droit de parler l'inuktitut et, en théorie, l'établissement d'un lien avec la culture inuite est encouragé. Cependant, en séparant les pensionnaires de leur famille et en ne leur offrant pas la possibilité de se faire des amis, les petits foyers ont peut-être davantage isolé les enfants que les grands foyers. Pour sa part, Sarah Peryouar croit que le petit foyer qui l'a accueillie à Qamani'tuaq lui a fait « plus de dommages » que le grand foyer dans lequel elle a habité à Churchill[81].

Avec le temps, les parents se sont installés directement dans les colonies, rendant ces résidences inutiles. En février 1969, le directeur du foyer d'Igloolik qui, à une certaine époque, fonctionnait au maximum de sa capacité, écrit : « La plupart des campements éloignés ont été abandonnés et les familles concernées habitent aujourd'hui la colonie. Par conséquent, seul un petit nombre d'enfants maintiennent les foyers ouverts. À l'heure actuelle, six enfants y résident[82]. » Au mois de juillet de cette même année, le foyer ferme[83]. Par ailleurs, à la fin de l'année 1971, pratiquement tous les foyers de la région est de l'Arctique et du Nunavik sont fermés. Le programme connaît une légère expansion en 1985 lorsque Kivalliq Hall ouvre ses portes à Rankin Inlet. Au départ, 32 élèves s'y inscrivent — ce qui en fait un foyer plus vaste que la plupart des petits foyers, mais plus petit que les grands foyers[84]. L'établissement ferme au milieu des années 1990[85]. Au début des années 1990, le foyer Samuel Angnetsiak ouvre à Mittimatalik[86]. Il semble être resté en fonction au moins jusqu'à 1995[87]. À cette époque, de petits foyers continuent d'accueillir des enfants dans le nord et le centre de l'Arctique. Le foyer de huit lits de Fort Franklin (aujourd'hui Deline) ouvre en 1967. La demande décline rapidement dans les années qui suivent. Il est inutilisé durant l'année scolaire 1972–1973, et n'avait logé que quelques enfants l'année d'avant. À ce point, il est recommandé que le foyer soit converti en centre de formation pour adultes. Une recommandation similaire est faite relativement au foyer de 12 lits de Tulita (Fort Norman)[88]. En 1980, il y a quatre petits foyers dans l'Arctique de l'Ouest, à Iqaluktuuttiaq, Fort Liard, Fort Good Hope et Fort McPherson[89]. Ils ne sont plus que deux en 1985–1986 : celui d'Iqaluktuuttiaq et celui de Fort Good Hope[90]. Le foyer d'Iqaluktuuttiaq continue de fonctionner jusqu'au milieu des années 1990[91].

Le modèle des petits et des grands foyers a été mis en place par le gouvernement fédéral dans l'objectif d'imposer son autorité dans le Nord et d'offrir les avantages de la modernité aux résidents de cette région. Il devait remplacer le régime des écoles de missionnaires. Il ne fait aucun doute que les édifices en eux-mêmes aient représenté une nette amélioration par rapport aux vieilles écoles de missionnaires. L'expansion du nombre d'externats a également permis la scolarisation d'un nombre important d'enfants dans leur collectivité. Toutefois, l'approche comporte de nombreuses lacunes : il est imposé sans que soit menée une consultation sérieuse; il enseigne un programme d'apprentissage largement inadéquat; il ébranle les liens familiaux, communautaires et culturels et place les enfants à risque. À plusieurs égards, le modèle des petits foyers ne remplace pas, mais imite celui des pensionnats qui a cours plus au sud, en plus d'être encadré par une forte présence de l'Église. Même si le gouvernement fédéral et l'Église limitent leur participation dans l'administration des écoles après 1969, l'expérience des anciens élèves, telle qu'elle a été exposée précédemment, semble être demeurée sensiblement la même après le transfert de responsabilités. Malgré tout, le nombre d'enfants soumis à cette expérience diminue de manière importante, les gouvernements territoriaux éliminant progressivement le système.

CHAPITRE 11

Administration territoriale, 1969 à 1997

L'année 1969 marque un tournant important pour les pensionnats dans le Nord. Cette année-là ont lieu la fermeture d'une école (Carcross, au Yukon) et d'une résidence (Turquetil Hall, à Chesterfield Inlet, dans les Territoires du Nord-Ouest), le transfert de la responsabilité de l'éducation des membres issus de Premières Nations au Territoire du Yukon et le transfert du pouvoir de gestion des foyers des Territoires du Nord-Ouest au gouvernement territorial. Il s'agit également de l'ère de gloire du système des grands foyers. Dans les Territoires du Nord-Ouest, par exemple, on trouve neuf grands foyers en 1969. Au début de 1976, il n'en reste plus que quatre : Grollier Hall à Inuvik, Ukkivik à Iqaluit (Frobisher Bay), Akaitcho Hall à Yellowknife et Lapointe Hall à Fort Simpson[1]. En 1969, il y a deux résidences et deux pensionnats pour les élèves des Premières Nations du Yukon; en 1976, il n'en reste plus qu'un.

Démantèlement du système des foyers dans les Territoires du Nord-Ouest

En janvier 1969, le commissaire des Territoires du Nord-Ouest ouvre une séance de l'Assemblée législative en annonçant qu'au 1er avril, le gouvernement territorial assumera la responsabilité de six des sept grands foyers du Nord, la seule exception étant Turquetil Hall. « Le ministre recommande qu'au départ, le gouvernement territorial soit prêt à exploiter les résidences des élèves exactement de la même façon dont on les exploite actuellement, c'est-à-dire selon une entente avec les Églises anglicane et catholique[2]. »

En réalité, la participation des Églises allait diminuer dans les années suivantes. Plutôt que de transférer au gouvernement territorial la responsabilité de Turquetil Hall, établissement catholique, on le ferme simplement en 1969[3]. Au total, la responsabilité de neuf résidences est transférée. Les tableaux 11.1, 11.2 et 11.3 montrent qu'au moment du transfert de responsabilité, un total de 1 289 enfants sont inscrits dans les foyers. De ceux-ci, 44 % sont des Inuits et 38 % sont des membres de Premières Nations.

Tableau 11.1 Élèves inscrits dans des résidences appartenant au gouvernement et exploitées par lui, mars 1969

Lieu	Inuits	Premières Nations	Autres	Total
Yellowknife, Akaitcho Hall	23	59	59	141
Fort Churchill	230	5	0	235
TOTAL	253	64	59	376

Source : CVR, ARN, Archives du gouvernement des Territoires du Nord-Ouest, rapports d'Akaitcho Hall, 1969-1970, boîte d'archives 9-2, nº d'acquisition G1995-004. [AHU-003844-0003]

Tableau 11.2 Élèves inscrits dans des résidences appartenant au gouvernement et exploitées par contrat

Lieu	Résidence	Exploitant	Élèves inscrits			
			Inuits	Premières Nations	Autres	Total
Fort McPherson	Fleming Hall	Église anglicane	0	82	18	100
Fort Simpson	Bompas Hall	Église anglicane	34	17	17	68
Fort Simpson	Lapointe Hall	Église catholique	1	123	20	144
Fort Smith	Breynat Hall	Église catholique	0	120	34	154
Inuvik	Grollier Hall	Église catholique	83	71	52	206
Inuvik	Stringer Hall	Église anglicane	155	13	29	197
Chesterfield	Turquetil Hall	Église catholique	44	0	0	44
			317	426	170	913

Nota : Le nombre total d'élèves inscrits à Stringer Hall est inexact dans la source originale et a été corrigé.

Source : CVR, ARN, Archives du gouvernement des Territoires du Nord-Ouest, rapports d'Akaitcho Hall, 1969-1970, boîte d'archives 9-2, nº d'acquisition G1995-004. [AHU-003844-0003]

Tableau 11.3 Élèves inscrits dans des foyers appartenant au gouvernement et exploités par lui ainsi que dans des foyers appartenant au gouvernement et exploités par l'Église, 1969

Type	Inuits	Premières Nations	Autres	Total (%)
Appartenant au gouvernement et exploité par lui	253	64	59	376 (29)
Appartenant au gouvernement et exploité par l'Église	317	426	170	913 (71)
	570 (44 %)	490 (38 %)	229 (18 %)	1 289

Source : CVR, ARN, Archives du gouvernement des Territoires du Nord-Ouest, rapports d'Akaitcho Hall, 1969-1970, boîte d'archives 9-2, nº d'acquisition G1995-004. [AHU-003844-0003]

Comme le montrent les tableaux 11.4, 11.5 et 11.6, dans les cinq premières années suivant le transfert de responsabilité au gouvernement territorial, le nombre de grandes résidences des Territoires du Nord-Ouest passe de neuf à sept. Le nombre d'élèves inscrits chute de plus de 50 %, passant de 1 289 à 618. Au début de 1975, l'Église anglicane annonce qu'elle ne renouvellera pas le contrat d'exploitation de Stringer Hall, à Inuvik, pour l'année scolaire suivante[4]. La résidence ferme donc en juin[5]. Les établissements Breynat Hall et Bompas Hall ferment eux aussi leurs portes en 1975[6]. La tendance se poursuit et en 1985, il ne reste plus que quatre grandes résidences en activité (et le nombre d'inscriptions dans l'une d'elles, Lapointe Hall, est plutôt semblable à celui d'un petit foyer). Le nombre total d'élèves inscrits dans les foyers n'est plus que le tiers de ce qu'il était au moment du transfert d'administration.

Tableau 11.4. Nombre d'élèves inscrits dans les grands foyers des Territoires du Nord-Ouest, 1969 à 1985

Lieu	Résidence	Élèves inscrits			
		1969	1974	1979	1985
Yellowknife	Akaitcho Hall	141	145	142	184
Churchill	Churchill Vocational Centre	235	--	--	--
Fort McPherson	Fleming Hall	100	60	--	--
Fort Simpson	Bompas Hall	68	60	--	--
Fort Simpson	Lapointe Hall	144	--	71	12
Fort Smith	Breynat Hall	154	61	--	--
Inuvik	Grollier Hall	206	121	174	134
Inuvik	Stringer Hall	197	91	--	--
Chesterfield	Turquetil Hall	44	--	--	--
Iqaluit	Ukkivik	--	80	97	92
Total		1 289	618	484	422

Nota : Le nombre total d'élèves inscrits a été ajusté pour corriger des erreurs de calcul dans les sources originales.

Sources : 1969 : CVR, ARN, Archives du gouvernement des Territoires du Nord-Ouest, rapports d'Akaitcho Hall, 1969–1970, boîte d'archives 9–2, no d'acquisition G1995–004. [AHU-003844-0003]

1974 : CVR, ARN, Archives du gouvernement des Territoires du Nord-Ouest, Inscriptions dans les foyers, 1974, boîte d'archives 9–11, no d'acquisition G1995–004, « Enrolment by Residences by age, October 1–December 31, 1974 ». [RCN-012620-0001]

1979 : CVR, ARN, gouvernement des Territoires du Nord-Ouest, Éducation, culture et emploi, Résidences 1979–1980, rapports trimestriels [Akaitcho Hall, Ukkivik, Lapointe Hall, Grollier Hall, Fort Liard et Cambridge Bay], 09/79–06/80, no de transfert 0349, boîte 25-4, « Student Residences Quarterly Returns ». [RCN-012634]

1985 : CVR, ARN, gouvernement des Territoires du Nord-Ouest, Éducation, culture et emploi, Inscriptions dans les résidences des élèves et fréquentation semestrielle 1985–1986 [Grollier Hall], no de transfert 1201, boîte 9–1, « Student Residence Quarterly Return », septembre 1985; [GHU-000127] « Occupancy Report on Children Placed in Lapointe Hall », 30 septembre 1985; [LHU-000600-0000] « Student Residence Enrolment », pensionnat d'Ukkivik, octobre 1985; [FBS-000065] « Akaitcho Hall, Student Residence Enrolment, 1985–1986 ». [AHU-000915]

La réduction du nombre de foyers et du nombre d'élèves y résidant s'accompagne d'une autre tendance : le vieillissement des élèves fréquentant des pensionnats. En 1950, on trouve peu d'adolescents dans des écoles à l'extérieur de Yellowknife et d'Aklavik puisque les enfants des petites communautés n'ont pas vraiment l'occasion de même terminer leur sixième année. En 1961, 727 élèves sont inscrits dans les écoles de ce qu'on appelle alors le District de l'Arctique. De ceux-ci, 93 % sont en première, en deuxième ou en troisième année. Seuls deux élèves sont d'un niveau supérieur à la cinquième année, et aucun ne dépasse la septième. En général, les garçons entrent à l'école vers neuf ans et décrochent à douze ans, lorsqu'ils sont assez vieux pour réellement contribuer à la subsistance de leur famille grâce à la chasse[7]. À partir de 1970, les externats des communautés produisent des élèves prêts à fréquenter des écoles secondaires ou professionnelles, et grâce à la prépondérance croissante des externats sur les pensionnats, les jeunes élèves sont scolarisés plus près de chez eux. Le gouvernement territorial prétend avoir renversé la tendance des années antérieures, et en 1970, 10 % des élèves fréquentant des foyers des Territoires du Nord-Ouest ont moins de dix ans[8]. En 1977, 63 % des élèves des quatre plus grandes résidences des Territoires du Nord-Ouest ont 16 ans ou plus, soit l'âge officiel pour quitter l'école[9]. (Voir précisions aux tableaux 11.5 et 11.6.)

À partir du milieu des années 1970, un grand nombre des élèves inscrits dans des foyers qui n'ont pas l'âge officiel pour quitter l'école sont ceux appartenant à la catégorie dite du « développement social ». Il s'agit souvent de jeunes dont les parents ont été jugés inaptes à s'occuper d'eux, et beaucoup habitent un foyer de leur communauté d'origine. En 1975, les élèves de la catégorie du développement social comptent pour 36 % des enfants de douze ans et moins inscrits à un foyer[10]. D'autres jeunes enfants sont issus de familles qui passent une bonne partie de leur temps sur le territoire. L'exemple le plus marqué de ce phénomène est signalé à Fort McPherson en 1972 lorsque le foyer compte 72 élèves de douze ans et moins. Tous sont originaires de la communauté de Fort McPherson[11].

Tableau 11.5 Distribution par âge des élèves des résidences, ensemble des Territoires du Nord-Ouest, 1970

Âge	6	7	8	9	10 ans et plus	Inscriptions totales
Nombre	3	27	36	48	886	1 000

Source : Réponse de B.C. Gillie, directeur de l'Éducation, à l'Assemblée législative, Journal des débats des Territoires du Nord-Ouest (11 février 1971), p. 503.

Tableau 11.6. Inscriptions dans les grands foyers des Territoires du Nord-Ouest par âge, 30 juin 1977

Âge	Grollier Hall Inuvik	Ukkivik Iqaluit	Lapointe Hall Fort Simpson	Akaitcho Hall Yellowknife	Total par âge
6	3	-	1	-	4
7	7	-	2	-	9
8	5	-	6	-	11
9	6	-	4	-	10
10	7	-	3	-	10
11	7	-	8	-	15
12	7	-	3	-	10
13	4	-	4	1	9
14	8	-	9	4	21
15	17	8	8	23	56
16	19	19	3	44	85
17	12	21	1	54	88
18 +	6	18	5	63	92
Total par pensionnat	108	66	57	189	420

CVR, ARN, gouvernement des Territoires du Nord-Ouest, Éducation, culture et emploi, Résidences 1976–1977, rapports trimestriels [Akaitcho Hall, Ukkivik, Lapointe Hall, Grollier Hall, Fort Liard et Chief Jimmy Bruneau], 10/75–07/77, nº de transfert 0349, boîte 25-1, « Enrolment in Residences by Age », 30 juin 1977. [RCN-012415]

Le nombre de foyers diminue lui aussi tout au long des années 1970. En 1974, la Koe Go Cho Society, organisation dénée, assume la responsabilité de l'exploitation des foyers de Fort Simpson[12]. En 1985, la gestion de la seule résidence restante est assurée par le Conseil régional Deh Cho, et celle-ci est renommée Deh Cho Hall[13]. L'année suivante, 38 élèves y demeurent[14]. L'établissement ferme ses portes en 1986, faisant passer à trois le nombre de grands foyers en activité dans les Territoires du Nord-Ouest[15].

À l'automne 1993, on prévoit que le nombre d'inscriptions chutera, passant de 159 pour l'année scolaire 1992-1993 à 12 pour l'année 1995-1996[16]. En raison de ce déclin annoncé, le gouvernement territorial ferme Akaitcho Hall à la fin de l'année scolaire 1993-1994. Les élèves qui viennent faire leurs études secondaires à Yellowknife sont dorénavant mis en pension dans des foyers privés[17].

L'Église catholique exploite Grollier Hall jusqu'en 1987[18]. Elle choisit alors de ne pas renouveler son contrat puisqu'elle « n'a plus le personnel religieux nécessaire pour continuer son travail »[19]. Après ce retrait de l'Église catholique, le gouvernement territorial confie l'administration de Grollier Hall à une entreprise locale, TryAction Management Ltd[20]. Au printemps 1990, le ministère de l'Éducation délègue la responsabilité d'exploiter Grollier Hall au Conseil scolaire de division de Beaufort-Delta[21]. En 1995, on prévoit que le nombre d'inscriptions à Grollier Hall diminuera, passant de

51 en 1994-1995 à 32 en 1995-1996 et à 15 en 1996-1997[22]. Au printemps 1996, on remet des avis de licenciement au personnel d'Ukkivik et on prépare la fermeture de l'établissement[23]. L'administration de Grollier Hall est confiée au Collège Aurora à l'été 1997[24]. Ce transfert met fin à l'époque des grands foyers.

Démantèlement du système des foyers au Yukon

Un processus semblable à celui qui mène à la fermeture des grands pensionnats des Territoires du Nord-Ouest se produit au Yukon. En 1968, le ministère des Affaires indiennes transfère les élèves les plus vieux de l'école de Carcross à Yukon Hall, à Whitehorse. En conformité avec une nouvelle directive d'orientation, on limite le plus possible le nombre d'inscriptions à Carcross[25]. L'année suivante, cette école est fermée en raison de la baisse du nombre d'élèves et de la politique visant à fournir « une scolarité intégrée aux enfants indiens là où c'est possible »[26]. En 1969, le ministère des Affaires indiennes transfère la responsabilité de l'instruction des élèves des Premières Nations au gouvernement du Yukon. Il conserve cependant la responsabilité de l'exploitation des deux foyers de Whitehorse et du pensionnat de Lower Post, en Colombie-Britannique[27].

Le gouvernement du Yukon prend lui aussi des mesures pour réduire le nombre de résidences. À l'été 1970, Keith Johnson, administrateur de l'établissement anglican Yukon Hall, est nommé administrateur de l'établissement catholique Coudert Hall. Dès l'automne, les élèves sont affectés à l'un de ces deux pensionnats en fonction de leur âge et non de leur religion. Coudert Hall, établissement de petite taille, accueille les enfants de 6 à 12 ans, alors que les élèves de 13 ans et plus sont envoyés à Yukon Hall. De plus, les élèves de Carmacks, qui par le passé étaient envoyés à 600 km de leur domicile à l'école de Lower Post, sont dorénavant logés dans des foyers de Whitehorse, 400 km plus près de chez eux. Lorsqu'il annonce ces changements, James Smith, commissaire du Yukon, affirme que l'on mettra graduellement fin à l'utilisation des complexes résidentiels dans les prochaines années[28]. L'année suivante, Coudert Hall et Yukon Hall sont complètement regroupés, et il ne reste donc plus que deux grands pensionnats accueillant les élèves du Yukon : Yukon Hall et Lower Post[29]. Pour l'année scolaire 1970-1971, on prévoit que 150 élèves seront inscrits à Yukon Hall et 135, à Lower Post. Le directeur de Lower Post tente de faire transférer six élèves de huitième et neuvième année à Yukon Hall pour des « raisons sociales ». Un employé du ministère des Affaires indiennes souligne qu'une telle mesure ne respecterait pas la politique ministérielle qui veut que les élèves « demeurent si possible dans leur communauté d'origine »[30]. En raison de la hausse des coûts et de la baisse du nombre d'inscriptions, Lower Post ferme ses portes à la fin de juin 1975. Le pensionnat est remplacé par trois foyers de groupe dans des communautés du Yukon[31]. Yukon Hall demeure en activité jusqu'en 1985. Selon le Rapport annuel du ministère des Affaires indiennes de 1984-1985 :

> Le Conseil consultatif des chefs a permis aux Indiens du Yukon d'articuler leur participation à la formulation des politiques régionales et à la prise de décision. Après avoir discuté avec les chefs du Yukon, la région a décidé cette année de fermer le Yukon Hall, un établissement que bien des Indiens jugeaient nuisible à leur éducation[32].

Après la fermeture de Yukon Hall, le gouvernement du Yukon verse une allocation pour chambre et pension aux élèves souhaitant suivre des cours qui ne sont pas donnés dans leur communauté ou poursuivre leurs études secondaires au-delà des années qui y sont offertes. Puisque l'allocation ne couvre pas la totalité des frais de pension, le ministère des Affaires indiennes verse un supplément aux élèves des Premières Nations. Comme le fait remarquer B. Zisman, employé du Ministère : « Les parents sont d'avis que le gouvernement du Yukon devrait payer tous les frais ou offrir toutes les années d'études dans leur communauté pour éviter que les élèves aient à quitter celle-ci[33]. »

Le démantèlement du système des grands foyers du Nord après 1969 est tributaire de plusieurs facteurs. Plus que tout, il découle de la décision du gouvernement d'augmenter à la fois le nombre d'externats dans les communautés des Premières Nations et des Inuits, et le nombre d'années d'études qu'on y offre. D'autres facteurs jouent un rôle, notamment l'aménagement de petits foyers de groupe pour les élèves et le recours accru à la mise en pension des enfants dans des foyers privés. Ces mesures stratégiques sont souvent adoptées à la suite des critiques de plus en plus vives exprimées par les Autochtones à l'égard du système des pensionnats. Dans les Territoires du Nord-Ouest, ces critiques viennent souvent d'anciens pensionnaires devenus membres de l'Assemblée législative.

Critique des résidences par les Autochtones

À la fin des années 1960, deux législateurs non autochtones font valoir leurs préoccupations quant à l'incidence des grands foyers. Gordon Gibson, nommé membre du Conseil des Territoires du Nord-Ouest en 1967, critique « la politique du ministère de l'Éducation qui consiste à envoyer les élèves de nombreux petits centres vers de grosses communautés pour qu'ils y poursuivent leurs études au-delà de la sixième année ». Un éditorial d'un journal de Yellowknife applaudit le discours de Gibson, ajoutant que le système des foyers est désuet. « Le Nord compte environ 500 enseignants, ce qui devrait être suffisant pour les petites communautés, et s'il en faut d'autres, on n'a qu'à leur verser assez d'argent pour qu'ils acceptent des postes dans les petits centres. » Plutôt que de contribuer au développement du Nord, le système des foyers, de l'avis de l'éditorialiste, « détruit les petites communautés »[34]. R. G. Williamson, autre membre nommé au Conseil des Territoires du Nord-Ouest (devenu depuis l'Assemblée législative des Territoires du Nord-Ouest), critique vivement les conditions qui prévalent au Churchill Vocational Centre. En 1967, il écrit :

> Des superviseurs inadéquats offrent des services inadéquats. C'est un secret de polichinelle que les jeunes quittent le foyer la nuit en toute impunité pour gagner une ville ayant bien mérité sa réputation d'amoralité. Le foyer lui-même, selon tous ceux qui m'en ont parlé, n'est pas non plus un endroit sain où faire passer à des jeunes plus de dix mois chaque année. Des élèves qui pourraient bien réussir n'ont pas l'encadrement dont ils auraient besoin et ont donc un rendement bien inférieur à leurs capacités dans plusieurs cas. Pourtant, chaque année, je reçois des plaintes de parents qui ont été forcés, contre leur gré et parfois sous des menaces voilées, d'envoyer leurs enfants à cet établissement[35].

Les employés du ministère du Nord canadien commencent à réévaluer les politiques ministérielles. Dans une note de service de 1967, on indique : « Nous créons maintenant de petites écoles dans des communautés où l'on n'en trouvait pas auparavant, par exemple Repulse Bay, Hall Beach et Sachs Harbour. Nous étudions également la faisabilité de garder sur place certains élèves au-delà de la sixième année[36]. »

Le climat devient de plus en plus propice au changement dans les années 1970. À cette époque, un groupe de leaders autochtones jeunes et talentueux, souvent bilingues, se taille une place dans le Nord. Parmi eux, on trouve Piita Irniq, Nick Sibbeston, Tagak Curley, James WahShee, Georges Erasmus, John Amagoalik, Nellie Cournoyea, Richard Nerysoo, Jim Antoine et Stephen Kakfwi. La plupart d'entre eux ont fréquenté des pensionnats ou des écoles du Sud du Canada. Cette nouvelle génération assume des rôles de dirigeants un peu partout dans les territoires, au sein d'organisations autochtones comme de gouvernements territoriaux, et plusieurs d'entre eux accéderont plus tard au poste de premier ministre. Ils adoptent des démarches harmonisées, fondées sur leur expérience personnelle, leur connaissance des droits ancestraux et leur compréhension directe des défis que pose la scolarisation dans des territoires où l'on promet un développement économique et où les langues autochtones, la chasse, le piégeage et d'autres activités traditionnelles rattachées à la terre continuent de jouer un rôle de premier plan dans le bien-être collectif et le sentiment d'identité.

Les Autochtones commencent donc à diriger le débat sur l'éducation dans le Nord. Ainsi, en 1968, Alain Maktar, de Mittimatalik (Pond Inlet), affirme à des employés du ministère du Nord canadien : « nous voulons que les Esquimaux reçoivent un enseignement en esquimau » et « nous voulons que la chasse soit enseignée au même titre que l'économie domestique ». Il demande que des aînés participent aux travaux en classe et résume ses observations ainsi : « Nous voulons qu'ils apprennent quatre choses importantes : chasser, construire un igloo en hiver, coudre et parler notre langue. S'ils apprennent cela, ils pourront vivre dans l'Arctique[37]. »

Des délégués inuits de plusieurs régions se rassemblent à Kugluktutk (Coppermine) en 1970 pour jeter les bases de l'officialisation de l'organisation inuite nationale, Inuit

Tapirisat du Canada (aujourd'hui Inuit Tapiriit Kanatami). Les délégués concluent que le système scolaire actuel « ne donne pas à nos enfants une éducation valable adaptée à leur milieu, ne permet pas de préserver nos cultures autochtones et ne permet pas de faire des élèves des citoyens canadiens utiles ». Ils exigent que l'on :

- donne à chaque conseil communautaire voix au chapitre quant au contenu du programme scolaire pour que l'histoire, la culture et les compétences autochtones soient incluses dans le cadre de cours crédités;
- permette à chaque conseil communautaire de décider des mois durant lesquels auront lieu les vacances scolaires pour cette communauté, la norme établie dans le Sud du Canada, soit juillet et août, ne convenant pas aux résidents de presque toutes les communautés de l'Arctique;
- crée de nouvelles écoles aussi rapidement que possible pour éviter que les enfants aient à s'absenter de leur domicile dix mois par année;
- entreprenne immédiatement l'enseignement primaire dans les dialectes autochtones... À cet égard, nous avons des décennies de retard sur les systèmes d'éducation du Groenland et de la Sibérie. Les programmes qui ont recours à des enseignants et aides-enseignants autochtones doivent être grandement élargis sans tarder.

Ces aspects deviennent ainsi la norme en fonction de laquelle les Inuits et les autres Autochtones du Nord jugent leur système scolaire[38].

Une critique semblable est soulevée par les représentants de douze Premières Nations du Yukon, réunis sous la bannière de la Fraternité des Autochtones du Yukon, en janvier 1972[39]. La déclaration de principe *Education for Yukon Indians* affirme que « nos enfants devraient être scolarisés dans des écoles publiques, mais... une considération particulière doit être accordée à certains problèmes, soit la préservation de la langue et la représentation factuelle de la culture d'un groupe qui compte pour près du tiers de la population du Yukon ». De plus, les chefs soutiennent que certains cours professionnels et techniques « doivent être désignés et offerts dans un contexte indien hors des compétences régulières en matière d'éducation[40] ».

Dans le cadre des travaux sur la politique en matière d'éducation, les Premières Nations du Yukon doivent composer avec le fait que si leurs membres sont minoritaires sur l'ensemble du Territoire, ils sont majoritaires dans bon nombre de petites communautés. Elles considèrent donc que leurs droits ne sont pas respectés dans un contexte comme dans l'autre. Elles proposent que les pensionnats (qu'elles appellent « foyers détestés ») soient remplacés par des foyers de groupe. Ceux-ci seraient situés « dans des endroits centraux de chaque village et exploités par des couples indiens ». Ils offriraient un hébergement à court terme à quiconque, en particulier des enfants et des aînés, doit être placé pour « libérer les parents devant parcourir leur territoire de piégeage ou occuper un emploi, ou pour offrir des repas chauds aux jeunes et aux aînés incapables de prendre soin d'eux-mêmes ».

En 1977, le Conseil des Indiens du Yukon publie *Together Today for Our Children Tomorrow: A Statement of Grievances and an Approach to Settlement by the Yukon Indian People,* document qui critique les pensionnats puisque ceux-ci minent les relations intergénérationnelles, détruisent la spiritualité des Premières Nations et encouragent un taux de décrochage frôlant les 100 %. Aucune école du Yukon n'enseigne aux élèves, blancs ou autochtones, quoi que ce soit sur la culture ou les réussites des Premières Nations[41].

Dans la *Dene Declaration* du 19 juillet 1975, les Dénés de la vallée du Mackenzie publient leur propre affirmation de leurs droits ancestraux[42].

Des législateurs autochtones soulignent eux aussi le problème. Nick Sibbeston, Déné de Fort Simpson et membre du Conseil territorial pour Mackenzie-Liard, a été envoyé dans un pensionnat à quatre ans. Dans un discours prononcé à l'Assemblée législative des Territoires du Nord-Ouest en 1971, il réclame :

- la participation des parents à la scolarisation;
- le contrôle par les Dénés des écoles et des foyers, comme le prévoient les plans d'aménagement d'un nouvel établissement dirigé par les Dénés à Edzo (école et pensionnat Chief Jimmy Bruneau);
- l'ouverture de nouvelles écoles dans les communautés pour que les enfants n'aient pas à quitter leur foyer avant au moins 12 ou 13 ans;
- l'ajout au programme d'un contenu culturel.

Il critique vivement un système d'éducation au sein duquel « l'histoire, la langue et les croyances [des enfants], tout ce que les parents leur ont enseigné est considéré comme un détail mineur et bien souvent considéré comme importun ». Il considère les pensionnats comme un facteur contribuant au chômage, au manque de formation et à « l'anxiété causée par l'adaptation à une société différente »[43].

À la fin des années 1970, Stephen Kakfwi, alors représentant de la Fraternité des Indiens des Territoires du Nord-Ouest (ensuite renommée Nation dénée), écrit ceci sur la façon dont les pensionnats ont séparé les générations :

> Les aînés ont eu beaucoup de difficulté à nouer des liens avec les jeunes. Beaucoup de jeunes ont perdu leur langue, les valeurs et les opinions qu'ils avaient héritées des aînés. Les aînés ont compris que ce qui arrivait à leurs jeunes dans les écoles n'était pas exactement ce qu'ils souhaitaient. Le gouvernement volait littéralement les enfants à leurs familles. Ils ont compris que si l'on ne changeait rien à la situation, leur peuple serait détruit relativement rapidement[44].

Bob Overvold, de l'Association des Métis des Territoires du Nord-Ouest (maintenant appelée Nation métisse des Territoires du Nord-Ouest), se fonde sur l'expérience des huit années qu'il a passées dans des écoles anglicane, catholique et gouvernementale pour tirer des conclusions semblables :

> D'abord, traditionnellement, les enfants dénés apprenaient de leurs parents. Dans les pensionnats, la relation adulte-enfant était presque inexistante. La plupart, ou parfois la totalité, des employés des écoles et des pensionnats n'étaient pas dénés et étaient donc des étrangers pour la majorité des élèves dénés. Ensuite, en raison du mode de vie dans ces établissements, de leur taille et de leur disposition, de nombreuses règles devaient y être imposées, et les élèves étaient essentiellement obligés de s'y conformer[45].

L'enquête sur le pipeline de la vallée du Mackenzie, menée au milieu des années 1970, donne aux anciens élèves l'occasion de discuter des expériences vécues. Dans son rapport final, le juge Thomas Berger inclut une brève discussion du système des pensionnats du Nord et du fait qu'il participe au programme d'assimilation adopté dans le Sud. Dans son témoignage à Deline (Fort Franklin), Dolphus Shea raconte des années de douleurs et d'humiliation, et termine en disant « Aujourd'hui, je pense à la vie qu'il fallait mener et je sens la colère monter en moi[46]. »

Les réactions des responsables de l'éducation aux critiques formulées par les Autochtones ne sont pas toutes favorables. F. Dunford, directeur surveillant du Churchill Vocational Centre, se plaint en 1970 de l'attitude d'un intervenant autochtone à l'occasion d'une conférence des administrateurs de pensionnats du Nord, tenue à Yellowknife. Dunford écrit que le conférencier, qu'il ne nomme pas, « a prêché l'Évangile des droits des Indiens et nous a expliqué tout ce que les Blancs font de mal ». Il ne s'agissait pas, selon lui, d'un exposé constructif[47].

La campagne lancée par les Inuits de l'Arctique de l'Est pour prendre le contrôle du système d'éducation à Yellowknife est jonchée de déclarations et de manifestes qui en dénoncent le fonctionnement historique et réclament un système d'éducation local et inclusif sur le plan culturel. Au départ, le seul membre de l'Assemblée législative représentant l'Arctique de l'Est est Bryan Pearson, d'Iqaluit. Bien qu'il ne soit pas lui-même autochtone, il s'assure de faire connaître à l'Assemblée législative le souhait de ses électeurs inuits : voir des Inuits enseigner dans toutes les communautés et voir disparaître les foyers. Un certain nombre d'événements importants marquent le parcours des organisations inuites, notamment la publication d'une série de quatre articles, intitulée « Inuit in Our Educational System », dans *Inuit Today*. L'auteur, Tagak Curley, est un des premiers présidents d'Inuit Tapirisat. En 1981, l'Institut culturel inuit à Arviat (Eskimo Point) célèbre l'Année internationale de l'enfant en faisant un examen anticolonial de l'éducation dans le Nord (*Ajurnarmat*). La même année, le périodique gouvernemental anglais/inuktitut *Inuktitut* publie un numéro spécial sur l'éducation des Inuits comportant des articles traitant de la situation en Alaska, au Groenland et en Union soviétique ainsi que de quatre projets intéressants lancés au Canada, notamment un programme de formation des enseignants en inuktitut[48].

Tagak Curley prend la parole lors d'une réunion des enseignants des Territoires du Nord-Ouest en 1972 :

> Plus que tout, j'admire les Inuits du Canada pour avoir résisté à l'assimilation totale (au changement) qu'a tenté d'entraîner la société canadienne dominante en adoptant la politique d'éducation actuelle que vous suivez. Les Inuits ont fait savoir qu'ils n'acceptent pas cette assimilation totale qui menace aujourd'hui nos valeurs. De nombreux Inuits et organismes inuits ont affirmé qu'il est possible, dans notre société canadienne, pour les Inuits de vivre en harmonie (en paix) et de voir leurs droits reconnus par la participation. Ils ont leur langue, ils ont leur économie traditionnelle et, surtout, ils sont majoritaires dans les peuplements où vous enseignerez. Nous devons étudier sérieusement les mesures à prendre pour moderniser ces techniques sans nuire aux valeurs qu'ils respectent tant parmi eux[49].

En 1974, quand le gouvernement territorial souhaite reconstruire le foyer Iqaluktuttiaq (Cambridge Bay), Pearson demande des détails et précise : « Chaque fois que je vois ce terme, "résidence pour élèves", je vois rouge. Pourrait-on nous expliquer pourquoi on a besoin d'une résidence pour élèves de 16 lits à Cambridge Bay? » Quand on lui dit que la résidence précédente a brûlé, Pearson répond : « Tant mieux. Qui étudie là? Pourquoi aurait-on une résidence pour élèves de 16 lits à Cambridge Bay? » On lui explique que le foyer est nécessaire pour les enfants dont les familles « vivent de la terre, surtout les gens de l'inlet Bathurst »[50].

À la fin de la période, les dirigeants politiques autochtones critiquent de manière de plus en plus explicite le système des pensionnats. Un des premiers à s'exprimer dans le Nord est Piita Irniq, député territorial d'Aivilik. Le 4 mars 1991, il affirme à l'Assemblée législative que « trop de faits continuent d'être dissimulés par le gouvernement du Canada, et même par le gouvernement des Territoires du Nord-Ouest. Je suis persuadé que les Inuits ayant subi l'assimilation ont le droit de connaître la vérité crue ». Il parle de « l'échec d'une politique gouvernementale ayant causé d'horribles dommages à la préservation de notre langue, de notre culture et de nos valeurs, et l'aliénation de générations d'Inuits du Nord ». Il exige que le gouvernement territorial s'attaque au problème des pensionnats : « J'implore ce gouvernement d'exiger du gouvernement du Canada qu'il expose sans autre délai sa position sur l'époque des pensionnats afin que bon nombre d'entre nous, des anciens élèves et leurs parents, puissent commencer à guérir du traumatisme émotionnel qu'elle évoque. Nous devons savoir ce qui s'est véritablement passé[51]. »

Enseignement des années du secondaire et pensions

La critique exprimée par les Autochtones est une justification importante du démantèlement du système des foyers. Il faudra cependant la construction d'externats locaux offrant l'enseignement primaire puis, plus tard, secondaire, de même que l'adoption de diverses solutions d'hébergement à petite échelle, pour que les foyers se vident complètement.

Enseignement des années du secondaire

Le transfert de la responsabilité de l'éducation aux gouvernements territoriaux entraîne le réexamen des politiques antérieures sur l'aménagement d'écoles dans les petites communautés et les années d'études pouvant y être offertes. Au départ, les administrateurs insistent sur le fait qu'il est trop coûteux d'y offrir l'enseignement secondaire[52]. Un administrateur de l'enseignement haut placé affirme devant un comité législatif, en 1971, que pour des raisons éducatives, il préfère que les écoles des communautés n'offrent pas plus que la sixième année. Il explique cependant qu'en raison de fortes pressions communautaires, on offre en de nombreux endroits la septième et la huitième année, et que cette tendance est appelée à se poursuivre[53]. L'année suivante, Stuart Hodgson, commissaire des Territoires du Nord-Ouest, affirme : « Nous tentons d'élargir le système d'éducation dans certaines communautés plus grosses... mais il n'est pas toujours possible d'offrir autant d'années d'études qu'on le souhaiterait, et il est alors nécessaire d'avoir recours aux résidences[54]. » La pression en vue de l'offre de l'enseignement secondaire est irrésistible. Le tableau 11.7 montre qu'en 1995, même le Conseil scolaire de la Division de Baffin offre la douzième année dans 6 de ses 14 communautés et prévoit porter ce nombre à 10 dans les trois années suivantes[55].

Tableau 11.7 **Dernière année d'études offerte (réel et prévu) dans les communautés de la région de Baffin, 1994-1995 à 1999-2000**

Communauté	Réel			Prévu		
	1994-1995	1995-1996	1996-1997	1997-1998	1998-1999	1999-2000
Arctic Bay	11	12	12	12	12	12
Cape Dorset	11	11	11	12	12	12
Clyde River	10	11	12	12	12	12
Grise Fiord	9	10	10	10	10	10
Hall Beach	11	11	12	12	12	12
Igloolik	12	12	12	12	12	12
Iqaluit/Apex	12	12	12	12	12	12
Kimmirut	11	11	11	11	11	11
Nanisivik	9	9	9	9	9	9
Qikiqtarjuaq	10	11	11	12	12	12
Pangnirtung	12	12	12	12	12	12
Pond Inlet	12	12	12	12	12	12

Resolute Bay	9	9	9	9	9	9
Sanikiluaq	11	12	12	12	12	12

Source : CVR, ARN, gouvernement des Territoires du Nord-Ouest, Éducation, culture et emploi, Ukkivik - Projets d'avenir [Planification des immobilisations], 1995, transfert - Nunavut, boîte 21, rapport d'expert-conseil non titré, 2 février 1995, p. 6. [FBS-000451]

L'incidence de la construction d'écoles et de l'offre de l'enseignement secondaire est mieux illustrée par l'histoire de l'école et résidence Chief Jimmy Bruneau. Cet établissement dirigé par la communauté ouvre ses portes dans la nouvelle communauté d'Edzo, près de Behchoko (Fort Rae), en 1971. On compte y aménager une nouvelle sorte de résidence. Lors de la cérémonie d'inauguration de l'école, en 1972, le chef Bruneau affirme : « J'ai demandé qu'une école soit construite sur mes terres et qu'elle soit dirigée par mon peuple, et que mon peuple travaille à l'école, et que les enfants y apprennent les deux modes de vie, le nôtre et celui de l'homme blanc[56]. »

Au début de l'année scolaire 1971-1972, la résidence Chief Jimmy Bruneau accueille 39 élèves[57]. L'année suivante, ce nombre est porté à 93[58]. L'aménagement d'externats dans d'autres communautés entraîne alors une réduction du nombre d'élèves à la résidence, qui passe à 45 l'année suivante. Au début de l'année 1974-1975, la résidence ferme ses portes[59]. L'école offre uniquement jusqu'à la neuvième année. Les élèves qui souhaitent terminer leur secondaire doivent habituellement se rendre à Yellowknife; entre 1985 et 1990, seuls six élèves obtiennent ainsi leur diplôme. Afin de régler ce problème, les écoles commencent à offrir la dixième année en 1991 (et les onzième et douzième l'année suivante). Dix élèves obtiennent leur diplôme d'études secondaires en 1994. En 1995, la résidence rouvre et devient pendant un certain temps une école secondaire régionale[60].

Au Yukon, un des principaux arguments pour l'offre de toutes les années du secondaire est le fort taux de décrochage de ce qu'on appelle les élèves « de milieu rural » qui fréquentent l'école secondaire F. H. Collins à Whitehorse. En 1978, leur taux de décrochage est de 49 % alors que celui de la population générale de Whitehorse est de 25 %[61]. Le tableau 11.8 donne un aperçu de l'augmentation des années d'études offertes dans 15 écoles du Yukon de 1974 à 1984.

Tableau 11.8 Changements dans l'offre des années d'études au Yukon, 1974 à 1984

École	Années enseignées
Pelly Crossing	Variable : 7e, 6e, 8e, et 9e après 1980
Old Crow	8e, 9e ou 10e, 10e année en 1982 et 1983
Burwash Landing	Aucune école jusqu'en 1980; 7e, 8e ou 9e par la suite
Carmacks	9e année en 1974; 10e année par la suite
Teslin	10e année la plupart du temps, 12e année de 1981 à 1983
Ross River	10e année
Haines Junction	10e année de 1974 à 1979; 11e année en 1980; 12e année de 1981 à 1984

École	Années enseignées
Carcross	Variable, 6e à 9e année
Watson*	12e année
Mayo	12e année
Dawson	12e année
Elsa	8e ou 7e année, puis 6e année après 1983
Beaver Creek	7e, 8e ou 9e année, surtout 9e année après 1981
Kluane	8e année, à l'occasion 7e ou 9e année
Faro	12e année

* Les habitants de Watson Lake et d'Upper Liard, communautés situées à 11 km de distance sur la route de l'Alaska, partageaient apparemment une école, et les chiffres sont donc combinés dans ce tableau.

Source : Données scolaires tirées de Sharp, *Yukon Rural Education*, p. 52.

Pensions et accueil en foyers privés

L'offre d'un plus grand nombre d'années d'études ne règle pas le problème des enfants qui souhaitent finir leurs études secondaires, mais habitent dans des communautés si petites et isolées qu'on n'y offrira jamais tout le cours secondaire. Au Yukon, sous la pression des organisations de Premières Nations, le gouvernement fédéral adopte la politique des foyers de groupe. Lors de ses conférences annuelles de 1972 et 1973, la Fraternité des Autochtones du Yukon approuve des résolutions exigeant que le ministère des Affaires indiennes remplace les résidences d'élèves par des foyers de groupe[62]. De tels foyers ouvrent leurs portes à Watson Lake et à Ross River en 1975. À Ross River, un couple marié est embauché pour s'occuper de huit enfants. Le couple doit obtenir l'approbation de la bande indienne de Ross River pour être embauché. Le foyer de groupe doit « offrir la supervision et les soins, dans une communauté autochtone, à des enfants autochtones qui seraient normalement placés dans une résidence d'élèves pour des raisons sociales et éducatives[63] ».

En 1985, il existe trois foyers de groupe : un à Ross River et deux à Watson Lake, mais on prévoit fermer un de ceux-ci plus tard dans l'année[64]. En 1986, dans le cadre de l'examen des difficultés que doivent surmonter les élèves de petites communautés rurales, on demande la création d'un nouveau petit foyer à Haines Junction. D'après l'examen, certains élèves du secondaire habitant plus à l'ouest, soit à Burwash, Destruction Bay ou Beaver Creek, ont étudié à Haines Junction et « ont poursuivi leurs études plus longtemps, réussi un plus grand nombre de leurs cours et connu moins de problèmes » que ceux ayant étudié à Whitehorse[65].

L'avenir à long terme de l'enseignement hors de la communauté d'origine est abordé directement dans l'Accord-cadre définitif de 1993, qui jette les bases du règlement des revendications territoriales de toutes les Premières Nations du Yukon. L'Accord-cadre permet, parmi les « activités autorisées des sociétés de gestion des indemnités », d'offrir « des bourses et le remboursement d'autres dépenses à l'intention des Indiens du Yukon — adolescents et adultes — pour leur permettre de fréquenter des établissements d'enseignement réguliers au Yukon et ailleurs[66]. »

Jusqu'au moins en 1980, le gouvernement des Territoires du Nord-Ouest fournit une « allocation pour pension privée » à Yellowknife uniquement aux élèves « handicapés » qui ne peuvent donc pas fréquenter Akaitcho Hall. Une ancienne employée d'Akaitcho Hall recommande que l'on offre aussi cette solution à d'autres élèves. Elle croit que cela pourrait aider à diminuer le taux de décrochage de l'établissement[67]. Un tel programme est lancé en 1984[68]. Les frais de pension en foyer privé passent de 15 $ par jour à 20 $ par jour au 1er janvier 1987. Malgré cette hausse, Akaitcho Hall a « du mal à trouver des endroits convenables où placer les élèves »[69]. Le gouvernement augmente de nouveau les frais de pension l'année suivante pour les porter à 25 $ à 40 $ par jour selon les régions[70].

Au milieu des années 1990, le gouvernement des Territoires du Nord-Ouest songe à recourir davantage aux pensions privées[71]. Une proposition visant à élargir le programme à Iqaluit relève un certain nombre de problèmes éventuels. Non seulement est-on aux prises avec une pénurie de logements, mais aussi les pensions doivent faire l'objet de vérifications pour garantir qu'elles offrent aux élèves un endroit convenable où étudier, dormir et manger, de même qu'un « milieu où l'enfant reçoit des soins, du soutien et une direction ferme favorisant son apprentissage et son développement. Malgré les vérifications, certaines pensions s'avèrent ne pas convenir. » De plus, les exploitants de ces pensions « ne s'intéressent pas toujours eux-mêmes suffisamment à la scolarité pour aider les élèves », ce qui obligerait le Conseil à embaucher des tuteurs. L'étude souligne que « certains élèves mis en pension dans des foyers privés par le passé n'ont pas été nourris correctement. Certains parents d'accueil ont utilisé l'argent à d'autres fins. À l'occasion, des élèves ont dû servir de gardiens d'enfants pour la famille, au détriment de leur scolarité[72]. » L'étude conclut que l'accueil dans les pensions doit être envisagé seulement « de façon exceptionnelle » lorsque les parents de l'élève et le Conseil conviennent de cette solution[73]. Un comité qui se penche sur l'avenir d'Akaitcho Hall en 1992 arrive à des conclusions semblables et mentionne prudemment que « le placement d'élèves en pension peut être utile si l'on s'assure de choisir avec soin les parents d'accueil ». On offre plutôt cette solution à long terme : « Si l'on a besoin de résidences pour les élèves, celles-ci doivent être petites (15 à 20 élèves) et confiées à une bonne famille qui habite sur place[74]. »

Scolarisation d'enfants du Nord dans le Sud du Canada

La politique consistant à envoyer un nombre limité d'élèves autochtones dans le Sud pour qu'ils y poursuivent leurs études est toujours appliquée après le transfert de la responsabilité de l'éducation aux territoires. D'après Ralph Ritcey, ancien fonctionnaire du ministère du Nord canadien, on envoie entre 1967 et 1978 entre 30 et 40 élèves par année à Winnipeg, et une centaine d'autres à Ottawa[75]. Les élèves de l'Arctique de l'Ouest sont habituellement envoyés à Edmonton, alors que ceux de l'Arctique de l'Est se retrouvent plus souvent à Ottawa ou à Montréal. La participation du gouvernement fédéral à ce programme est importante et gérée, dans les dernières années, par l'entremise d'une Section de la formation professionnelle du Ministère. En 1980, quelque 65 Inuits sont envoyés dans le Sud en vertu de ce programme, mais seulement 16 d'entre eux dans des écoles secondaires; les autres participent à des programmes de formation professionnelle, et quelques-uns suivent des cours de rattrapage scolaire[76].

Ces élèves sont souvent en pension dans des familles non autochtones. En 1983, Tagak Curley remet en question la politique gouvernementale selon laquelle des enfants inuits sont logés dans des familles du Sud du Canada. Curley suggère plutôt que l'on crée une « maison inuite » à Ottawa[77]. Les dirigeants du Nord demeurent à l'écoute de la détresse et des difficultés que vivent les jeunes de leurs communautés, et les magazines de langue inuite, tout particulièrement, publient des numéros spéciaux comportant des articles rédigés par de jeunes élèves pour tenter de préparer leurs camarades au choc culturel qui les attend[78]. En 1983, la position officielle du gouvernement territorial est de ne plus envoyer d'élèves du secondaire dans le Sud[79].

CHAPITRE 12

L'expérience des pensionnats au Nouveau-Québec et au Labrador

Jusqu'ici, le présent volume a mis l'accent sur les pensionnats du Yukon et des Territoires du Nord-Ouest (y compris la région qui est devenue le Nunavut). L'expérience vécue dans les pensionnats du Nouveau-Québec (Nunavik) et du Labrador doit encore faire l'objet de recherches et d'études. Toutefois, les pages qui suivent tracent les grandes lignes d'une histoire qui attend d'être racontée.

Nouveau-Québec : les pensionnats du Nunavik

En 1939, la Cour suprême du Canada tranche que les peuples inuits du pays sont une responsabilité fédérale, et non provinciale, même lorsque les Inuits habitent dans une province canadienne[1]. À l'époque, le Québec est la seule province canadienne qui compte une importante population inuite, le long de la côte Est de la baie d'Hudson et des côtes Nord de la péninsule d'Ungava. Ce territoire est souvent appelé Nouveau-Québec ou Nunavik. De 1939 au début des années 1960, les gouvernements successifs du Québec accordent peu d'attention aux Inuits et au Nord de la province[2]. Dans la foulée de la décision du gouvernement fédéral d'étendre son réseau dans le Nord au milieu des années 1950, quatre foyers sont construits dans le Nord québécois. Ceux-ci sont situés à Kangiqsualujjuaq (George River), Kuujjuaraapik (Grande rivière de la Baleine), Kangirsuk (Payne Bay) et Inukjuak (Port Harrison)[3]. Dans ces écoles, l'enseignement se donne en anglais[4]. Les élèves du Nunavik fréquenteront également le Churchill Vocational Centre lorsque celui-ci ouvrira ses portes. En 1970, le tiers des élèves de cet établissement proviennent du Nouveau-Québec[5]. Par ailleurs, un petit nombre d'élèves font leurs études secondaires dans le sud du pays[6].

À partir de l'année 1960, le gouvernement du Québec tente de jouer un plus grand rôle dans la prestation de divers services au Nunavik. En 1963, la province amorce le financement et l'administration de son propre système d'externats destinés aux enfants inuits du Nunavik[7]. Au cours de cette période, les élèves fréquentent toutefois davantage les écoles fédérales; lorsque les parents ont le choix, ils préfèrent nettement envoyer leurs enfants dans les écoles fédérales, bien que certaines familles inuites alternent entre les deux systèmes[8].

Le dernier foyer fédéral du Nord-du-Québec, à Inukjuak, met un terme à ses activités en 1971, suivi du Churchill Vocational Centre à la fin de l'année scolaire 1972–1973[9]. La nécessité d'envoyer les enfants à l'extérieur de la région diminue à mesure que des niveaux d'enseignement supplémentaires sont ajoutés dans le nouveau système d'éducation contrôlé par les Inuits.

La Convention de la Baie James et du Nord québécois de 1975, à laquelle ont adhéré les Cris et les Inuits du Québec, les gouvernements du Canada et du Québec et Hydro-Québec, met un terme au système composé d'écoles fédérales et provinciales. En vertu de la Convention, toutes les écoles du Nunavik sont régies par un conseil scolaire administré par les Inuits appelé Commission scolaire Kativik. (Les Cris auraient leur propre commission scolaire[10].) En 1978, la Commission scolaire Kativik exerce son autorité sur toutes les écoles inuites du Nunavik. Le nouveau système, qui comprend un comité d'éducation élu localement pour chaque collectivité et un comité exécutif centralisé, est très différent du système précédent d'écoles fédérales et provinciales. La nouvelle commission scolaire, qui régit 2 000 élèves et 150 professeurs répartis dans plusieurs collectivités isolées du Nunavik, a la responsabilité d'élaborer le programme scolaire en vue de répondre aux besoins des collectivités inuites et de former les professeurs du Nord afin qu'ils soient en mesure de l'enseigner[11]. En 1978, la Commission scolaire Kativik établit un pensionnat près de Montréal, mais elle met fin à ses activités après six mois lorsqu'elle arrive à la conclusion que cela demande trop d'adaptation d'un coup aux élèves[12]. Au milieu des années 1980, la Commission scolaire offre des classes allant jusqu'au secondaire III (neuvième année) dans toutes les collectivités. Des classes de secondaire IV et de secondaire V (l'équivalent de la dixième et de la onzième année) sont également offertes dans certaines collectivités nordiques. Au niveau secondaire, la tendance observée consiste à accroître le nombre de voyages de retour à la maison pour les élèves qui se trouvent à l'extérieur de leur collectivité[13].

Les écoles du Labrador

L'histoire des pensionnats destinés aux peuples autochtones du Labrador n'est pas la même qu'ailleurs au pays, principalement parce que la colonie britannique de Terre-Neuve, à laquelle appartient le Labrador, ne fait pas partie du Canada avant 1949.

Le Labrador compte deux principaux groupes d'Autochtones : les Inuits qui habitent dans la partie nord, que l'on appelle aujourd'hui le Nunatsiavut[14], et la Première Nation innue qui vit au sud, chasse le caribou à l'intérieur des terres et pêche le poisson sur la côte[15]. Tout comme dans le reste du Canada, les organisations missionnaires jouent un rôle central dans l'établissement des pensionnats au Labrador. Les deux principales organisations missionnaires qui œuvrent au Labrador sont les Frères moraves et l'International Grenfell Association.

Le nom officiel des Frères moraves est Unitas Fratrem, ou Union des Frères. C'est en Moravie, dans ce qui est aujourd'hui la République tchèque, qu'ils fondent une de leurs plus anciennes églises protestantes. Au début du XVIIIe siècle, ils s'établissent à Saxe, où se trouve aujourd'hui l'Allemagne. Les Frères moraves ont une longue tradition missionnaire et possèdent des missions en Amérique, en Afrique et en Asie. En 1733, les Frères moraves établissent une mission au Groenland. En 1752, une expédition au Labrador prend fin à la suite d'un conflit avec les Inuits au cours duquel sept membres de l'organisation décèdent. En 1764, le gouverneur de la colonie britannique de Terre-Neuve, sir Hugh Palliser, appuie une deuxième expédition des Frères moraves dans le Nord du Labrador. Après deux expéditions exploratoires, les Frères moraves fondent, en 1771, une mission à Amitok Island, près de ce qui est aujourd'hui la collectivité de Nain[16].

Fort de leur expérience au Groenland, les Frères moraves parlent l'inuktitut à leur arrivée au Labrador. De 1771 à 1905, ils y établissent huit missions. Les Britanniques donnent aux Frères moraves le droit d'expulser de ces vastes territoires de mission toute personne ne respectant pas les règles de la mission. Encore en 1940, les commerçants privés doivent obtenir la permission des Frères moraves pour exercer leurs activités sur ces territoires, et la majorité du commerce passe par l'entremise de la société de commerce de la congrégation religieuse[17]. Par conséquent, les Frères moraves dominent tous les aspects de la vie des missions dans le Nord du Labrador[18].

Les Frères moraves mettent rapidement sur pied des pensionnats dans deux de leurs missions au Labrador. Ils y apprennent aux enfants comment lire et écrire l'inuktitut, au moyen de l'alphabet romain. Ainsi, la plupart des Inuits du Labrador peuvent lire et écrire l'inuktitut[19]. Les pratiques culturelles inuites, qualifiées de « païennes », sont supprimées. Les Frères moraves y accordent si peu d'importance qu'ils n'en font pas mention et ne les décrivent pas dans leurs vastes journaux et comptes rendus[20].

L'International Grenfell Association est une extension de l'œuvre du Dr Wilfred Grenfell, un médecin britannique et évangéliste protestant que le travail au sein de la Mission to Deep Sea Fishermen a amené au Labrador à la fin du XIXe siècle[21]. Grenfell est frappé par les conditions de vie misérables des quelque 25 000 hommes, femmes et enfants qui migrent au Labrador chaque année pour la pêche côtière et des colons permanents qui y vivent toute l'année[22]. Son travail auprès des non-Autochtones obtient une reconnaissance mondiale. Des associations à son nom sont créées en Angleterre, aux États-Unis et au Canada en vue de récolter des fonds pour appuyer son œuvre missionnaire et médicale au Labrador[23]. En 1909, Grenfell possède un hôpital et un orphelinat au Labrador[24]. À une époque où les œuvres missionnaires visent essentiellement les Autochtones ou les immigrants de l'Europe de l'Est, Grenfell concentre son action sur les peuples d'origine anglo-saxonne[25].

En 1918, le rôle joué par les pensionnats et orphelinats du Labrador augmente à la suite de l'éclosion d'une épidémie de grippe. En raison du taux de mortalité élevé et du faible appui du gouvernement, la mission de Grenfell décide de récolter des fonds pour bâtir un pensionnat à Muddy River, en vue d'héberger les enfants devenus orphelins à la suite de l'épidémie[26]. Au milieu des années 1920, la mission de Grenfell compte quatre hôpitaux, deux orphelinats et trois écoles publiques[27]. En 1935, l'International Grenfell Association, mise en place pour poursuivre l'œuvre de Grenfell, est à la tête de trois pensionnats[28]. La plupart des enseignants œuvrant au sein des écoles de Grenfell ne sont pas rémunérés et on s'attend même à ce qu'ils se rendent au Labrador par leurs propres moyens et fournissent les effets scolaires[29].

Des années 1950 jusqu'aux années 1970, les écoles de Grenfell acceptent les enfants inuits de niveau secondaire[30]. Lorsque Terre-Neuve et le Labrador se joignent au Canada en 1949, les services sociaux et d'éducation du Labrador relèvent en bonne partie des organisations missionnaires[31]. En vertu d'une entente fédérale-provinciale conclue en 1954, la Grenfell Association est responsable de la santé dans le Nord du Labrador. Les services relèvent du gouvernement provincial, mais ils sont financés par Ottawa[32].

Dans les années 1950, le gouvernement fédéral n'étend pas son réseau de foyers et d'externats aux Autochtones du Labrador. Cette situation semble être attribuable à l'absence de mention des peuples autochtones dans les modalités de l'entente entre le Canada et Terre-Neuve-et-Labrador[33]. Le gouvernement fédéral estime que les peuples autochtones de Terre-Neuve-et-Labrador sont une responsabilité de la province. Le gouvernement fédéral conclura plus tard des ententes avec la province en vue d'aider financièrement les collectivités autochtones, mais les montants fournis seront inférieurs à ceux versés pour des collectivités similaires du reste du pays[34].

Les Frères moraves et l'International Grenfell Association continuent d'administrer les pensionnats[35]. Certaines de ces écoles, notamment celles situées à Cartwright, Nain, Makkovik, North West River, et St. Anthony, demeurent ouvertes jusque dans les années 1970[36].

L'expérience vécue par les élèves dans les écoles du Labrador est similaire à celle des élèves ayant fréquenté d'autres pensionnats. Rose Oliver, qui a grandi à Rigolet, au Labrador, a raconté ceci à la Commission de vérité et réconciliation au sujet de ces quatorze premières années de vie : « J'ai vécu dans une grande famille heureuse où l'on mangeait des mets traditionnels et ma mère... m'a enseigné à devenir une femme inuite, à nettoyer les peaux de phoque, ce genre de choses. » Lorsqu'elle a quatorze ans, son père insiste pour qu'elle aille aux pensionnats de North West River. Sa mère s'oppose à cette décision. « Chaque fois que je partais, ma mère pleurait toutes les larmes de son corps. Et je pleurais aussi. »

À l'école, les élèves ne peuvent pas parler la langue inuite, sauf en cachette : « On pouvait parler notre langue seulement le soir en chuchotant. » Oliver s'ennuie également de la nourriture qu'elle mangeait à la maison. Elle trouve que les règles et les règlements sont étouffants. Elle raconte qu'« il y avait beaucoup de tâches à faire pour une jeune fille. Faire un énorme lit pour l'ensemble du dortoir. Laver de grands draps le matin, et les repasser avant le début de l'école. J'avais l'impression qu'on n'avait plus de vie sociale; il n'y avait plus de temps à passer entre nous pour nous aider, où on pouvait être des jeunes femmes. Les mères de la maison étaient froides et venaient d'Angleterre. Je ne crois pas qu'elles comprenaient nos façons de faire. » Noël était une période de l'année particulièrement difficile : «On se sentait si seules dans le dortoir. Il y avait... Ce n'était pas comme à la maison. À la maison, des bas de Noël étaient accrochés, il y avait de la nourriture sur la table et on riait, et le père Noël venait à l'école. Mais là, l'environnement était juste si froid[37]. »

Dans les années 1940, Rosalie Webber, une Inuite, fréquente une mission de Grenfell à Cartwright. Les enfants vont à l'école par bateau. Elle se souvient de ceci :

> Beaucoup d'enfants, surtout les plus jeunes, pleuraient tout le long du voyage parce qu'ils avaient le mal de mer. Parce que le bateau était fermé. On avait l'habitude d'aller en bateau avec notre père, dans un bateau sans pont.
>
> À notre arrivée, tout le monde est amené et épouillé; kérosène. Tout le monde est fatigué et pleure, on coupe nos cheveux, on nous enlève nos vêtements et on nous donne un plastron, des jeans de fermier et des chandails de bûcheron, deux sous-vêtements, deux paires de bas, deux chandails... et des bottes de caoutchouc qui étaient notre — qu'on portait pendant tout notre séjour là-bas, été comme hiver.

Même si sa mère travaille à l'école, elle n'a pas le droit de lui adresser la parole. « Elle avait une journée de congé, je pense que c'était à tous les mois et demi. Non, elle avait une demi-journée de congé tous les mois et demi, mais elle ne pouvait pas nous parler. C'était très, très traumatisant pour un enfant qui venait d'un environnement familial chaleureux de vivre dans un endroit stérile où une cloche nous indiquait de nous lever, de nous brosser les dents et de faire notre lit. »

Webber trouve la nourriture étrange et immangeable.

> Alors à mon premier repas, je n'ai pas mangé les patates. On n'avait pas de pelures de patates. En fait, on n'avait pas de patates sur l'île. On n'avait pas beaucoup de fruits frais et on mangeait ce qu'il y avait sur le territoire.
>
> Parce que je n'avais pas mangé mes patates, je n'ai pas pu manger autre chose et on m'a envoyée à ma chambre. Ce n'était pas ma chambre, c'était la chambre de tout le monde. Et pendant trois jours, je n'ai pas eu de nourriture. Et quand ça a été l'heure du repas, on m'a encore donné des pelures de patates et, encore une

> fois, j'ai refusé de les manger jusqu'au troisième jour. Et j'ai dû les manger parce qu'on m'a permis de retourner en classe ou dans le dortoir.

Cette vie stricte et réglementée est à l'origine de son sentiment de colère et d'humiliation.

> Tu as toujours faim. Tu te réveilles au son d'une cloche, tu manges au son d'une cloche, tu t'assois au son d'une cloche, tu te lèves au son d'une cloche, tu vas à l'école au son d'une cloche, tu rentres de l'extérieur au son d'une cloche, tu manges un autre repas au son d'une cloche et tu te couches au son d'une cloche. Et quand la cloche sonnait, il n'y avait aucune communication; on était très isolés, très seuls. J'étais remplie de colère que je ne pouvais pas exprimer[38].

Dans les années 1970, Matilda Lampe fréquente le pensionnat de Nain. Lorsqu'elle et sa jeune sœur, Doris, sont amenées à l'école, elles pensent que ce n'est que pour la nuit. Matilda se rappelle avoir rassuré sa sœur le soir de leur arrivée. « Je lui ai dit : "Doris, on va coucher au pensionnat pour une nuit. Maman va venir nous chercher demain; sûrement demain soir." Doris était contente. » Comme ça a été le cas dans de nombreux pensionnats, les deux jeunes filles sont en larmes lorsqu'on coupe leurs longs cheveux le premier jour à l'école. Selon Matilda, Doris a été punie pour avoir parlé l'inuktitut à l'école. Elles sont demeurées à l'école pendant trois ans[39].

En raison du traitement qu'ils ont reçu à leur arrivée, de nombreux élèves se sentent humiliés et inférieurs. Dans les années 1970, Rose Mitsuk fréquente l'école de North West River. Elle se rappelle qu'on faisait sentir aux élèves qu'ils étaient sales dès leur tout premier jour à l'école.

> Après être allés au dortoir et ranger nos vêtements et tout ça, il y avait un — un de ces parents était une sœur. Elle m'a pris et amenée à la salle de bains et elle m'a lavé les cheveux avec un shampooing pour les poux. Et j'ai senti qu'elle devait penser que j'étais sale. Mais je ne sais pas si elle a fait ça avec les autres élèves. Je sais qu'elle a fait ça avec moi et je ne sais pas, c'est... je vais jamais oublier parce que je pense que j'étais — je n'étais pas une personne sale. Je pense que j'étais, je n'étais pas une personne sale. Je pense que j'étais une personne propre, à mes yeux, mais ça, ça, je ne vais jamais l'oublier[40].

Joanna Michel a fréquenté l'école de North West River.

> En tant qu'Innue, je... je sentais que j'étais tout le temps sale. Il y avait toujours quelque chose de pas correct avec moi parce qu'on nous faisait constamment, constamment des remarques. On nous disait qu'on était de sales Indiens et que nous étions, qu'on devait être contents d'être là, qu'on prenne, qu'on prenne soin de nous et nous donne une meilleure vie. J'étais confuse. Je pensais que mes parents ne voulaient pas de moi et que c'était la raison pour laquelle j'étais dans cette institution.

À au moins une occasion, elle se bat avec la personne responsable du dortoir. « Je me rappelle m'être sentie très en colère et dépourvue; il n'y avait rien que je pouvais faire pour protéger ma petite sœur. Alors j'ai sauté sur le dos de la responsable et j'ai commencé à lui tirer les cheveux, à la frapper. “Pourquoi êtes-vous si méchante avec ma sœur!?”[41] »

Sophie Keelan est née en 1948 et se rappelle le mode de vie traditionnel de sa famille. « On était des Inuits et on vivait comme un peuple nomade sur la terre. On vivait de la chasse et de la pêche sur le territoire et… Et on habitait dans une tente. Je suis née dans une tente avec deux sages-femmes. Je suis née dans la partie Nord du Labrador, à Saglek Bay, sur une toute petite île. » Lorsqu'elle était petite, sa famille déménage dans la collectivité de Makkovik, où elle va à l'externat.

À l'école, c'était difficile parce qu'on est Inuits, Autochtones, et ces enfants — ils sont blancs et on devait se mélanger avec eux. Et… tous les soirs après l'école, ils nous attendaient à l'extérieur, à l'extérieur de l'école, ils nous attendaient. Ils nous lançaient des roches et nous traitaient de noms. On courait, courait aussi vite qu'on pouvait et on avait même dû se faire un petit sentier dans les arbres. On ne pouvait plus passer par la route parce qu'ils nous auraient couru après. On devait se cacher, se cacher finalement dans les buissons et les arbres et on recevait des roches. Ils nous lançaient des roches[42].

Beaucoup d'anciens élèves ont également parlé de l'intimidation qu'ils ont vécue. Marjorie Goudie a fréquenté brièvement l'école de North West River dans les années 1960. Elle s'est rappelé ceci : « Peu de temps après notre arrivée à North West River, moi et ma sœur on s'est fait battre par d'autres enfants, sans raison. Je ne voulais pas être là, je détestais ça. » Lorsqu'elle est retournée chez elle à Noël, elle a annoncé à sa famille qu'elle ne retournerait pas à l'école. « Ça ne me dérangeait même pas de savoir ce que mes parents allaient dire parce que je savais qu'ils voulaient que j'aie une éducation. Mais ça ne me dérangeait vraiment pas parce que je ne voulais pas être dans ce dortoir. Je voulais juste rester à la maison[43]. »

Dans les années 1960, Abraham Nochasak fréquente le pensionnat Hopedale Mission au Labrador. Il se rappelle avoir été puni pour avoir parlé l'inuktitut. « Je ne parlais pas encore anglais, même si j'étais en deuxième année. Je parlais un peu anglais. Une fois de temps en temps, je parlais l'inuktitut. Quand je me faisais surprendre à parler l'inuktitut, ils me mettaient dans un coin. Je devais me mettre debout dans le coin jusqu'à la fin de la leçon. J'ai passé beaucoup de temps dans le coin pour avoir essayé de parler l'inuktitut[44]. »

Samuel Nui, qui est né à Davis Inlet, au Labrador, a fréquenté l'école de North West River pendant un an au début des années 1950. Il se rappelle qu'il a dû se déshabiller devant les garçons et les filles de son école pour avoir fait pipi au lit. Il a également reçu des coups de ceinture. Parfois, il a été privé de nourriture ou d'eau pour la journée. Lorsque sa mère est venue dans la communauté pour recevoir un traitement médical, on ne lui a pas permis de la voir[45].

Patricia Kemuksiak s'est rappelé avoir été arrachée de force de la maison de sa grand-mère et amenée à l'école de North West River.

> On s'est accrochés à ma grand-mère et on ne la lâchait pas. Ils nous ont arrachés de ses bras et amenés à North West River dans ce dortoir étranger.
>
> Ma sœur qui avait environ un an a été amenée dans la maison des bambins, et moi et mon frère on est allés dans le dortoir des enfants à North West River. On était dans le même dortoir, mais séparés. On ne se voyait pratiquement jamais, les filles et les garçons étaient aussi séparés.

Elle a trouvé que la vie à l'école était semblable à celle d'un régiment. « On devait suivre un horaire tout le temps, tout le temps, tout le temps. Tout se faisait selon un horaire et au son des cloches. Et si on n'aimait pas la nourriture, parce que la nourriture était vraiment mauvaise, on nous l'enfonçait dans la gorge jusqu'à ce qu'on vomisse. » Elle se rappelle un établissement austère et sans amour. « On était nourris, habillés et on avait un lit pour dormir, mais il n'y avait pas d'amour, d'affection ou de soutien. J'étais très en colère qu'on m'ait placée dans un dortoir ou un orphelinat, comme certains l'appelaient, et j'avais l'impression qu'on m'avait abandonnée. J'ai essayé de garder contact avec mon frère et ma sœur, mais c'était difficile. Je priais beaucoup, tout le temps, de retourner à la maison[46]. »

Du point de vue des élèves, il y avait peu de différences entre la vie dans les pensionnats du Labrador et les autres pensionnats ailleurs au pays. Les pensionnats du Labrador ont toutefois été exclus de la Convention de règlement relative aux pensionnats indiens. Cela n'a pas empêché la CVR d'entendre le témoignage d'élèves ayant fréquenté des pensionnats du Labrador qui avaient des expériences pertinentes à partager avec la Commission afin qu'elle puisse « créer un dossier historique le plus complet » sur le système des pensionnats du Canada et ses séquelles.

En 2010, la Cour d'appel de Terre-Neuve-et-Labrador a autorisé le recours collectif déposé par d'anciens élèves des écoles du Labrador relativement aux abus qui s'y seraient produits. La Cour d'appel de Terre-Neuve a maintenu cette décision en 2011[47]. En janvier 2015, les parties ont indiqué dans une annonce qu'elles acceptaient de se soumettre à la médiation[48].

Conclusion

Dans la plupart des régions, le système des pensionnats du Nord du Canada a été intégré au système public d'éducation. Malgré tout, à l'instar des systèmes distincts du Sud du Canada, ces écoles ont interrompu la transmission intergénérationnelle des valeurs et des habiletés et ont mal préparé les jeunes au marché de l'emploi.

L'expérience vécue dans le Nord comporte de nombreux éléments uniques. Le plus inhabituel est sans doute le nombre élevé d'élèves ayant fréquenté des pensionnats qui ont siégé au parlement des Territoires du Nord-Ouest. Ces anciens élèves, dont certains sont devenus ministres, ont directement remis en question les façons de penser des dirigeants du système d'éducation. Ils ont clairement relevé les failles du système et proposé des solutions typiquement adaptées au Nord.

Cependant, le tort causé par les pensionnats dans le Nord demeure. Les élèves, maintenant d'âge adulte, d'Akaitcho Hall en 1975 étaient possiblement les mêmes jeunes hommes et femmes désorientés, intimidés et abusés dans les grands pensionnats au milieu des années 1960. Même si certains n'ont pas été abusés ou rudoyés, ils ont vécu dans un milieu où l'abus, en classe ou dans les résidences, était beaucoup trop répandu. Lorsqu'ils sont retournés dans leur collectivité, ils ne connaissaient plus leurs parents, leur langue et leur culture. Dans bien des cas, leurs parents, toujours en état de choc à la suite des bouleversements des années 1940 à 1960, n'ont pas été en mesure de ressouder leur communauté. Le retrait de leurs enfants ne faisait que s'ajouter aux dommages causés par d'autres changements économiques et démographiques. Les emplois promis — et une des principales raisons pour laquelle les parents acceptaient de laisser aller leurs enfants — ne se sont pas concrétisés dans la plupart des cas. Malgré les épreuves, bon nombre de survivants ont trouvé le courage et l'énergie nécessaires pour rapiécer leurs vies et réunifier leurs communautés.

Notes

Les années de négligence : la politique du gouvernement canadien dans le Nord avant 1950

1. *Canadian Geographic,* « Historical Maps of Canada, 1873 », http://www.canadiangeographic.ca/mapping/historical_maps/1873.asp.
2. Morrison. *True North,* p. 3, 21–22, 29; McMillan et Yellowhorn. *First Peoples,* p. 5–9.
3. Coates. *Canada's Colonies,* p. 66–99.
4. Grant. *Sovereignty or Security?,* p. 10.
5. Carney. *Relations in Education,* p. 33.
6. Morrison. *True North,* p. 105.
7. Morrison. *True North,* p. 109.
8. Grant. *Sovereignty or Security?,* p. 14.
9. Morrison. *True North,* p. 75.
10. Grant. *Sovereignty or Security?,* p. 13–15.
11. Carney. *Relations in Education,* 1971. p. 34.
12. Grant. *Sovereignty or Security?,* p. 16.
13. Carney. *Relations in Education,* p. 124.
14. Affaires autochtones et Développement du Nord Canada , Traité N° 8, http://www.aadnc-aandc.gc.ca/fra/1100100028813/1100100028853.
15. Carney. *Relations in Education,* p. 34.
16. Carney. *Relations in Education,* 1971. p. 127–128
17. McCarthy. *From the Great River,* p. 176.
18. Affaires autochtones et Développement du Nord Canada, Traité N° 11, http://www.aadnc-aandc.gc.ca/fra/1100100028916/1100100028947.
19. Morrison. *True North,* p. 111.
20. CVR, ARN, Archives Deschâtelets - Ottawa, HR 8004.C73R 3, Missions indiennes des pères oblats, procès-verbal de la troisième réunion tenue à Ottawa, 24 et 25 novembre 1937. [OMI-033063]
21. Diubaldo. *Gouvernement du Canada,* p. 39–44; Jenness. *Eskimo Administration,* p. 32–33.
22. Statuts du Canada, 1912, chapitre 45, *Loi de l'extension des frontières de Québec*
23. Diubaldo. « The Absurd Little Mouse », p. 36.
24. Rompkey. *Story of Labrador,* p. 37–47; Rompkey. *Grenfell of Labrador.*

Jeter les bases : les écoles de missionnaires, de 1850 à 1900

1. Choquette. *Oblate Assault,* p. 38–47; Huel. *Proclaiming the Gospel,* p. 15–18.
2. Huel. *Proclaiming the Gospel,* p. 17–24.
3. Cité dans Choquette. *Oblate Assault,* p. 141–143; Abel. *Drum Songs,* p. 116–117; McCarthy. *From the Great River,* p. 47–49.
4. McCarthy. *From the Great River,* p. 50.
5. Abel. *Drum Songs,* p. 120.
6. Choquette. *Oblate Assault,* p. 69.
7. Rutherdale. *Women and the White Man's God,* p. 7–8.
8. Choquette. *Oblate Assault,* p. 157.
9. McCarthy. *From the Great River,* p. 160; Carney. *Grey Nuns and Children,* p. 291; Duchaussois. *Les Sœurs Grises dans l'extrême-nord,* p. 133.
10. McCarthy. *From the Great River,* p. 163.
11. McCarthy. *From the Great River,* p. 159–163.
12. Carney. *Relations in Education,* p. 159.
13. McCarthy. *From the Great River,* p. 159–163
14. Duchaussois. *Les Sœurs Grises dans l'extrême-nord,* p. 155.
15. McCarthy. *From the Great River,* p. 164.
16. McCarthy. *From the Great River,* p. 164.
17. Duchaussois. *Les Sœurs Grises dans l'extrême-nord,* p. 133.
18. Duchaussois. *Les Sœurs Grises dans l'extrême-nord,* p. 136–137.
19. McCarthy. *From the Great River,* p. 162, 236.
20. Hue. *Proclaiming the Gospel,* p. 111.
21. CVR, ARN, Église anglicane du Canada, Archives du Synode général, ACC-MSCC-GS 75-103, série 2.15, boîte 27, dossier 8, mission de St. Peter, Hay River, diocèse de Mackenzie River, histoire de la paroisse, sans date; [AAC-087477] CVR, ARN, Église anglicane du Canada, Archives du Synode général, ACC-MSCC-GS 75-103, série 2.15, boîte 27, dossier 8, diapositives de Hay River, Alf. J. Vale, sans date [AAC-087480]
22. McCarthy. *From the Great River,* p. 165; CVR, ARN, Bibliothèque et Archives Canada, RG85, volume perm. 1878, dossier 630/109-2, partie 1, pensionnat de Hay River de la mission St. Peter, 1900 à 1923, n° d'inst. de recherche 85-8, secrétaire particulier à Alma Marsh, 25 février 1901. [HRU-000204]
23. CVR, ARN, Bibliothèque et Archives Canada, RG10, volume 6475, dossier 918-1, partie 1, G. Breynat à D. Laird, 29 mars 1904, p. 4. [FPU-000069]
24. CVR, ARN, Bibliothèque et Archives Canada, RG10, volume 6475, dossier 918-1, partie 1, G. Breynat à Frank Pedley, 6 mai 1904. [FPU-000070]
25. Coates. *Canada's Colonies,* p. 150.
26. Bibliothèque et Archives Canada, RG10, volume 3906, dossier 3908, W. Bompas au ministre de l'Intérieur, 18 juin 1896, cité dans Coates, *Canada's Colonies,* p. 137–138.
27. Coates. *Canada's Colonies,* p. 152.
28. Choquette. *Oblate Assault,* 160–161; CVR, ARN, Bibliothèque et Archives Canada, RG10, volume 6479, dossier 940-1, partie 1, « The Chooutla Indian School », *Northern Lights,* volume XV, numéro 1, février 1927. [CAR-011225]

Les écoles de missionnaires des Territoires du Nord-Ouest, de 1900 à 1960

1. Pour Fort Resolution, voir : Carney. « Relations in Education », p. 60. Pour Aklavik, voir : Canada, Rapport annuel du ministère des Affaires indiennes, 1927, p. 14–15.
2. Johns. *History of St Peter's Mission*, p. 22; CVR, ARN, Archives du Synode général de l'Église anglicane du Canada, « Eskimo Residential School », *Northern Lights*, août 1929, p. 16. [DYK-201365]
3. CVR, ARN, Bibliothèque et Archives Canada, RG85 volume perm. 1877, dossier 630/101-3, partie 1, « R.C. School Day Resolution, 1905–1944 », n° d'inst. de recherche 85-8, extrait du procès-verbal de la cinquante-sixième séance du Conseil des Territoires du Nord-Ouest, 25 février 1935. [RCN-004681]
4. Pour la date d'ouverture du pensionnat All Saints, voir : Canada, Rapport du ministère des Mines et des Ressources, 1937, p. 224. Le pensionnat de Hay River figure dans le rapport annuel de 1937–1938 des Affaires indiennes, mais pas dans celui de 1938–1939. Dominion du Canada, Rapport du ministère des Mines et des Ressources naturelles, 1938, p. 247; Rapport du ministère des Mines et des Ressources naturelles, 1939.
5. Pour Fort Resolution, voir : CVR, ARN, AINC – Bibliothèque ministérielle, « Farewell to St. Joseph's School, Fort Resolution, N.W.T. », *Indian Record*, volume 20, numéro 5, mai 1957. [IMR-000160] Pour Fort Providence, voir : CVR, ARN, Archives du gouvernement des Territoires du Nord-Ouest, dossier 600-1-1, partie 4, Politique sur les écoles [et les foyers], 1959–1961, boîte d'archives 202-1, n° d'acquisition G-1979-003, ministère du Nord canadien et des Ressources nationales, « Noms historiques donnés aux écoles et aux foyers scolaires du Nord canadien », communiqué de presse, 2 mars 1961. [RCN-010612-0002]
6. Dickerson. *Whose North?*, p. 41.
7. Carney. *Relations in Education*, p. 60; CVR, ARN, Bibliothèque et Archives Canada, RG85, volume perm. 1878, dossier 630/109-2, partie 1, pensionnat de Hay River de la mission St. Peter, 1900–1923, n° d'inst. de recherche 85-8, lettre de la mission St. Peter de Hay River, 25 juillet 1910. [HRU-000248]
8. John Francis Moran. *Local Conditions in the Mackenzie District, 1922,* Ottawa : F. A. Acland, imprimeur de Sa Majesté le Roi, 1923, p. 16–17, cité dans Jenness. *Eskimo Administration*, p. 43–44.
9. Innis, Wherrett et Moore. *Survey of Education*, p. 70.
10. CVR, ARN, Bibliothèque et Archives Canada, RG85, volume 1051, dossier 630/158-9, partie 1, « Historic Names for Northern Schools and Residences », 2 mars 1961, p. 3. [RCN-002118]
11. Carney. « Relations in Education », p. 197.
12. CVR, ARN, Église anglicane du Canada – Ottawa, Archives du Synode général, ACC-MSCC-GS 75-103, série 2.15, boîte 27, dossier 1, Rapport de la délégation conjointe et entrevue avec le premier ministre, 20 décembre 1934, p. 1. [AAC-087280]; CVR, ARN, Bibliothèque et Archives Canada, RG10, volume 7185, dossier 1/25-1-7-1, partie 1, Harold McGill aux responsables des églises et aux directeurs des pensionnats indiens, 22 février 1933. [AEMR-255373]
13. CVR, ARN, aucun emplacement de document, aucun dossier source de document, J. O. Plourde à T. A. Crerar, 12 juin 1940. [GMA-002340]
14. Carney. « Relations in Education », p. 424.

15. CVR, ARN, Bibliothèque et Archives Canada, RG85, volume 793, dossier 6334, partie 1, externat et pensionnat de Shingle Point, 1923–1932, « Application for Admission to Residential School », 1er septembre 1929. [SPU-000030]
16. CVR, ARN, Bibliothèque et Archives Canada, RG85, volume 793, dossier 6334, partie 1, externat et pensionnat de Shingle Day, 1923–1932, H. S. Shepherd à J. A. McDougal, 21 novembre 1931. [SPU-000164-0005]
17. CVR, ARN, Bibliothèque et Archives Canada, RG185, volume 793, dossier 6334, partie 1, externat et pensionnat de Shingle Day, 1923–1932, A. L. Fleming à H. E. Hume, 7 mars 1932, p. 1. [SPU-000167]
18. CVR, ARN, Bibliothèque et Archives Canada, RG85, volume 793, dossier 6334, partie 1, externat et pensionnat de Shingle Day, 1923–1932, [illisible] Doyle à H. E. Hume, 10 août 1932. [SPU-000182]
19. CVR, ARN, Bibliothèque et Archives Canada, RG85, volume perm. 1883, dossier 630/219-2, partie 3, école anglicane de Shingle Point, 1935–1936, nº d'inst. de recherche 85-8, « Application for Admission to Residential School », 1er septembre 1932. [SPU-000053-0001]
20. CVR, ARN, Bibliothèque et Archives Canada, RG85 volume perm. 1882, dossier 630/119-3, partie 1, pensionnat catholique d'Aklavik, T. N.-O., avril 1927–janvier 1940, nº d'inst. de recherche 85-8, note à l'intention de H. E. Rowatt, 20 février 1933. [ICU-000922]
21. CVR, ARN, Bibliothèque et Archives Canada, RG85 volume perm. 1877, dossier 630/101-3, partie 1, « R.C. School Day Resolution, 1905–1944 », nº d'inst. de recherche 85-8, H. E. Hume à H. H. Rowatt, 23 septembre 1933. [RCN-001623-0001]
22. Dickerson. *Whose North?*, p. 39.
23. Jenness. *Eskimo Administration*, p. 42.
24. Jenness. *Eskimo Administration*, p. 30.
25. Jenness. *Eskimo Administration*, p. 48.
26. Grant. *Sovereignty or Security?*, p. 18.
27. Carney. « Relations in Education », p. 60.
28. CVR, ARN, résumé en anglais des chroniques de Fort Resolution, volume 1, 1903–1942, p. 1. [GNN-000077-0001]
29. Carney. « Relations in Education », p. 142.
30. Kelcey. *Alone in Silence*, p. 133–134.
31. 29 janvier 1926, W242, bobine de microfilm 1, histoire d'Aklavik, document 12, Archives Deschâtelets/Sœurs grises, cité dans Kelcey, *Alone in Silence*, p. 134–135.
32. Kelcey. *Alone in Silence*, p. 135.
33. Carney. « Relations in Education », p. 240.
34. CVR, ARN, Bibliothèque et Archives Canada, RG85, volume 1128, dossier 250-1-1, partie 2B, O. S. Finnie à W. W. Cory, 16 janvier 1928. [NPC-400544-0000]
35. Archives du diocèse de Mackenzie-Fort Smith, Yellowknife, dossier d'Affaires indiennes, G. Breynat à C. Stewart, 25 mai 1928, cité dans Carney, « Residential Schooling », p. 120.
36. CVR, ARN, Bibliothèque et Archives Canada, RG85, volume 793, dossier 6334, partie 1, externat et pensionnat de Shingle Point, 1923–1932, [illisible] Doyle à H. E. Hume, 10 août 1932. 1932, W. W. Cory à A. L. Fleming, 3 janvier 1929. [SPU-000094]
37. CVR, ARN, Bibliothèque et Archives Canada, RG85, volume 793, dossier 6334, partie 1, externat et pensionnat de Shingle Point, 1923–1932, O. S. Finnie à W. W. Cory, 21 décembre 1928. [SPU-000091-0000]

38. CVR, ARN, Bibliothèque et Archives Canada, RG85, volume 793, dossier 6334, partie 1, externat et pensionnat de Shingle Point, 1923–1932, W. W. Cory à A. L. Fleming, 3 janvier 1929. [SPU-000094]
39. CVR, ARN, Bibliothèque et Archives Canada, RG85, volume permanent 1877, dossier 630/101-3, partie 1, « R.C. School Day Resolution, 1905-1944 », n° d'inst. de recherche 85-8, extrait du procès-verbal de la 64e séance du Conseil des Territoires du Nord-Ouest, 29 décembre 1936. [ASU-000003]
40. CVR, ARN, Bibliothèque et Archives Canada, RG85, volume permanent 1877, dossier 630/101-1-3, partie 1, « R.C. School Day Resolution, 1905-1944 », n° d'inst. de recherche 85-8, L. D. Livingstone à R. A. Gibson, 18 mars 1941. [ASU-000009]
41. CVR, ARN, Bibliothèque et Archives Canada, RG85, volume 226, dossier 630/119-2, partie 1B, écoles anglicanes - Aklavik, 1931-1949, R. A. Gibson à L. D. Livingstone, 10 avril 1941. [ASU-000011]
42. CVR, ARN, Bibliothèque et Archives Canada, RG85, volume 226, dossier 630/119-2, partie 3, écoles anglicanes - Aklavik, 1951-1952, Laval Fortier à Donald B. Marsh, 12 février 1952. [ASU-000027]
43. CVR, ARN, Bibliothèque et Archives Canada, RG85, volume perm. 441, dossier 630/119-2, partie 7, écoles anglicanes - Aklavik, T. N.-O., 1955-1956, n° d'inst. de recherche 85-1, J. W. Burton à L. A. C. O. Hunt, 23 février 1956. [ASU-000046]
44. G. Breynat à J. Plourde, Commission oblate des Œuvres indiennes, Archives du vicaire du Mackenzie, cité dans Carney, « Relations in Education », p. 209.
45. Coates. « A Very Imperfect Means », p. 143.
46. Canada, Rapport annuel du ministère des Affaires indiennes, 1908, p. 396.
47. Canada, Rapport annuel du ministère des Affaires indiennes, 1908, p. 396.
48. CVR, ARN, Bibliothèque et Archives Canada, RG10, volume 6474, dossier 916-1, partie 1, M. Christianson à H. McGill, 14 août 1936. [FRU-010051]
49. CVR, ARN, Bibliothèque et Archives Canada, RG10, volume 6475, dossier 916-5, partie 3, J. W. McKinnon à la Division des affaires indiennes, 9 août 1947. [FRU-010095]
50. CVR, ARN, Bibliothèque et Archives Canada, RG85, volume 225, dossier 630/118-1, partie 1, école publique de Fort McPherson, T. N.-O., 1900-1950, extraits du rapport de J. W. McKinnon, daté à Yellowknife, T. N.-O., 1er juillet 1947. [FHU-000315]
51. CVR, ARN, Bibliothèque et Archives Canada, RG85, volume 226, dossier 630/119-2, partie 3, écoles anglicanes - Aklavik, 1951-1952, rapport d'inspection, J. V. Jacobson, 29 février 1952, p. 19-24. [ASU-000029]
52. CVR, ARN, Bibliothèque et Archives Canada, RG22, volume permanent 877, dossier 41-4-2, partie 1, écoles - Aklavik, T. N.-O., mai 1951-janvier 1952, n° d'inst. de recherche 22-1, J. Trocellier à H. A. Young, 8 septembre 1952. [AKU-001616]
53. CVR, ARN, Bibliothèque et Archives Canada, RG85 volume permanent 395, dossier 630/101-3, partie 5, écoles catholiques - Fort Resolution, T. N.-O., avril 1954-décembre 1954, n° d'inst. de recherche 85-1, W. G. Devitt à F. J. G. Cunningham, 3 mai 1953. [FRU-001955]
54. CVR, ARN, Bibliothèque et Archives Canada, RG85, volume 497, dossier 630/119-1, partie 5, école publique - Aklavik, 1956-1958, J. V. Jacobson à M. E. Winter, 13 février 1957. [ASU-000048]
55. CVR, ARN, Bibliothèque et Archives Canada, RG85, volume 226, dossier 630/119-2, partie 3, écoles anglicanes - Aklavik, 1951-1952, rapport d'inspection, J. V. Jacobson, 29 février 1952, p. 19-24. [ASU-000029]

56. Phillips. *Canada's North*, p. 233.
57. Duchaussois. *Les Sœurs Grises dans l'extrême-nord*, p. 250.
58. Carney. « Native-Wilderness Equation », p. 70.
59. Carney. « Residential Schooling », p. 126.
60. CVR, ARN, Bibliothèque et Archives Canada, RG85 volume permanent 222, dossier 630/110-3, partie 2, écoles catholiques - Fort Providence, T. N.-O., octobre 1949-décembre 1952, n° d'inst. de recherche 85-1, J. W. McKinnon à B. F. Neary, 1er août 1950. [FPU-002381]
61. Djwa. *F.R. Scott, une vie*, p. 441-454.
62. Scott. « Fort Providence », p. 230-231.
63. Carney. « Residential Schooling », 128.
64. Carney. « Residential Schooling », 129.
65. CVR, DAV, Jane S. Charlie, déclaration devant la Commission de vérité et réconciliation du Canada, Deline (Territoires du Nord-Ouest), 2 mars 2010, numéro de déclaration : 07-NWT-02MR1-002.
66. Elias. « Lillian Elias », p. 49.
67. CVR, DAV, Samuel Gargan, (Notes d'allocution), déclaration devant la Commission de vérité et réconciliation du Canada, Fort Providence (Territoires du Nord-Ouest), 27 avril 2011, numéro de déclaration : SP015.
68. Krosch. documents de Margaret Oldenburg, http://special.lib.umn.edu/findaid/xml/uarc00512.xml.
69. CVR, ARN, Bibliothèque et Archives Canada, RG29, volume 926, dossier 386-1-14, partie 1, Margaret Oldernburg au Dr Pett, 29 (mois non identifié) 1946. [NPC-600901]
70. CVR, ARN, Bibliothèque et Archives Canada, RG10, volume 7186, dossier 139/25-1, J. W. Burton à J. G. Wright, 3 janvier 1952. [FRU-010106-0001]
71. Elias. « Lillian Elias », p. 54-55.
72. CVR, DAV, Samuel Gargan, (Notes d'allocution), déclaration devant la Commission de vérité et réconciliation du Canada, Fort Providence (Territoires du Nord-Ouest), 27 avril 2011, numéro de déclaration : SP015.
73. CVR, ARN, Bibliothèque et Archives Canada, RG85, volume 1130, dossier 254-1, partie 1. « Memorandum re Vocational Training of the Eskimo », Diamond Jenness, 26 novembre 1925, p. 2-3. [NCA-002168-0001]
74. En 1964, Jenness écrivait toujours à propos de cet échec : voir Jenness. *Eskimo Administration*, p. 48.
75. CVR, ARN, Bibliothèque et Archives Canada, RG85, volume 1130, dossier 254-1, partie 1, A. L. Fleming à O. S. Finnie, 22 novembre 1928. [NCA-002197] Pour une orthographe différente, voir : Eber. *When the Whalers*, p. 115.
76. Eber. *When the Whalers*, p. 114-115.
77. CVR, ARN, Bibliothèque et Archives Canada, RG85, volume 1130, dossier 254-1, partie 1, A. L. Fleming à O. S. Finnie, 22 novembre 1928. [NCA-002197]
78. Geller. *Northern Exposures*, p. 79.
79. CVR, DAV, Willy Erasmus, déclaration devant la Commission de vérité et réconciliation du Canada, Fort Good Hope (Territoires du Nord-Ouest), 15 juillet 2010, numéro de déclaration : 01-NWT-JY10-022.
80. CVR, DAV, Rita Arey, déclaration devant la Commission de vérité et réconciliation du Canada, Aklavik (Territoires du Nord-Ouest), 12 mai 2011, numéro de déclaration : SP019.
81. Elias. « Lillian Elias », p. 49.

82. CVR, DAV, Samuel Gargan, (Notes d'allocution), déclaration devant la Commission de vérité et réconciliation du Canada, 27 avril 2011, Fort Providence (Territoires du Nord-Ouest), numéro de déclaration : SP015.
83. CVR, ARN, Église anglicane du Canada - Ottawa, diocèse de Calgary, Archives du Synode général, Messager de la paix [Athabasca], 01/1934-05/1967, *Peace Messenger*, juillet 1936. [AGS-000209]
84. CVR, ARN, Bibliothèque et Archives Canada, RG10, volume 6472, dossier 905-1, partie 1, extrait du rapport de l'inspecteur H. A. Conroy sur les pensionnats du Traité n° 8 et du district du Mackenzie, 18 décembre 1911, p. 3. [HRU-000890]
85. CVR, ARN, Bibliothèque et Archives Canada, RG85, volume 793, dossier 6334, partie 1, externat et pensionnat de Shingle Point, 1923-1932, A. L. Fleming à O. S. Finnie, 23 mai 1929. [SPU-000097]
86. CVR, ARN, Église anglicane du Canada - Ottawa, Archives du Synode général, procès-verbal d'une réunion de la Commission sur les pensionnats indiens et esquimaux, 01/33-10/34, p. 1654-1877, acquisition GS-75-103, série 2:15[a], boîte 18, Société missionnaire de l'Église d'Angleterre au Canada, procès-verbal de la réunion de la Commission sur les pensionnats indiens, SMEC, 10 janvier 1933, p. 5. [AGS-000482]
87. CVR, ARN, aucun emplacement de document, aucun dossier source de document, chroniques de Fort Providence, 1909-1915, 5 février 1945, p. 127. [GNN-000613]
88. CVR, ARN, résumé en anglais des chroniques de Fort Resolution - Ottawa, volume 1, 1903-1942, p. 12-13. [GNN-000077-0001]
89. CVR, ARN, résumé en anglais des chroniques de Fort Resolution - Ottawa, volume 1, 1903-1942, p. 16-17. [GNN-000077-0001]
90. CVR, ARN, Bibliothèque et Archives Canada, RG10, volume 6474, dossier 916-1, partie 1, évêque G. Breynat à W. Cory, 17 novembre 1927. [FRU-010031]
91. Cité dans Krech. « Nutritional Evaluation », p. 186.
92. Cité dans Krech. « Nutritional Evaluation », p. 186.
93. Cité dans Krech. « Nutritional Evaluation », p. 189.
94. TRC, NRA, Église anglicane du Canada, Archives du Synode général - Ottawa, ACC-MSCC-GS 75-103, série 2.15, boîte 27, dossier 8, A. J. Vale, « Vale's Vale », 12 avril 1946. [AAC-087474]
95. Krech. « Nutritional Evaluation », p. 189.
96. CVR, ARN, Bibliothèque et Archives Canada, RG10, volume 6475, dossier 918-1, partie 1, extrait du rapport de M. H. J. Bury sur les pensionnats du Traité n° 8, section du Nord, 5 octobre 1916. [FPU-000089]
97. CVR, ARN, Bibliothèque et Archives Canada, RG10, volume 6475, dossier 918-5, partie 1, extrait du rapport mensuel du Dr Bourget, agent des Indiens, Resolution, T. N.-O., 12 février 1924, p. 1. [FPU-000408]
98. TRC, NRA, Église anglicane du Canada, Archives du Synode général - Ottawa, procès-verbal de la réunion de la Commission sur les pensionnats indiens, SMEC, 01/1930-11/1932 acquisition GS 75-103, série 2:15[a], boîte 18, procès-verbal de la réunion de la Commission sur les pensionnats indiens, SMEC, 16 décembre1930, p. 8. [AGS-000136]
99. CVR, ARN, Bibliothèque et Archives Canada, RG185, volume 793, dossier 6334, partie 1, externat et pensionnat de Shingle Point, 1923-1932, A. L. Fleming à H. E. Hume, 7 mars 1932, p. 2. [SPU-000167]
100. CVR, ARN, Bibliothèque et Archives Canada, RG85 volume perm. 1877, dossier 630/101-3, partie 1, « R.C. School Day Resolution, 1905-1944 », n° d'inst. de recherche 85-8, Précis à

l'intention du Conseil des Territoires du Nord-Ouest : examen médical des enfants avant leur admission aux écoles, 25 avril 1939. [RCN-001688]

101. Innis Wherrett et Moore. « Survey of Education », p. 56.
102. CVR, ARN, Bibliothèque et Archives Canada, RG85 volume permanent 442, dossier 630/119-3, partie 8, écoles catholiques - Aklavik, T. N.-O. 1955-1956, n° d'inst. de recherche 85-1, L. A. C. O. Hunt au directeur de la Division des régions septentrionales et des terres, 21 avril 1955. [ICU-000550]
103. Canada, Rapport annuel du ministère des Affaires indiennes, 1913, Ottawa, 1914, p. 610.
104. CVR, ARN, aucun emplacement de document, aucun dossier source de document, chroniques de Fort Providence, 1918-1924, 1943-1964, 23 septembre 1919; 24 septembre 1919, 21-22 octobre 1919, p. 61-63. [GNN-000614-0001]
105. CVR, ARN, aucun emplacement de document, aucun dossier source de document, chroniques de Fort Providence, 1918-1924, 31 août 1920; 23-24 septembre; 26 septembre 1920; 28 septembre 1920. [GNN-000614-0001]
106. CVR, ARN, aucun emplacement de document, aucun dossier source de document, chroniques de Fort Providence, 1943-1964, 28 avril 1943, p. 6. [GNN-000616]
107. CVR, ARN, aucun emplacement de document, aucun dossier source de document, chroniques de Fort Providence, 1943-1964, 2 décembre 1944, p. 55. [GNN-000616]
108. CVR, ARN, aucun emplacement de document, aucun dossier source de document, chroniques de Fort Providence, 1943-1964, 5 février 1945, p. 61. [GNN-000616]
109. CVR, ARN, aucun emplacement de document, aucun dossier source de document, chroniques de Fort Providence, 1943-1964, 2 avril 1950, p. 158. [GNN-000616]
110. CVR, ARN, aucun emplacement de document, aucun dossier source de document, chroniques de Fort Providence, 1943-1964, 30 octobre 1952, p. 206; 5 mai 1957, p. 301-302. [GNN-000616]
111. CVR, ARN, aucun emplacement de document, aucun dossier source de document, chroniques de Fort Providence, 1943-1964, 10 mars 1958, p. 319. [GNN-000616]
112. CVR, ARN, résumé en anglais des chroniques de Fort Resolution - Ottawa, volume 1, 1903-1942, p. 13, 24, 28, 29, 41, 66, 77, 82, 83, 87, 94, 95. [GNN-000077-0001]
113. CVR, ARN, résumé en anglais des chroniques de Fort Resolution - Ottawa, volume 1, 1903-1942, p. 25. [GNN-000077-0001]
114. CVR, ARN, résumé en anglais des chroniques de Fort Resolution - Ottawa, volume 1, 1903-1942. [GNN-000077-0001]
115. CVR, ARN, Bibliothèque et Archives Canada, RG10, volume 6472, dossier 905-1, partie 1, J. D. McLean à David Laird, 9 juin 1904. [HRU-000870]
116. CVR, ARN, Bibliothèque et Archives Canada, RG10, volume 6472, dossier 905-1, partie 1, George Bowring à D.C. Scott, 1er février 1918. [HRU-000883]
117. CVR, ARN, Bibliothèque et Archives Canada, RG85 volume perm. 809, dossier 6792, rapport du médecin hygiéniste du district du Grand lac des Esclaves, avril 1930, n° d'inst. de recherche 85-2, John Moran à O. Finnie, 13 octobre 1930. [HRU-000925-0000]
118. CVR, ARN, Église anglicane du Canada, Archives du Synode général - Ottawa, procès-verbal de la réunion de la Commission sur les pensionnats indiens, SMEC, 02/35-05/38, 1902-2256, acquisition GS 75-103, série 2:15[a], boîte 19, procès-verbal de la réunion de la Commission sur les pensionnats indiens, SMEC, 18 juin 1935, p. 6. [AGS-000533]

119. CVR, ARN, Église anglicane du Canada - Ottawa, diocèse de Calgary, Archives du Synode général, Messager de la paix [Athabasca], 01/1934-05/1967, *Peace Messenger*, 1936. [AGS-000209]
120. Johns. « A History of St Peter's Mission », p. 23.
121. CVR, ARN, Bibliothèque et Archives Canada, RG10, volume 6472, dossier 905-1, partie 1, pensionnat indien de Hay River, 4 juin 1910. [HRU-000878-0001]
122. Bibliothèque et Archives Canada, RG85 volume perm. 809, dossier 6792, rapport du médecin hygiéniste du district du Grand lac des Esclaves, avril 1930, nº d'inst. de recherche 85-2, John Moran à O. Finnie, 13 octobre 1930. [HRU-000925-0000]
123. Johns. « A History of St Peter's Mission », p. 28.
124. CVR, ARN, Église anglicane du Canada - Ottawa, Archives du Synode général, dossier 24-2, Mabel Jones, 1932-1938 [Shingle Point, Aklavik], 10/33-01/36, acquisition M96-7, série 2:1, Diocèse de l'Arctique, 29 janvier 1936. [AGS-000547]
125. CVR, ARN, Bibliothèque et Archives Canada, RG85, volume 906, dossier 10498, « Death of J. Sakaluk - Roman Catholic Mission Pupil » (Décès de J. Sakaluk - élève de pensionnat missionnaire catholique), Aklavik, 1939, rapport de la Gendarmerie royale du Canada, D. C. Martin, 8 août 1938. [ICU-000516]
126. CVR, ARN, Église anglicane du Canada - Ottawa, Archives du Synode général, dossier 24-2, Mabel Jones, 1932-1938 [Shingle Point, Aklavik], 10/33-01/36, acquisition M96-7, série 2:1, Diocèse de l'Arctique, Mabel Jones à A. L. Fleming, 3 octobre 1933, p. 3. [AGS-000491]
127. CVR, ARN, Bibliothèque et Archives Canada, RG10, volume 6472, dossier 905-1, partie 1, extrait du rapport de l'inspecteur H. A. Conroy sur les pensionnats du Traité nº 8 et du district du Mackenzie, 18 décembre 1911 [HRU-000890]
128. CVR, ARN, Bibliothèque et Archives Canada, RG85, volume perm. 1879, dossier 630/109-2, partie 3A, pensionnat anglican de Hay River, 1935-1937, nº d'inst. de recherche 85-8, extrait du rapport de M. Meikle sur son voyage d'inspection dans le district du fleuve Mackenzie - 21 juin 1937. Mission de l'Église d'Angleterre, Hay River. [HRU-000744]
129. CVR, ARN, Bibliothèque et Archives Canada, RG10, volume 6472, dossier 905-5, partie 1, T. B. R. Westgate au secrétaire des Affaires indiennes, 24 juin 1924. [HRU-000907]
130. CVR, ARN, Bibliothèque et Archives Canada, RG10, volume 6472, dossier 905-1, partie 1, surintendant de l'instruction des Indiens à D. C. Scott, 29 mai 1924. [HRU-000886]
131. CVR, ARN, Bibliothèque et Archives Canada, RG185, volume perm. 1883, dossier 630/219-2, partie 3, École anglicane de Shingle Point, 1935-1936, nº d'inst. de recherche 85-8, J. A. Urquhart à M. Turner, 17 octobre 1934. [SPU-000243]
132. CVR, ARN, Bibliothèque et Archives Canada, RG10, volume 6474, dossier 915-5, partie 1, 1928-1938, bobine C-8790, A. F. MacKenzie à Sœur A. McQuillan, 3 mars 1931. [ICU-000008]
133. CVR, ARN, Bibliothèque et Archives Canada, RG85 volume perm. 1882, dossier 630/119-3, partie 1, Aklavik (T. N.-O.), pensionnat catholique, avril 1927-janvier 1940, nº d'inst. de recherche 85-8, président de la Direction des terres fédérales à H. H. Mowatt, 4 février 1933. [ICU-001211-0000]
134. CVR, ARN, Bibliothèque et Archives Canada, RG85 volume perm. 1882, dossier 630/119-3, partie 1, Aklavik (T. N.-O.), pensionnat catholique, avril 1927-janvier 1940, nº d'inst. de recherche 85-8, H. H. Hume à J. C. Lefebvre, 9 février 1933. [ICU-001214]
135. CVR, ARN, Bibliothèque et Archives Canada, RG85 volume permanent 1243, dossier 333-3/101, partie 1, hygiène - Fort Resolution (T. N.-O.), 1932-1960, nº d'inst. de recherche

85-3, A. H. Perry, rapport d'enquête sur les conditions sanitaires à Fort Resolution (Territoires du Nord-Ouest), 2 novembre 1938, p. 6-7. [FRU-002309]
136. CVR, ARN, Bibliothèque et Archives Canada, RG10, volume 6475, dossier 916-5, partie 2, bobine de microfilm C-8790, J. H. Riopel au secrétaire du ministère des Affaires indiennes, 8 août 1945. [FRU-010092]
137. CVR, ARN, Bibliothèque et Archives Canada, RG10, volume 6475, dossier 916-5, partie 3, extrait du rapport annuel sur Fort Resolution de l'Agence des Territoires du Nord-Ouest, 1947-1948. [FRU-010097]
138. CVR, ARN, Bibliothèque et Archives Canada, RG85 volume 643, dossier 630/101-1, partie 3, J. V. Jacobson, 3 novembre 1953. [FPU-001529]
139. CVR, ARN, Bibliothèque et Archives Canada, RG85 volume permanent 395, dossier 630/101-3, partie 5, écoles catholiques - Fort Resolution (T. N.-O.), avril 1954-décembre 1954, n° d'inst. de recherche 85-1, L. A. C. O Hunt au directeur, 16 septembre 1954. [FRU-001934-0001]
140. Canada, Rapport annuel du ministère des Affaires indiennes, 1908, p. 396.
141. TRC, ARN, Église anglicane du Canada - Ottawa, Archives du Synode général, procès-verbal des réunions de la Commission sur les pensionnats indiens SMEC, 01/1930-11/1932, acquisition GS 75-103, série 2:15[a], boîte 18, procès-verbal de la réunion de la Commission sur les pensionnats indiens, SMEC, mardi 7 avril 1931, p. 5 [AGS-000145]; procès-verbal des réunions de la Commission sur les pensionnats indiens, SMEC, 02/35-05/38, p. 1902-2256, acquisition GS 75-103, série 2:15[a], boîte 19, procès-verbal des réunions de la Commission sur les pensionnats indiens, SMEC, 14 mai 1935, p. 7. [AGS-000529]
142. CVR, ARN, aucun emplacement de document, aucun dossier source de document, chroniques de Fort Providence, 1943-1964, 31 août 1943, p. 14. [GNN-000616]
143. CVR, ARN, Bibliothèque et Archives Canada, RG10, volume 6475, dossier 916-5, partie 1, G. Breynat à H. H. McGill, 31 janvier 1936. [FRU-010052]
144. CVR, ARN, Bibliothèque et Archives Canada, RG10, volume 6475, dossier 916-5, partie 1, extrait d'un radiotélégramme du Dr Bourget (T. N.-O.), 27 décembre 1935. [FRU-010048]
145. CVR, ARN, résumé en anglais des chroniques de Fort Resolution, volume 1, 1903-1942, p. 38, 43, 44, 56, 66. [GNN-000077-0001]
146. CVR, ARN, Bibliothèque et Archives Canada - dossier 919-1, partie 1, Agence de Fort Norman - pensionnat de l'Église d'Angleterre d'Aklavik - Administration générale, 1922-1947, n° d'inst. de recherche 10-17, volume perm. 6476, bobine de microfilm C-8792, S. T. Wood au commissaire de la Gendarmerie royale du Canada, 29 novembre 1922. [AKU-000012]
147. Jenness. *Eskimo Administration*, p. 48.
148. CVR, ARN, Bibliothèque et Archives Canada, RG10, volume 6032, dossier 150-40A, partie 1, Administration centrale - Présence obligatoire des élèves - Pensionnats indiens, 1904-1933, bobine de microfilm C-8149, n° d'inst. de recherche 10-17, J. D. McLean à T. W. Harris, 26 mai 1921. [AEMR-255301]
149. CVR, ARN, résumé en anglais des chroniques de Fort Resolution, volume 1, 1903-1942, p. 3. [GNN-000077-0001]
150. CVR, DAV, déclaration de Willy Erasmus devant la Commission de vérité et réconciliation du Canada, Fort Good Hope (Territoires du Nord-Ouest), 15 juillet 2010, numéro de déclaration : 01-NWT-JY10-022.
151. CVR, ARN, Bibliothèque et Archives Canada, RG85 volume 1505, dossier 600-1-1, partie 1, T. N.-O. - dossier de politique générale - Éducation et écoles, 1905-1944, extrait du rapport du sgt. par intérim G. T. Mackinson - Resolution, (T. N.-O.), 3 juillet 1937. [FRU-010059]

152. CVR, ARN, Bibliothèque et Archives Canada, RG10, volume 6475, dossier 918-1, partie 1, [illisible], Bureau du surintendant général, missions indiennes catholiques oblates à Philip Phelan, 21 octobre 1941. [FPU-000133]
153. CVR, ARN, Bibliothèque et Archives Canada, RG85, volume perm. 1877, dossier 630/101-3, partie 1, « R.C. School Day Resolution, 1905-1944 », n° d'inst. de recherche 85-8, J. Doyle à M. Cumming, 16 février 1942. [RCN-001713]
154. CVR, ARN, Bibliothèque et Archives Canada, RG85 volume permanent 1877, dossier 630/101-3, partie 1, « R.C. School Day Resolution, 1905-1944 », n° d'inst. de recherche 85-8, D. J. Martin au commissaire, GRC, 15 janvier 1942. [RCN-001709-0001]
155. CVR, ARN, Bibliothèque et Archives Canada, RG85, volume 225, dossier 630/118-1, partie 1, école publique - Fort McPherson -T. N.-O., 1900-1950, A. S. Dewdney à Gibson, 19 février 1945. [FHU-000267-0001]
156. CVR, ARN, Bibliothèque et Archives Canada, RG10, volume 6476, dossier 918-10, partie 4, Philip Phelan au révérend J. Trocellier, 2 novembre 1951. [FPU-000654]
157. CVR, ARN, Bibliothèque et Archives Canada, RG85, volume 643, dossier 630/101-1, partie 3, école publique - Fort Resolution (T. N.-O.), 1953-1960, L. G. P. Waller à P. Phelan, 29 août 1953. [FRU-001447]
158. CVR, ARN, Bibliothèque et Archives Canada, RG85, volume 707, dossier 630/100-3, partie 6, C. L. Merrill au révérend J. Trocellier, 20 septembre 1957. [FPU-001545]
159. CVR, ARN, aucun emplacement de document, aucun dossier source de document, chroniques de Fort Providence, 20 mars 1902; 27 avril 1902, p. 56-57. [GNN-000612]
160. CVR, ARN, résumé en anglais des chroniques de Fort Resolution, volume 1, 1903-1942, p. 1. [GNN-000077-0001]
161. CVR, ARN, résumé en anglais des chroniques de Fort Resolution, volume 1, 1903-1942, p. 34. [GNN-000077-0001]
162. CVR, ARN, Bibliothèque et Archives Canada, RG10, volume 6475, dossier 918-1, partie 1, rapport de la Gendarmerie royale du Canada , recherche d'enfants disparus, pensionnat catholique, Providence (T. N.-O.), 24 août 1942. [FPU-000140]

La vie des élèves dans les écoles de missionnaires

1. French. *Restless Nomad*, p. 1.
2. French. *Je m'appelle*, p. 31-36.
3. French. *Je m'appelle*, p. 38.
4. French. *Je m'appelle*, p. 40-41.
5. French. *Je m'appelle*, p. 47.
6. French. *Je m'appelle*, p. 55-57.
7. French. *Je m'appelle*, p. 60-61.
8. French. *Je m'appelle*, p. 40-42, 62, 73, 104-105.
9. French. *Je m'appelle*, p. 68-69.
10. French. *Je m'appelle*, p. 107-109.
11. French. *Je m'appelle*, p. 63.
12. French. *Je m'appelle*, p. 37.
13. French. *Restless Nomad*, p. 1.
14. French. *Restless Nomad*, p. 5.

15. French. *Restless Nomad*, p. 14.
16. French. *Restless Nomad*, p. 3.
17. French. *Restless Nomad*, p. 4.
18. French. *Restless Nomad*, p. 178.
19. French. *Restless Nomad*, p. 19.
20. French. *Restless Nomad*, p. 93.
21. French. *Restless Nomad*, p. 76–77.
22. French. *Restless Nomad*, p. 162.
23. Thrasher. *Notre silence a déjà trop duré*, p. 15.
24. Thrasher. *Notre silence a déjà trop duré*, p. 22.
25. Thrasher. *Notre silence a déjà trop duré*, p. 15–16.
26. Thrasher. *Notre silence a déjà trop duré*, p. 23.
27. Thrasher. *Notre silence a déjà trop duré*, p. 24.
28. Thrasher. *Notre silence a déjà trop duré*, p. 36–37.
29. Thrasher. *Notre silence a déjà trop duré*, p. 25.
30. Thrasher. *Notre silence a déjà trop duré*, p. 24.
31. Thrasher. *Notre silence a déjà trop duré*, p. 53.
32. Thrasher. *Notre silence a déjà trop duré*, p. 46.
33. Thrasher. *Notre silence a déjà trop duré*, p. 36.
34. Thrasher. *Notre silence a déjà trop duré*, p. 37.
35. Thrasher. *Notre silence a déjà trop duré*, p. 48.
36. Thrasher. *Notre silence a déjà trop duré*, p. 35.
37. Thrasher. *Notre silence a déjà trop duré*, p. 39.
38. Blondin-Perrin. *Mon cœur*, p. 1–2.
39. Blondin-Perrin. *Mon cœur*, p. 6.
40. Blondin-Perrin. *Mon cœur*, p. 7.
41. Blondin-Perrin. *Mon cœur*, p. 8.
42. Blondin-Perrin, *Mon cœur*, 15.
43. Blondin-Perrin. *Mon cœur*, p. 16.
44. Blondin-Perrin. *Mon cœur*, p. 17.
45. Blondin-Perrin. *Mon cœur*, p. 26.
46. Blondin-Perrin. *Mon cœur*, p. 35.
47. Blondin-Perrin. *Mon cœur*, p. 32.
48. Blondin-Perrin. *Mon cœur*, p. 49–51.
49. Blondin-Perrin. *Mon cœur*, p. 38.
50. Blondin-Perrin. *Mon cœur*, p. 38–39.
51. Blondin-Perrin. *Mon cœur*, p. 94.
52. Blondin-Perrin. *Mon cœur*, p. 47.
53. Canadien. *From Lishamie*, p. 47.
54. Canadien. *From Lishamie*, p. 50–52.
55. Canadien. *From Lishamie*, p. 52.
56. Canadien. *From Lishamie*, p. 56.
57. Canadien. *From Lishamie*, p. 106.
58. Canadien. *From Lishamie*, p. 57.
59. Canadien. *From Lishamie*, p. 57.
60. Canadien. *From Lishamie*, p. 57.

61. Canadien. *From Lishamie*, p. 57.
62. Canadien. *From Lishamie*, p. 65.
63. Canadien. *From Lishamie*, p. 94.
64. Canadien. *From Lishamie*, p. 69.
65. Canadien. *From Lishamie*, p. 179.
66. Canadien. *From Lishamie*, p. 186.
67. Canadien. *From Lishamie*, p. 90.
68. Canadien. *From Lishamie*, p. 84.
69. Canadien. *From Lishamie*, p. 98.
70. Canadien. *From Lishamie*, p. 59, 195.
71. Canadien. *From Lishamie*, p. 176, 178, 213.
72. Canadien. *From Lishamie*, p. 214.
73. Canadien. *From Lishamie*, p. 205–206.
74. CVR, DAV, déclaration d'Angus Lennie (notes d'allocution), Commission de vérité et réconciliation du Canada, Tulita (Territoires du Nord-Ouest), 10 mai 2011, numéro de déclaration : SP018.

L'éducation à quelle fin?

1. Canada, Rapport annuel du ministère des Affaires indiennes, 1909, p. 203.
2. F. H. Kitto, Rapport d'une enquête préliminaire sur les ressources naturelles du district du Mackenzie et sur leur développement économique, rédigé durant l'été 1920, Ottawa, ministère de l'Intérieur, Service de renseignement sur les ressources naturelles, Section VII, cité dans Fumoleau, *Aussi longtemps que le fleuve coulera*, p. 189.
3. CVR, ARN, Bibliothèque et Archives Canada, RG10, volume 3952, dossier 134, 858, J. Macrae à C. Sifton, 7 décembre 1900, p. 2. [FRU-002098]
4. Canada, Rapport annuel du ministère des Affaires indiennes, 1907, p. 406.
5. McCarthy. *From the Great River*, p. 163.
6. H. B. Bury, 7 novembre 1917, « Report on Indian Affairs - Education », RG10 IABS - 4042 - 336877, 4–7, manuscrit, cité dans Carney, « Relations in Education », p. 91.
7. F.H. Kitto, « Report on the Mackenzie District », 22 décembre 1920, RG15, a–2, VII, cité dans Carney, « Relations in Education », p. 92.
8. CVR, ARN, Bibliothèque et Archives Canada, RG85, volume 1130, dossier 254–1, partie 1, J.I. Doyle à J. Lorne Turner, 13 juillet 1934. [NCA-005284]
9. CVR, ARN, Bibliothèque et Archives Canada, RG85 volume 1128, dossier 250–1–1, partie 2B, O. S. Finnie à W.W. Cory, 16 janvier 1928. [NPC-400544-0000]
10. CVR, ARN, Bibliothèque et Archives Canada, RG85, volume permanent 1883, dossier 630/219–2, partie 3, école anglicane de Shingle Point, 1935, nº d'inst. de recherche 85–8, J. A Urquhart à M. Turner, 17 octobre 1934. [SPU-000243]
11. CVR, ARN, Bibliothèque et Archives Canada, RG85, volume 1130, dossier 254–1, partie 1, extraits du procès-verbal de la cinquante-troisième séance du Conseil des Territoires du Nord-Ouest, 17 octobre 1934. [NCA-005286]
12. CVR, ARN, Bibliothèque et Archives Canada, RG85, volume 847, dossier 7770, instruction des enfants lapons et politique générale en matière d'éducation, 1933–1934, extraits du

procès-verbal de la cinquante-quatrième séance du Conseil des Territoires du Nord-Ouest, 26 novembre 1934. [RCN-000103]

13. CVR, ARN, Bibliothèque et Archives Canada, RG85, volume 1130, dossier 254-1, partie 1, F. E. Porsild à J. Lorne Turner, 22 mai 1934. [NCA-005281]
14. CVR, ARN, Bibliothèque et Archives Canada, RG10, volume 1130, dossier 254-1, partie 1, Diamond Jenness au Conseil des Territoires du Nord-Ouest, 11 mai 1934. [NCA-006999] Vingt ans plus tard, le gouvernement fédéral a cherché concrètement à utiliser les Inuits pour renforcer ses revendications de souveraineté territoriale dans le Nord. Dans les années 1950, le gouvernement fédéral a réinstallé les Inuits de l'Est de la baie d'Hudson à la baie Resolute et au fjord Grise, dans le Haut-Arctique. La Commission royale sur les peuples autochtones a conclu, en 1994, que cette réinstallation était involontaire, mal planifiée, mal exécutée et « inhumaine en ce qui a trait à sa conception et à ses répercussions ». Dans un rapport spécial sur la réinstallation, la Commission royale a déclaré que « l'influence de la souveraineté sur la réinstallation ne fait que renforcer les conclusions de la Commission sur son caractère inapproprié ». Dans la foulée du rapport de la Commission, le gouvernement fédéral a mis en place un fonds d'indemnisation de 10 millions de dollars et, en 2010, a présenté des excuses officielles à propos de la réinstallation. Tester et Kulchyski, *Tammarniit (Mistakes)*, p. 133, 160; Affaires autochtones et du Développement du Nord Canada, « document d'information - Excuses », http://www.aadnc-aandc.gc.ca/eng/1100100015426/1100100015427.
15. « Old Crow », *The Living Message*, mai 1938, p. 136, cité dans Rutherdale, *Women and the White Man's God*, p. 48.
16. CVR, ARN, Bibliothèque et Archives Canada, RG85 volume 1877, dossier 630/101-3, partie 1, externat catholique de Fort Resolution, 1905-1944, n° d'inst. de recherche 85-8, note de service à l'intention du Conseil des Territoires du Nord-Ouest - Éducation - T. N.-O., 10 janvier 1939. [RCN-001679]
17. Geller. *Northern Exposures*, p. 135-164.
18. Phillips. *Canada's North*, p. 74.
19. Finnie. *Canada Moves North*, p. 75.
20. Phillips. *Canada's North*, p. 77.
21. Phillips. *Canada's North*, p. 78.
22. CVR, ARN, Bibliothèque et Archives Canada, RG85 volume 1877, dossier 630/101-3, partie 1, externat catholique de Fort Resolution, 1905-1944, n° d'inst. de recherche 85-8, Mary Mack à R. A. Hoey, 15 juillet 1942. [FRU-000878-0003]
23. CVR, ARN, Bibliothèque et Archives Canada, RG85 volume 1877, dossier 630/101-3, partie 1, externat catholique de Fort Resolution, 1905-1944, n° d'inst. de recherche 85-8, S. Lapointe à R. A. Hoey, 20 juillet 1942. [FRU-000878-0001]
24. CVR, ARN, Bibliothèque et Archives Canada, RG85 volume 1877, dossier 630/101-3, partie 1, externat catholique de Fort Resolution, 1905-1944, n° d'inst. de recherche 85-8, S. Lapointe à R. A. Hoey, 20 juillet 1942. [RCN-001719-0006]
25. CVR, ARN, Bibliothèque et Archives Canada, RG85 volume 1877, dossier 630/101-3, partie 1, externat catholique de Fort Resolution, 1905-1944, n° d'inst. de recherche 85-8, H. W. Shepherd à R. A. Hoey, 17 septembre 1942. [RCN-001719 0007]
26. Innis, Wherrett et Moore. « Survey of Education », p. 61.
27. Innis, Wherrett et Moore. « Survey of Education », p. 61.
28. Innis, Wherrett et Moore. « Survey of Education », p. 62.

29. Innis, Wherrett et Moore. « Survey of Education », p. 67.
30. Innis, Wherrett et Moore. « Survey of Education », p. 82.
31. Innis, Wherrett et Moore. « Survey of Education », p. 71–75.
32. Morrison. *True North*, p. 151.
33. Diubaldo, *Gouvernement du Canada*, p. 107–108.
34. CVR, ARN, Bibliothèque et Archives Canada, RG85 volume 1877, dossier 630/101-3, partie 1, externat catholique de Fort Resolution, 1905–1944, n° d'inst. de recherche 85-8, R. A. Gibson au Major McKeand, 11 mai 1944. [RCN-001769]
35. CVR, ARN, Bibliothèque et Archives Canada, RG85 volume 1877, dossier 630/101-3, partie 1, externat catholique de Fort Resolution, 1905–1944, n° d'inst. de recherche 85-8, W. F. Lothian au Major McKeand, 1er juin 1944. [RCN-001770]
36. CVR, ARN, Bibliothèque et Archives Canada, RG85 volume 1877, dossier 630/101-3, partie 1, externat catholique de Fort Resolution, 1905–1944, n° d'inst. de recherche 85-8, L. D. Livingstone à R. A. Gibson, 26 juin 1944. [RCN-001771]
37. CVR, ARN, Bibliothèque et Archives Canada, RG22, volume 165, dossier 5-2-1-1, partie 1, Education in Canada's Northland, 12 décembre 1954 p. 2. [NCA-014503]
38. Grant. *Sovereignty or Security?*, p. 199.
39. CVR, ARN, Bibliothèque et Archives Canada, RG22, volume 165, dossier 5-2-1-1, partie 1, Education in Canada's Northland, 12 décembre 1954. [NCA-014503]
40. Inni, Wherrett et Moore. *Survey of Education*, p. 78.
41. Inni, Wherrett et Moore. *Survey of Education*, p. 63–64.
42. Inni, Wherrett et Moore. *Survey of Education*, p. 82.
43. CVR, ARN, Bibliothèque et Archives Canada, RG85 volume 1506, dossier 600-1-1, partie 2A, J. G. Wright à M. Gibson, 19 novembre 1946. [NCA-005728]
44. CVR, ARN, Bibliothèque et Archives Canada, RG85, volume 229, dossier 630/158-9, partie 1, foyer gouvernemental de Chesterfield Inlet, 1929–1953, extraits du rapport de S. J. Bailey, patrouille de l'Est de l'Arctique, 27 juillet 1948. [CIU-000189]
45. CVR, ARN, Bibliothèque et Archives Canada, RG85 volume 1072, dossier 254-1, partie 2A, S. J. Bailey, vol d'inspection de l'Arctique de l'Ouest : rapport sur l'éducation, 9 avril 1950. [NCA-005694]
46. CVR, ARN, Bibliothèque et Archives Canada, RG10, volume 1130, dossier 254-1, partie 1, Henry Cook à F. S. G. Cunningham, 9 août 1952. [NCA-005288-0001]
47. CVR, ARN, Bibliothèque et Archives Canada, RG29, volume 254, dossier 40-8-1, partie 3, Rapport de la première réunion du sous-comité sur l'éducation des esquimaux qui s'est tenue à la salle 302 de l'immeuble Vimy, 25 septembre 1952. [NCA-006031-0000]
48. CVR, ARN, Bibliothèque et Archives Canada, RG85, volume permanent 1877, dossier 1072, dossier 254-1, partie 2, éducation des esquimaux [y compris le sous-comité sur l'éducation des esquimaux] 1952–1953, n° d'inst. de recherche 85-3, E. M. Hinds, 9 janvier 1953. [RCN-011606]
49. CVR, ARN, Bibliothèque et Archives Canada, RG29, volume 254, dossier 40-8-1, partie 3, Rapport de la deuxième réunion du Sous-comité sur l'éducation des esquimaux qui s'est tenue à l'immeuble Vimy, vendredi 1er avril 1953. [NPC-400761-0001]
50. CVR, ARN, Bibliothèque et Archives Canada, RG85, volume 229, dossier 630/158-9, partie 1, foyer gouvernemental de Chesterfield Inlet, 1929–1953, J. G Wright au directeur, 29 décembre 1952. [CIU-000553]

51. CVR, ARN, Bibliothèque et Archives Canada, RG22, volume 165, dossier 5-2-1-1, partie 1, Education in Canada's Northland, 12 décembre 1954, p. 5. [NCA-014503]

L'ère des missions au Yukon

1. Coates, *Canada's Colonies*, p. 85, 92.
2. Coates, *Canada's Colonies*, p. 130–131.
3. CVR, ARN, Bibliothèque et Archives Canada, RG22, volume 165, dossier 5-2-1-1, partie 1, Education in Canada's Northland, 12 décembre 1954, p. 1. [NCA-014503]
4. Tizya, « Comment », p. 103.
5. Coates. « A Very Imperfect Means », p. 132–149.
6. Coates, « Betwixt and Between », p. 152.
7. Pour l'appel, voir : Coates, « Betwixt and Between », p. 152. Pour la nouvelle école, voir : CVR, ARN, Bibliothèque et Archives Canada, RG10, volume 6479, dossier 940-1, partie 1, « The Chooutla Indian School », *Northern Lights*, volume XV, numéro 1, février 1927. [CAR-011225]
8. Coates, « Betwixt and Between », p. 152.
9. Archives territoriales du Yukon, Église anglicane, nouvelle série, dossier 2, notes d'entrevue, 26 février 1909, cité dans Coates, *Best Left as Indians*, p. 138.
10. CVR, ARN, Bibliothèque et Archives Canada, RG10, volume 6479, dossier 940-1, partie 1, J. D. McLean à A. Henderson, 13 avril 1908. [CAR-011062]
11. CVR, ARN, Bibliothèque et Archives Canada, RG10, volume 3962, dossier 147 654-1 2, A. W. Vowell et A. E. Green au secrétaire, ministère des Affaires indiennes, 14 août 1908 [CAR-017386]
12. TRC, ARN, diocèse anglican du Yukon, archives du Yukon - Ottawa, COR 260, F. 3, listes des élèves et du personnel au pensionnat de Chooutla [Carcross], 1909–1926, acq. 88/128, Église anglicane, dossiers du diocèse du Yukon, secrétaire adjoint aux Affaires indiennes à W. E. Meara, 13 octobre 1908. [DYK-015668]
13. CVR, ARN, Bibliothèque et Archives Canada, RG10, volume 6479, dossier 940-1, partie 1, I. Stringer au secrétaire des Affaires indiennes, 22 mars 1911; secrétaire des Affaires indiennes à I. O. Stringer, 22 mars 1911. [CAR-011075]
14. Cruikshank. *Life Lived*, p. 71.
15. CVR, ARN, Bibliothèque et Archives Canada, RG10, volume 6479, dossier 940-1, partie 1, E. E. Stockton au surintendant général adjoint des Affaires indiennes, 29 novembre 1912. [CAR-011098]
16. Cruikshank. *Life Lived*, p. 70.
17. CVR, ARN, Bibliothèque et Archives Canada, RG29, volume permanent 779, dossier 822-1-X900, partie 1a, établissements de soins médicaux et dentaires, région du Yukon, Whitehorse (Yukon), septembre 1905–août 1963, n° d'inst. de recherche 29-143, I. O. Stringer à l'honorable commissaire du Yukon, 12 avril 1912. [CAR-017301]
18. CVR, ARN, Église anglicane du Canada - Ottawa, Archives du Synode général, « School News », *Northern Lights*, volume 2, numéro 1, septembre 1913, p. 2. [DYK-201302]
19. CVR, ARN, Église anglicane du Canada - Ottawa, Archives du Synode général, Northern Lights, Église anglicane du Canada, « School News », *Northern Lights*, volume 4, numéro 1, février 1916, p. 5-6. [DYK-201312]

20. CVR, ARN, Église anglicane du Canada - Ottawa, Archives du Synode général, EAC - SMEC - SG, 75-103, série 2.15, boîte 21, dossier 1, Rapport de la Commission esquimo-indienne au comité exécutif de la Société missionnaire de l'Église anglicane du Canada pour l'année se terminant le 30 juin 1917, p. 3. [AAC-083304]
21. CVR, ARN, Bibliothèque et Archives Canada, RG10, volume 6479, dossier 940-1, partie 1, J. Hawksley, Rapport sur le pensionnat indien de Carcross, 9 juillet 1929. [CAR-011233-0001]
22. Tiyza, « Comment », p. 103-104.
23. Coates, « Betwixt and Between », p. 162.
24. CVR, ARN, Bibliothèque et Archives Canada, RG10, volume 6481, dossier 940-10, partie 5, J. Hawksley à A. F. MacKenzie, 27 février 1931. [CAR-011293]
25. CVR, ARN, Bibliothèque et Archives Canada, archives du territoire du Yukon, RG91, volume 11, dossier 2335, partie 6, J. Hawksley à A. F. MacKenzie, H. A. Alderwood, 30 août 1932. [CAR-015262]
26. CVR, ARN, Bibliothèque et Archives Canada, RG10, volume 6479, dossier 940-1, partie 2, G. Binning au secrétaire du ministère des Affaires indiennes, 2 juillet 1936. [CAR-010617]
27. Cité dans King. *School at Mopass*, p. 37.
28. CVR, ARN, Église anglicane du Canada - Ottawa, Archives du Synode général, « School News », *Northern Lights*, volume 2, numéro 1, septembre 1913. [DYK-201302]
29. CVR, ARN, Bibliothèque et Archives Canada, RG10, volume 6479, dossier 940-1, partie 1, J. Hawksley, « Report on the Carcross Indian Residential School », 9 juillet 1929. [CAR-011233-0001]
30. CVR, ARN, Bibliothèque et Archives Canada, RG10, volume 6479, dossier 940-1, partie 1, J. Hawksley à A. F. Mackenzie, 25 mars 1931. [CAR-011264]
31. CVR, ARN, Bibliothèque et Archives Canada, RG10, volume 6479, dossier 940-5, partie 5, T. B. R. Westgate au secrétaire des Affaires indiennes, 5 octobre 1935. [CAR-012469]
32. CVR, ARN, Bibliothèque et Archives Canada, RG10, volume 6479, dossier 940-1, partie 2, H. C. M. Grant au surintendant des Affaires indiennes, 5 février 1940. [CAR-011309]
33. CVR, ARN, Bibliothèque et Archives Canada, RG10, volume 3920, dossier 116818, H. Reed au commissaire adjoint, 28 juin 1895. [EDM-003376]
34. CVR, ARN, Bibliothèque et Archives Canada, RG10, volume 6480, dossier 940-5, partie 7, H. C. M. Grant au surintendant des Affaires indiennes, 1er février 1949. [CAR-013291]
35. CVR, ARN, Bibliothèque et Archives Canada, RG10, volume 6479, dossier 940-1, partie 2, T. B. R. Westgate au secrétaire de la Division des Affaires indiennes, 16 octobre 1942. [CAR-011306]
36. CVR, ARN, Bibliothèque et Archives Canada, RG10, volume 6479, dossier 940-1, partie 2, F. B. Roth à J. E. Gibben, 30 septembre 1942. [CAR-011315-0000]
37. CVR, ARN, Bibliothèque et Archives Canada, RG10, volume 6479, dossier 940-1, partie 2, T. B. R. Westgate au secrétaire de la Division des Affaires indiennes, 16 octobre 1942. [CAR-011306]
38. CVR, ARN, Bibliothèque et Archives Canada, RG10, volume 6480, dossier 940-5, partie 9, H. A. Alderwood à R. A. Hoey, 17 mai 1944. [CAR-012026]
39. CVR, ARN, Bibliothèque et Archives Canada, RG85, volume permanent 1336, dossier 560-3-1, partie 1, Soins des enfants - Yukon [général] 1954, no d'inst. de recherche 85-4, Laval Fortier à R. G. Robertson, 28 janvier 1954. [CAR-201404]
40. CVR, ARN, Bibliothèque et Archives Canada, RG10, volume 6479, dossier 940-1, partie 2, D. J. Martin au commissaire de la Gendarmerie royale du Canada, 6 mai 1943. [CAR-011311]
41. CVR, ARN, Église anglicane du Canada - Ottawa, Archives du Synode général, ACC-MSCC-GS 75-103, série 2.15, boîte 21, dossier 1, H. A. Alderwood, Administration des écoles indiennes,

Société missionnaire de l'Église d'Angleterre au Canada, rapport trimestriel présenté au comité exécutif, 14 novembre 1946, p. 4. [AAC-083308]

42. CVR, ARN, Bibliothèque et Archives Canada, RG10, volume 6481, dossier 940-23, partie 2, R. J. Meek à inconnu, 8 mai 1953. [CAR-011298]
43. CVR, ARN, Bibliothèque et Archives Canada, RG10, dossier 951/6-1, partie 4, volume 8691, R. J. Meek, au sujet du nouveau bâtiment, du pensionnat indien de Carcross, 1er février 1954. [CAR-015461]
44. CVR, ARN, Bibliothèque et Archives Canada, dossier Burnaby 801/25-2-940, volume 1, 12/1953- 12/1956, Admission et congé - Pensionnat de Carcross, RG10-151, V1989-90/101, boîte 38, C. T. Stanger à M. G. Jutras, 7 février 1956. [YKS-003442-0001]
45. CVR, ARN, Bibliothèque et Archives Canada, dossier Burnaby 801/25-2-929, volume 2, Admission et congé - externat de Whitehorse, RG10-151, V1989-90/101, boîte 38, M. G. Jutras à W. S. Arneil, 8 mars 1956. [YKS-003482]
46. King. *School at Mopass*, p. 37.
47. CVR, ARN, Bibliothèque et Archives Canada, archives du territoire du Yukon, RG91, volume 11, dossier 2335, partie 6, J. Hawksley à A. F. Mackenzie, 20 juillet 1932. [CAR-015340]
48. CVR, ARN, Bibliothèque et Archives Canada, RG10, volume 6481, dossier 940-10, partie 5, R. J. Meek aux Affaires indiennes, 29 août 1947. [CAR-011279]
49. CVR, ARN, Bibliothèque et Archives Canada, dossier 801/25-1-940, volume 1, éducation - Pensionnat de Carcross, 07/1957-02/1962, RG10-151, V1989-90/101, boîte 36, M. G. Jutras à E. Nielson, 21 janvier 1959. [YKS-003318]
50. Coates. *Best Left as Indians*, p. 192.
51. CVR, ARN, Église anglicane du Canada, Archives du Synode général, *Northern Lights*, Église anglicane du Canada, *Northern Lights*, volume 1, janvier 1913. [DYK-201301]
52. King. *School at Mopass*, p. 15, 18.
53. King. *School at Mopass*, p. 15.
54. Archives territoriales du Yukon, Église anglicane, dossier Moosehide, Sarah Jane Essau à l'évêque, 31 août 1919, cité dans Coates, *Best Left as Indians*, p. 154.
55. Archives territoriales du Yukon, Église anglicane, dossier Carmacks-Little Salmon, Rapport sur les activités missionnaires entreprises du 23 mai au 31 août 1934 dans les environs de Carmacks, cité dans Coates, *Best Left as Indians*, p. 154.
56. CVR, ARN, Bibliothèque et Archives Canada, dossier 630/211-1, partie 1, pensionnat indien de Carcross (Yukon), nº d'inst. de recherche 85-4, volume permanent 444, I. O. Stringer au secrétaire des Affaires indiennes, 26 juillet 1918. [CAR-014704]
57. CVR, ARN, Bibliothèque et Archives Canada, RG10, volume 6479, dossier 940-1, partie 1, D. C. Scott à I. O. Stringer, 7 septembre 1918. [CAR-011143]
58. CVR, ARN, Bibliothèque et Archives Canada, archives du territoire du Yukon, RG91, volume 11, dossier 2335, partie 6, J. Hawksley au directeur du pensionnat indien de Chooutla, 27 mai 1933. [CAR-015290]
59. CVR, ARN, Bibliothèque et Archives Canada, archives du territoire du Yukon, RG91, volume 11, dossier 2335, partie 6. J. Hawksley au directeur du pensionnat indien de Chooutla, 10 août 1933. [CAR-015296]
60. CVR, ARN, Bibliothèque et Archives Canada, RG10, volume 6481, dossier 940-24, partie 1, au sujet du pensionnat indien de Carcross (anglican), Yukon, 28 novembre 1935. [CAR-011635-0002]

61. CVR, ARN, Bibliothèque et Archives Canada, dossier 921-1, partie 1, Agence du Yukon - externat de Whitehorse - admin. générale, 1911-1949, n° d'inst. de recherche 10-17, volume 6477, bobine de microfilm C-8793, R. J. Meek à inconnu, 14 octobre 1946. [BAP-000307-0001]
62. CVR, ARN, Bibliothèque et Archives Canada, dossier 921-1, partie 1, Agence du Yukon - externat de Whitehorse - admin. générale, 1911-1949, n° d'inst. de recherche 10-17, volume 6477, bobine de microfilm C-8793, R. J. Meek à R.A. Hoey, 5 septembre 1946. [BAP-000306]
63. CVR, ARN, Bibliothèque et Archives Canada, dossier 921-1, partie 1, Agence du Yukon - externat de Whitehorse - admin. générale, 1911-1949, n° d'inst. de recherche 10-17, volume 6477, bobine de microfilm C-8793, R. J. Meek à R.A. Hoey, 5 septembre 1946. [BAP-000306]
64. CVR, ARN, Bibliothèque et Archives Canada - Ottawa, dossier 921-1, partie 1, Agence du Yukon - externat de Whitehorse - admin. générale, 1911-1949, n° d'inst. de recherche 10-17, volume 6477, bobine de microfilm C-8793, R. J. Meek à inconnu, 14 octobre 1946; M. Hackett à P. E. Moore, 24 janvier 1947. [BAP-000307-0001], [BAP-000315]
65. CVR, ARN, Bibliothèque et Archives Canada, dossier 921-1, partie 1, Agence du Yukon - externat de Whitehorse - admin. générale, 1911-1949, n° d'inst. de recherche 10-17, volume 6477, bobine de microfilm C-8793, B. F. Neary à R. J. Meek, 19 octobre 1946; B. F. Neary à W. A. Geddes, 25 janvier 1947. [BAP-000308], [BAP-000313]
66. CVR, ARN, Bibliothèque et Archives Canada, dossier 921-1, partie 1, Agence du Yukon - externat de Whitehorse - admin. générale, 1911-1949, n° d'inst. de recherche 10-17, volume 6477, bobine de microfilm C-8793, W. A. Geddes à B. F. Neary, 5 février 1947. [BAP-000316]
67. CVR, ARN, Bibliothèque et Archives Canada, dossier 921-1, partie 1, Agence du Yukon - externat de Whitehorse - admin. générale, 1911-1949, n° d'inst. de recherche 10-17, volume 6477, bobine de microfilm C-8793, B. F. Neary à R. J. Meek, 11 février 1947; B. F. Neary to R. J. Meek, 4 mars 1947. [BAP-000317]; [BAP-000319].
68. CVR, ARN, Bibliothèque et Archives Canada, dossier 921-1, partie 1, Agence du Yukon - externat de Whitehorse - admin. générale, 1911-1949, n° d'inst. de recherche 10-17, volume 6477, bobine de microfilm C-8793, R. J. Meek à inconnu, 14 octobre 1946. [BAP-000307-0001]
69. CVR, ARN, Bibliothèque et Archives Canada, dossier 921-1, partie, n° d'inst. de recherche 10-17, volume 6477, bobine de microfilm C-8793, C. A. F. Clark à B. F. Neary, 16 mai 1947. [BAP-000321]
70. CVR, ARN, Bibliothèque et Archives Canada, n° d'inst. de recherche 10-17, volume 6477, bobine de microfilm C-8793, H. I. Lee à R. J. Meek, 18 août 1947. [BAP-000336]
71. CVR, ARN, Bibliothèque et Archives Canada, dossier 921-1, partie 1, Agence du Yukon - externat de Whitehorse - admin. générale, 1911-1949, n° d'inst. de recherche 10-17, volume 6477, bobine de microfilm C-8793, R. J. Meek aux Affaires indiennes, 18 août 1947. [BAP-000338]
72. CVR, ARN, Bibliothèque et Archives Canada, dossier 921-1, partie 1, Agence du Yukon - externat de Whitehorse - admin. générale, 1911-1949, n° d'inst. de recherche 10-17, volume 6477, bobine de microfilm C-8793, B. F. Neary à R. J. Meek, 23 octobre 1947. [BAP-000350]
73. CVR, ARN, Bibliothèque et Archives Canada, dossier 921-1, partie 1, Agence du Yukon - externat de Whitehorse - admin. générale, 1911-1949, n° d'inst. de recherche 10-17, volume 6477, bobine de microfilm C-8793, R. J. Meek aux Affaires indiennes, 8 octobre 1947. [BAP-000347]
74. CVR, ARN, Bibliothèque et Archives Canada, dossier 921-1, partie 1, Agence du Yukon - externat de Whitehorse - admin. générale, 1911-1949, no d'inst. de recherche 10-17, volume 6477, bobine de microfilm C-8793, J. Meek à la Division des affaires indiennes, 25 octobre 1947. [BAP-000352]

75. CVR, ARN, Bibliothèque et Archives Canada, dossier 921-1, partie 1, Agence du Yukon – externat de Whitehorse – admin. générale, 1911–1949, n° d'inst. de recherche 10–17, volume 6477, bobine de microfilm C-8793, R. J. Meek aux Affaires indiennes, 11 août 1948. [BAP-000380]
76. CVR, ARN, Bibliothèque et Archives Canada, dossier 921-1, partie 1, Agence du Yukon – externat de Whitehorse – admin. générale, 1911–1949, n° d'inst. de recherche 10–17, volume 6477, bobine de microfilm C-8793, entente proposée entre la Division des affaires indiennes du ministère des Mines et des Ressources et le révérend H. I. Lee de Whitehorse, 1er septembre 1948. [BAP-000397-0001]
77. CVR, ARN, Bibliothèque et Archives Canada, dossier 921-1, partie 1, Agence du Yukon – externat de Whitehorse – admin. générale, 1911–1949, n° d'inst. de recherche 10–17, volume 6477, bobine de microfilm C-8793, R. J. Meek aux Affaires indiennes, 23 mars 1948. [BAP-000369]
78. CVR, ARN, Bibliothèque et Archives Canada, dossier 929-5, partie 3, Agence du Yukon – externat de Whitehorse – entretien des bâtiments – fournitures – comptes, 1947–1950, n° d'inst. de recherche 10–17, volume 6477, bobine de microfilm C-8793, R. J. Meek à la Division des affaires indiennes, Ottawa, 2 juillet 1947; dossier 929-5, partie 3, Agence du Yukon – externat de Whitehorse – entretien des bâtiments – fournitures – comptes, n° d'inst. de recherche 10–17, volume 6477, bobine de microfilm C-8793, bon de commande, 14 juillet 1947. [BAP-000453]; [BAP-000502]
79. CVR, ARN, Bibliothèque et Archives Canada, dossier 929-11, partie 1, Agence du Yukon – externat de Whitehorse – formation professionnelle – comptes, 1949–1950, n° d'inst. de recherche 10–17, volume 6478, bobine de microfilm C-8793, R. J. Meek à la Division des affaires indiennes, 23 décembre 1949. [BAP-000269]
80. CVR, ARN, Bibliothèque et Archives Canada, RG10, volume 8762, dossier 906/25-1-005, partie 1, R. J. Meek à la Division des affaires indiennes, 8 février 1950, p. 3. [BAP-090013]
81. CVR, ARN, Bibliothèque et Archives Canada, dossier 929-23, partie 1, Agence du Yukon – externat de Whitehorse – décès d'élèves, 1922–1951, n° d'inst. de recherche 10–17, volume 6478, bobine de microfilm C-8793, P. Phelan à R. J. Meek, 1er mars 1951. [BAP-000303]
82. CVR, ARN, Bibliothèque et Archives Canada, dossier 929-23, partie 1, Agence du Yukon – externat de Whitehorse – décès d'élèves, 1922–1951, n° d'inst. de recherche 10–17, volume 6478, bobine de microfilm C-8793, R. J. Meek à la Division des affaires indiennes, 7 mars 1951. [BAP-000305]
83. CVR, ARN, Bibliothèque et Archives Canada, dossier 929-5, partie 3, Agence du Yukon – externat de Whitehorse – entretien des bâtiments – fournitures – comptes, 1947–1950, n° d'inst. de recherche 10–17, volume 6477, bobine de microfilm C-8793, H. Lee à J. A. Simmons, 14 février 1959. [BAP-000567]
84. CVR, ARN, Bibliothèque et Archives Canada, dossier 929-5, partie 3, Agence du Yukon – externat de Whitehorse – entretien des bâtiments, B. F. Neary au directeur, Affaires indiennes, 23 février 1950. [BAP-000570]
85. CVR, ARN, Archives du Yukon – Ottawa, Gov 2209 f. 8, série 1, École de mission indienne de Whitehorse, 1950–1955, Instrument de recherche – Dossiers du bureau des documents du Yukon, 1901–1977, L. S. Lee à Praying Friends, avril 1952. [BAP-001085]
86. CVR, ARN, Archives du Yukon – Ottawa, Gov 2209 f. 8, série 1, école de mission indienne de Whitehorse, 1950–1955, Instrument de recherche – Dossiers du bureau des documents du Yukon, 1901–1977, L. S. Lee à Praying Friends, avril 1952. [BAP-001085]

87. CVR, ARN, AINC, Bureau principal des documents - Ottawa, dossier 906/36-4-005, volume 1, Terres affectées aux écoles, District du Yukon, école de Whitehorse, 1947-1954, n° de l'emplacement X314-667, R. F. Davey à F. Fraser, 14 juillet 1954. [BAP-000652]
88. CVR, ARN, Bibliothèque et Archives Canada, RG10, volume 8762, dossier 906/25-1-005, partie 1, W. G. Brown à R. G. Robertson, 14 septembre 1954. [BAP-090021]
89. CVR, ARN, Archives du Yukon - Ottawa, Gov 2209 f. 8, série 1, école de mission indienne de Whitehorse, 1950-1955, Instrument de recherche - Dossiers du bureau des documents du Yukon, 1901-1977, R. G. Robertson à F. H. Collins, 17 août 1955. [BAP-001038-0000]
90. CVR, DAV, (Daukaly) Hammond Dick, déclaration devant la Commission de vérité et réconciliation du Canada, Watson Lake (Yukon), 25 mai 2011, numéro de déclaration : 2011-0309.
91. CVR, ARN, Bibliothèque et Archives Canada, dossier Burnaby 25-2-929, admission et congé, 12/1952-12/1956, V-1989-90/101, boîtes 1 à 58, boîte 38, R. J. Meek au surintendant de l'enseignement, 30 septembre 1954. [BAP-000822]
92. CVR, ARN, Bibliothèque et Archives Canada, dossier 906/25-1-005, partie 1, Agence du Yukon - correspondance concernant les pensionnats indiens et l'éducation, 1950-1959, n° d'inst. de recherche 10-28, volume 8762, bobine de microfilm C-9703, E. R. Lee à J. W. Pickersgill, 1er mars 1955. [BAP-000067-0001]
93. CVR, ARN, Bibliothèque et Archives Canada, dossier Burnaby 25-2-929, admission et congé, 12/1952- 12/1956, V-1989-90/101, boîtes 1 à 58, boîte 38, W. S. Arneil à M. G. Jutras, 17 juin 1955. [BAP-000607]
94. CVR, ARN, Archives du Yukon - Ottawa, Gov 2209 f. 8, série 1, école indienne de mission de Whitehorse, 1950-1955, instrument de recherche - dossiers du bureau des documents du Yukon, 1901-1977, L. S. Lee à M. Jones, 8 septembre 1955. [BAP-001032]
95. CVR, ARN, Archives du Yukon - Ottawa, Gov 2209 f. 8, série 1, école de mission indienne de Whitehorse, 1950-1955, instrument de recherche - dossiers du bureau des documents du Yukon, 1901-1977, L. R. Shields à W. D. Robertson, 9 septembre 1955. [BAP-001030]
96. CVR, ARN, Église anglicane du Canada - Ottawa, Archives du Synode général, dossier 1, rapports de visite du surintendant, 02/54-12/54, pages 004126-004227, acquisition SG 75-103, série 2:15, boîte 24, visite du surintendant au pensionnat de Chooutla, Carcross (Yukon), 3-6 décembre 1954, p. 3. [DYK-201620]
97. CVR, ARN, diocèse anglican du Yukon, archives du Yukon - Ottawa, COR 262, f.11, administration des pensionnats indiens, 1956-1960, acquisition 88/128, diocèse de l'Église anglicane du Yukon, [boîte 14], série I-I.1.c., dossier 11 de 18, H. G. Cook à T. Greenwood, 12 juillet 1956. [BAP-000005]
98. CVR, ARN, diocèse anglican du Yukon, archives du Yukon - Ottawa, archives du Yukon, COR 262, f.11, administration des pensionnats indiens, 1956-1960, diocèse de l'Église anglicane du Yukon, [boîte 14], série I-I.1.c., dossier 11 de 18, H. G. Cook à H. M. Jones, 1er août 1956; évêque de Brandon à T. Greenwood, 7 août 1956. [BAP-000009]; [BAP-000012]
99. CVR, ARN, emplacement de document inconnu - Ottawa, foyer protestant, dossier 25-1-943, volume 1, août 1958-déc. 1960, E. R. Lee à M. G. Jutras, 1er mai 1959. [YKS-003094]
100. CVR, ARN, fonds du diocèse anglican du Yukon - Ottawa, archives du Yukon, dossier 11, administration des écoles indiennes, 1956-1960, Église anglicane - dossiers du diocèse du Yukon [boîte 14], série I-I-1.c, dossier 11 de 18, COR 262, H.G. Cook au directeur de la Division des affaires indiennes, 8 janvier 1960 [DYK-010169]
101. CVR, ARN, fonds du diocèse anglican du Yukon - Ottawa, archives du Yukon, COR 262, f.11, administration des pensionnats indiens, 1956-1960, diocèse de l'Église anglicane du Yukon,

[boîte 14], série I-I.1.c., dossier 11 de 18, évêque du Yukon à E. Fairclough, 19 juin 1959. [BAP-000033]

102. CVR, ARN, AINC - Secteur de la résolution - collection des dossiers historiques des pensionnats indiens - Ottawa, dossier 853/25-1, 1956-1968, volume 2, H. C. Montgomery à H. M. Jones, 10 mai 1960. [BAP-090005]
103. CVR, ARN, AINC - Secteur de la résolution - collection des dossiers historiques des pensionnats indiens - Ottawa, dossier 853/25-1, volume 2, (Ctrl #49-5), H. M Jones à H. C. Montgomery, 19 mai 1960. [NCA-009361-0001]
104. CVR, ARN, emplacement de document inconnu, foyer protestant, dossier 25-1-943, volume 2, janv. 1961-févr. 1962, R.F. Davey au commissaire des Indiens de la Colombie-Britannique, 4 janvier 1961. [YKS-003168]
105. CVR, ARN, Bibliothèque et Archives Canada, RG10, volume 7182, dossier 1/25-1, partie 12, enseignants permanents, externats - pensionnats indiens, 30 septembre 1962. [RCM-000205]
106. Pour la date de la fermeture du pensionnat de Carcross, voir : CVR, ARN, Bibliothèque et Archives Canada - Burnaby, RG10-151, V1989-90/101, dossier 801/6-1-011, volume 2, pensionnat de Carcross, 06/1955-06/1960, document du Conseil du Trésor, 3 mars 1969. [CAR-011355-0001] Pour la date de la fermeture du pensionnat de Lower Post, voir : CVR, ARN, Bibliothèque et Archives Canada, RG10, boîte 66, acquisition 1988-1989/057, correspondance générale de la résidence des élèves du pensionnat de Lower Post, 1965-1978, G. K. Gooderham au secrétariat du ministère, 2 mai 1975. [LOW-041388]

Section 2 : Introduction

1. Voir, par exemple : King, *School at Mopass,* p. 34-36.
2. Pour une discussion plus approfondie sur le processus de concentration de la population, voir : Duffy, *Road to Nunavut,* et Damas, *Arctic Migrants.*
3. Grygier, *Long Way from Home,* p. xxi.

Le gouvernement fédéral repense sa politique sur le Nord

1. CVR, ARN, Centre de services régional de la région de la capitale nationale - BAC, volume 2, dossier 600-1, n° d'emplacement 062-94, Éducation des Esquimaux (1949-1957), ministère du Nord canadien et des Ressources nationales à Division des régions septentrionales et des terres, 8 avril 1958. [NCA-016925]
2. Duffy, *Road to Nunavut,* p. 3-4.
3. Coates, « Best Left as Indians », p. 179-204.
4. *Reference whether "Indians" includes "Eskimo",* [1939] RCS 104, 5 avril 1939, http://scc-csc.lexum.com/scc-csc/scc-csc/en/item/8531/index.do, consulté le 20 mai 2014. Pour de plus amples détails, voir : Diubaldo, « Absurd Little Mouse », p. 34-40.
5. Coates, *Canada's Colonies,* p. 167-176.
6. Coates, *Canada's Colonies,* p. 189-190.
7. Coates, *Canada's Colonies,* p. 176-180.
8. Crowe, *History of the Original Peoples,* p. 180-181.

9. Canada, Rapport annuel du ministère des Affaires indiennes, 1955, p. 12.
10. Coates, *Canada's Colonies*, p. 225–226; Archives du Yukon/Assemblée législative du Yukon, « History of the Yukon Legislative Assembly » *The Legislature Speaks*, parlement du Yukon, http://yukonlegislaturespeaks.ca/index.php/history, consulté le 14 mars 2014.
11. *The Beaver* est un magazine publié pour la première fois par la Compagnie de la Baie d'Hudson en 1920. Son but initial est de promouvoir le « progrès » amené par la Compagnie au Canada. Dans les années 1930, le magazine vise à renseigner tous les Canadiens (du Sud) au sujet des territoires nordiques du pays; en effet, à partir de 1930, le magazine a pour sous-titre « A Magazine of the North » (Un magazine pour le Nord).
12. Le premier article de la série fait état de l'objectif de la série. Voir Margaret Mead, « Enter the European: I – Into the South Pacific », juin 1953, p. 4. Les articles qui suivent sont notamment les suivants : Charles Wagley, « Enter the European: II – Into Brazil – Half of South America », septembre 1953; Paul A. W. Wallace, « Enter the European: III – Into the United States », décembre 1953; H. B. Hawthorn, « Enter the European: IV – Among the Indians of Canada », été 1954; D. B. Marsh, « Enter the European: V – Among the Eskimos: Enter ... The Anglican Missionaries », hiver 1954; Arthur Thibert, O.M.I., « Enter the European: V – Among the Eskimos: Enter ... The Roman Catholic Missionaries », hiver 1954; P. A. C. Nichols, « Enter the European: V – Among the Eskimos: Enter ... The Fur Traders », hiver 1954; Jean Lesage, « Enter the European: V – Among the Eskimos (Part II) », printemps 1955.
13. Mead, « Into the South Pacific », p. 9; Wagley, « Into Brazil »; Wallace, « Into the United States »; Hawthorn, « Among the Indians of Canada »; Jenness, « Among the Eskimos ».
14. Marsh, « Enter ... The Anglican Missionaries », p. 33.
15. Thomson, *Jean Lesage*, p. 82–85.
16. Lesage, « Among the Eskimos (Part II) », p. 4.
17. Lesage, « Among the Eskimos (Part II) », p. 5.
18. Lesage, « Among the Eskimos (Part II) », p. 4.
19. Lesage, « Among the Eskimos (Part II) », p. 5.
20. Lesage, « Among the Eskimos (Part II) », p. 7.
21. Lesage, « Among the Eskimos (Part II) », p. 4.
22. Lesage, « Among the Eskimos (Part II) », p. 8.
23. Lesage, « Among the Eskimos (Part II) », p. 5.
24. Lesage, « Among the Eskimos (Part II) », p. 5.
25. Lesage, « Among the Eskimos (Part II) », p. 6.
26. Lesage, « Among the Eskimos (Part II) », p. 6.
27. Lesage, « Among the Eskimos (Part II) », p. 6.
28. Canada, Rapport annuel du ministère des Affaires indiennes, 1955.
29. Canada, Rapport annuel du ministère des Affaires indiennes, 1955, p. 22–23.
30. Canada, Rapport annuel du ministère des Affaires indiennes, 1955, p. 20.
31. Canada, Rapport annuel du ministère des Affaires indiennes, 1955, p. 21.
32. CVR, ARN, Archives du gouvernement des Territoires du Nord-Ouest, dossier T-600-1-1, partie 2a, Éducation et écoles – T.N-O. [Généralités et politique] 1968–1969, boîte d'archives 203-3, n° d'acquisition G-1979-003, 28 janvier 1968. [RCN-011441-0001]
33. CVR, ARN, Archives du gouvernement des Territoires du Nord-Ouest, dossier A-600-1-1, partie 5, Éducation et politique des écoles T.N.-O., 1961–1965, boîte d'archives 202-2, n° d'acquisition G-1979-003, « Religious Affiliation of Teaching Staff », sans date. [RCN-009985-0001]

34. Canada, Rapport annuel du ministère des Affaires indiennes, 1955, p. 21.
35. CVR, ARN, Centre de services régional de la région de la capitale nationale - BAC, volume 2, dossier 600-1, nº d'emplacement 062-94, Éducation des Esquimaux (1949-1957), ministère du Nord canadien et des Ressources nationales à Division des régions septentrionales et des terres, 8 avril 1958. [NCA-016925]
36. CVR, ARN, Bibliothèque et Archives Canada, RG85, volume 711, dossier 630/158-1, partie 5, École du gouvernement - Chesterfield Inlet T.N.-O., 1956-1957, « Boarding Schools for Eskimos - Chesterfield Inlet », 8 août 1958. [CIU-000485]
37. Canada, Rapport annuel du ministère des Affaires indiennes, 1955, p. 20.
38. Canada, Rapport annuel du ministère des Affaires indiennes, 1956, p. 54.
39. Bibliothèque et Archives Canada, Affaires indiennes : rapports annuels, 1864-1990, Histoire, http://www.bac-lac.gc.ca/fra/decouvrez/patrimoine-autochtone/premieres-nations/affaires-indiennes-rapport-annuel/Pages/introduction.aspx, consulté le 10 décembre 2014.
40. Canada, Comité consultatif de la mise en valeur du Nord, *Government Activities*, p. 71.
41. Farish et Lackenbauer, « High Modernism », p. 532-539.
42. Canada, Comité consultatif de la mise en valeur du Nord, *Government Activities*, p. 71.
43. Pour les statistiques de 1949, voir : CVR, ARN, Centre de services régional de la région de la capitale nationale - BAC, volume 2, dossier 600-1, nº d'emplacement 062-94, Éducation des Esquimaux (1949-1957), ministère du Nord canadien et des Ressources nationales à Division des régions septentrionales et des terres, 8 avril 1958. [NCA-016925] Pour les statistiques de 1959, voir : CVR, ARN, Bibliothèque et Archives Canada, RG85, volume permanent 1468, dossier 630/125-9, partie 1, pensionnat du gouvernement [R.C.] Inuvik, T.N.-O. 1956-décembre 1959, nº d'inst. de recherche 85-4, programme de 1959-1960, Inuvik, T.N.-O., 10 août 1959. [RCN-008488]
44. CVR, ARN, Bibliothèque et Archives Canada, RG22, volume permanent 1019, dossier 40-2-17, partie 9, Écoles - T.N.-O. - Immeuble général ... Entretien ... Personnel ... janvier 1964-juin 1965, nº d'inst. de recherche 22-3, « A Five-Year Education Plan for the Northwest Territories and Northern Quebec - 1965-1970 », annexe B. [RCN-009392-0001]
45. CVR, ARN, Bibliothèque et Archives Canada, RG22, volume permanent 1019, dossier 40-2-17, partie 9, Écoles - T.N.-O. - Immeuble général ... Entretien ... Personnel ... janvier 1964-juin 1965, nº d'inst. de recherche 22-3, « A Five-Year Education Plan for the Northwest Territories and Northern Quebec - 1965-1970 », p. 13. [RCN-009392-0001]
46. Canada, Rapport annuel du ministère des Affaires indiennes, 1968, p. 27.
47. CVR, ARN, AINC - Bibliothèque ministérielle - Ottawa, « Farewell to St. Joseph's School, Fort Resolution, N.W.T. », *Indian Record*, volume XX, numéro 5, mai 1957. [IMR-000160]
48. CVR, ARN, Bibliothèque et Archives Canada, RG85, volume permanent 1062, dossier 630/125-8, partie 2, Pensionnat du gouvernement [Anglican - Inuvik - T.N.-O.] septembre 1959-février 1961, nº d'inst. de recherche 85-3, R. G. Robertson à D. B. March, 9 octobre 1959. [SHU-000155]
49. CVR, ARN, Archives du gouvernement des Territoires du Nord-Ouest, dossier 600-1-1, partie 4, Politique des écoles [et pensionnats], 1959-1961, boîte d'archives 202-1, nº d'acquisition G-1979-003, ministère du Nord canadien et des Ressources nationales, « Historic Names for Northern Schools and Residences », communiqué de presse, 2 mars 1961. [RCN-010612-0002] Voir McCarthy, *From the Great River*, p. 159, pour la date d'ouverture de Fort Providence.

50. CVR, ARN, Bibliothèque et Archives Canada, RG85, volume permanent 1376, dossier 660-14, partie 2, Canadian Association of School Superintendents and Inspectors, janvier 1958-juin 1962, nº d'inst. de recherche 85-4, « Speech to the Canadian Associations of School Superintendents and Inspectors », Richard Bell, ministre de la Citoyenneté et de l'Immigration. [RCN-012875]
51. CVR, ARN, Archives du gouvernement des Territoires du Nord-Ouest, dossier 600-1-1, partie 4, Politique des écoles [et pensionnats], 1959-1961, boîte d'archives 202-1, nº d'acquisition G-1979-003, ministère du Nord canadien et des Ressources nationales, communiqué de presse, « Historic Names for Northern Schools and Residences », 2 mars 1961. [RCN-010612-0002]
52. CVR, ARN, Bibliothèque et Archives Canada, RG85, volume 711, dossier 630/158-1, partie 5, École du gouvernement - Chesterfield Inlet, T.N.-O., 1956-1957, « Boarding Schools for Eskimos - Chesterfield Inlet », 8 août 1958. [CIU-000485]
53. CVR, ARN, Bibliothèque et Archives Canada, R776-0-5 (RG55), volume 290, CT nº 626127, 14 mai 1964, ministère du Nord canadien et des Ressources nationales à Conseil du Trésor, « Details of request to the Honourable the Treasury Board », 20 avril 1964. [120.10656A]
54. CVR, ARN, Archives du gouvernement des Territoires du Nord-Ouest, Rapports concernant Akaitcho Hall, 1969-1970, boîte d'archives 9-2, nº d'acquisition G1995-004. [AHU-003844-0003]
55. Dickerson, *Whose North?*, p. 42-44.
56. CVR, ARN, Bibliothèque et Archives Canada, RG22, volume 880, dossier 41-9-2, partie 2, W. E. Winter à B. G. Sivertz et J. V. Jacobson, 16 juillet 1957. [NCA-014404-0000]
57. CVR, ARN, Bibliothèque et Archives Canada, RG22, volume permanent 872, dossier 40-10-4, partie 3, Politique sur l'éducation dans les Territoires du Nord-Ouest, avril 1955-décembre 1957, nº d'inst. de recherche 22-1, W. E. Winter à B. G. Sivertz, 22 août 1957. [RCN-008257]
58. Concernant la période d'interruption et de transition entre les contacts intermittents et l'ère du contrôle commercial et gouvernemental, voir McClellan, *Part of the Land*.
59. Canada, Rapport annuel du ministère des Affaires indiennes, 1951, p. 12.
60. CVR, BAC, Bibliothèque et Archives Canada, RG22, volume 318, dossier 40-2-18, partie 1, F. G. Cunningham au sous-ministre, 24 février 1956. [NCA-014010]
61. CVR, ARN, Archives du Yukon, GOV 2209, f.9, série 1, volume 9, Projet de pensionnat indien baptiste à Whitehorse, 1956-1963, nº d'inst. de recherche - dossier du Yukon Records Office, 1901-1977, J. L. Coudert à J. W. Pickersgill, 12 novembre 1956. [BAP-001197-0001]
62. CVR, ARN, Centre de services régional de la région de la capitale nationale - BAC, dossier 1/25-1, volume 15 (nº d'emplacement H4-77), Yukon, G. R. Cameron à E. A. Côté, 26 mai 1966. [NCA-001030]
63. CVR, ARN, Bibliothèque et Archives Canada, dossier 801/25-2, volume 3, Admission et fin de scolarité dans les pensionnats, 03/1961-11/1962, RG10-151, V1989-90/101, boîte 36, W. E. Grant à H. Murphy, 2 mars 1961. [CAR-090008]

Les externats fédéraux

1. CVR, ARN, Archives du gouvernement des Territoires du Nord-Ouest, Bibliothèque de l'Assemblée législative du gouvernement des Territoires du Nord-Ouest, Joseph Katz, *Edu-*

cational Environments of School-Hostel Complexes in the Northwest Territories (Vancouver, C.-B. : Direction de l'éducation, ministère du Nord canadien et des Ressources nationales, juillet 1965), p. 4. [RCN-013107]

2. CVR, ARN, Archives du gouvernement des Territoires du Nord-Ouest, Bibliothèque de l'Assemblée législative du gouvernement des Territoires du Nord-Ouest, Joseph Katz, *Educational Environments of School-Hostel Complexes in the Northwest Territories* (Vancouver, C.-B. : Direction de l'éducation, ministère du Nord canadien et des Ressources nationales, juillet 1965), p. 5. [RCN-013107]
3. Canada, J. W. McKinnon au Comité mixte spécial, *Procès-verbaux et témoignages*, 1947, p. 4.
4. Voir à titre d'exemple : Canada, Rapport annuel du ministère des Affaires indiennes, 1959, p. 28.
5. King, *School at Mopass*, p. 48–49.
6. King, *School at Mopass*, p. 49–50.
7. King, *School at Mopass*, p. 56.
8. King, *School at Mopass*, p. 59.
9. Mouat, « Education in the Arctic District », p. 6.
10. CVR, ARN, Bibliothèque et Archives Canada, RG10, volume 1895, dossier 620–1, partie 6, Information concernant le programme d'études, y compris des documents imprimés, 1969–1970, n° d'inst. de recherche 85–8, L. G. P. Waller pour R. F. Davey à R. Kruse, 30 septembre 1969. [RCN-001551]
11. LeFrancois, « Native Education in Yukon », p. vii.
12. CVR, ARN, Bibliothèque et Archives Canada, RG10, acquisition 2003–00196–4, dossier AQR630/313–1, boîte 19, volume 1, « Federal School – Payne Bay, P.Q., » A. Meldrum à C. M. Bolger, p. 9. [PBH-000086-0001]
13. CVR. ARN, Bibliothèque et Archives Canada, RG85, volume 708, dossier 630/105–7, partie 3, Établissements secondaires – Yellowknife [Écoles publiques et séparées], 1958–1959, « Yellowknife Composite High School and Vocational School, Proposed Program, 1958–1959 ». [AHU-000363] Pour l'école de Churchill, voir : Canada, Rapport annuel du ministère des Affaires indiennes, 1967, p. 25–26.
14. CVR, ARN, Bibliothèque et Archives Canada, RG85, boîte 125, acquisition 1997–98/076, dossier 630/105–10, partie 2, Foyer du gouvernement – Yellowknife, T.N.-O. février 1959–décembre 1959, n° d'inst. de recherche 85–52, J. M. Black au Surintendant principal des écoles, 1er décembre 1959. [AHU-000588]
15. Canada, Rapport annuel du ministère des Affaires indiennes, 1967, p. 26.
16. CVR, ARN, Bibliothèque et Archives Canada, RG85, volume permanent 1468, dossier 630/125–9, partie 1, Foyer du gouvernement [R.C.] Inuvik, T.N.-O. 1956–décembre 1959, n° d'inst. de recherche 85–4, « 1959–1960 Program, Inuvik, NWT », 10 août 1959. [RCN-008488]
17. CVR, ARN, Archives du gouvernement des Territoires du Nord-Ouest, dossier T-600–1–1, partie 1b, Éducation et écoles dans les T.N.-O. Politique générale 1966–1968, boîte d'archives 203–1, acquisition G-1979–003, « Information to Members of Council – Number 8, Change of School Year in Keewatin ». [RCN-011201]
18. CVR, ARN, Bibliothèque et Archives Canada, RG85, volume permanent 1434, dossier 600/-1–1, partie 20, Éducation – Écoles. T.N.-O. [Politique générale] août 1963 – novembre 1964, n° d'inst. de recherche 85–4, R. A. J. Phillips à Gordon, 21 janvier 1964, p. 2. [RCN-006677]

19. CVR, ARN, Bibliothèque et Archives Canada, RG85, volume permanent 1468, dossier 630/125-1, partie 1, École du gouvernement à Inuvik, T.N.-O. 1956-décembre 1959, n° d'inst. de recherche 85-4, E. W. Lyall à Jacobson, 25 octobre 1959. [RCN-008532]
20. CVR, ARN, Bibliothèque et Archives Canada, RG85, volume permanent 1468, dossier 630/125-1, partie 1, École du gouvernement à Inuvik, T.N.-O. 1956-décembre 1959, n° d'inst. de recherche 85-4, administrateur du diocèse du Mackenzie, ministère du Nord canadien et des Ressources nationales, Division des régions septentrionales et des terres à J. V. Jacobson, 25 novembre 1959. [RCN-009843]
21. CVR, ARN, Bibliothèque et Archives Canada, RG85, volume permanent 644, dossier 630/158-1, partie 6, École du gouvernement - Chesterfield Inlet, T.N.-O. octobre 1957-mai 1959, n° d'inst. de recherche 85-1, Dickson pour J. V. Jacobsen au directeur, 11 mai 1959. [CIU-002037]
22. Clifton, *Spence Bay - 1867.*
23. Clifton, *Spence Bay - 1867.*
24. CVR, ARN, Bibliothèque et Archives Canada, RG85, boîte 162, acquisition 1997-98/076, dossier 1010/105-7, partie 3, Église catholique romaine - Dossier général [y compris, la Commission esquimo-indienne] décembre 1960-mars 1970, n° d'inst. de recherche 85-52, J. M. Rousselière - Les Missionnaires Oblats de Marie Immaculée à Côté, 20 novembre 1967. [CIU-001786-0001]
25. Phillips, *Canada's North,* p. 240.
26. CVR, ARN, Archives du gouvernement des Territoires du Nord-Ouest, dossier 630-100/12-1, partie 2, Rapports et relevés, Foyer de Fort Smith - Breynat Hall 1962-1965, boîte d'archives 222-1, acquisition G-1979-003, W. G. Booth à B. C. Gillie, 12 juillet 1963. [BTU-000723] Pour le rapport sur l'autorisation de parler une langue autochtone à Lapointe Hall à Fort Simpson, voir : Blondin-Perrin, *Mon cœur palpitait,* p. 152.
27. CVR, DAV, Margaret Leishman, déclaration devant la Commission de vérité et réconciliation du Canada, K'atl'Odeeche (Territoires du Nord-Ouest), 8 mars 2012, numéro de déclaration : SP056.
28. CVR, ARN, AINC — Secteur de la résolution — Collection des dossiers historiques des pensionnats indiens — Ottawa, dossier 600/-1-6, volume 6, Gestion des foyers - T.N.-O. [Politique générale], mars 1964-janvier 1965, Dossiers historiques de RQPIC, « Staff Fluent in Native Languages of the Pupils », 29 août 1964. [RCN-002549-0001]
29. CVR, ARN, Bibliothèque et Archives Canada, RG85, acquisition 1997-98/076, boîte 131, dossier 680-1-15, volume 4, extrait du Hansard des T.N.-O. (aucune date, mais le contexte indique qu'il s'agit du printemps 1970), p. 95-96. [CVC-000558-0002] Pour le point de vue de Williamson : Portail de recherche du Grand Nord, « R. G. Williamson fonds », http://scaa.usask.ca/gallery/northern/en_finding_aid_display.php?filename=williamson&title=-Robert%20Williamson%20fonds, consulté le 8 mars 2014.
30. CVR, ARN, Bibliothèque et Archives Canada, RG85, acquisition 1997-98/076, boîte 131, dossier 680-1-15, volume 4, R. Ritcey au surintendant régional des écoles, Churchill, Manitoba, 26 mars 1970. [CVC-000560]
31. CVR, ARN, Bibliothèque et Archives Canada, RG85, acquisition 1997-98/076, boîte 131, dossier 680-1-15, volume 4, W. I. Mouat à R. J. Carney, 2 avril 1970. [CVC-000561]
32. CVR, ARN, Bibliothèque et Archives Canada, RG85, acquisition 1997-98/076, boîte 131, dossier 680-1-15, volume 4, B. C. Gillie au commissaire, 22 avril 1970. [CVC-000563]

33. CVR, ARN, Bibliothèque et Archives Canada, 779/25-1-1, volume 1, 04/70-02/71, D. A. Davidson à G. D. Cromb, 9 novembre 1970. [BQL-002898-0001]
34. Remembering Jose Kusugak, « Premier Aariak », http://arcticcollege.ca/josekusugak/?p=291, consulté le 14 mars 2014.
35. Macpherson, *Dreams & Visions*, p. 278.
36. Ipellie, « He Scared the Hair », p. 60-63.
37. CVR, ARN, Archives du gouvernement des Territoires du Nord-Ouest, Cambay [Cambridge Bay] - Généralités, 1969-1970, boîte d'archive 5-3, acquisition G-1995-004, N. J. Macpherson au directeur et personnel, École territoriale, Cambridge Bay, T. N.-O., 20 avril 1970. [CBS-000861]
38. Hansard des T. N.-O. (5 février 1979), p. 528, 533-534, 539. Selon l'orthographe de l'époque, Piita Irniq était épelé « Peter Ernerk ».
39. CVR, ARN, AC d'AINC, dossier 40-2-185, volume 1, 05/1966-02/1969, C. M. Bolger à C. M. Whitton, 7 octobre 1966. [AEMR-019430E]
40. CVR, ARN, AC d'AINC, dossier 40-2-185, volume 1, 05/1966-02/1969, D. B. Marsh à C. M. Bolger, 12 décembre 1966. [AEMR-019430E]
41. « Priest Calls Department Anti-Catholic », *Ottawa Citizen,* 10 juin 1961, cité dans Carney, « Relations in Education », p. 487.
42. CVR, ARN, AINC - Secteur de la résolution - Collection des dossiers historiques des pensionnats indiens - Ottawa, dossier 853/25-1, volume 2 (nº de contrôle 49-5), rapport intitulé « Report to the Chief of the Education Division, Indian Affairs Branch, On the Experiment With Integration of Indian Students (R.C.) Into Whitehorse Schools, 1960-1961 », E. Cullinane, 1961. [NCA-009389-0001]
43. CVR, ARN, AINC - Secteur de la résolution - Collection des dossiers historiques des pensionnats indiens - Ottawa, 853/25-1, 1956-1968, volume 2, CRPA, E. A. Cullinane à J. E. Ingot, 24 janvier 1962. [CDH-000060]
44. CVR, ARN, Bibliothèque et Archives Canada, RG10, boîte 366, acquisition 1999-01431-6, dossier 906/25-7, partie 1, W. E. Grant tau sous-commissaire des Indiens pour la Colombie-Britannique, 5 juin 1961. [NCA-010764-0002]
45. CVR, ARN, Bibliothèque et Archives Canada, RG10, volume 1338, dossier 600-1-1, partie 19, D. W. Hepburn, « Northern Education: Facade for Failure », *Variables: The Journal of the Sociology Club* (Université de l'Alberta), vol. 2, nº 1 (février 1963), p. 16-21, 16. [NCA-005960]
46. CVR, ARN, Bibliothèque et Archives Canada, RG10, volume 1338, dossier 600-1-1, partie 19, D. W. Hepburn, « Northern Education: Facade for Failure », *Variables: The Journal of the Sociology Club* (Université de l'Alberta), vol. 2, nº 1 (février 1963), p. 16-21, 17. [NCA-005960]
47. CVR, ARN, Bibliothèque et Archives Canada, RG10, volume 1338, dossier 600-1-1, partie 19, D. W. Hepburn, « Northern Education: Facade for Failure », *Variables: The Journal of the Sociology Club* (Université de l'Alberta), vol. 2, nº 1 (février 1963), p. 16-21, 18. [NCA-005960]
48. CVR, DAV, Petah Inukpuk, déclaration devant la Commission de vérité et réconciliation du Canada (traduction simultanée), Inuvik (Territoires du Nord-Ouest), 30 juin 2011, numéro de déclaration : SP149.
49. CVR, DAV, Petah Inukpuk, déclaration devant la Commission de vérité et réconciliation du Canada (traduction simultanée), Inuvik (Territoires du Nord-Ouest), 30 juin 2011, numéro de déclaration : SP149.
50. Voir à titre d'exemple, CVR, DAV, Beatrice Bernhardt déclaration devant la Commission de vérité et réconciliation du Canada, Inuvik (Territoires du Nord-Ouest), 30 juin 2011, numéro

de déclaration : SP150; et Piita Irniq, cité dans Fondation autochtone de l'espoir, *Nous étions si loin*, p. 109.

51. Hansard des T. N.-O. (28 janvier 1970), p. 955–956.
52. CVR, ARN, Gouvernement des Territoires du Nord-Ouest - Éducation, culture et emploi, dossier 73-500-400/B, volume 1, Foyer d'Inuvik - Grollier Hall [catholique] - Relevés trimestriels [Fort McPherson], 09/69- 12/71, n° de transfert 0330, boîte 8-25, « Statistics on Students Leaving a Particular and Special Hostel: Grollier Hall », 1971. [GHU-001200]
53. CVR, ARN, Gouvernement des Territoires du Nord-Ouest - Éducation, culture et emploi, Rapports trimestriels du personnel, 1987–1988, n° de transfert 1530, boîte 15, « Semester 2 Final Marks - 1986-1987 ». [AHU-004913-0001]
54. CVR, ARN, Gouvernement des Territoires du Nord-Ouest - Éducation, culture et emploi, Rapports trimestriels du personnel, 1987–1988, n° de transfert 1530, boîte 15, « Semester 1 Mid-Term Marks - 1987-88 ». [AHU-004914-0001]
55. CVR, ARN, Gouvernement des Territoires du Nord-Ouest - Éducation, culture et emploi, Correspondance - Région du Kitikmeot, 1990–1992, n° de transfert 1530, boîte 10, « Kitikmeot Dropouts 1990-1991 », 16 juin 1991. [AHU-004019-0002]
56. Duffy, *Road to Nunavut,* p. 125.
57. Dickerson, *Whose North?,* p. 128–129.
58. Lillian Elias, citée dans Fondation autochtone de l'espoir, *Nous étions si loin,* p. 50.
59. Quassa, *We Need to Know*, p. 29.
60. Piita Irniq, cité dans Fondation autochtone de l'espoir, *Nous étions si loin*, p. 111.
61. CVR, DAV, Eddie Dillon, déclaration devant la Commission de vérité et réconciliation du Canada, Inuvik (Territoires du Nord-Ouest), 1er juillet 2011, numéro de déclaration : SP151.
62. Peterson, « Sir Joseph Bernier Federal Day School », p. 8.
63. Peterson, « Sir Joseph Bernier Federal Day School », p. 8.
64. Peterson, « Sir Joseph Bernier Federal Day School », p. 9.
65. Peterson, « Sir Joseph Bernier Federal Day School », p. 9–11.
66. Voir à titre d'exemple, CVR, DAV, Elijah Nashook, déclaration devant la Commission de vérité et réconciliation du Canada (traduction simultanée), Inuvik (Territoires du Nord-Ouest), 1er juillet 2011, numéro de déclaration : SP151.
67. John Amagoalik, cité dans McGregor, *Inuit Education*, p. 110.
68. Amagoalik, *Un nouveau visage pour le Canada*, p. 20.
69. CVR, DAV, David Simailak, déclaration devant la Commission de vérité et réconciliation du Canada, Baker Lake (Nunavut), 15 novembre 2011, numéro de déclaration : SP032.
70. CVR, DAV, Marjorie Ovayuak, déclaration devant la Commission de vérité et réconciliation du Canada, Inuvik (Territoires du Nord-Ouest), 30 juin 2011, numéro de déclaration : SP150.
71. Duffy, *Road to Nunavut,* p. 102.
72. Nungak, « Experimental Eskimos », p. 16. Les anciens numéros d'*Inuktitut* sont maintenant accessibles en ligne à https://www.itk.ca/publication/magazine/Inuktitut. Voir aussi le court métrage sur cet événement sur le site Web d'Inuit Tapiriit Kanatami, https://www.itk.ca/historical-event/experimental-eskimo-zebedee-nungak-leaves-puvirnituq-nunavik, consulté le 31 janvier 2013; et le documentaire intitulé *Experimental Eskimos*, commenté ici : http://www.imdb.com/title/tt1414861/plotsummary, consulté le 31 janvier 2013.
73. Nungak, « Experimental Eskimos », p. 16.
74. Ittinuar, *Teach an Eskimo*, 2008.
75. Ittinuar, *Teach an Eskimo,* p. 65.

Les grands foyers

1. CVR, ARN, gouvernement des Territoires du Nord-Ouest - Éducation, culture et emploi, Résidences - Statistiques sur la fréquentation sept. 1969-juin 1973, n° de transfert 0274, boîte 4-20, « Enrolment at Stringer Hall - By settlement - Quarter ending June 30, 1970. » [SHU-000588]
2. CVR, ARN, gouvernement des Territoires du Nord-Ouest - Éducation, culture et emploi, Foyers - Statistiques sur la fréquentation sept. 1969-juin 1973, n° de transfert 0274, boîte 4-20, « Enrolment for Akaitcho Hall - by Settlement, Quarter Ending December 31, 1970. » [AHU-003842]
3. CVR, ARN, AINC - Sous-section des archives - Ottawa, dossier 630/500-10, « Pupils attending Pre-Vocational School, Churchill, Man. From Arctic District », 30 septembre 1964. [CVC-001217-0005]
4. Calculateur de distance, Yellowknife à Iqaluit, http://www.distance-calculator.co.uk/world-distances-yellowknife-to-iqaluit.htm; calculateur de milles aériens entre Inuvik et *Taloyoak,* http://www.airmilescalculator.com/distance/yev-to-yyh/.
5. CVR, ARN, Bibliothèque et Archives Canada, RG85, volume permanent 1468, dossier 630/125-9, partie 1, Foyers du gouvernement [R.C.] Inuvik, T.N.-O. 1956-décembre 1959, n° d'inst. de recherche 85-4, programme de 1959-1960, Inuvik (Territoires du Nord-Ouest), 10 août 1959. [RCN-008488]
6. CVR, ARN, Bibliothèque et Archives Canada, RG85, volume permanent 709, dossier 630/105-10, partie 1, Foyers du gouvernement- Yellowknife (T.N.-O.), avril 1957-janvier 1959, n° d'inst. de recherche 85-1, J.V. Jacobson au directeur, 11 octobre 1957. [RCN-008265]
7. Voir « Line of Authority in the Hostel », Clifton, *Spence Bay - 1867*, p. 54, 67
8. CVR, ARN, Bibliothèque et Archives Canada, RG85, volume permanent 1443, dossier 630/125-8, partie 4, Foyers du gouvernement [anglican] Inuvik (T. N.-O.) [Stringer Hall] avril 1963-octobre 1965, n° d'inst. de recherche 85-4, B. G. Sivertz au sous-ministre, 9 octobre 1963. [IKU-000612]
9. CVR, ARN, AINC - Secteur de la résolution - Collection des dossiers historiques des pensionnats indiens - Ottawa, dossier 600-1-6, volume 6, Gestion des pensionnats - Territoires du Nord-Ouest [Politique générale], mars 1964-janvier 1965, C. M. Bolger à l'administrateur de l'Arctique, 5 novembre 1964. [RCN-002539]
10. CVR, ARN, Archives du gouvernement des Territoires du Nord-Ouest, gouvernement des Territoires du Nord-Ouest, Bibliothèque de l'Assemblée législative, Joseph Katz, *Educational Environments of School-Hostel Complexes in the Northwest Territories*, Vancouver (C.-B.) : Division de l'éducation, ministère du Nord canadien et des Ressources nationales, juillet 1965, p. 15. [RCN-013107]
11. CVR, ARN, archives du gouvernement des Territoires du Nord-Ouest, dossier 630.116, partie 1, Installations des pensionnats - Chesterfield Inlet, 1963, boîte 37, n° d'acquisition N-1994-009, I. Mouat à sœur Arcand, 31 mars 1967. [CIU-001776-0001]
12. CVR, ARN, Archives du gouvernement des Territoires du Nord-Ouest, gouvernement des Territoires du Nord-Ouest, Bibliothèque de l'Assemblée législative, Joseph Katz, *Educational Environments of School-Hostel Complexes in the Northwest Territories*, Vancouver (C.-B.) : Division de l'éducation, ministère du Nord canadien et des Ressources nationales, juillet 1965, p. 16. [RCN-013107]
13. CVR, ARN, Bibliothèque et Archives Canada, RG85, n° d'acquisition 1997-98/076, boîte 131, dossier 680-1-15, volume 1, « Memo - Churchill School Data », sans date. [CVC-001896-0000]

pour un schéma illustrant l'aménagement du dortoir d'Akaitcho Hall, voir : CVR, ARN, Bibliothèque et Archives Canada, RG 29, volume 2989, dossier 851-6-4, partie 3a, Akaitcho Hall, Yellowknife, croquis du dortoir des filles, octobre 1960. [120.16375A]

14. CVR, ARN, Bibliothèque et Archives Canada, RG85, volume permanent 1051, dossier A-630/158-9, partie 1, Foyers du gouvernement [R.C.] - Chesterfield Inlet, octobre 1959-avril 1961, n° d'inst. de recherche 85-3, « Criteria for Selecting Children to Attend Hostels and Residential Schools », 19 octobre 1960. [CIU-000090-0001]
15. CVR, ARN, AINC - Secteur de la résolution - Collection des dossiers historiques des pensionnats indiens - Ottawa, dossier 600-1-6, volume 2, Gestion des pensionnats - Territoires du Nord-Ouest, Politique générale, mai 1960-décembre 1960, R. A. Bishop à l'administrateur de Mackenzie, 10 mai 1960, p. 2. [RCN-000655]
16. CVR, ARN, Bibliothèque et Archives Canada, RG22, volume permanent 1061, dossier 250-3-20, partie 1, Pensionnat catholique - Inuvik (Territoires du Nord-Ouest) 1957, n° d'inst. de recherche 22-3, B. G. Sivertz au sous-ministre, 22 juin 1959. [IKU-001224-0001]
17. Norm Burgess, cité dans Macpherson, *Dreams & Visions*, p. 332.
18. CVR, DAV, Eric Anautalik, déclaration devant la Commission de vérité et réconciliation du Canada, Baker Lake (Nunavut), 15 novembre 2011, numéro de déclaration : SP032.
19. CVR, DAV, Dora Fraser, déclaration devant la Commission de vérité et réconciliation du Canada, Winnipeg (Manitoba), 19 juin 2010, numéro de déclaration : 02-MB-19JU10-012.
20. CVR, DAV, Beatrice Bernhardt, déclaration devant la Commission de vérité et réconciliation du Canada, 30 juin 2011, Inuvik (Territoires du Nord-Ouest), séance de partage : SP150.
21. Quassa, *We Need to Know*, p. 25-26.
22. Watt, « Eyewitness Says », *Winnipeg Free Press*.
23. CVR, ARN, Bibliothèque et Archives Canada, RG85, volume permanent 1376, dossier 660-14, partie 2, Canadian Association of School Superintendents and Inspectors, janvier 1958-juin 1962, n° d'inst. de recherche 85-4, « Speech to the Canadian Association of School Superintendents and Inspectors », Richard Bell, ministre de la Citoyenneté et de l'Immigration. [RCN-012875]
24. CVR, ARN, archives du gouvernement des Territoires du Nord-Ouest, dossier 630-100/12-1, partie 2, Rapports et états sur le foyer de Fort Smith, Breynat Hall 1962-1965, boîte 222-1, n° d'acquisition G-1979-003, W. G. Booth à B. C. Gillie, 12 juillet 1963. [BTU-000723]
25. Tagoona, « Education », p. 53-55.
26. CVR, DAV, Norman Attungala, déclaration devant la Commission de vérité et réconciliation du Canada (traduction simultanée), Baker Lake (Nunavut), 15 novembre 2011, numéro de déclaration : SP032.
27. Lillian Elias, citée dans Fondation autochtone de l'espoir, *Nous étions si loin*, p. 60.
28. Piita Irniq, cité dans Fondation autochtone de l'espoir, *Nous étions si loin*, p. 98.
29. CVR, DAV, Eric Anautalik, déclaration devant la Commission de vérité et réconciliation du Canada (traduction simultanée), Baker Lake (Nunavut), 15 novembre 2011, numéro de déclaration : SP032.
30. CVR, DAV, Mary Charlie, déclaration devant la Commission de vérité et réconciliation du Canada, Watson Lake (Yukon), 25 mai 2011, numéro de déclaration : SP021.
31. CVR, DAV, Angus Lennie, déclaration devant la Commission de vérité et réconciliation du Canada, Tulita (Territoires du Nord-Ouest), 10 mai 2011, numéro de déclaration : SP018.
32. CVR, DAV, Towkie Karpit, déclaration devant la Commission de vérité et réconciliation du Canada, Pangnirtung (Nunavut), 13 février 2012, numéro de déclaration : SP045.

33. Apphia Agalakti Siqpaapik Awa, citée dans Wachowich, *Saqiyuq*, p. 106.
34. CVR, DAV, Peggy Tologanak, déclaration devant la Commission de vérité et réconciliation du Canada, Iqaluit (Nunavut), 25 mars 2011, numéro de déclaration : SP008.
35. CVR, ARN, Bibliothèque et Archives Canada, RG85, nº d'acquisition 1997–98/076, boîte 131, dossier 680–1–15, volume 1, « Memo – Churchill School Data », sans date, p. 4. [CVC-001896–0000]
36. CVR, DAV, Norma Yakeleya, déclaration devant la Commission de vérité et réconciliation du Canada, Tulita (Territoires du Nord-Ouest), 10 mai 2011, numéro de déclaration : SP018.
37. CVR, DAV, Peggy Tologanak, déclaration devant la Commission de vérité et réconciliation du Canada, Iqaluit (Nunavut), 25 mars 2011, numéro de déclaration : SP008. Plusieurs de ces articles ont maintenant une grande valeur commerciale. Le prix des mocassins fabriqués et tannés à la main peut être de plus de 500 $, alors que celui des parkas peut dépasser les 1 000 $. Pour des exemples, consulter le site Tlicho Online Store, http://onlinestore.tlicho.ca/.
38. CVR, DAV, Marjorie Jack, déclaration devant la Commission de vérité et réconciliation du Canada, Watson Lake (Yukon) 25 mai 2011, numéro de déclaration : SP021.
39. Voir CVR, DAV, Candace Ikey, déclaration devant la Commission de vérité et réconciliation du Canada, Kuujjuaq (Québec), 16 mars 2011, numéro de déclaration : SP003.
40. CVR, DAV, David Simailak, déclaration devant la Commission de vérité et réconciliation du Canada, Baker Lake (Nunavut), 15 novembre 2011, numéro de déclaration : SP032.
41. CVR, DAV, Helen Naedzo Squirrel, déclaration devant la Commission de vérité et réconciliation du Canada, Tulita (Territoires du Nord-Ouest), 10 mai 2011, numéro de déclaration : SP018.
42. Piita Irniq, cité dans Fondation autochtone de l'espoir, *Nous étions si loin*, p. 99.
43. CVR, DAV, Anna Kasudluak, déclaration devant la Commission de vérité et réconciliation du Canada (traduction simultanée), Inuvik (Territoires du Nord-Ouest), 30 juin 2011, numéro de déclaration : SP149.
44. Ralph Ritcey, cité dans Macpherson, *Dreams & Visions*, p. 330.
45. CVR, ARN, Archives du gouvernement des Territoires du Nord-Ouest, dossier 630–100/12–1, partie 2, Rapports et états sur le foyer Breynat Hall de Fort Smith 1962–1965, boîte 222–1, nº d'acquisition G-1979–003, W. G. Booth à B. C. Gillie, 12 juillet 1963. [BTU-000723]
46. CVR, DAV, Anna Kasudluak, déclaration devant la Commission de vérité et réconciliation du Canada (traduction simultanée), Inuvik (Territoires du Nord-Ouest), 30 juin 2011, numéro de déclaration : SP149.
47. CVR, DAV, Veronica Dewar, déclaration devant la Commission de vérité et réconciliation du Canada (traduction simultanée), Iqaluit (Nunavut), 25 mars 2011, numéro de déclaration : SP008.
48. CVR, DAV, Eva Lapage, déclaration devant la Commission de vérité et réconciliation du Canada, Halifax (Nouvelle-Écosse), 29 octobre 2011, numéro de déclaration : 2011–2919.
49. CVR, ARN, AINC – Sous-section des archives – Ottawa, dossier 630/500–10, « Churchill Pupil Residence, Routine and Rules », 30 septembre 1964. [CVC-001217–0008]
50. CVR, DAV, Peggy Tologanak, déclaration devant la Commission de vérité et réconciliation du Canada, Iqaluit (Nunavut), 25 mars 2011, numéro de déclaration : SP008.
51. CVR, DAV, Peggy Tologanak, déclaration devant la Commission de vérité et réconciliation du Canada, 25 mars 2011, Iqaluit (Nunavut), numéro de déclaration : SP008.

52. CVR, DAV, Veronica Dewar, déclaration devant la Commission de vérité et réconciliation du Canada (traduction simultanée), 25 mars 2011, Iqaluit (Nunavut), numéro de déclaration : SP008.
53. Piita Irniq, cité dans Fondation autochtone de l'espoir, *Nous étions si loin*, p. 99.
54. CVR, DAV, Rebecca Williams, déclaration devant la Commission de vérité et réconciliation du Canada, Halifax (Nouvelle-Écosse), 28 octobre 2011, numéro de déclaration : SC076.
55. Clifton, *Inuvik Study*, p. 60.
56. Clifton, *Inuvik Study*, p. 61.
57. Voir, par exemple : CVR, DAV, Marjorie Ovayuak, déclaration devant la Commission de vérité et réconciliation du Canada, Inuvik (Territoires du Nord-Ouest), 30 juin 2011, numéro de déclaration : SP150.
58. CVR, DAV, Beatrice Bernhardt, déclaration devant la Commission de vérité et réconciliation du Canada, Inuvik (Territoires du Nord-Ouest), 30 juin 2011, numéro de déclaration : SP150.
59. CVR, DAV, Eddie Dillon, déclaration devant la Commission de vérité et réconciliation du Canada, Inuvik (Territoires du Nord-Ouest), 1er juillet 2011, numéro de déclaration : SP151.
60. CVR, DAV, Beatrice Bernhardt, déclaration devant la Commission de vérité et réconciliation du Canada, Inuvik (Territoires du Nord-Ouest), 30 juin 2011, numéro de déclaration : SP150.
61. CVR, DAV, Peggy Tologanak, déclaration devant la Commission de vérité et réconciliation du Canada, Iqaluit (Nunavut), 25 mars 2011, numéro de déclaration : SP008.
62. CVR, DAV, Jeannie Evalik, déclaration devant la Commission de vérité et réconciliation du Canada, Cambridge Bay (Nunavut), 11 avril 2011, numéro de déclaration : SP009.
63. CVR, DAV, Marjorie Ovayuak, déclaration devant la Commission de vérité et réconciliation du Canada, Inuvik (Territoires du Nord-Ouest), 30 juin 2011, numéro de déclaration : SP150.
64. CVR, DAV, Judi Kochon, déclaration devant la Commission de vérité et réconciliation du Canada, Tulita (Territoires du Nord-Ouest), 10 mai 2011, numéro de déclaration : SP018.
65. CVR, ARN, Bibliothèque et Archives Canada, RG85, volume 708, dossier 630/105-7, partie 3, Installations des écoles secondaires - Yellowknife [Écoles publiques et séparées], 1958-1959, A. J. Boxer à J. M. Black, « Progress Report - Yellowknife Hostel. Initial Period to New Year », 9 décembre 1958, p. 5. [AHU-000005-0000]
66. CVR, ARN, Archives du gouvernement des Territoires du Nord-Ouest, dossier 630-105/12-1, 2, 3, Akaitcho Hall, Yellowknife, 1961-1965, boîte 229-1, nº d'acquisition G-1979-003, N. J. Macpherson à W. G. Booth, 22 novembre 1963. [AHU-001404-0001]
67. CVR, ARN, Archives confidentielles du gouvernement des Territoires du Nord-Ouest, Foyers, 1971-1974, boîte 8-24, nº d'acquisition G1995-004, « Ukkivik Residence, Frobisher Bay, Northwest Territories: A Report and Recommendations », 24 décembre 1973, p. 5. [FBS-000431]
68. Blondin-Perrin, *Mon cœur palpitait comme un tambour*, p. 139.
69. CVR, ARN, Archives du gouvernement des Territoires du Nord-Ouest, Bibliothèque de l'Assemblée législative du gouvernement des Territoires du Nord-Ouest, Joseph Katz, *Educational Environments of School-Hostel Complexes in the Northwest Territories* (Vancouver, C.-B. : Division de l'éducation, ministère du Nord canadien et des Ressources nationales, juillet 1965), p. 17, 22. [RCN-013107]
70. CVR, ARN, Archives confidentielles du gouvernement des Territoires du Nord-Ouest, Foyers, 1971-1974, boîte 8-24, nº d'acquisition G1995-004, « Ukkivik Residence, Frobisher Bay, Northwest Territories: A Report and Recommendations », 24 décembre 1973, p. 4-5. [FBS-000431]

71. CVR, ARN, Bibliothèque et Archives Canada, RG85, volume permanent 1374, dossier 630/158-9, partie 7, Foyer du gouvernement [C. R.] Chesterfield Inlet, Territoires du Nord-Ouest, février 1960-septembre 1962, nº d'inst. de recherche 85-4, R. Bélair à A. Bishop, 28 septembre 1961. [CIU-001666]
72. CVR, ARN, Bibliothèque et Archives Canada, RG85, volume permanent 1374, dossier 630/158-9, partie 7, Foyer du gouvernement [C. R.] Chesterfield Inlet, Territoires du Nord-Ouest, février 1960-septembre 1962, nº d'inst. de recherche 85-4, R. A. Bishop à R. Bélair, 31 mai 1962. [CIU-001692]
73. CVR, ARN, Bibliothèque et Archives Canada, RG85, volume permanent 1374, dossier 630/158-9, partie 7, Foyer du gouvernement [C. R.] Chesterfield Inlet, Territoires du Nord-Ouest, février 1960-septembre 1962, nº d'inst. de recherche 85-4, R. Bélair à R. A. Bishop, 22 juillet 1962. [CIU-001700]
74. CVR, ARN, Bibliothèque et Archives Canada, RG85, volume permanent 1442, dossier 630/125-8, partie 3, Foyer du gouvernement [anglican] [Inuvik - Territoires du Nord-Ouest] mars 1961-mars 1963, 85-4, L. Holman à B. Sivertz, 27 octobre 1961. [SHU-000185-0000]
75. CVR, ARN, AINC - Secteur de la résolution - Collection des dossiers historiques des pensionnats indiens - Ottawa, dossier 600-1-6, volume 3, Gestion des foyers - Territoires du Nord-Ouest [Politique générale], janvier 1961-octobre 1961, L. Holman à B. G. Sivertz, sans date. [RCN-000785-0005]
76. CVR, ARN, Gouvernement des Territoires du Nord-Ouest - Éducation, culture et emploi, dossier 73-500-400/A, volume 1, Foyer Inuvik - Grollier Hall [C. R.] - Relevés trimestriels [Fort McPherson], 09/69-12/71, nº de transfert 0330, boîte 8-25, M. Thomson au directeur régional, Services médicaux de la région du Nord, gouvernement du Canada, 27 octobre 1970. [SHU-000594]
77. CVR, ARN, Entrepôt des dossiers de la Catholic Guardian Society, Iqaluit, gouvernement du Nunavut, Correspondance, Akaitcho Hall, 1988-1989, région de Kitikmeo [Kugluktuk] - boîte 202, T. Gavac à D. Harvey, 30 mai 1990, p. 4. [AHU-004004]
78. Quassa, *We Need to Know*, p. 29-30.
79. CVR, ARN, AINC - Secteur de la résolution - Collection des dossiers historiques des pensionnats indiens - Ottawa, dossier 600-1-6, volume 2, Gestion des foyers - Territoires du Nord-Ouest, Politique générale, mai 1960-décembre 1960, F. A. G. Carter à A. Renaud, « Facilities for Medical Care and General Health at Hostels in the Northwest Territories », 9 mai 1960, p. 2. [RCN-000653]
80. CVR, ARN, Bibliothèque et Archives Canada, RG85, volume 708, dossier 630/105-7, partie 3, Installations des écoles secondaires - Yellowknife [Écoles publiques et séparées], 1958-1959, « Public Health Services to Yellowknife Composite School », 20 janvier 1959. [AHU-000387]
81. CVR, ARN, Bibliothèque et Archives Canada, RG85, nº d'acquisition 1997-98/076, boîte 131, dossier 680-1-15, volume 1, « Memo - Churchill School Data », sans date, p. 3. [CVC-001896-0000]
82. CVR, ARN, AINC - Secteur de la résolution - Collection des dossiers historiques des pensionnats indiens - Ottawa, dossier 600-1-6, volume 2, Gestion des foyers - Territoires du Nord-Ouest, Politique générale, mai 1960-décembre 1960, R. A. Bishop à l'administrateur de Mackenzie, 10 mai 1960. [RCN-000655]
83. CVR, ARN, Bibliothèque et Archives Canada, RG85, volume permanent 1374, dossier 630/111-8, partie 2, Foyer du gouvernement [anglican] - Fort Simpson, Territoires du

Nord-Ouest, décembre 1961-décembre 1963, n° d'inst. de recherche 85-4, B. Sales à W. Karashowski, 21 décembre 1963. [BPU-000052-0002] Voir aussi : CVR, ARN, Bibliothèque et Archives Canada, RG85, volume permanent 1441, dossier 630/111-8, partie 3, Foyer du gouvernement [anglican] - Fort Simpson, Territoires du Nord-Ouest, janvier 1964-décembre 1965, n° d'inst. de recherche 85-4, « Memorandum for the Director », 7 janvier 1964. [BPU-000262]

84. CVR, ARN, Bibliothèque et Archives Canada, RG85, boîte 143, n° d'acquisition 1997-98/076, dossier 1000/125, partie 5, Inuvik, Territoires du Nord-Ouest - Dossier général, février 1959-décembre 1967, n° d'inst. de recherche 85-52, J. V. Jacobsen au directeur, « Memorandum for the Director: Measles - Inuvik », 7 décembre 1959. [IKU-001287]
85. CVR, ARN, Bibliothèque et Archives Canada, RG85, boîte 143, n° d'acquisition 1997-98/076, dossier 1000/125, partie 5, Inuvik, Territoires du Nord-Ouest - Dossier général, février 1959-décembre 1967, n° d'inst. de recherche 85-52, P. E. Moore au sous-ministre, Santé nationale, au sous-ministre, Nord canadien et Ressources nationales, à la Division G, au chef de police régional de la GRC, au chef, Épidémiologie, région de Foothills, « Urgent Report: Influenza Epidemic », 13 octobre 1960. [IKU-001315]
86. CVR, ARN, Bibliothèque et Archives Canada, RG85, boîte 143, n° d'acquisition 1997-98/076, dossier 1000/125, partie 5, Inuvik, Territoires du Nord-Ouest - Dossier général, février 1959-décembre 1967, n° d'inst. de recherche 85-52, P. E. Moore au sous-ministre, Nord canadien et Ressources nationales, « Urgent Report: Influenza », 28 avril 1961. [IKU-001339]
87. CVR, ARN, Bibliothèque et Archives Canada, RG29, volume 1245, dossier 312-2-13, volume 2, Rapport du médecin hygiéniste en chef, 26 avril 1963. [NPC-600531]
88. CVR, ARN, Archives du Synode général, Église anglicane du Canada, ACC-MSCC-GS 75-103, série 2-15, boîte 30, dossier 3, « News Letter », mai 1966. [AAC-084515]
89. CVR, ARN, Bibliothèque et Archives Canada, dossier A3725-2-017, partie 1, 1970-1971, Services de gestion -Whitehorse, résidence des élèves : Division des affaires indiennes et esquimaudes, « Whitehorse Student Residence Indian-Eskimo Affairs Branch », A. G. Massé, B. Stanton, S. Meggs, ministère des Affaires indiennes et du Nord canadien, Services de gestion, août 1971, p. 10. [YHU-090221]
90. CVR, ARN, Archives du gouvernement des Territoires du Nord-Ouest, Bibliothèque de l'Assemblée législative du gouvernement des Territoires du Nord-Ouest, Joseph Katz, *Educational Environments of School-Hostel Complexes in the Northwest Territories* (Vancouver, C.-B. : Division de l'éducation, ministère du Nord canadien et des Ressources nationales, juillet 1965), p. 20. [RCN-013107]
91. CVR, ARN, Archives du gouvernement des Territoires du Nord-Ouest, dossier 630.012, partie 1, Foyers - Churchill, 1964, boîte 31, n° d'acquisition N1994-009, J. Poste à R. L. Graves, 25 novembre 1964; [CVC-002131] R. L. Graves à A. Whitton, 2 décembre 1964. [CVC-002144-0001]
92. CVR, ARN, Archives du gouvernement des Territoires du Nord-Ouest, Résidence des élèves - Dossier général, 1974-1978 boîte 3-3, n° d'acquisition G1995-004, M. Tatty à B. Lewis, 7 décembre 1978. [AHU-003901]
93. CVR, ARN, Bibliothèque et Archives Canada, RG 29, volume 2984, dossier 851-5-X600, partie 10a, J. H. Rocks à R. J. Orange, 3 mai 1965. [NPC-620584]
94. CVR, ARN, Archives du gouvernement des Territoires du Nord-Ouest, dossier 311/125B, partie 1, Établissements scolaires - Inuvik, 1959-1968, boîte 87-1, n° d'acquisition G1979-003,

J. H. Rooks au surintendant des écoles, Inuvik, Territoires du Nord-Ouest, 5 mai 1965. [IKU-001507]

95. CVR, ARN, Bibliothèque et Archives Canada, RG85, volume permanent 1441, dossier 630/111-8, partie 3, Foyer du gouvernement [anglican] – Fort Simpson, Territoires du Nord-Ouest, janvier 1964–décembre 1965, n° d'inst. de recherche 85-4, T. E. Jones à F. A. G. Carter, 20 octobre 1965. [BPU-000367]
96. CVR, ARN, Archives du gouvernement des Territoires du Nord-Ouest, Direction des politiques scolaires – Éducation [volume 1], partie 1, 05/68–12/69, boîte 262, n° d'acquisition G1999-046, B. C. Gillie à S. M. Hodgson, 21 avril 1969. [FNU-001685]
97. CVR, ARN, Gouvernement des Territoires du Nord-Ouest – Éducation, culture et emploi, dossier 73-500-402, volume 2, Foyer de Fort McPherson [anglican] – Relevés trimestriels [Fort McPherson], 01/72–12/76, n° de transfert 0330, boîte 8-21, R. L. Ha[illisible]ey à J. A. Coady, 27 février 1973. [FHU-002368-0001]
98. CVR, ARN, Gouvernement des Territoires du Nord-Ouest – Éducation, culture et emploi, dossier 73-500-402, volume 2, Foyer Fort McPherson [anglican] – Relevés trimestriels [Fort McPherson], 01/72–12/76, n° de transfert 0330, boîte 8-21, R. J. Morrison à S. M. Hodgson, 27 novembre 1975. [FHU-002398-0002]
99. Blondin-Perrin, *Mon coeur palpitait comme un tambour,* p. 101.
100. Canadien, *From Lishamie*, p. 251.
101. Canadien, *From Lishamie*, p. 253.
102. CVR, DAV, Richard Kaiyogan, déclaration devant la Commission de vérité et réconciliation du Canada, Inuvik (Territoires du Nord-Ouest), 30 juin 2011, numéro de déclaration : SC091.
103. CVR, DAV, Florence Barnaby, déclaration devant la Commission de vérité et réconciliation du Canada, Winnipeg (Manitoba), 15 juin 2010, numéro de déclaration : 02-MB-16JU10-014.
104. CVR, DAV, Willy Carpenter, déclaration devant la Commission de vérité et réconciliation du Canada, Tuktoyaktuk (Territoires du Nord-Ouest), 20 septembre 2011, numéro de déclaration : 2011-0353.
105. CVR, DAV, Steve Lafferty, déclaration devant la Commission de vérité et réconciliation du Canada, Fort Smith (Territoires du Nord-Ouest), 6 mai 2011, numéro de déclaration : 2011-0392.
106. CVR, DAV, Brenda Jancke, déclaration devant la Commission de vérité et réconciliation du Canada, Cambridge Bay (Nunavut), 11 avril 2011, numéro de déclaration : SP009.
107. CVR, DAV, Bernice Lyall, déclaration devant la Commission de vérité et réconciliation du Canada, Cambridge Bay (Nunavut), 11 avril 2011, numéro de déclaration : SP009.
108. CVR, ARN, Bibliothèque et Archives Canada, RG85, volume 708, dossier 630/105-7, partie 3, Installations des écoles secondaires – Yellowknife [Écoles publiques et séparées], 1958–1959, F. J. G. Cunningham à Sivertz, 27 janvier 1958. [RCN-000641] Pour la biographie d'Akaitcho, voir : Helm et Gillespie, « Akaitcho », p. 209.
109. CVR, ARN, Bibliothèque et Archives Canada, RG22, volume permanent 864, dossier 40-2-136, partie 2, Foyers dans les Territoires du Nord-Ouest et au Yukon – Dossier général, janvier 1959–décembre 1960, n° d'inst. de recherche 22-1, P. Piché à B. G. Sivertz, 16 juillet 1960. [RCN-008605-0003]
110. CVR, ARN, Archives du gouvernement des Territoires du Nord-Ouest, dossier 600-1-1, partie 4, Politique des écoles [et foyers], 1959–1961, boîte 202-1, n° d'acquisition G-1979-003, ministère du Nord canadien et des Ressources nationales, communiqué de presse, « Historic Names for Northern Schools and Residences », 2 mars 1961. [RCN-010612-0002]

111. Archives Canada, « Whitehorse Diocese collection », http://www.archivescanada.ca/english/search/ItemDisplay.asp?sessionKey=1143412449030_206_191_57_196&l=0&lvl=2&v =0&coll =1&itm=268856&rt=1&bill=1.
112. CVR, ARN, Gouvernement des Territoires du Nord-Ouest - Éducation, culture et emploi, Registres des écoles et formulaires des foyers 1961-1974 [foyer d'Ukkivik], n° de transfert 0274, boîte 4-23, « Student Residence Quarterly Return », septembre 1971. [FBS-000001]
113. CVR, ARN, AINC - Sous-section des archives - Ottawa, dossier 630/500-10, D. Marsh à B. Thorsteinsson, 9 septembre 1964. [CVC-001210-0001]
114. CVR, ARN, AINC - Sous-section des archives - Ottawa, dossier 250/25-23, volume 1, R. L. Kennedy à R. Haramburu, 26 novembre 1964. [CVC-000415-0001]
115. CVR, ARN, AINC - Sous-section des archives - Ottawa, dossier 250/25-23, volume 1, directeur au sous-ministre, 3 décembre 1964. [CVC-000415-0000]
116. CVR, ARN, AINC - Sous-section des archives - Ottawa, dossier 630/500-10, volume 3, J. Dufour à F. Dunford, 19 mai 1970. [CVC-001236]
117. CVR, ARN, AINC - Secteur de la résolution - Collection des dossiers historiques des pensionnats indiens - Ottawa, dossier 600-1-6, volume 6, n° de contrôle 440-10, directeur, Ottawa à l'administrateur de Mackenzie, « Regulations in Pupil Residence », 27 janvier 1965. [NCA-016417]
118. CVR, ARN, Bibliothèque et Archives Canada, RG85, n° d'acquisition 1997-98/076, boîte 131, dossier 680-1-15, volume 4, F. Dunford à R. Ritcey, 26 mai 1970. [CVC-000504]
119. CVR, ARN, Archives du gouvernement des Territoires du Nord-Ouest, dossier T-600-1-1, partie 2a, Éducation et écoles - Territoires du Nord-Ouest [Politique générale] 1968-1969, boîte 203-3, n° d'acquisition G-1979-003, « Report on the Inter-relation of Religious Organizations and the Northern Education Program », 28 janvier 1968, p. 3-4. [RCN-011441-0001]
120. CVR, ARN, Archives du Synode général, Église anglicane du Canada, ACC-MSCC-GS 75-103, série 2.15, boîte 25, dossier 14, H. G. Cook aux directeurs, 4 septembre 1959. [AAC-087024]
121. Honigmann et Honigmann, *Arctic Townsmen*, p. 180.
122. CVR, ARN, Archives du conseil scolaire de Beaufort-Delta, Inuvik, T.N.-O., Dossier d'instruction du procès de Grollier, 1984-1988, « Additional facilities and Equipment Provided by Father Ruyant », J. Maher à D. Ramsden, sans date. [GHU-000675-0001]
123. CVR, ARN, Archives du conseil scolaire de Beaufort-Delta, Inuvik, T.N.-O., Dossier d'instruction du procès de Grollier, 1984-1988, M. Ruyant à J. Maher, 27 février 1987. [GHU-000673]
124. Cross Country Ski de Fond, « History of Test », http://www.cccski.com/About/History/Photos-and-Stories/The-History-of-T-E-S-T--%281%29.aspx#.UvukJV6Lnv0.
125. CVR, ARN, Bibliothèque et Archives Canada, RG85, volume 708, dossier 630/105-7, partie 3, Installations des écoles secondaires - Yellowknife [Écoles publiques et séparées], 1958-1959, A. J. Boxer à J. M. Black, « Progress Report - Yellowknife Hostel. Initial Period to New Year », 9 décembre 1958. [AHU-000005-0000]
126. CVR, ARN, Bibliothèque et Archives Canada, RG85, volume permanent 1373, dossier 630/105-10, partie 3, Foyer du gouvernement- Yellowknife, Territoires du Nord-Ouest, janvier 1960-août 1962, n° d'inst. de recherche 85-4, « Superintendent's Hostel Report, Akaitcho », G. H. Needham, 7 février 1961, p. 3. [AHU-000684-0001]
127. CVR, ARN, Bibliothèque et Archives Canada, RG85, boîte 125, n° d'acquisition 1997-98/076, dossier 630/105-10, partie 2, Foyer du gouvernement- Yellowknife, T.N.-O., février 1959-décembre 1959, n° d'inst. de recherche 85-52, J. M. Black au surintendant en chef des écoles, 1er décembre 1959. [AHU-000588]

128. CVR, ARN, Bibliothèque et Archives Canada, RG85, nº d'acquisition 1997-98/076, boîte 131, dossier 680-1-15, volume 1, « Memo - Churchill School Data », sans date. [CVC-001896-0000]
129. CVR, ARN, Bibliothèque et Archives Canada, RG85, volume 1266, dossier 1000/158, partie 2, « Welfare Teacher's Monthly Report », E. Herauf, 18 mars 1957. [CIU-000444]
130. CVR, ARN, Bibliothèque et Archives Canada, RG85, volume 1348, dossier 1000/158, partie 3, W. G. Devitt pour J. V. Jacobsen à T. Chaput, 20 janvier 1959. [CIU-000521]
131. CVR, ARN, Archives du Synode général, Église anglicane du Canada ACC-MSCC-GS 75-103, série 2-15, boîte 30, dossier 3, « Residential Schools & Hostels, Division of M.S.C.C., Newsletter Spring - 1963 ». [AAC-084493]
132. Quassa, *We Need to Know*, p. 29, 36.
133. CVR, DAV, David Simailik, déclaration devant la Commission de vérité et réconciliation du Canada, Baker Lake (Nunavut), 1er juillet 2011, numéro de déclaration : SP032.
134. CVR, DAV, Alex Alikashuak, déclaration devant la Commission de vérité et réconciliation du Canada, Winnipeg (Manitoba), 16 juin 2010, numéro de déclaration : 02-MB-16JU10-137.
135. CVR, DAV, Betsy Annahatak, déclaration devant la Commission de vérité et réconciliation du Canada, Halifax (Nouvelle-Écosse), 28 octobre 2011, numéro de déclaration : 2011-2896.
136. CVR, ARN, Bibliothèque et Archives Canada, RG85, volume 708, dossier 630/105-7, partie 3, Installations des écoles secondaires - Yellowknife [Écoles publiques et séparées], 1958-1959, A. J. Boxer à J. M. Black, 9 décembre 1958, p. 4. [AHU-000005-0000]
137. CVR, ARN, AINC - Secteur de la résolution - Collection des dossiers historiques des pensionnats indiens - Ottawa, dossier 600-1-6, volume 8, Gestion des foyers, Territoires du Nord-Ouest [Politique générale], juillet 1965-avril 1966, D. G. Davis pour F. A. G. Carter à C. Gilles, 8 octobre 1965. [BTU-000294]
138. CVR, ARN, Archives du gouvernement des Territoires du Nord-Ouest, Bibliothèque de l'Assemblée législative du gouvernement des Territoires du Nord-Ouest, Joseph Katz, *Educational Environments of School-Hostel Complexes in the Northwest Territories* (Vancouver, C.-B. : Division de l'éducation, ministère du Nord canadien et des Ressources nationales, juillet 1965), p. 8. [RCN-013107]
139. CVR, ARN, AINC - Secteur de la résolution - Collection des dossiers historiques des pensionnats indiens - Ottawa, dossier 600-1-6, volume 6, Gestion des foyers - Territoires du Nord-Ouest [Politique générale], mars 1964-janvier 1965, « Staff Fluent in Native Languages of the Pupil », 29 août 1964. [RCN-002549-0001]
140. CVR, ARN, Archives du gouvernement des Territoires du Nord-Ouest, Résidences des élèves - dossier général, 1974-1978, boîte 3-3, nº d'acquisition G1995-004, J. MacEachern à L. Gilberg, 17 janvier 1977, p. 4. [LHU-000676-0002]
141. CVR, ARN, Archives du gouvernement des Territoires du Nord-Ouest, Résidences des élèves - dossier général, 1973-1978, boîte 4-2, nº d'acquisition G1995-004, B. Lewis au commissaire adjoint, 1er décembre 1977. [LHU-000684]
142. CVR, ARN, Archives du gouvernement des Territoires du Nord-Ouest, Résidences des élèves - dossier général, 1973-1978, boîte 4-2, nº d'acquisition G1995-004, R. L. Julyan à R. W. Halifax, 28 décembre 1977, p. 7. [LHU-000685-0001]
143. Comité pour l'abrogation de l'article 43 du *Code criminel du Canada*, « School Corporal Punishment », http://www.repeal43.org/school-corporal-punishment/.

144. CVR, ARN, Bibliothèque et Archives Canada, RG85, volume 708, dossier 630/105-7, partie 3, Installations des écoles secondaires - Yellowknife [Écoles publiques et séparées], 1958-1959, A. J. Boxer à J. M. Black, 9 décembre 1958, p. 5. [AHU-000005-0000]
145. CVR, ARN, Archives du gouvernement des Territoires du Nord-Ouest, dossier 630-105/12-1,2,3, Akaitcho Hall, Yellowknife, 1961-1965, boîte 229-1, n° d'acquisition G-1979-003, A. J. Boxer à W. G. Booth, 19 décembre 1962; [AHU-001319] CVR, ARN, Archives du gouvernement des Territoires du Nord-Ouest, dossier 0000, dossier général, Akaitcho Hall, 1965-1968, boîte 3, n° d'acquisition N1994-009, « Report of Informal Investigation into Conditions in Girls' Dormitory, Akaitcho Hall », N. J. Macpherson, 18 décembre 1964. [AHU-003821-0001]
146. Clifton, *Inuvik Study*, p. 55.
147. Clifton, *Inuvik Study*, p. 52.
148. King, *School at Mopass*, p. 77-78.
149. CVR, ARN, Bibliothèque et Archives Canada, RG10, volume 13836, dossier 1/1-18-7, partie 3, 1958-1965, I. M. McCoy à R. F. Davey, 26 juin 1964. [CAR-010114]
150. Peterson, « Sir Joseph Bernier Federal Day School », p. 5.
151. CVR, ARN, AINC - Secteur de la résolution - Collection des dossiers historiques des pensionnats indiens - Ottawa, 853/1-13, 1965-1967, volume 2, 18 janvier 1966. [YKS-003126-0003]
152. CVR, ARN, Emplacement du document inconnu, Éducation, foyer de Whitehorse, 25-1-014, volume 2, novembre 1963-juin 1968, D. S. Fraser à L. Badine, 22 février 1966. [YKS-000131]
153. CVR, ARN, Archives du gouvernement des Territoires du Nord-Ouest, dossier 630-105-10, partie 5, Foyer du gouvernement, [Akaitcho Hall] Yellowknife, T.N-O., 1966-1969, boîte 228-1, n° d'acquisition G1979-003, R. Haggart, « A Friend Must Be Approved », *The Telegram*, Toronto, 3 mars 1969. [AHU-001617-0001]
154. CVR, ARN, Archives du gouvernement des Territoires du Nord-Ouest, dossier 630-105-10, partie 5, Foyer du gouvernement, [Akaitcho Hall] Yellowknife, T.N.-O., 1966-1969, boîte 228-1, n° d'acquisition G1979-003, J. Chrétien à A. Gillespie, 28 mars 1969. [AHU-001624]
155. CVR, ARN, Archives du gouvernement des Territoires du Nord-Ouest, dossier 630-105-10, partie 5, Foyer du gouvernement, [Akaitcho Hall] Yellowknife, T.N.-O., 1966-1969, boîte 228-1, n° d'acquisition G1979-003, communiqué de presse, gouvernement des Territoires du Nord-Ouest, 1er avril 1969. [AHU-001629]
156. CVR, ARN, Archives du gouvernement des Territoires du Nord-Ouest, dossier 630-105-10, partie 5, Foyer du gouvernement, [Akaitcho Hall] Yellowknife, T.N.-O., 1966-1969, boîte 228-1, n° d'acquisition G1979-003, S.M. Hodgson à J. Chrétien, 2 avril 1969. [AHU-001630-0000]
157. CVR, ARN, Archives du gouvernement des Territoires du Nord-Ouest, dossier 630-105-10, partie 5, Foyer du gouvernement, [Akaitcho Hall] Yellowknife, T.N.-O., 1966-1969, boîte 228-1, n° d'acquisition G1979-003, N. J. Macpherson, « Statement of Events at Akaitcho Hall, Saturday, February 22, 1969 », 24 février 1969. [AHU-001596-0003]
158. CVR, ARN, Archives du gouvernement des Territoires du Nord-Ouest, dossier 630-105-10, partie 5, Foyer du gouvernement, [Akaitcho Hall] Yellowknife, T.N.-O., 1966-1969, boîte 228-1, n° d'acquisition G1979-003, J. Chrétien à S. M. Hodgson, 10 avril 1969. [AHU-001631]
159. CVR, ARN, Archives du gouvernement des Territoires du Nord-Ouest, Rapports sur Akaitcho Hall, 1969-1970, boîte 9-2, n° d'acquisition G1995-004, « Akaitcho Hall - Yellowknife. » [AHU-003837] Pour consulter le document de vingt-sept pages, voir : CVR, ARN, Archives du gouvernement des Territoires du Nord-Ouest, dossier 630-105-10, partie 5, Foyer du

gouvernement, [Akaitcho Hall] Yellowknife, T.N.-O., 1966–1969, boîte 228–1, nº d'acquisition G-1979-003, R. Haggart, « A Friend Must Be Approved », *The Telegram*, Toronto, 3 mars 1969, 1. [AHU-001617-0001]

160. CVR, ARN, gouvernement des Territoires du Nord-Ouest – Éducation, culture et emploi, Manuel des employés d'AKH, 1981–1982, nº de transfert 1419, boîte 11, M. Marykuca à tout le personnel, 3 mars 1981. [AHU-003013]
161. CVR, ARN, AINC – Secteur de la résolution – Collection des dossiers historiques des pensionnats indiens – Ottawa, dossier 600–1–6, volume 11, Gestion des pensionnats - Territoires du Nord-Ouest [Politique générale], août 1967–avril 1969, L. Holman à B. C. Gillie, 28 mars 1969. [SHU-000037-0001]
162. CVR, ARN, Archives du conseil scolaire de Beaufort-Delta, Inuvik, T.N.-O, Correspondance générale des enfants [boîte 44], L. Holman à R. Buie, 30 octobre 1967. [SHU-000796]
163. CVR, ARN, AINC – Secteur de la résolution – Collection des dossiers historiques des pensionnats indiens – Ottawa, dossier 600–1–6, volume 11, Gestion des pensionnats – Territoires du Nord-Ouest [Politique générale], août 1967–avril 1969, L. Holman à B. C. Gillie, 28 mars 1969. [SHU-000037-0001]
164. CVR, ARN, Gouvernement des Territoires du Nord-Ouest – Éducation, culture et emploi, dossier 73–500–400/A, volume 3, Foyer Stringer Hall d'Inuvik [anglican] – Relevés trimestriels [Inuvik], 01/73–04/72, nº de transfert 0330, boîte 8–3, P. Stewart et quarante-neuf autres à D. C. Danks, 15 novembre 1974. [SHU-000489-0001]
165. CVR, ARN, Gouvernement des Territoires du Nord-Ouest – Éducation, culture et emploi, dossier 73–500–400/A, volume 3, Pensionnat Stringer Hall d'Inuvik [anglican] – Relevés trimestriels, Inuvik, 01/73–04/72, nº de transfert 0330, boîte 8–3, H. Firth et trois autres à cher monsieur, 22 novembre 1974. [SHU-000623]
166. CVR, ARN, Archives du gouvernement des Territoires du Nord-Ouest, Résidence des élèves – Dossier général, 1974–1978, boîte 3–3, nº d'acquisition G1995–004, J. F. Blewett au directeur, ministère de l'Éducation, 6 décembre 1974. [SHU-000625]
167. CVR, ARN, Archives du conseil scolaire de Beaufort-Delta, Inuvik, T.N.-O, [Grollier Hall] Dossiers des élèves avant : 1991 K-Z, E. Lavoie à J. et [nom caviardé], 10 octobre 1989. [GHU-000573-0003]
168. CVR, ARN, Archives du conseil scolaire de Beaufort-Delta, Inuvik, T.N.-O, [Grollier Hall] Dossiers des élèves : 1989–1993, A-I, 1/2, « Grollier Hall Incident Report », 27 novembre 1991. [GHU-000445-0016]
169. TRA, NRA, Archives du gouvernement des Territoires du Nord-Ouest, Résidence des élèves - Dossier général,1973–1978, boîte 4–2, nº d'acquisition G1995–004, G. Black, 28 février 1973, p. 2. [FNU-001748]
170. CVR, ARN, Archives du gouvernement des Territoires du Nord-Ouest, Résidence des élèves-Dossier général, 1973–1978, boîte 4–2, nº d'acquisition G1995–004, R. L. Julyan à R. W. Halifax, 28 décembre 1977. [LHU-000685-0001]
171. CVR, ARN, AINC – Sous-section des archives – Ottawa, dossier 250/25–23, volume 1, document non signé à l'évêque Marsh, 9 septembre 1965. [CVC-000450]
172. CVR, ARN, Bibliothèque et Archives Canada, Foyer Burnaby du Yukon, dossier nº 25–1–012, volume 3, juillet 1965–août 1966, A. W. Ratcliffe au commissaire des Indiens de la C.-B., 27 juillet 1965, p. 2. [YHU-090129]
173. CVR, ARN, Bibliothèque et Archives Canada, dossier A3725–2–017, partie 1, 1970–1971, Services de gestion – Whitehorse, Résidence des élèves : Affaires indiennes et esquimaudes,

« Whitehorse Student Residence Indian-Eskimo Affairs Branch », A. G. Massé, B. Stanton, S. Meggs, Services de gestion, ministère des Affaires indiennes et du Nord canadien, août 1971, p. 7–9. [YHU-090221]

174. CVR, ARN, Gouvernement des Territoires du Nord-Ouest – Éducation, culture et emploi, dossier 73-500-402, volume 2, Foyer de Fort McPherson [anglican] – Relevés trimestriels [Fort McPherson], janvier 1972–décembre 1976, n° de transfert 0330, boîte 8-21, L. Donovan à M. Mayne, 15 janvier 1976. [FHU-002394]
175. CVR, ARN, Archives du gouvernement des Territoires du Nord-Ouest, Résidence des élèves - Dossier général, 1973–1978, boîte 4-2, n° d'acquisition G1995-004, R. L. Julyan à R.W. Halifax, 28 décembre 1977. [LHU-000685-0001]
176. CVR, ARN, Bibliothèque de l'Assemblée législative du gouvernement des Territoires du Nord-Ouest, Archives du gouvernement des Territoires du Nord-Ouest, Joseph Katz, *Educational Environments of School-Hostel Complexes in the Northwest Territories*, Vancouver, C.-B. : Division de l'éducation, ministère du Nord canadien et des Ressources nationales, juillet 1965, p. 10. [RCN-013107]
177. CVR, ARN, Bibliothèque de l'Assemblée législative du gouvernement des Territoires du Nord-Ouest, Archives du gouvernement des Territoires du Nord-Ouest, Joseph Katz, *Educational Environments of School-Hostel Complexes in the Northwest Territories*, Vancouver, C.-B. : Division de l'éducation, ministère du Nord canadien et des Ressources nationales, juillet 1965, p. 19. [RCN-013107]
178. Clifton, *Inuvik Study*, p. 71.
179. Clifton, *Inuvik Study*, p. 67, 74.
180. CVR, ARN, Bibliothèque et Archives Canada, RG85, volume 1445, dossier 630/500-10, volume 2, J. G. Ratz à l'administrateur de l'Arctique, 5 octobre 1965. [CVC-000981]
181. CVR, ARN, Bibliothèque et Archives Canada, RG85, volume 1445, dossier 630/500-10, volume 2, A. Stevenson au directeur, 5 octobre 1965; [CVC-000987] A. Stevenson au directeur, 15 octobre 1965. [CVC-000968]
182. CVR, ARN, AINC – Sous-section des archives – Ottawa, dossier N-5150/C6-3, volume 1, 1/72–4/74, R. Ritcey à F. Dunford, janvier 1972. [CVC-000288]
183. CVR, ARN, AINC – Sous-section des archives – Ottawa, dossier N-5150/C6-3, volume 1, 1/72–4/74, R. Ritcey à J. Dalgetty, 23 août 1972; [CVC-000244] W. Eliott à J. A. Provins, 27 août 1972. [CVC-002453-0001]
184. CVR, ARN, Gouvernement des Territoires du Nord-Ouest – Éducation, culture et emploi, dossier 73-500-402, volume 2, foyer de Fort McPherson [anglican] – Relevés trimestriels [Fort McPherson], 01/72–12/76, n° de transfert 0330, boîte 8-21, J. A. Coady à J. Simon, 11 décembre 1974. [FHU-002382]
185. CVR, ARN, Archives du gouvernement des Territoires du Nord-Ouest, CR n° 70-820-000, Résidence des élèves – Dossier général, 01/72–06/74, boîte 260, n° d'acquisition G1999-046, S.M. Hodgson à J. Simon, 13 juin 1974. [FHU-003783]
186. CVR, ARN, Gouvernement des Territoires du Nord-Ouest – Éducation, culture et emploi, dossier 73-500-402, volume 2, foyer de Fort McPherson [anglican] – Relevés trimestriels [Fort McPherson], 01/72–12/76, n° de transfert 0330, boîte 8-21, N. J. Macpherson à un membre du Conseil exécutif pour l'éducation, 21 avril 1976. [FHU-002403]
187. CVR, ARN, Archives confidentielles du gouvernement des Territoires du Nord-Ouest, Foyers, 1971–1974, boîte 8-24, n° d'acquisition G1995-004, L. P. Holman à J. Coady, 19 juin 1972. [SHU-000488]

188. CVR, ARN, Archives du gouvernement des Territoires du Nord-Ouest, dossier 630-105-10, partie 5, Foyer du gouvernement, [Akaitcho Hall] Yellowknife, T.N.-O., 1966-1969, boîte 228-1, n° d'acquisition G1979-003, B. C. Gillie, au nom de K. W. Hawkins à D. W. Simpson, 27 décembre 1966. [AHU-001529]
189. CVR, ARN, Archives du gouvernement des Territoires du Nord-Ouest, dossier 630/105-10, partie 6, Foyer du gouvernement [Akaitcho Hall] Yellowknife, T.N.-O., 1958-1961, boîte 228-2, n° d'acquisition G1979-003, sans date, lettre d'E. Nind, 23 juillet 1970. [AHU-001636-0001]
190. CVR, ARN, Entrepôt des dossiers de la Catholic Guardian Society, Iqaluit, gouvernement du Nunavut, Correspondance, Akaitcho Hall, 1988-1989, région de Kitikmeot [Kugluktuk] - boîte 202, M. Pardy à M. McLeod, 19 janvier 1988. [AHU-003972]
191. CVR, ARN, AINC - Secteur de la résolution - Collection des dossiers historiques des pensionnats indiens - Ottawa, dossier 853/25-1, volume 2 (Ctrl #49-5), F. Barnes à R. F. Davey, 1er octobre 1960. [NCA-009383]
192. CVR, ARN, Bibliothèque et Archives Canada - Burnaby, Foyer protestant, dossier 25-2-943, volume 1, août 1960-février 1962, F. Barnes à W. Grant, 4 octobre 1960. [YHU-090125]
193. CVR, ARN, Bibliothèque et Archives Canada - Burnaby, Admissions et renvois, foyer catholique romain, 25-2-941, volume 4, septembre 1960-décembre 1962, E. A. Cullinane à W. E. Grant, 2 mai 1961. [CDH-090003]
194. CVR, ARN, Emplacement inconnu. Éducation, pensionnat de Whitehorse, 25-1-014, volume 2, novembre 1963-juin 1968, M. Piché à A. Fry, 1er mars 1965. [YKS-000125]
195. CVR, ARN, Bibliothèque et Archives Canada - Burnaby, dossier 801/25-8, volume 11, Aide à l'éducation, 10/1964-06/1968, n° d'inst. de recherche 10-151, V1989-90/101, boîte 42, 14 octobre 1964. [CDH-200617]
196. CVR, ARN, Bibliothèque et Archives Canada - Burnaby, dossier 801/25-2-14, volume 2, Admissions et renvois - pensionnat C.R. 05/1967-01/1969, n° d'inst. de recherche 10-151, V1989-90/101, boîte 38, G. Michaud à la Division des Affaires indiennes, 28 novembre 1967. [CDH-001202]
197. CVR, ARN, Archives du conseil scolaire de Beaufort-Delta, Inuvik, T.N.-O, Décrocheurs 1967-1968, 600-1-3 [boîte 44], L. P. Holman à R. Buie, 4 décembre 1967. [SHU-000798]
198. CVR, ARN, Archives du conseil scolaire de Beaufort-Delta, Inuvik, T.N.-O, Correspondance générale des enfants [boîte 44], L.P. Holman à R. Buie, 14 février 1968; [SHU-000803] L.P. Holman à R. Buie, 16 février 1968. [SHU-000804]
199. CVR, ARN, Gouvernement des Territoires du Nord-Ouest - Éducation, culture et emploi, Rafferty - correspondance générale, 1985, n° de transfert 1530, boîte 14, J. Rafferty à E. Duggan, 26 mars 1985. [AHU-003940]
200. CVR, DAV, Peggy Tologanak, déclaration devant la Commission de vérité et réconciliation du Canada, Iqaluit (Nunavut), 25 mars 2011, numéro de déclaration : SP008.
201. CVR, ARN, Archives confidentielles du gouvernement des Territoires du Nord-Ouest, Foyers, 1971-1974, boîte 8-24, n° d'acquisition G1995-004, L. Holman à J. Coady, 7 septembre 1972. [IKU-001764]
202. CVR, ARN, Archives du Synode général, Église anglicane du Canada, Diocèse de l'Arctique, dossier 110-09, Stringer Hall, n° d'acquisition M96-7, série 2:1, Registre des garçons disparus, 1972. [AGS-000341]
203. CVR, ARN, Archives confidentielles du gouvernement des Territoires du Nord-Ouest, Foyers, 1971-1974, boîte 8-24, n° d'acquisition G1995-004, Leonard Holman à J. Coady, 14 juil-

let 1972. [SHU-000486] Pour la distance, voir : Route entre Inuvik et Tuktoyaktuk, http://plandaction.gc.ca/fr/initiative/route-entre-inuvik-et-tuktoyaktuk .

204. CVR, DAV, Lavinia Brown, déclaration devant la Commission de vérité et réconciliation du Canada, Winnipeg, (Manitoba), 16 juin 2010, numéro de déclaration : SC093.
205. King, *School at Mopass*, p. 78.
206. CVR, ARN, Gouvernement des Territoires du Nord-Ouest - Éducation, culture et emploi, Réunions du personnel, 1990–1991, nº de transfert 1530, boîte 17, « Coping with Death », 16 janvier 1992; [AHU-005021] gouvernement des Territoires du Nord-Ouest - Éducation, culture et emploi, administration d'Akaitcho Hall, 1992–1993, nº de transfert 1531, boîte 5, script pour une entrevue à la radio, 17 juin 1992; [AHU-004037-0001] gouvernement des Territoires du Nord-Ouest - Éducation, culture et emploi, Correspondance diverse, 1991–1994, nº de transfert 1531, boîte 5, Feltham à Paradis, 27 avril 1992. [AHU-004036-0003]
207. Pour des exemples, voir : CVR, ARN, Archives du gouvernement des Territoires du Nord-Ouest, dossier 630-105/10, 12-1, partie 1, école Sir John Franklin, Akaitcho Hall, 1959–1960, boîte 228-8, nº d'acquisition G-1979-003, A.J. Boxer à W. G. Booth, 5 octobre 1959; [AHU-001109] A. J. Boxer à J. M. Black, 6 octobre 1959; [AHU-001110] A. J. Boxer à J. M. Black, 22 octobre 1959. [AHU-001112-0002]
208. CVR, ARN, Archives du gouvernement des Territoires du Nord-Ouest, dossier 630-105/10, 12-1, partie 1, école Sir John Franklin, Akaitcho Hall, 1959-1960, boîte 228-8, nº d'acquisition G-1979-003, A. J. Boxer à W. G. Booth, 2 février 1960. [AHU-001154]
209. Nickerson, *Legal Drinking Age*, p. 20.
210. CVR, ARN, Archives du gouvernement des Territoires du Nord-Ouest, dossier 630-105/12-1-1, partie 3, Dossier général, Rapports d'Akaitcho Hall, Yellowknife, 1961-1966, boîte 229-3, nº d'acquisition G-1979-003, A. J. Boxer au personnel, 22 novembre 1965. [AHU-001471-0001]
211. CVR, ARN, Archives du gouvernement des Territoires du Nord-Ouest, Rapports d'Akaitcho Hall, 1971-1972, boîte 9-3, nº d'acquisition G1995-004, A. J. Boxer à N. Macpherson, 18 octobre 1971. [AHU-003301-0003]
212. Clifton, *Inuvik Study*, p. 72.
213. Clifton, *Inuvik Study*, p. 72.
214. CVR, ARN, Archives du gouvernement des Territoires du Nord-Ouest, CR nº 71-602-000, Résidence des élèves- Dossier général,04/1968-12/71, boîte 266, nº d'acquisition G1999-046, J. F. Blewett au directeur, ministère de l'Éducation, 4 mars 1971. [AHU-003855-0002]
215. CVR, ARN, Archives du gouvernement des Territoires du Nord-Ouest, élèves d'Akaitcho Hall, 1972-1973, boîte 9-16, nº d'acquisition G1995-004, A. J. Boxer à W. Stapleton, 21 février 1973. [AHU-004832]
216. CVR, ARN, Archives du conseil scolaire de Beaufort-Delta, Inuvik, T.N.-O, Résidences - Dossier général - Correspondance [boîte 42], [nom caviardé] à J. Maher, 27 octobre 1986. [GHU-001316]
217. CVR, ARN, Entrepôt des dossiers de la Catholic Guardian Society, Iqaluit, gouvernement du Nunavut, Cambridge Bay - 1984-1987 région de Kitikmeot [Kugluktuk] - boîte 139, M. McLeod à [nom caviardé], 17 février 1987. [AHU-004546-0016]
218. CVR, ARN, Archives du gouvernement des Territoires du Nord-Ouest, dossier 630-105/10, 12-1, partie 1, école Sir John Franklin, Akaitcho Hall, 1959-1960, boîte 228-8, nº d'acquisition G-1979-003, A. J. Boxer à W. G. Booth, 5 octobre 1959. [AHU-001109]

219. CVR, ARN, Archives du gouvernement des Territoires du Nord-Ouest, dossier 630-105/12-1-1, partie 3, Dossier général, Rapports, Akaitcho Hall, Yellowknife, 1961-1966, boîte 229-3, n° d'acquisition G-1979-003, B. C. Gillie à N. J. Macpherson, 24 juin 1966. [AHU-001507]
220. CVR, ARN, gouvernement des Territoires du Nord-Ouest - Éducation, culture et emploi, Information sur les élèves, 1970-1971, n° de transfert 1419, boîte 21, A. J. Boxer et R. L. Toutant à J. Walker, 20 juin 1971; [AHU-003264] A. J. Boxer et R. L. Toutant à R. Graves, 20 juin 1971; [AHU-003262] A. J. Boxer et R. L. Toutant à E. Shorn, 20 juin 1971; [AHU-003261] A. J. Boxer et R. L Toutant à J. Coady, 20 juin 1971; [AHU-003263]. A. J. Boxer et R. L. Toutant à H. Darkes, 20 juin 1971. [AHU-003265]
221. CVR, ARN, Archives du conseil scolaire de Beaufort-Delta, Inuvik, T.N.-O, Grollier Hall, 1965-66 [boîte 12], M. Ruyant à R. M. Buie, 5 décembre 1966. [GHU-001290]
222. CVR, ARN, Archives du conseil scolaire de Beaufort-Delta, Inuvik, T.N.-O, Refus 600-1-4-1 [boîte 44], L. P. Holman à R. Buie, 9 octobre 1967. [SHU-000791]
223. CVR, ARN, Archives du conseil scolaire de Beaufort-Delta, Inuvik, T.N.-O, Refus, 1969-1970 [boîte 25], R. Buie à P. Castle, 25 juillet 1968. [SHU-000812]
224. CVR, ARN, Archives du gouvernement des Territoires du Nord-Ouest, Résidence des élèves-Dossier général,1974-1978, boîte 3-3, n° d'acquisition G1995-004, P. Ernerk au ministre de l'Éducation, 15 décembre 1976. [AHU-003892-0001]
225. CVR, ARN, gouvernement des Territoires du Nord-Ouest - Éducation, culture et emploi, Résidences 1976-1977 [Akaitcho Hall], n° de transfert 0349, boîte 25-1, « Student Residence Quarterly Return, Akaitcho Hall, 30 June, 1977 », p. 10. [AHU-000881]
226. CVR, ARN, Entrepôt des dossiers de la Catholic Guardian Society, Iqaluit, gouvernement du Nunavut, Cambridge Bay - 1984-1987, région de Kitikmeot [Kugluktuk] - boîte 139, J. Rafferty à [noms caviardés], 22 octobre 1984. [AHU-004550-0002]
227. CVR, ARN, Entrepôt des dossiers de la Catholic Guardian Society, Iqaluit, gouvernement du Nunavut, Spence Bay - élèves actuels et anciens, 1984-1987, région de Kitikmeot [Kugluktuk] - boîte 139, J. Rafferty à [noms caviardés], 20 décembre 1984. [AHU-004522-0006]
228. CVR, ARN, Archives du conseil scolaire de Beaufort-Delta, Inuvik, T.N.-O, [Grollier Hall], Dossiers des élèves avant 1991 K-Z, « Contract between Grollier Hall and [name redacted] », 11 octobre 1989. [GHU-000489-0001]
229. Pour exemple, voir : CVR, ARN, Archives du conseil scolaire de Beaufort-Delta, Inuvik, T.N.-O, [Grollier Hall] Dossiers des élèves 1992-1995: A-K, B. Lavoie à [nom caviardé], 21 janvier 1992; [GHU-000431-0007] B. Lavoie à [nom caviardé] 22 janvier 1992; [GHU-000434-0004] [Grollier Hall] Dossiers des élèves 1992-1995: F-T, D. Mitchel à À qui de droit, 12 février 1992; [GHU-000476-0008] [Grollier Hall] Dossiers des élèves [1989-1993]: KW, 2/2, D. Michel à B. Larocque, 18 septembre 1992; [GHU-000610-0011] [Grollier Hall], Dossiers des élèves 1989-1993, A-I, 1/2, B. Lavoie à [noms caviardés], 21 septembre 1992; [GHU-000319-0017] [Grollier Hall], Dossiers des élèves [1989-1993]: K-W, 2/2, B. Lavoie à [nom caviardé], 21 septembre 1992. [GHU-000623-0005]
230. CVR, ARN, gouvernement des Territoires du Nord-Ouest - Éducation, culture et emploi, Akaitcho Hall, 1977-1982, n° de transfert 0342, boîte 1, M. Marykuca à M. S. Naidoo, 23 janvier 1980. [AHU-003905-0001]
231. CVR, ARN, gouvernement des Territoires du Nord-Ouest - Éducation, culture et emploi, Akaitcho Hall, 1979-1981, n° de transfert 0340, boîte 4, C. J. Dent à T. Butters, 4 février 1980. [AHU-003907]

232. CVR, ARN, gouvernement des Territoires du Nord-Ouest - Éducation, culture et emploi, Réunions [conseil consultatif - élèves, personnel, dirigeants, personnel de SJF], 1980–1986, nº de transfert 1531, boîte 4, « Akaitcho Hall Report for Community Education Committee Meeting », R. Menagh, 5 mai 1982. [AHU-005009-0000]
233. CVR, ARN, Gouvernement des Territoires du Nord-Ouest - Éducation, culture et emploi, Akaitcho Hall, 1977–1982, nº de transfert 0342, boîte 1, D. Palfrey à D. Patterson, 14 juin 1982. [AHU-003928]
234. CVR, ARN, Gouvernement des Territoires du Nord-Ouest - Éducation, culture et emploi, Préoccupations des parents, 1982, nº de transfert 1419, boîte 11, Rapport sans titre du comité de parents de la région de Keewatin, D. Palfrey, 8 juin 1982. [AHU-003927-0001]
235. CVR, ARN, Gouvernement des Territoires du Nord-Ouest - Éducation, culture et emploi, Rapports trimestriels du personnel, 1987–1988, nº de transfert 1530, boîte 15, D. Gibson, « Quarterly Report - Boys Dorm », 31 décembre 1987. [AHU-004964]
236. CVR, ARN, Gouvernement des Territoires du Nord-Ouest - Éducation, culture et emploi, Correspondance diverses, 1991–1994, nº de transfert 1531, boîte 5, « Akaitcho Hall - Draft Proposal Interim Plan Re: Alcohol/Drug involved Students », 7 novembre 1990. [AHU-004036-0008]
237. CVR, ARN, Gouvernement des Territoires du Nord-Ouest - Éducation, culture et emploi, Akaitcho Hall, 1992–1994, nº de transfert 0247, boîte 9, T. Gavac à J. Antoine, 12 mars 1992. [AHU-004033-0000]
238. CVR, ARN, Gouvernement des Territoires du Nord-Ouest - Éducation, culture et emploi, nº 114 Politiques et renseignements du gouvernement des Territoires du Nord-Ouest, 1991, nº de transfert 1530, boîte 9, J. Martin à M. Mercredi, 12 juin 1991. [AHU-004020]
239. CVR, ARN, Gouvernement des Territoires du Nord-Ouest - Éducation, culture et emploi, Rapports trimestriels du personnel, 1992–1993, nº de transfert 1530, boîte 15, « Akaitcho Hall Girls Dormitory, March 1992 », M. Paradis, mars 1992. [AHU-004879-0000]
240. CVR, ARN, Gouvernement des Territoires du Nord-Ouest - Éducation, culture et emploi, Admissions et renvois [Procédures - Rapports - Correspondance], 1992–1993, nº de transfert 1530, boîte 14, V. J. Feltham à M. Mercredi, 30 novembre 1992; [AHU-005264] L. Klasen, 30 novembre 1992. [AHU-005263]
241. CVR, ARN, AINC - Secteur de la résolution - Collection des dossiers historiques des pensionnats indiens - Ottawa, 853/1-13, 1965–1967, volume 2, M. Brodhead au responsable régional du personnel, 28 septembre 1966. [YHU-090123]
242. CVR, ARN, Bibliothèque et Archives Canada - Burnaby, admissions et renvois, pensionnat du Yukon, dossier 25-2-012, volume 2, avril 1967- décembre 1968, K. W. Johnson à Edith Josie, 8 septembre 1967. [YKS-003192]
243. CVR, ARN, Bibliothèque et Archives Canada, R776-0-5 (RG55), volume 290, CT nº 626127, 14 mai 1964, « Details of request to the Honourable the Treasury Board », 20 avril 1964. [120.10656A]
244. CVR, DAE, Archives du Synode général, Église anglicane du Canada, fonds du diocèse de l'Arctique, 1850–1999, série 2, Dossiers de D. B. Marsh, 930–1984; principalement 1950–1972, sous-série 2-6, Dossiers diocésains. 1938–1983, nº d'acquisition M96-7 boîte 92, numéro de dossier 1a. D. Marsh à B. Thorsteinsson, 9 septembre 964. [39b-c000095-d0175-002]
245. CVR, DAE, Archives du Synode général, Église anglicane du Canada, fonds du Diocèse de l'Arctique, 1850–1999, série 2, Dossiers de D. B. Marsh, 930–1984; principalement 1950–1972,

sous-série 2-6, Dossiers diocésains. 1938–1983, n° d'acquisition, M96-7 boîte 92, numéro de dossier 1a. D. Marsh à B. Thorsteinsson, 10 août 1964. [39b-c000095-d0175-004]

246. CVR, ARN, AINC – Sous-section des archives – Ottawa N-5150-/C6-4, R. Ritcey à J. R. Witty, 5 décembre 1973. [CVC-000041]

247. CVR, ARN, AINC – Sous-section des archives – Ottawa, dossier 250/25-23, volume 1, E. A. Côté à l'adjoint exécutif du ministre, 28 juillet 1964. [CVC-000467-0000]

248. CVR, ARN, Bibliothèque et Archives Canada, RG85, volume permanent 685, dossier A 680-1-15, partie 1, Formation professionnelle – Churchill, mars 1964–mars 1965, n° d'inst. de recherche 85-1, l'administrateur régional à l'administrateur de l'Arctique, Ottawa, 11 mars 1965. [CVC-002449]

249. CVR, ARN, Bibliothèque et Archives Canada, RG85, n° d'acquisition 1997-98/076, boîte 131, dossier 680-1-15, volume 1, J.B.H. Gunn à l'administrateur de l'Arctique, 7 décembre 1966. [CVC-001853]

250. CVR, ARN, Bibliothèque et Archives Canada, RG85, n° d'acquisition 1997-98/076, boîte 131, dossier 680-1-15, volume 1, Nouvelles de la radio de la CBC, 29 décembre 1966. [CVC-001844]

251. CVR, ARN, Bibliothèque et Archives Canada, RG22, volume permanent 1271, dossier 40-2-136, partie 4, Foyers dans les Territoires du Nord-Ouest et au Yukon – Dossier général, janvier 1965–décembre 1966, n° d'inst. de recherche 22-31, A. Laing à D. B. Marsh, 19 juillet 1966. [RCN-009554]

252. CVR, ARN, Archives du gouvernement des Territoires du Nord-Ouest, dossier A-630/169-1, partie 4, Installations scolaires du gouvernement, Frobisher Bay, Territoires du Nord-Ouest 1968–1969, boîte 249-9, n° d'acquisition G1979-003, « Frobisher Bay Academic and Occupational School », W. W. Buell, 17 décembre 1968. [FBS-000402] Pour la date d'ouverture d'Ukkivik, voir : CVR, ARN, Gouvernement des Territoires du Nord-Ouest – Éducation, culture et emploi, Registres des écoles et formulaires des pensionnats 1961–1974 [Foyer Ukkivik], n° de transfert 0274, boîte 4-23, « Student Residence Quarterly Return », septembre 1971. [FBS-000001]

253. CVR, ARN, Archives du gouvernement des Territoires du Nord-Ouest, dossier A-630/138-1, partie 1, Installations scolaires – Écoles Igloolik, Territoires du Nord-Ouest, École du gouvernement 1959–1969, boîte 246-1, n° d'acquisition G-1979-003, J. Kadlutsiak et autres, pétition, 13 novembre 1968. [IGS-000360] CVR, ARN, Bibliothèque et Archives Canada, RG22, volume permanent 940, dossier 40-8-9, partie 4, Éducation – Esquimaux, décembre 1968–septembre 1971, n° d'inst. de recherche 22-1, M. O'Connell à J. Chrétien, 20 janvier 1969. [RCN-009722]

254. CVR, ARN, Archives confidentielles du gouvernement des Territoires du Nord-Ouest, Foyers, 1971–1974, boîte 8-24, n° d'acquisition G1995-004, C. D. King au surintendant régional de l'éducation, gouvernement des Territoires du Nord-Ouest, 19 octobre 1971, p. 3. [FBS-000419]

255. CVR, ARN, Archives confidentielles du gouvernement des Territoires du Nord-Ouest, Foyers, 1971–1974, boîte 8-24, n° d'acquisition G1995-004, N. J. Macpherson à R. McKenzie, 27 octobre 1971, p. 2. [FBS-000420]

256. CVR, ARN, Archives confidentielles du gouvernement des Territoires du Nord-Ouest, Foyers, 1971–1974, boîte 8-24, n° d'acquisition G1995-004, C. D. King à W. W. Buell, 6 juin 1972. [FBS-000424]

257. CVR, ARN, Archives confidentielles du gouvernement des Territoires du Nord-Ouest, Personnel [Vol. 2], Partie 2, 01/72-12/72, boîte 258, n° d'acquisition G1999-046, R. McKenzie à W. W. Buell, 19 juin 1972. [FBS-000436]

258. CVR, ARN, Archives confidentielles du gouvernement des Territoires du Nord-Ouest, Foyers, 1971–1974, boîte 8–24, nº d'acquisition G1995–004, J. A. Earle à N. J. Macpherson, 22 novembre 1972. [FBS-000427]
259. CVR, ARN, Archives du gouvernement des Territoires du Nord-Ouest, Résidence des élèves-Dossier général,1973–1978, boîte 4–2, nº d'acquisition G1995–004, W. G. Devitt au commissaire adjoint, 28 novembre 1972. [FBS-000541]
260. CVR, ARN, Archives confidentielles du gouvernement des Territoires du Nord-Ouest, Foyers, 1971–1974, boîte 8–24, nº d'acquisition G1995–004, élèves d'Ukkivik à R. Pilot, 26 novembre 1972. [FBS-000429]
261. CVR, ARN, Archives confidentielles du gouvernement des Territoires du Nord-Ouest, Foyers, 1971–1974, boîte 8–24, nº d'acquisition G1995–004, « Ukkivik Residence, Frobisher Bay, Northwest Territories: A Report and Recommendations », sans date, p. 4. [FBS-000431]
262. CVR, DAV, Mary Olibuk Tatty, déclaration devant la Commission de vérité et réconciliation du Canada, Rankin Inlet (Nunavut), 21 mars 2011, numéro de déclaration : 2011-0156.
263. CVR, ARN, Archives du gouvernement des Territoires du Nord-Ouest, dossier 630–105/10, 12–1, partie 1, école Sir John Franklin, Akaitcho Hall, 1959–1960, boîte 228–8, nº d'acquisition G-1979–003, A. J. Boxer à J. M. Black, 25 novembre 1959. [RCN-009845-0001]
264. CVR, ARN, Archives du gouvernement des Territoires du Nord-Ouest, élèves d'Akaitcho Hall, 1971–1972, boîte 9–15, nº d'acquisition G1995–004, A. J. Boxer à W. Stapleton, 13 novembre 1971. [AHU-004772]
265. CVR, ARN, Archives confidentielles du gouvernement des Territoires du Nord-Ouest, Foyers, 1971–1974, boîte 8–24, nº d'acquisition G1995–004, L. P. Holman à J. Coady, 6 novembre 1971. [SHU-000482-0000]
266. CVR, ARN, Gouvernement des Territoires du Nord-Ouest - Éducation, culture et emploi, Akaitcho Hall, 1977–1982, nº de transfert 0342, boîte 1, M. Marykuca à R. L. Toutant, 7 décembre 1977. [AHU-004173-0001]
267. CVR, ARN, Bibliothèque et Archives Canada - Burnaby, dossier 801/25–8, volume 7, Aide à l'éducation, 01/1961–03/1962, nº d'inst. de recherche 10–151, V1989–90/101, boîte 41, W. E. Grant au commissaire des Indiens pour la Colombie-Britannique, 28 février 1962. [CDH-200703-0000]
268. CVR, ARN, Bibliothèque et Archives Canada - Burnaby, dossier 801/25–2–14, volume 2, Admissions et renvois - Foyer catholique romain, 05/1967–01/1969, nº d'inst. de recherche 10–151, V1989–90/101, boîte 38, G. Michaud à la Division des affaires indiennes, 15 janvier 1968. [CDH-001220]
269. CVR, ARN, Gouvernement des Territoires du Nord-Ouest - Éducation, culture et emploi, Rapports trimestriels, 1988–1990, nº de transfert 1530, boîte 7, « Akaitcho Hall Chaplains Report for November/December 1989 », décembre 1980. [AHU-004895]
270. Joseph Jean Louis Comeau a travaillé à Grollier Hall, de 1959 à 1965 : *R. c. Comeau* [1998] NWTJ nº 34 (NTSC). Martin Houston a travaillé à Grollier Hall de 1960 à 1962 : CVR, DASAG, Affaires autochtones et Développement du Nord Canada, Walter Rudnicki au directeur, Affaires indiennes, 17 août 1962 [AANDC-234696]; Affaires autochtones et Développement du Nord Canada, rapport de la Gendarmerie royale du Canada, Division de l'Arctique Ouest, numéro de dossier de la Division 628–626–1, code 0559, au sujet de Martin Houston, 29 août 1962. [AANDC-234684] George Maczynski a travaillé dans ce pensionnat de 1966 à 1967 : CVR, ARN, Archives du conseil scolaire de Beaufort-Delta, Inuvik, Territoires du Nord-Ouest, liste de paie, de 1959 à 1966 [boîte 1], M. Ruyant au

ministère du Nord canadien et des Ressources nationales, liste de paie des employés de la résidence de septembre 1966, septembre 1966; [GHU-002427]; Archives du conseil scolaire de Beaufort-Delta, Inuvik, T.N.-O, liste de paie, 1967à 1970 [boîte 1]; ministère du Nord canadien et des Ressources nationales, Direction des régions septentrionales : liste de paie - résidence, mai 1967. [GHU-002435] Paul Leroux a travaillé à Grollier Hall de 1967 à 1979, CVR, DASAG, Glenn Taylor, « Grollier Man Pleads Not Guilty », http://www.nnsl.com/frames/newspapers/1997-11/nov28_97sex.html. Tous les quatre ont été reconnus coupables d'agressions sur des élèves de Grollier Hall.

271. Peterson, « Sir Joseph Bernier Federal Day School », p. 7.
272. CVR, ARN, Archives du gouvernement des Territoires du Nord-Ouest dossier 630-118/10-1, 2, 3, partie 1a, Rapports de Fort McPherson, Dossier général et approvisionnements, 1963-1967, boîte 239-1, nº d'acquisition G-1979-003, O. G. Tucker à H. Darkes, 26 mars 1964. [FHU-001914] CVR, DASAGR, Affaires autochtones et Développement du Nord Canada, Votre dossier 20 - Perdue, Donald Arthur, T. E. Jones à B. Thorsteinsson, 24 juin 1964. [AANDC-765642]
273. *R. v. Frappier* [1990] YJ 163 (Cour territoriale).
274. « Accused of 22 Sex Offences », *The Province*.
275. « Data for the TRC - October 7, 2014 », document électronique reçu du Secrétariat d'adjudication des pensionnats indiens, joint à un message électronique de Shelley Trevethan à Kim Murray, 10 octobre 2014.
276. CVR, DAV, Paul Voudrach, déclaration devant la Commission de vérité et réconciliation du Canada, Inuvik, (Territoires du Nord-Ouest), 30 juin 2011, numéro de déclaration : SP150.
277. CVR, DAV, Beatrice Bernhardt, déclaration devant la Commission de vérité et réconciliation du Canada, Inuvik (Territoires du Nord-Ouest), 30 juin 2011, numéro de déclaration : SP150.
278. CVR, DAV, Veronica Dewar, déclaration devant la Commission de vérité et réconciliation du Canada (traduction simultanée), Iqaluit (Nunavut), 25 mars 2011, numéro de déclaration : SP008.
279. CVR, DAV, Margaret Bouvier, déclaration devant la Commission de vérité et réconciliation du Canada, K'atl'Odeeche (Territoires du Nord-Ouest), 8 mars 2012, numéro de déclaration : SP056.
280. CVR, DAV, Paul Voudrach, déclaration devant la Commission de vérité et réconciliation du Canada, Inuvik (Territoires du Nord-Ouest), 30 juin 2011, numéro de déclaration : SP150.
281. CVR, DAV, Veronica Dewar, déclaration devant la Commission de vérité et réconciliation du Canada (traduction simultanée), Iqaluit (Nunavut), 25 mars 2011, numéro de déclaration : SP008.
282. Voir CVR, DAV, Andre Tautu, déclaration devant la Commission de vérité et réconciliation du Canada, Inuvik (Territoires du Nord-Ouest), 30 juin 2011, numéro de déclaration : SP150.
283. CVR, DAV, Elijah Nashook, déclaration devant la Commission de vérité et réconciliation du Canada (traduction simultanée), Inuvik (Territoires du Nord-Ouest), 1er juillet 2011, numéro de déclaration : SP151.
284. CVR, DAV, Paul Voudrach, déclaration devant la Commission de vérité et réconciliation du Canada, Inuvik (Nunavut), 30 juin 2011, numéro de déclaration : SP150.
285. CVR, DAV, Jimmie Itulu, déclaration devant la Commission de vérité et réconciliation du Canada (traduction simultanée), Iqaluit (Nunavut), 25 mars 2011, numéro de déclaration : SP008.

286. CVR, DAV, Eric Idlaut, déclaration devant la Commission de vérité et réconciliation du Canada (traduction simultanée), Iqaluit (Nunavut), 25 mars 2011, numéro de déclaration : SP008.
287. CVR, DAV, Agnes Chief, déclaration devant la Commission de vérité et réconciliation du Canada, Watson Lake (Yukon), 25 mai 2011, numéro de déclaration : SP021.
288. CVR, ARN, Bibliothèque et Archives Canada, RG85, volume permanent 1283, dossier 303/100, partie 6, Aménagement urbain - Fort Smith, Territoires du Nord-Ouest 1959-1960, n° d'inst. de recherche 85-4, l'administrateur de Mackenzie, ministère du Nord canadien et des Ressources nationales au directeur ministère du Nord canadien et des Ressources nationales, 22 juin 1960. [GCU-000211]
289. CVR, ARN, Archives du gouvernement des Territoires du Nord-Ouest, dossier 600-1-1, partie 1a, Éducation, Écoles - Politique générale, 1962-1969, boîte 202-4, n° d'acquisition G-1979-003, P. Piché à R. J. Orange, 27 mai 1964. [GCU-000178]
290. Pigott, « Leadership Factory », *National Post.*
291. Becker, « Priests Hope for College Grads », *The Montreal Gazette.*
292. Van Camp, « Bishop Paul Piché », p. 169.
293. Van Camp, « Bishop Paul Piché », p. 170.
294. Pigott, « Leadership Factory », *National Post.*
295. CVR, ARN, Sœurs de la Charité [Sœurs grises] Archives d'Edmonton - Alberta Fort Smith - Collège Grandin, 1968-1980, Historique : documents --19, L146 - B01, Collège Grandin, Bulletin, 30 avril 1981, p. 3, 6. [GNN-000699]
296. CVR, ARN, Bibliothèque et Archives Canada, RG85, boîte 162, n° d'acquisition 1997-98/076, dossier 1010-7-4, partie 1, Église catholique romaine - Grandin Hall - Fort Smith, Territoires du Nord-Ouest 1964-décembre 1967, n° d'inst. de recherche 85-52, le directeur, ministère du Nord canadien et des Ressources nationales au commissaire des Territoires du Nord-Ouest, 30 septembre 1964. [GCU-000018]
297. CVR, ARN, Bibliothèque et Archives Canada, RG85, boîte 162, n° d'acquisition 1997-98/076, dossier 1010-7-4, partie 1, Église catholique romaine - Grandin Hall - Fort Smith, Territoires du Nord-Ouest 1964-décembre 1967, n° d'inst. de recherche 85-52, « Financial Assistance to Church Educational Institutions and the Control of Educational Policy in the Northwest Territories », E. A. Côté, 12 mars 1965. [GCU-000048-0001]
298. CVR, ARN, Bibliothèque et Archives Canada, RG85, volume permanent 1466, dossier 630/106-1, partie 4, École du gouvernement [indienne] Rae Territoires du Nord-Ouest, octobre 1964-octobre 1968, n° d'inst. de recherche 85-4, P. Piché à F. A. G. Carter, 11 avril 1966. [GCU-000183]
299. CVR, ARN, Bibliothèque et Archives Canada, RG85, boîte 162, n° d'acquisition 1997-98/076, dossier 1010-7-4, partie 1, Église catholique romaine - Grandin Hall - Fort Smith, Territoires du Nord-Ouest 1964-décembre 1967, n° d'inst. de recherche 85-52, S.M. Hodgson à E. A. Côté, 20 décembre 1967. [GCU-000137]
300. CVR, ARN, Diocèse de Mackenzie - Yellowknife, T.N.-O, Collège Grandin - Dossiers administratifs, documents divers, Buell au nom de R. Orange à P. Piché, 29 novembre 1967. [GCU-800198]
301. Blondin-Andrew, « New Ways », p. 64.
302. Mountain, « Saved from Grollier Hall », http://www.nnsl.com/northern-news-services/stories/papers/nov12_07mountain.html.
303. Van Camp, « Bishop Paul Piché », p. 169; Pigott, « Leadership Factory », *National Post.*

304. Pigott, « Northwest Territories "Leadership Factory" Alumni », http://www.cbc.ca/news/canada/north/story/2008/05/19/nwt-grandin.html; Mathisen, « Grand Reunion », http://www.nnsl.com/northern-news-services/stories/papers/may20_08gra3-nwt.html.
305. Geens, « Behchoko Priest », http://www.nnsl.com/frames/newspapers/2006-06/jun26_06b.html.
306. CVR, ARN, Diocèse de Mackenzie - Yellowknife, T.N.-O., Collège Grandin -Dossiers administratifs, rapports de situation de Grandin, « Grandin College: Report on the Year 1972-1973 », sans date. [GCU-800229]
307. CVR, ARN, Diocèse de Mackenzie - Collège Grandin, Yellowknife, T.N.-O. - Dossiers administratifs, rapports financiers, C. N. Deharveng, « Some short reflections on Grandin College », 7 octobre 1983. [GCU-800245]
308. CVR, ARN, Diocèse de Mackenzie - Collège Grandin, Yellowknife, T.N.-O. - Dossiers administratifs documents divers, lettre envoyées au nom de l'évêque P. Piché et de son conseil diocésain, 4 juin 1985. [GCU-800247]
309. Raithby, « Residential Schools Returning? », *News North*.
310. Quassa, *We Need to Know*, p. 36-37.
311. John Amagoalik, cité dans McGregor, *Inuit Education*, p. 110.
312. John Amagoalik, cité dans McGregor, *Inuit Education*, p. 110.
313. Quassa, *We Need to Know*, p. 36-37.
314. Irniq, « Remembering Ralph Ritcey », http://www.nunatsiaqonline.ca/archives/31219/opinionEditorial/letters.html.
315. CVR, DAV, Eddie Dillon, déclaration devant la Commission de vérité et réconciliation du Canada, Inuvik (Territoires du Nord-Ouest), 1er juillet 2011, numéro de déclaration : SP151.

Les petits foyers

1. CVR, ARN, AINC - Secteur de la résolution - Collection des dossiers historiques des pensionnats indiens - Ottawa, dossier 600-1-6-1, volume 1, Petit foyer - T.N.-O., février 1960-mai 1961, « Memorandum for the Administrator of the Arctic: Small Hostels », Directeur à l'administrateur de l'Arctique, 21 avril 1960. [RCN-004411-0000]
2. CVR, ARN, Bibliothèque et Archives Canada, RG85, volume permanent 1949, dossier A-600-1-6-1, partie 1, Petit foyer T.N.-O. [Dossier général] 1960-1961, nº d'inst. de recherche 85-8, « Guide to the Operation and Maintenance of Small Hostels in the Eastern Arctic », 21 novembre 1960. [RCN-003468-0001]
3. CVR, ARN, Bibliothèque et Archives Canada, RG85, volume 645, dossier 630/158-9, partie 6, Foyer du gouvernement [catholique romain] Chesterfield Inlet, T.N.-O., 1959-1960, Bref résumé des références figurant dans le procès-verbal du sous-comité sur l'éducation des Esquimaux, aucune date. [RCN-0059220] RG85, volume permanent 541, dossier 630/145-2, partie 5.2, Écoles anglicanes - Coppermine [y compris les foyers-tentes], novembre 1955 -juin 1956, nº d'inst. de recherche 85-1, R. G. Robertson à D. B. Marsh, 15 mars 1956. [CPU-000295-0000] RG85, volume permanent 644, dossier 630/145-2, partie 7, Écoles anglicanes - Coppermine, T.N.-O. [y compris les foyers-tentes], novembre 1957 -décembre 1959, nº d'inst. de recherche 85-1, « Donald the Arctic » (D. B. Marsh) à B. B. Silvertz, 28 septembre 1959. [CPU-000437-0000]

4. CVR, ARN, Bibliothèque et Archives Canada, RG22, volume permanent 386, dossier 41-15-2, partie 1, École - Coppermine [T.N.-O.], novembre 1950-février 1956, n° d'inst. de recherche 22-3, 16 août 1952. [CPU-001146]
5. CVR, ARN, Bibliothèque et Archives Canada, RG85, volume permanent 644, dossier 630/145-2, partie 7, Écoles anglicanes - Coppermine, T.N.-O. [y compris les foyers-tentes], novembre 1957-décembre 1959, n° d'inst. de recherche 85-1, R. G. Robertson à J. R. Sperry, 29 novembre 1959, p. 4. [CPU-000356] Pour une date de départ, voir : CVR, ARN, Archives du gouvernement des Territoires du Nord-Ouest, dossier 630-145/22-2, Rapports et relevés, École de foyers-tentes de Coppermine, 1954-1956, boîte d'archives 247-3, n° d'acquisition G-1979-003, « Report on the Coppermine Experimental Tent Hostel », David S. Wilson, sans date. [CPU-001206-0002]
6. CVR, ARN, Bibliothèque et Archives Canada, RG85, volume permanent 541, dossier 630/145-2, partie 5.2, Écoles anglicanes - Coppermine [y compris les foyers-tentes], novembre 1955-juin 1956, n° d'inst. de recherche 85-1, L. A C. O. Hunt au directeur, 8 mars 1956. [CPU-000294] D. S. Wilson, « Report on the Coppermine Experimental Tent Hostel », David S. Wilson, sans date. [CPU-000295-0001]
7. CVR, ARN, Bibliothèque et Archives Canada, RG85, volume permanent 541, dossier 630/145-2, partie 5.2, Écoles anglicanes - Coppermine [y compris les foyers-tentes], novembre 1955-juin 1956, n° d'inst. de recherche 85-1, L. A C. O. Hunt au directeur, 23 mars 1956. [CPU-00029]
8. CVR, ARN, Bibliothèque et Archives Canada, RG85, volume permanent 401, dossier 630/145-2, partie 4, Écoles anglicanes - Coppermine, T.N.-O. [y compris les foyers-tentes], mars 1955-octobre 1955, n° d'inst. de recherche 85-1, L. A C. O. Hunt au directeur, 20 avril 1955. [CPU-000205] RG85, volume permanent 541, dossier 630/145-2, partie 5.2, Écoles anglicanes - Coppermine [y compris les foyers-tentes], novembre 1955-juin 1956, n° d'inst. de recherche 85-1, L. A C. O. Hunt au directeur, 8 mars 1956. [CPU-000294] D. Marsh « Report on the Tent Hostel Coppermine », 1er avril 1956. [CPU-000304]
9. CVR, ARN, Bibliothèque et Archives Canada, RG85, volume permanent 541, dossier 630/145-2, partie 5.2, Écoles anglicanes - Coppermine [y compris les foyers-tentes], novembre 1955-juin 1956, n° d'inst. de recherche 85-1, « Donald the Arctic » (D. B. Marsh), « Report on the Tent Hostel Coppermine »" 8 avril 1956. [CPU-000304]
10. CVR, ARN, Bibliothèque et Archives Canada, RG85, volume permanent 644, dossier 630/145-2, partie 7, Écoles anglicanes - Coppermine, T.N.-O. [y compris les foyers-tentes], novembre 1957-décembre 1959, n° d'inst. de recherche 85-1, du directeur à l'administrateur de Mackenzie, Fort Smith, T.N.-O., 26 septembre 1959. [CPU-000436]
11. Règlement relatif aux pensionnats indiens, « List of Residential Schools » http://www.residentialschoolsettlement.ca/schools.html. Hormis les foyers de l'Accord de règlement, de petits foyers ont été exploités à Fort Liard et Fort Good Hope; voir CVR, ARN, Gouvernement des Territoires du Nord-Ouest - Éducation, culture et emploi, Résidences 1976-1977 - Rapports trimestriels [Akaitcho Hall, Ukkivik, Lapointe Hall, Grollier Hall, Fort Liard, Chef Jimmy Bruneau], 10/75-07/77, n° de transfert 0349, boîte 25-1, « Attendance, April, May, June, 1976 », 30 juin 1976. [RCN-012401]
12. CVR, ARN, Bibliothèque et Archives Canada, RG85, volume permanent 701, dossier 106-5-3, partie 1, Visites d'inspection [rapports inclus] relativement à la division de l'éducation 1962-1963, n° d'inst. de recherche 85-1, Maguire à Rancier, « Report to Mr. Rancier, Mrs. Maguire's Trip to Keewatin District », 5 février 1962, p. 3. [RCN-006477]

13. CVR, ARN, Bibliothèque et Archives Canada, RG85, volume permanent 1436, dossier 610-1, partie 20, Professeurs et enseignants du bien-être social - T.N.-O. [Dossier général] 1963-1964, nº d'inst. de recherche 85-4, A. Emmett à W. G. Devitt, 28 octobre 1963. [IGS-000275]
14. CVR, ARN, Archives du gouvernement des Territoires du Nord-Ouest, CR nº 71-601-700 Services scolaires - Pond Inlet, 07/67-12/71, boîte d'archives 265, nº d'acquisition G1999-046, « An Account of Pond Inlet Until 1967 », D. Davies, juin 1967, p. 3-4. [POS-000174]
15. CVR, ARN, Archives du gouvernement des Territoires du Nord-Ouest, dossier 630.135, partie 1, Installations scolaires - Eskimo Point, 1962, boîte d'archives 37, nº d'acquisition N1994-009, P. B. Gorlick à l'administrateur régional, Churchill, Manitoba, « Bathing Facilities, Small Hostels, Baker Lake and Eskimo Point », 18 mai 1965. [EPS-000372]
16. CVR, ARN, Archives du gouvernement des Territoires du Nord-Ouest, Cambridge Bay - Foyer, 1970, boîte d'archives 9-14, nº d'acquisition G1995-004, F. S. Ellis à N. J. Macpherson, 17 janvier 1970, p. 2. [CBS-000200]
17. CVR, ARN, Bibliothèque et Archives Canada, RG85, volume permanent 701, dossier 106-5-3, partie 1, Visites d'inspection [rapports inclus] relativement à la division de l'éducation 1962-1963, nº d'inst. de recherche 85-1, Maguire à Rancier, « Report to Mr. Rancier, Mrs. Maguire's Trip to Keewatin District », 5 février 1962, p. 3. [RCN-006477]
18. CVR, ARN, AINC - Secteur de la résolution - Collection des dossiers historiques des pensionnats indiens - Ottawa, dossier 600-1-6, volume 12, A. Stevenson au directeur de la Direction des relations territoriales, « Hostel Mother and Assistants Remuneration », 23 juin 1969. [GWR-000243-0000]
19. CVR, ARN, Bibliothèque et Archives Canada - Ottawa, RG85, volume permanent 711, dossier 630/158-9, partie 5, Foyer du gouvernement [catholique romain] Chesterfield Inlet, T.N.-O., 1956-1959, nº d'inst. de recherche 85-1, E. N. Grantham à Jacobson, 24 septembre 1957, p. 3. [RCN-005285]
20. CVR, ARN, Archives du gouvernement des Territoires du Nord-Ouest, dossier A-630/167-1, partie 2, Établissements d'enseignement - Écoles de Harbour Lake, T.N.-O. 1960-1966, boîte d'archives 249-7, nº d'acquisition G1979-003, K. Kristensen à Devitt, 15 juin 1964, p. 2. [LHS-000052]
21. Bibliothèque et Archives Canada, RG18, nº d'emplacement 1985-86/048, boîte 55, dossier TA 500-8-1-12, GRC, « Conditions Amongst Eskimos Generally, Annual Report Ending December 31, 1965 ».
22. CVR, ARN, Bibliothèque et Archives Canada, RG85, volume permanent 1949, dossier A-600-1-6-1, partie 1, Petit foyer T.N.-O. [Dossier général] 1960-1961, nº d'inst. de recherche 85-8, « Guide to the Operation and Maintenance of Small Hostels in the Eastern Arctic », sans date, 21 novembre 1960, avant-propos. [RCN-003468-0001]
23. CVR, ARN, Bibliothèque et Archives Canada, RG85, volume permanent 1949, dossier A-600-1-6-1, partie 1, Petit foyer T.N.-O. [Dossier général] 1960-1961, nº d'inst. de recherche 85-8, A. Schalburg à R. Hanna, pièce jointe « Memorandum to Mr. R. Hanna: Addendum to Memorandum on Guide to the Operation and Maintenance of Small Hostels in the Eastern Arctic », 21 novembre 1960. [RCN-003468-0001]
24. CVR, ARN, Archives du gouvernement des Territoires du Nord-Ouest, dossier 610.105, partie 1, Enseignants - Baker Lake, 1962-1969, boîte d'archives 31, nº d'acquisition N1994-009, W. I. Mouat, « Principal's Report, School Year 1961-62 », 3 août 1962, p. 4. [BLS-000260]
25. CVR, ARN, Bibliothèque et Archives Canada, RG85, volume permanent 1470, dossier 630/1023-1, partie 1, École du gouvernement - Île Broughton, T.N.-O. 1959-juin 1967,

n° d'inst. de recherche 85-4, O. Larson à B. Thorsteinson, « Principal's Half-Yearly Progress Report », 31 janvier 1965, p. 2-5. [BIS-000174-0001]

26. CVR, ARN, Bibliothèque et Archives Canada, RG85, volume permanent 1949, dossier A-600-1-6-1, partie 1, Petit foyer T.N.-O. [Dossier général] 1960-1961, n° d'inst. de recherche 85-8, « Guide to the Operation and Maintenance of Small Hostels in the Eastern Arctic », sans date, p. 2. [RCN-003468-0001]
27. CVR, ARN, Bibliothèque et Archives Canada, RG85, volume permanent 1949, dossier A-600-1-6-1, partie 1, Petit foyer T.N.-O. [Dossier général] 1960-1961, n° d'inst. de recherche 85-8, « Guide to the Operation and Maintenance of Small Hostels in the Eastern Arctic », sans date, p. 1-2. [RCN-003468-0001]
28. CVR, ARN, Archives du gouvernement des Territoires du Nord-Ouest, dossier 610.105, partie 1, Enseignants - Baker Lake, 1962-1969, boîte d'archives 31, n° d'acquisition N1994-009, W. I. Mouat, « Principal's Report, School Year 1961-62 », 3 août 1962, p. 2-3. [BLS-000260]
29. CVR, ARN, Archives du gouvernement des Territoires du Nord-Ouest, dossier A-630/159-1, partie 1, Établissements d'enseignement - Écoles de Baker Lake, École du gouvernement, T.N.-O., 1960-1966, boîte d'archives 248-6, n° d'acquisition G-1979-003, « Principal's Report, 1962-63 », I. Mouat, 29 juin 1963, p. 3. [BLS-000425-0001]
30. CVR, ARN, Bibliothèque et Archives Canada, RG85, volume permanent 1951, dossier A.1000/153, partie 1, Établissement et secteurs d'Eskimo Point 1960-1964, n° d'inst. de recherche 85-8, M. P. Walsh, « Report of Community Principal on the Community of Eskimo Point and on the Work of the School (including Estimates Material 1961-1962) », p. 11. [EPS-000255]
31. CRV, ARN, Bibliothèque et Archives Canada, RG10, n° d'emplacement 2003-00196-4, boîte 19, dossier AQR630/313-1, volume 1, A. Meldrum, « Federal School - Payne Bay, P.Q. », p. 4. [PBH-000086-0001]
32. CVR, ARN, Bibliothèque et Archives Canada, RG85, volume permanent 1436, dossier 610-1, partie 20, Professeurs et enseignants de bien-être social - T.N.-O. [Dossier général] 1963-1964, n° d'inst. de recherche 85-4, A. Emmett à W. G. Devitt, 28 octobre 1963, p. 3. [IGS-000275]
33. Bibliothèque et Archives Canada, RG10, n° d'emplacement 2003-00196-4, boîte 23, dossier AQR1000-302, partie 1, A. Stevenson à l'administrateur régional du Nouveau-Québec, 11 septembre 1967. [GWR-000237-0001]
34. Desrosier, « Examen de la Politique de scolarisation », p. 108.
35. CVR, ARN, Archives du gouvernement des Territoires du Nord-Ouest, CR n° 71-601-700 Services scolaires - Pond Inlet, 07/67-12/71, boîte d'archives 265, n° d'acquisition G1999-046, D. Davies, « An Account of Pond Inlet Until 1967 », juin 1967, p. 8-9. [POS-000174]
36. CVR, ARN, Archives du gouvernement des Territoires du Nord-Ouest, Résidences des élèves - Administration générale, 1974-1978, boîte d'archives 3-3, n° d'acquisition G1995-004, H. J. Mayne à B. Lewis, 31 décembre 1976, p. 1-2. [CBS-000233]
37. CVR, ARN, Gouvernement des Territoires du Nord-Ouest - Éducation, culture et emploi, Contrat relatif aux foyers, 1988-1991, Transfert - Nunavut, boîte 74, « Hostel Contract Questionnaire, Cambridge Bay Hostel, April 1989 », D. Wilson à K. Friesen, 28 avril 1989. [CBS-000116]
38. CVR, ARN, Archives du gouvernement des Territoires du Nord-Ouest, CR n° 71-601-700 Services scolaires - Pond Inlet, 07/67-12/71, boîte d'archives 265, n° d'acquisition G1999-046, « An Account of Pond Inlet Until 1967 », D. Davies, juin 1967. [POS-000174]

39. CVR, ARN, AINC — Secteur de la résolution — Collection des dossiers historiques des pensionnats indiens — Ottawa, dossier 600-1-6, volume 10, Gestion des foyers - T.N.-O. [Politique générale], août 1967-septembre 1968, A. Stevenson au directeur, 23 janvier 1968. [RCN-002857]
40. CVR, ARN, AINC - Secteur de la résolution - Collection des dossiers historiques des pensionnats indiens - Ottawa, dossier 600-1-6-1, volume 1, Petit foyer - T.N.-O., février 1960-mai 1961, « Memorandum for the Administrator of the Arctic: Small Hostels », Directeur à l'administrateur de l'Arctique, 21 avril 1960. [RCN-004411-0000]
41. CVR, ARN, Archives du gouvernement des Territoires du Nord-Ouest, dossier A-630/138-11, partie 1, Établissements d'enseignement - Petits foyers d'enseignement - Igloolik, 1962-1969, boîte d'archives 245-6, n° d'acquisition G-1979-003, W. G. Devitt à A. Stevenson, « Hostel Furnishings », 2 août 1963. [IGS-000055]
42. CVR, ARN, Bibliothèque et Archives Canada, RG85, volume permanent 1436, dossier 610-1, partie 20, Professeurs et enseignants de bien-être social - T.N.-O. [Dossier général] 1963-1964, n° d'inst. de recherche 85-4, A. Emmett à W. G. Devitt, 28 octobre 1963, p. 4. [IGS-000275]
43. CVR, ARN, Archives du gouvernement des Territoires du Nord-Ouest, dossier A-600-1-6, partie 1 - Dispositions des foyers, 1964-1968, boîte d'archives 204-4, n° d'acquisition G-1979-003, S. Schuurman à W. Zuk, octobre 1964, p. 2. [IGS-000071]
44. CVR, ARN, Archives du gouvernement des Territoires du Nord-Ouest, dossier 630.105, partie 1, Installations scolaires - Baker Lake, 1962, boîte d'archives 37, n° d'acquisition N1994-009, A. Stevenson à l'administrateur régional, 9 juin 1965. [BLS-000501]
45. CVR, ARN, AINC — Secteur de la résolution — Collection des dossiers historiques des pensionnats indiens — Ottawa, dossier 600-1-6, volume 10, Gestion des foyers - T.N.-O. [Politique générale], août 1967-septembre 1968, W. I. Mouat pour J. B. H. Gunn à l'administrateur de l'Arctique, 30 janvier 1968. [RCN-002847]
46. CVR, ARN, Archives du gouvernement des Territoires du Nord-Ouest, Cambridge Bay - Foyer, 1970, boîte d'archives 9-14, n° d'acquisition G1995-004, F. S. Ellis à N. J. Macpherson, 17 janvier 1970. [CBS-000200]
47. CVR, ARN, Bibliothèque et Archives Canada, RG85, volume 1375, dossier 630/302-11, partie 1, C. M. Bolger au directeur, « Hostels - Great Whale River », 21 décembre 1961. [GWR-000155]
48. CVR, ARN, Bibliothèque et Archives Canada, RG85, volume 1375, dossier 630/302-11, partie 1, Directeur à Devitt, 8 août 1962. [GWR-000175-0001]
49. CVR, ARN, Archives du gouvernement des Territoires du Nord-Ouest, dossier A-600-1-6-1, partie 1 - Petit foyer 1962-1965, boîte d'archives 205-4, n° d'acquisition G-1979-003, R. L. Kennedy au directeur, 25 novembre 1963. [RCN-009195]
50. CVR, ARN, Archives du gouvernement des Territoires du Nord-Ouest, dossier A-630/166-11, partie 1, Établissements d'enseignement - Foyer de Cape Dorset 1962-1965, boîte d'archives 249-6, n° d'acquisition G1979-003, B. W. Lewis à McKee, 27 septembre 1963. [CPS-000228]
51. CVR, ARN, Archives du gouvernement des Territoires du Nord-Ouest, dossier A-630/166-11, partie 1, Établissements d'enseignement - Foyer de Cape Dorset 1962-1965, boîte d'archives 249-6, n° d'acquisition G1979-003, B. Shasstein à l'administrateur de l'Arctique, 28 novembre 1963. [CPS-000232]
52. CVR, ARN, Bibliothèque et Archives Canada - Ottawa, RG85, volume permanent 1463, dossier 600-1-5, partie 7, Expansion des établissements d'enseignement dans les Territoires

du Nord-Ouest, 1966–1968, nº d'inst. de recherche 85-4, D. W. Simpson à l'administrateur de l'Arctique, 27 février 1967. [RCN-004116]

53. CVR, ARN, Archives du gouvernement des Territoires du Nord-Ouest, dossier A-630/136-1, partie 1, Établissements d'enseignement - École du gouvernement de Pond Inlet 1960–1969, boîte d'archives 245-4, nº d'acquisition G-1979-003, W. Berry à l'administrateur régional de Frobisher Bay, T.N.-O., 17 février 1965. [POS-000140-0001]
54. CVR, ARN, Bibliothèque et Archives Canada, RG85, volume permanent 1470, dossier 630/1023-1, partie 1, École du gouvernement - Île Broughton, T.N.-O. 1959–juin 1967, nº d'inst. de recherche 85-4, O. Larson à B. Thorsteinson, « Principal's Half-Yearly Progress Report », 31 janvier 1965, p. 5-6. [BIS-000174-0001]
55. CVR, ARN, Archives du gouvernement des Territoires du Nord-Ouest, dossier A-630/138-1, partie 1, Établissements d'enseignement - Écoles Igloolik, T.N.-O. 1959–1969, boîte d'archives 246-1, nº d'acquisition G-1979-003, W. M. Zuk à l'administrateur régional, 7 octobre 1964. [IGS-000292]
56. CVR, ARN, Archives du gouvernement des Territoires du Nord-Ouest, dossier A-600-1-6, partie 1 - Dispositions des foyers, 1964–1968, boîte d'archives 204-4, nº d'acquisition G-1979-003, S. Schuurman à W. Zuk, octobre 1964, p. 3. [IGS-000071]
57. CVR, ARN, Archives du gouvernement des Territoires du Nord-Ouest, dossier A-630/138-11, partie 1, Établissements d'enseignement - Petits foyers d'enseignement - Igloolik, 1962–1969, boîte d'archives 245-6, nº d'acquisition G-1979-003, C. E. McKee à l'administrateur de l'Arctique, 28 janvier 1965. [IGS-000079-0000]
58. CVR, ARN, Bibliothèque et Archives Canada, RG10, 2003-0196-4, boîte 19, dossier AQR-630/314-1, « George River Seasonal School Report », J. Ryan, novembre 1960. [FGR-000015-0001]
59. CVR, ARN, Bibliothèque et Archives Canada, RG10, nº d'emplacement 2003-00196-4, boîte 19, dossier AQR630/313-11, volume 1, A. Meldrum au surintendant régional des écoles, « Department of Northern Affairs and National Resources, Pupil Residence Quarterly Return », 1er avril 1962. [PBH-000121]
60. CVR, ARN, Bibliothèque et Archives Canada, RG10, nº d'emplacement 2003-00196-4, boîte 19, dossier AQR630/313-11, volume 1, [illisible] à Devitt, 22 mai 1963. [PBH-000116]
61. CVR, ARN, Bibliothèque et Archives Canada, RG85, volume 1949, dossier A-600-1-6, partie 1, Gestion des foyers - T.N.-O. [Politique générale] 1960–1964, nº d'inst. de recherche 85-8, Mémoire du directeur intérimaire, Direction de régions septentrionales, ministère du Nord canadien et des Ressources nationales à l'administrateur de l'Arctique, 16 décembre 1963. [RCN-003695] RG10, nº d'emplacement 2003-00196-4, boîte 19, dossier AQR630/313-1, volume 1, L. Beauchamp à l'administrateur régional, 14 octobre 1964. [PBH-000114]
62. CVR, ARN, Archives du gouvernement des Territoires du Nord-Ouest, dossier AQR 630/174-11, volume 1, Établissements d'enseignement - Petits foyers - Îles Belcher, 1963–1968, boîte d'archives 250-4, nº d'acquisition G-1979-003, P. H. Zacharias à la Direction de régions septentrionales, 31 mars 1964. [BES-000002]
63. CVR, ARN, Archives du gouvernement des Territoires du Nord-Ouest, dossier AQR 630/174-1, partie 1, Établissements d'enseignement - Petits foyers - Îles Belcher, 1963–1968, boîte d'archives 2500-4, nº d'acquisition G-1979-003, « Extract from Mr. Neve's Report of a Visit to the Belcher Islands from January 22 to February 7, 1964 », dossier A-1000/174, sans date. [BES-000146]

64. CVR, ARN, Archives du gouvernement des Territoires du Nord-Ouest, dossier AQR-633/174-1, partie 2, Statistiques scolaires - Îles Belcher, 1961-1969, boîte d'archives 256-5, nº d'acquisition G-1979-003, « Enrolment Form, Belcher Islands, Federal Day School », M. C. Sutton, septembre 1964. [BES-000011]
65. CVR, ARN, Archives du gouvernement des Territoires du Nord-Ouest, dossier AQR 630/174-1, partie 1, Établissements d'enseignement - École des îles Belcher, 1960-1969, boîte d'archives 250-3, nº d'acquisition G1979-003, H. Helbecque à l'administrateur du Nord, Grande rivière de la Baleine, 24 novembre 1964. [BES-000036]
66. CVR, ARN, Bibliothèque et Archives Canada, RG85, volume permanent 1462, dossier 600-1-1, partie 23, Enseignement et écoles - T.N.-O. [Politique générale], avril 1967-avril 1968, nº d'inst. de recherche 85-4, J. Cann à J. Bowie, 25 janvier 1968. [BES-000174]
67. CVR, ARN, Archives du gouvernement des Territoires du Nord-Ouest, dossier 610.105, partie 1, Enseignants - Baker Lake, 1962-1969, boîte d'archives 31, nº d'acquisition N1994-009, W. I. Mouat, « Principal's Report, School Year 1961-62 », 3 août 1962. [BLS-000260]
68. CVR, ARN, Archives du gouvernement des Territoires du Nord-Ouest, dossier A-630/159-1, partie 1, Établissements d'enseignement - Écoles de Baker Lake, École du gouvernement, T.N.-O., 1960-1966, boîte d'archives 248-6, nº d'acquisition G-1979-003, « Principal's Report, 1962-63 », I. W. Mouat, 29 juin 1963, p. 3. [BLS-000425-0001]
69. CVR, ARN, Bibliothèque et Archives Canada, RG85, volume 1353, dossier 1000/304, partie 8, C. M. Bolger au directeur, 27 avril 1962. [PHQ-007467]
70. CVR, ARN, Archives du gouvernement des Territoires du Nord-Ouest, dossier A-633/153-1, partie 1, Statistiques scolaires - Eskimo Point, T.N.-O. 1959-1966, boîte d'archives 253-5, nº d'acquisition G-1979-003, Formulaire d'avancement, classe de premier cycle d'Eskimo Point, B. M. Davies, 10 juillet 1963 (11 élèves sur 23 sont à Clearwater). [EPS-000070] Formulaire d'avancement, classe de premier cycle d'Eskimo Point, B. M. Davies, 10 juillet 1963 (17 élèves sur 33 sont à Clearwater). [EPS-000071] Formulaire d'avancement, classe de deuxième cycle d'Eskimo Point, B. M. Davies, 10 juillet 1963 (5 élèves sur 28 sont à Clearwater). [EPS-000072]
71. CVR, ARN, Bibliothèque et Archives Canada, RG29, volume 2939, dossier 851-1-X600, partie 2a, H. N. Colburn à J. H. Wiebe, 19 juillet 1963 [NPC-621706].
72. CVR, ARN, Archives du gouvernement des Territoires du Nord-Ouest, dossier A-600-1-6, partie 1 - Dispositions des foyers, 1964-1968, boîte d'archives 204-4, nº d'acquisition G-1979-003, A. Stevenson à J. H. Wiebe, 26 octobre 1964. [RCN-010871]
73. CVR, ARN, Bibliothèque et Archives Canada, RG85, boîte 15, nº d'emplacement 1985-86/220, dossier A1000/153, partie 2, Établissements et secteur - Eskimo Point, février 1967-octobre 1969, nº d'inst. de recherche 85-15, « Report on Situation at Eskimo Point », 19 mars 1967. [EPS-000402-0001]
74. CVR, DAV, [nom supprimé], déclaration devant la Commission de vérité et réconciliation du Canada, Cambridge Bay (Nunavut), 11 avril 2011, numéro de déclaration : SP009.
75. Carolyne Nivixie, citée dans Fondation autochtone de l'espoir, *Nous étions si loin*, p. 118.
76. CVR, DAV, Eric Anautalik, déclaration devant la Commission de vérité et réconciliation du Canada, Baker Lake (Nunavut), 15 novembre 2011, numéro de déclaration : SP032. (Traduction simultanée)
77. CVR, DAV, Sarah Peryouar, déclaration devant la Commission de vérité et réconciliation du Canada, Baker Lake (Nunavut), 15 novembre 2011, numéro de déclaration : SP032.

78. Voir CVR, DAV, Mary Lareau, déclaration devant la Commission de vérité et réconciliation du Canada, Baker Lake (Nunavut), 15 novembre 2011, numéro de déclaration : SP032. CVR, DAV, Jimmy Itulu, déclaration devant la Commission de vérité et réconciliation du Canada, Iqaluit (Nunavut), 25 mars 2011, numéro de déclaration : SP008.
79. CVR, DAV, Annie Agligoetok, déclaration devant la Commission de vérité et réconciliation du Canada, Cambridge Bay (Nunavut), 11 avril 2011, numéro de déclaration : SP009.
80. Dora Fraser, Déclaration devant la Commission de vérité et réconciliation du Canada, Winnipeg (Manitoba), 19 juin 2010, numéro de déclaration : 02-MB-19JU10-012.
81. CVR, DAV, Sarah Peryouar, déclaration devant la Commission de vérité et réconciliation du Canada, Baker Lake (Nunavut), 15 novembre 2011, numéro de déclaration : SP032.
82. CVR, ARN, Bibliothèque et Archives Canada, RG85, boîte 15, n° d'emplacement 1985-1986/220, dossier 1000/138, partie 2, Dossier général concernant les établissements et les secteurs dans les T.N.-O. et au Yukon - Igloolik, mars 1969-août 1969, n° d'inst. de recherche 85-15, « Igloolik, N.W.T », J. Waye, février 1969. [IGS-000094-0001]
83. CVR, ARN, Archives du gouvernement des Territoires du Nord-Ouest, dossier A-630/138-1, partie 1, Établissements d'enseignement - Écoles Igloolik, École du gouvernement, T.N.-O. 1959-1969, boîte d'archives 246-1, n° d'acquisition G-1979-003, Administrateur de l'Arctique à Mowat, 24 juillet 1969. [IGS-000368]
84. CVR, ARN, Gouvernement des Territoires du Nord-Ouest - Éducation, culture et emploi, Résidences d'élèves [1983-1987] - Diverses autorités locales en matière d'éducation, SGIR n° 1201, boîte 9, « Department of Education, Government Northwest Territories, Student Residences », sans date. [RCN-007186]
85. CVR, ARN, Gouvernement des Territoires du Nord-Ouest - Éducation, culture et emploi, M. Farrow à J. Larocque, 11 mai 1995 [FBS-000439]. « Did You Reside at Kivalliq Hall? » (publicité), http://www.myvirtualpaper.com/doc/nortext/120316_nnlayout_1-36_vr/2012031401/11.html#10.
86. Il a été impossible pour la Commission de vérité et réconciliation du Canada de trouver un document confirmant la date d'ouverture de ce foyer. Pour une confirmation de son exploitation jusqu'en 1992, voir : CVR, ARN, Gouvernement des Territoires du Nord-Ouest - Éducation, culture et emploi, Ukkivik, Plans futurs [Planification des immobilisations] 1995, Transfert - Nunavut, boîte 21, « Baffin Divisional Board of Education: Analysis of Funding Levels for Residences », 25 novembre 1995. [FBS-000566-0005]
87. CVR, ARN, Gouvernement des Territoires du Nord-Ouest - Éducation, culture et emploi, Ukkivik, Plans futurs [Planification des immobilisations] 1995, Transfert - Nunavut, boîte 21, rapport de consultant sans titre, 2 février 1995, p. 6 [FBS-000451].
88. CVR, ARN, Bibliothèque et Archives Canada, RG85, dossier 632-108-1, volume 1, boîte 22, Rapport semestriel sur la fréquentation/Fort Franklin - T.N.-O. 09/1967-12/1968, « Pupil Residence Quarterly Return, Fort Franklin », 30 septembre 1967. [FFS-000001-0001] Gouvernement des Territoires du Nord-Ouest - Éducation, culture et emploi, dossier 73-600-303, volume 2, Services scolaires - Fort Franklin, 01/72-09/73, n° transfert 0330, boîte 9, J. A Coady à N. Macpherson, 22 mars 1973. [FFS-000018].
89. CVR, ARN, Gouvernement des Territoires du Nord-Ouest - Éducation, culture et emploi, rapports divers sur les foyers, SGIR, n° 1209, boîte 9, « Student Residences (Hostels) », sans date. [RCN-007183]
90. CVR, ARN, Gouvernement des Territoires du Nord-Ouest - Éducation, culture et emploi, Résidences d'élèves [1983-1987] - Diverses autorités locales en matière d'éducation,

SGIR n° 1201, boîte 9, « Department of Education, Government Northwest Territories, Student Residences », sans date [RCN-007186].

91. CVR, ARN, Entrepôt de dossiers CGS, Iqaluit, Gouvernement du Nunavut, 4235 - Résidence - Enseignement au domicile NU, boîte 168, T. Stewart à D. Wilson, 12 mai 1996. [CBS-001201-0001]

Administration territoriale, 1969 à 1997

1. CVR, ARN, gouvernement des Territoires du Nord-Ouest, Éducation, culture et emploi, Résidences 1976-1977, rapports trimestriels [Akaitcho Hall, Ukkivik, Lapointe Hall, Grollier Hall, Fort Liard, Chief Jimmy Bruneau], 10/75-07/77, n° de transfert 0349, boîte 25-1, « Enrolment in Residences by Age, Oct., Nov., Dec. », 1976. [RCN-012407]
2. Journal des débats des Territoires du Nord-Ouest (13 janvier 1969), p. 15.
3. CVR, ARN, Archives du gouvernement des Territoires du Nord-Ouest, n° de contrôle 71-602-000, Résidences des élèves, Administration générale, 04/1968-12/71, boîte d'archives 266, n° d'acquisition G1999-046, G. Devitt au directeur de l'Éducation, 5 décembre 1969. [CIU-001807]
4. CVR, ARN, Archives du gouvernement des Territoires du Nord-Ouest, foyer d'Inuvik : Grollier Hall [catholique], 1972-1976, boîte d'archives 1-5, n° d'acquisition G2000-014, J. R. Sperry à S. M. Hodgson, 10 janvier 1975. [SHU-000821]
5. CVR, ARN, gouvernement des Territoires du Nord-Ouest, Éducation, culture et emploi, ECE [02330-6, 004508], gouvernement des Territoires du Nord-Ouest, Yellowknife, T.N.-O., Peter L. McKlusky au vérificateur territorial, 17 décembre 1975. [SHU-000074-0000]
6. CVR, ARN, gouvernement des Territoires du Nord-Ouest, Éducation, culture et emploi, rapports divers sur les foyers, SGIR n° 1209, boîte 9, « Student Enrolment in Hostels, 1967-1975 ». [RCN-007181]
7. Jenness, *Eskimo Administration*, p. 130-132.
8. Statistiques fournies par B. C. Gillie, directeur de l'Éducation, à l'Assemblée législative; Journal des débats des Territoires du Nord-Ouest (11 février 1977), p. 503.
9. CVR, ARN, gouvernement des Territoires du Nord-Ouest, Éducation, culture et emploi, Résidences 1976-1977, rapports trimestriels [Akaitcho Hall, Ukkivik, Lapointe Hall, Grollier Hall, Fort Liard et Chief Jimmy Bruneau], 10/75-07/77, n° de transfert 0349, boîte 25-1, « Enrolment in Residences by Age », 30 juin 1977. [RCN-012415]
10. Journal des débats des Territoires du Nord-Ouest (20 janvier 1975), p. 515.
11. CVR, ARN, gouvernement des Territoires du Nord-Ouest, Éducation, culture et emploi, Résidences des élèves, données sur la fréquentation, 09/69-06/73, n° de transfert 0274, boîte 4-20, « Student Residence Enrolment - age 12 and under ». [RCN-012596-0001]
12. CVR, ARN, Archives du gouvernement des Territoires du Nord-Ouest, Résidences des élèves, Administration générale, 1973-1978, boîte d'archives 4-2, n° d'acquisition G1995-004, R. L. Julyan à R. W. Halifax, 28 décembre 1977. [LHU-000685-0001] CVR, ARN, gouvernement des Territoires du Nord-Ouest, Éducation, culture et emploi, rapports divers sur les foyers, SGIR n° 1209, boîte 9, « Student Enrolment in Hostels, 1967-1975 ». [RCN-007181]
13. CVR, ARN, gouvernement des Territoires du Nord-Ouest, Éducation, culture et emploi, Inscriptions des élèves dans les résidences et fréquentation semestrielle, 1985-1986 [Deh Cho

Hall], n° de transfert 1201, boîte 9-1, M. Letcher, « Student Residence Quarterly Return, Deh Cho Hall, Fort Simpson », décembre 1985. [LHU-000286]

14. CVR, ARN, Archives du gouvernement des Territoires du Nord-Ouest, D. Patterson, « Northwest Territories Education Annual Report: 1987 », p. 18. [FNU-001846]
15. Thompson, « Dehcho Hall to Close », http://www.nnsl.com/frames/newspapers/2009-01/jan26_09h.html.
16. CVR, ARN, gouvernement des Territoires du Nord-Ouest, Éducation, culture et emploi, réunions du personnel, 1991-1993, n° de transfert 1419, boîte 10, « Akaitcho Hall Enrolment Projection ». [AHU-005118-0001]
17. CVR, ARN, gouvernement des Territoires du Nord-Ouest, Éducation, culture et emploi, correspondance générale, 1991-1994, n° de transfert 1531, boîte 5, C. McLean à J. Stad, 24 juin 1994. [AHU-004085]
18. CVR, ARN, entrepôt du Conseil scolaire de Beaufort-Delta, Inuvik, T.N.-O., dossier de TryAction pour Grollier 1984-1988, J. Maher au président de la région d'Inuvik de l'administration scolaire locale, « Operational Guidelines, Grollier Hall », 30 octobre 1986. [GHU-000661]
19. CVR, ARN, entrepôt du Conseil scolaire de Beaufort-Delta, Inuvik, T.N.-O., dossier de TryAction pour Grollier 1984-1988, D. Croteau à D. Patterson, 26 juin 1986. [GHU-000637]
20. CVR, ARN, entrepôt du Conseil scolaire de Beaufort-Delta, Inuvik, T.N.-O., dossier de TryAction pour Grollier 1984-1988, J. Maher à E. Lavoie, 28 juillet 1987. [GHU-000713]
21. CVR, ARN, gouvernement des Territoires du Nord-Ouest, Éducation, culture et emploi, Grollier Hall [495-6], 1987-1990, n° de transfert 0246, boîte 3, G. Joyce à P. Murray, 15 mars 1990; [GHU-000770-0001] G. Joyce à P. Murray, 12 avril 1990. [GHU-000770-0000]
22. CVR, ARN, gouvernement des Territoires du Nord-Ouest, Éducation, culture et emploi, hébergement des élèves dans la région d'Inuvik, 1995, transfert - Active, Avery de Cooper Consulting au ministère de l'Éducation, « Student Accommodation in the Inuvik Region », février 1995, p. 10. [GHU-000718-0000]
23. CVR, ARN, gouvernement des Territoires du Nord-Ouest, Éducation, culture et emploi, Ukkivik - Projets d'avenir [Planification des immobilisations], 1995, transfert - Nunavut, boîte 2, L. Levy à H. Hunt, 26 avril 1995. [FBS-000452]
24. CVR, ARN, aucun emplacement de document, aucun dossier source de document, B. Pusharenko, Inuvik, T.N.-O., « Demolition of Former Residential School Called for to Put Bad Memories at Rest », *Edmonton Journal*, 13 août 1998. [GNN-000298-0026]
25. CVR, ARN, Bibliothèques et Archives Canada - Burnaby, Admissions et renvois, pensionnat indien de Carcross, 801/25-2-11, mars 1966 à juin 1969, A. H. Friesen à E. J. Underwood, 27 juin 1968. [YHU-090040]
26. CVR, ARN, Bibliothèques et Archives Canada - Burnaby, dossier 801/6-1-011, volume 2, pensionnat indien de Carcross, 06/1955-06/1960, RG10-151, V1989-90/101, document du Conseil du Trésor, 3 mars 1969. [CAR-011355-0001]
27. CVR, ARN, AINC, Secteur de la résolution, collection des dossiers historiques des pensionnats indiens, Ottawa, dossier 801/25-1, volume 6, 06/1972-12/1973, « Education Yukon », 11 décembre 1972. [YKS-005103]
28. CVR, ARN, Fonds anglican du Diocèse du Yukon, Archives du Yukon, COR 301, dossier 9, Église anglicane, série IV.3, boîte 53, « New Policy for Student Dormitories », *Whitehorse Star*, 18 août 1970. [CDH-090069-0001]

29. CVR, ARN, Bibliothèque et Archives Canada, volume 2, 04/71-02/80, Résidences des élèves, Dépôt central des Archives publiques, I. P. Kirkby à G. D. Cromb, 24 novembre 1971. [YKS-002862, 25-13]
30. CVR, ARN, Archives du Yukon, GOV 2404, dossier 5[a], Ferguson à Levirs, surintendant de l'Éducation, « Whitehorse Student Residences », 18 août 1971. [CDH-090068-0001]
31. CVR, ARN, Bibliothèque et Archives Canada, RG10, boîte 66, n° d'acquisition 1988-1989/057, correspondance générale, résidences des élèves de Lower Post, 1965-1978, G. K. Gooderham au Secrétariat du Ministère, 2 mai 1975. [LOW-041388]
32. Canada, *Rapport annuel du ministère des Affaires indiennes, 1985*, p. 56.
33. CVR, ARN, AINC, Secteur de la résolution, collection des dossiers historiques des pensionnats indiens, Ottawa, E4974-1, volume 1, 10/1979 -10/1987, B. Zizman à J. McArthur, 7 mai 1985, p. 3. [YKS-005141]
34. CVR, ARN, Bibliothèque et Archives Canada, RG85, volume permanent 1462, dossier 600-1-1, partie 23, Éducation et écoles, T.N.-O., politique générale, avril 1967 à avril 1968, FA 85-4, « Hostels Homewreckers », article non daté provenant d'une publication non identifiée (des preuves internes montrent qu'il date au plus tôt de 1967). [RCN-012280-0001] Pour en savoir plus sur la nomination de Gibson, voir : Gibson et Renison, *Bull of the Woods*, p. 285.
35. CVR, ARN, AINC, Sous-section des archives, Ottawa, dossier 250/25-23, volume 2, R. G. Williamson à A. Laing, 23 août 1967, p. 4. [CVC-000370-0004]
36. CVR, ARN, Archives du gouvernement des Territoires du Nord-Ouest, dossier T-600-1-1, partie 1b, Éducation et écoles dans les T.N.-O., politique générale, 1966-1968, boîte d'archives 203-1, n° d'acquisition G-1979-003, [illisible] à B. Sivertz, 5 janvier 1967. [RCN-011088] Pour connaître le point de vue de Williamson, voir : Portail de recherche du Grand Nord, Fonds de R. G. Williamson, http://scaa.usask.ca/gallery/northern/en_finding_aid_display.php?filename=williamson&title=Robert %20Williamson %20fonds.
37. Baffin Region Eskimo Advisory Council Conference et coll., *Baffin Region Eskimo Advisory Council Conference.*
38. « Telegram from Coppermine Conference », http://www.capekrusenstern.org/docs/itc_coppermine_1970.pdf. Cette déclaration a été envoyée par télégramme au premier ministre Pierre Elliott Trudeau. Une copie du document bien connu de huit pages est publiée sur le site Capekrusenstern.org, répertoire en ligne de documents publics provenant principalement de l'Arctique de l'Ouest, géré par des intérêts privés.
39. Fraternité des Autochtones du Yukon, *Education of Yukon Indians*, p. 1.
40. Fraternité des Autochtones du Yukon, *Education of Yukon Indians*, p. 1.
41. Conseil des Indiens du Yukon, *Together Today*, p. 20-21.
42. *Dene Nation*, p. 3-4.
43. Journal des débats des Territoires du Nord-Ouest (2 février 1971), p. 44-45; Journal des débats des Territoires du Nord-Ouest (11 février 1971), p. 500-508.
44. Kakfwi, « Schools », p. 142.
45. Overvold, « The Schools », p. 147.
46. Berger, *Le Nord : terre lointaine*, p. 97.
47. CVR, ARN, AINC, Secteur de la résolution, collection des dossiers historiques des pensionnats indiens, Ottawa, dossier 600-1-6, volume 12, Gestion des foyers, T.N.-O. [Politique générale], 06/1969-11/1970, F. Dunford à K. Bowles, 4 novembre 1970. [RCN-001355]
48. Voir : Inuit Tapirisat du Canada, « Education ».
49. Curley, « On Education », p. 29.

50. Journal des débats des Territoires du Nord-Ouest (14 janvier 1975), p. 122.
51. Journal des débats des Territoires du Nord-Ouest (4 mars 1991), p. 290.
52. Hamilton, *Arctic Revolution*, p. 110–111.
53. Journal des débats des Territoires du Nord-Ouest (11 février 1971), p. 499.
54. CVR, ARN, gouvernement des Territoires du Nord-Ouest, Éducation, culture et emploi, Lapointe Hall [catholique] à Fort Simpson, 01/72–12/72, nº de transfert 0330, boîte 8–2, Journal des débats des Territoires du Nord-Ouest, 1972, p. 683. [LHU-000637-0001]
55. CVR, ARN, gouvernement des Territoires du Nord-Ouest, Éducation, culture et emploi, Ukkivik, Projets d'avenir [Planification des immobilisations], 1995, transfert – Nunavut, boîte 21, rapport d'expert-conseil non titré, 2 février 1995, p. 6. [FBS-000451]
56. Zoe, « Strong Like Two People », p. 17.
57. CVR, ARN, gouvernement des Territoires du Nord-Ouest, Éducation, culture et emploi, Inscriptions dans les foyers des Territoires du Nord-Ouest/dossier statistique, 09/71–06/74, nº de transfert 0274, boîte 4–31, « Students in Pupil Residences, by ages – for the quarter ending September 30, 1971 ».[RCN-012577]
58. Tolley, « Chief Jimmy Bruneau School », p. 60; CVR, ARN, gouvernement des Territoires du Nord-Ouest, Éducation, culture et emploi, Inscriptions dans les foyers des Territoires du Nord-Ouest/dossier statistique, 09/71–06/74, nº de transfert 0274, boîte 4–31, « Students in Pupil Residences, by ages – for the quarter ending September 30, 1972 ». [RCN-012593]
59. CVR, ARN, Archives du gouvernement des Territoires du Nord-Ouest, Inscriptions dans les foyers, 1974, boîte d'archives 9–10, nº d'acquisition G1995-004, « Pupil Residence Enrolment by Grade, Quarter Ending September 30, 1973 »; [RCN-012612-0000] boîte d'archives 9–11, nº d'acquisition G1995-004, « Students in Pupil Residences, by ages – for the quarter ending September 30, 1974 ». [RCN-012618]
60. Tolley, « Chief Jimmy Bruneau School », p. 60.
61. Sharp, *Yukon Rural Education*, p. 12, 15–17, 82.
62. CVR, ARN, Centre de services régional de la région de la capitale nationale, Bibliothèque et Archives Canada, dossier 801/25-1, volume 7 (nº d'emplacement N338-402), P. B. Lesaux à H. B. Robinson, 29 mai 1974. [NCA-017354-0000]
63. CVR, ARN, Bibliothèque et Archives Canada, R776-0-5 (RG55), volume 1639, MAINC, 1975, partie 1, TB 739089, Conseil du Trésor, « Authority to Enter into a Service Contract », M. et Mme Coad, 16 septembre 1975 [NPC-521960] M. et Mme Aucoin, 16 septembre 1975. [NPC-521959]
64. CVR, ARN, AINC, Secteur de la résolution, collection des dossiers historiques des pensionnats indiens, Ottawa, E4974-1, volume 1, 10/1979–10/1987, B. Zizman à J. McArthur, 7 mai 1985, p. 3. [YKS-005141]
65. Sharp, *Yukon Rural Education*, p. 39.
66. Canada, Affaires indiennes et du Nord Canada, *Accord-cadre définitif*, p. 269–270.
67. CVR, ARN, gouvernement des Territoires du Nord-Ouest, Éducation, culture et emploi, Pension en foyer privé, 1981–1983, nº de transfert 1419, boîte 11, D. Mandeville à T. Curley, 23 septembre 1980. [AHU-004181]
68. CVR, ARN, gouvernement des Territoires du Nord-Ouest, Éducation, culture et emploi, Politiques des résidences, 1978–1986, nº de transfert 0341, boîte 3, E. J. Duggan à H. Simms, 11 octobre 1984. [AHU-003937]

69. CVR, ARN, gouvernement des Territoires du Nord-Ouest, Éducation, culture et emploi, 110 Conseil consultatif d'Akaitcho Hall, 1986-1989, nº de transfert 1530, boîte 14, J. C. R. Williams à D. Patterson, 25 février 1987. [AHU-004188]
70. CVR, ARN, gouvernement des Territoires du Nord-Ouest, Éducation, culture et emploi, Politique générale - Pensions de famille [496-1], 1988-1990, nº de transfert 0246, boîte 3, « Schedule of home boarding rates ». [AHU-004194-0001]
71. CVR, ARN, gouvernement des Territoires du Nord-Ouest, Éducation, culture et emploi, Projets d'avenir [Planification des immobilisations], 1995, transfert - Nunavut, boîte 21, « Options for Educational Residences at Iqaluit », 2 février 1995, 17-18. [FBS-000451]
72. CVR, ARN, gouvernement des Territoires du Nord-Ouest, Éducation, culture et emploi, Projets d'avenir [Planification des immobilisations], 1995, transfert - Nunavut, boîte 21, « Options for Educational Residences at Iqaluit », 2 février 1995, p. 11-12, 14, 18. [FBS-000451]
73. CVR, ARN, gouvernement des Territoires du Nord-Ouest, Éducation, culture et emploi, Projets d'avenir [Planification des immobilisations], 1995, transfert - Nunavut, boîte 21, « Options for Educational Residences at Iqaluit », 2 février 1995, p. 18. [FBS-000451]
74. CVR, ARN, gouvernement des Territoires du Nord-Ouest, Éducation, culture et emploi, Akaitcho Hall, 1992-1994, nº de transfert 0247, boîte 9, « The Akaitcho Hall Review, June 1992 », p. 23. [AHU-004040-0001]
75. Ritcey, « School in the South », p. 21.
76. Kaplansky, « Inuit in the South ».
77. Curley, « Boarding House System », p. 56-61.
78. Par exemple, Kaplansky, « Inuit in the South ».
79. Journal des débats des Territoires du Nord-Ouest (9 février 1983), p. 201-203.

L'expérience des pensionnats au Nouveau-Québec et au Labrador

1. Diubaldo, « Absurd Little Mouse », p. 34-40.
2. Vick-Westgate, *Nunavik*, p. 59-60.
3. Règlement relatif aux pensionnats, « List of Residential Schools », http://www.residentialschoolsettlement.ca/schools.html#Qu%C3%A9bec.
4. Macpherson, *Dreams & Visions*, p. 76-77.
5. CVR, ARN, Bibliothèque et Archives Canada, RG85, dossier 633-1, volume 13, boîte 22, Statistiques sur l'éducation 06/1969-09/1973, « Transfer Plans - Educational Activity - Arctic District », 19 mars 1970, p. 2. [RCN-009771-0001]
6. Vick-Westgate, *Nunavik*, p. 54.
7. Clemens, « Canadian Colonialism », p. 59-60.
8. Clemens, « Canadian Colonialism », p. 120.
9. CVR, ARN, Bibliothèque et Archives Canada, dossier 380/6-2-007, volume 1, C. L'Heureux à W. J. McGuire, 22 mars 1972; [PHQ-005693] AINC - Sous-section des archives - Ottawa, dossier 5150/C6-1, volume 1, D. Davidson au secrétaire-trésorier, « Junior High School - Hearne Hall », 27 mars 1973. [CVC-000615-0000]
10. Vick-Westgate, *Nunavik*, p. 75.
11. Clemens, « Canadian Colonialism », p. 93-94; Cram, « Native Education Programs », p. 52.
12. Kaplansky, « Inuit in the South », p. 15-16.
13. Commission scolaire Kativik School Board, *Symposium '85*, p. 65, 122.

14. McMillan et Yellowhorn, *First Peoples*, p. 287; Gouvernement du Nunatsiavut, « Labrador Inuit », http://www.nunatsiavut.com/visitors/labrador-inuit/.
15. McMillan et Yellowhorn, *First Peoples*, p. 118–119.
16. Williamson, « Moravian Mission », p. 32.
17. Williamson, « Moravian Mission », p. 33.
18. Williamson, « Moravian Mission », p. 32.
19. Williamson, « Moravian Mission », p. 34.
20. Williamson, « Moravian Mission », p. 35.
21. Rompkey, *Grenfell of Labrador*, p. 23.
22. Rompkey, *Grenfell of Labrador*, p. 40.
23. Rompkey, *Grenfell of Labrador*, p. 126.
24. Rompkey, *Grenfell of Labrador*, p. 156.
25. Kennedy, « Impact of the Grenfell Mission », p. 201.
26. Cadigan, *Newfoundland and Labrador*, p. 191; Paddon, *Labrador Doctor*, p. 170.
27. Rompkey, *Grenfell of Labrador*, p. 234.
28. Rompkey, *Grenfell of Labrador*, p. 275.
29. Rompkey, *Story of Labrador*, p. 116.
30. Paddon, *Labrador Doctor*, p. 177–180.
31. Rompkey, *Story of Labrador*, p. 107.
32. Rompkey, *Story of Labrador*, p. 103.
33. MacKenzie, *Indian Act*, p. 164.
34. Hanrahan, *Lasting Breach*, p. 235–236.
35. CBC News, « N.L. Residential School Lawsuit », http://www.cbc.ca/news/canada/newfoundland-labrador/n-l-residential-school-lawsuit-can-proceed-1.921137.
36. Voir : *Anderson c. Canada (Procureur général)*, 2011 NLCA, p. 82, paragr. 1.
37. CVR, DAV, Rose Oliver, déclaration devant la Commission de vérité et réconciliation du Canada, Halifax (Nouvelle-Écosse), 27 octobre 2011, numéro de déclaration : 2011-2878.
38. CVR, DAV, Rosalie Webber, déclaration devant la Commission de vérité et réconciliation du Canada, Halifax (Nouvelle-Écosse), 26 novembre 2011, numéro de déclaration : 2011-2891.
39. CVR, DAV, Matilda Lampe, déclaration devant la Commission de vérité et réconciliation du Canada, Goose Bay (Terre-Neuve-et-Labrador), 20 septembre 2011, numéro de déclaration : 2011-4249.
40. CVR, DAV, Rosie Mitsuk, déclaration devant la Commission de vérité et réconciliation du Canada, Hopedale (Terre-Neuve-et-Labrador), 23 septembre 2011, numéro de déclaration : 2011-2160.
41. CVR, DAV, Joanna Michel, déclaration devant la Commission de vérité et réconciliation du Canada, Goose Bay (Terre-Neuve-et-Labrador), 20 septembre 2011, numéro de déclaration : 2011-4248.
42. CVR, DAV, Sophie Keelan, déclaration devant la Commission de vérité et réconciliation du Canada, Halifax (Nouvelle-Écosse), 28 octobre 2011, numéro de déclaration : 2011-2887.
43. CVR, DAV, Marjorie Goudie, déclaration devant la Commission de vérité et réconciliation du Canada, Halifax (Nouvelle-Écosse), 27 novembre 2011, numéro de déclaration : 2011-2892.
44. CVR, DAV, Abraham Nochasak, déclaration devant la Commission de vérité et réconciliation du Canada, Hopedale (Terre-Neuve-et-Labrador), 23 septembre 2011, numéro de déclaration : 2011-2162.
45. CVR, DAV, Samuel Nui, déclaration devant la Commission de vérité et réconciliation du Canada, Halifax (Nouvelle-Écosse), 27 octobre 2011, numéro de déclaration : 2011-2860.

46. CVR, DAV, Patricia Kemuksigak, déclaration devant la Commission de vérité et réconciliation du Canada, Inuvik (Territoires du Nord-Ouest), 1er juillet 2011, numéro de déclaration : SP151.
47. CBC News, « Labrador Residential School Lawsuit Approved », http://www.cbc.ca/news/canada/newfoundland-labrador/labrador-residential-school-lawsuit-approved-1.1026425; « Labrador Residential School Lawsuit Postponed », http://www.cbc.ca/news/canada/newfoundland-labrador/labrador-residential-school-lawsuit-postponed-1.2839624.
48. *La Presse canadienne*, « Newfoundland and Labrador Residential Schools Suit », http://www.thetelegram.com/News/Local/2015-01-26/article-4020691/Newfoundland-and-Labrador-residential-schools-suit-moves-to-mediation/1.

Bibliographie

Sources primaires

1. Bases de données de la Commission de vérité et réconciliation

Les notes en fin de chapitre du rapport débutent souvent par CVR, suivi d'un des sigles suivants : DASAG, DAV, DAE, ASPI, ARN, RNE et BAC. Les documents ainsi cités se trouvent dans la base de données de la Commission de vérité et réconciliation du Canada, au Centre national pour la vérité et réconciliation. À la fin de chacune des notes, on trouve, entre crochets, le numéro d'identification de chacun des documents. Voici une brève description des bases de données.

Base de données des documents actifs et semi-actifs du gouvernement (DASAG) : Cette base de données contient les documents actifs et semi-actifs du gouvernement recueillis auprès de ministères fédéraux qui sont possiblement liés à l'administration et à la gestion du système des pensionnats. Conformément aux obligations du gouvernement fédéral découlant de la Convention de règlement relative aux pensionnats indiens (CRRPI), les documents ayant trait à l'histoire ou aux séquelles du système ont été communiqués à la Commission de vérité et réconciliation du Canada (CVR). Les autres ministères fédéraux concernés étaient notamment : le ministère de la Justice, Santé Canada, la Gendarmerie royale du Canada et la Défense nationale. Affaires autochtones et Développement du Nord Canada avait la responsabilité de rassembler et de communiquer les documents de ces autres ministères fédéraux à la CVR.

Base de données des déclarations audio-visuelles (DAV) : Cette base de données regroupe les déclarations audio et vidéo faites à la CVR dans le cadre d'audiences communautaires et d'événements régionaux et nationaux tenus par la Commission ainsi que d'autres événements spéciaux auxquels la Commission a participé.

Base de données des documents d'archives des Églises (DAE) : Cette base de données contient les documents recueillis auprès de diverses Églises et organisations religieuses ayant participé à l'administration et à la gestion des pensionnats indiens. Il s'agit notamment des entités associées à l'Église catholique romaine, à l'Église anglicane du Canada, à l'Église presbytérienne du Canada et à l'Église Unie du Canada. Les documents ont été recueillis conformément au mandat de la CVR, tel qu'il est énoncé dans la Convention de règlement relative aux pensionnats indiens, soit de « repérer les sources et créer un dossier historique le plus complet possible sur le système des pensionnats et ses séquelles ».

Base de données des administrations scolaires des pensionnats indiens (ASPI) : Cette base de données regroupe des documents sur chacun des pensionnats, conformément à la CRRPI.

Base de données de l'analyse et de la recherche nationale (ARN) : Cette base de données rassemble des documents recueillis par la Direction nationale de recherche et d'analyse d'Affaires autochtones et Développement du Nord Canada, anciennement Résolution des questions des pensionnats indiens Canada (RQPIC). Les documents contenus dans cette base de données visaient au départ la recherche sur diverses allégations, notamment sur les cas d'abus dans les pensionnats, et sont principalement issus de la procédure judiciaire dans des affaires criminelles et civiles puis de la Convention de règlement relative aux pensionnats indiens (CRRPI), ainsi que de processus de règlement extrajudiciaires tels que le règlement alternatif des différends. La plupart des documents proviennent d'Affaires autochtones et Développement du Nord Canada. La collection regroupe également des documents d'autres ministères fédéraux et d'organisations religieuses. Pour certains documents fournis par des organismes externes, l'information comprise dans la base de données est incomplète. Le cas échéant, la note en fin de chapitre contient l'information suivante : « aucun emplacement de document, aucun dossier source de document ».

Base de données des séries rouge, noire et sur les écoles (RNE) : Cette base de données contient les documents fournis à la Commission par Bibliothèque et Archives Canada. Les trois sous-séries regroupent des documents auparavant compris dans le Système central de gestion des dossiers de l'administration centrale, ou système de gestion des documents, pour les ministères qui ont précédé Affaires autochtones et Développement du Nord Canada. Les documents d'archives sont liés au fonds du ministère des Affaires indiennes et du Nord canadien et font partie de la collection de Bibliothèque et Archives Canada.

Base de données des documents et des contenants (fichiers) de documents d'archives de Bibliothèque et Archives Canada (DABAC) : Cette base de données contient des documents recueillis auprès de Bibliothèque et Archives Canada. Les documents d'archives des ministères fédéraux possiblement liés à l'administration et à la gestion du système des pensionnats faisaient partie de la collection de Bibliothèques et Archives Canada. Au départ, les documents ayant trait à l'histoire ou aux séquelles du système des pensionnats indiens ont été recueillis par la Commission de vérité et réconciliation du Canada (CVR), en collaboration avec Affaires autochtones et Développement du Nord Canada, dans le cadre de leur mandat, tel qu'il est énoncé dans la Convention de règlement relative aux pensionnats indiens. Affaires autochtones et Développement du Nord Canada a poursuivi la collecte de documents, conformément à l'obligation du gouvernement fédéral de divulguer ces documents dans le cadre de la Convention.

2. Rapport annuel des Affaires indiennes, 1864–1997

Dans le présent rapport, « Rapport annuel du ministère des Affaires indiennes » désigne les rapports annuels publiés du gouvernement du Canada en lien avec les Affaires indiennes pour la période comprise entre 1864 et 1997.

Le ministère des Affaires indiennes et du Nord canadien a vu le jour en 1966. En 2011, il est devenu Affaires autochtones et Développement du Nord Canada. Avant 1966, divers ministères ont eu la responsabilité des portefeuilles des Affaires indiennes et des Affaires du Nord.

Par ordre chronologique, voici les ministères qui ont eu la responsabilité des Affaires indiennes au fil des ans :

- département du Secrétaire d'État du Canada (jusqu'en 1869)
- département du Secrétaire d'État pour les Provinces (1869–1873)
- ministère de l'Intérieur (1873–1880)
- département des Affaires des Sauvages (1880–1936)
- ministère des Mines et des Ressources (1936–1950)
- ministère de la Citoyenneté et de l'Immigration (1950–1965)
- ministère du Nord canadien et des Ressources nationales (1966)
- ministère des Affaires indiennes et du Nord canadien (de 1966 à ce jour)

Le titre exact des rapports annuels du ministère des Affaires indiennes a changé au fil des années en fonction du ministère responsable.

3. Bibliothèque et Archives Canada

RG10 (groupe d'archives des Affaires indiennes) Le groupe d'archives RG10 de Bibliothèque et Archives Canada fait partie du fonds R216 du ministère des Affaires indiennes et du Nord canadien. À des fins de clarté et de concision, les archives appartenant au groupe d'archives RG10 mentionnées dans les notes en fin de chapitre du présent rapport sont présentées simplement à l'aide de l'information relative au groupe RG10. Lorsqu'une copie d'un document du groupe d'archives RG10 contenue dans une base de données de la CVR a été utilisée, la base de données de la Commission dans laquelle se trouve cette copie a été clairement indiquée tout comme l'information relative au groupe d'archives RG10 associée au document original.

4. Autres archives

Archives de l'Université du Minnesota

Documents de Margaret Oldenburg, 1917–1930 http://special.lib.umn.edu/findaid/xml/uarc00512.xml.

5. Publications gouvernementales

Berger, Thomas R. *Le nord : terre lointaine, terre ancestrale : rapport de l'Enquête sur le pipeline de la vallée du Mackenzie : volume un*, Ottawa : Ministre des Approvisionnements et Services Canada, 1977.

Canada. Affaires autochtones et Développement du Nord Canada. « Carte de la distribution des demandes du Processus d'évaluation indépendant (PEI) », statistiques du 19 septembre 2007 au 30 septembre 2013, https://www.aadnc-aandc.gc.ca/fra/1353515018482/1353515056754 (consulté le 16 novembre 2014).

Canada. Affaires autochtones et Développement du Nord Canada. « Document d'information - Excuses relatives à la réinstallation d'Inuit dans l'Extrême-Arctique », http://www.aadnc-aandc.gc.ca/fra/1100100015426/1100100015427.

Canada. Affaires autochtones et Développement du Nord Canada. « Traité N° 8 », http://www.aadnc-aandc.gc.ca/fra/1100100028813/1100100028853.

Canada. Affaires autochtones et Développement du Nord Canada. « Traité N° 11 », http://www.aadnc-aandc.gc.ca/fra/1100100028916/1100100028947.

Canada. Affaires indiennes et du Nord canadien. *Accord-cadre définitif entre le gouvernement du Canada, le conseil des indiens du Yukon et le gouvernement du Yukon*, Ottawa : 1993.

Canada. Comité consultatif de la mise en valeur du Nord. *Government Activities in the North - 1958,* Ottawa : Comité consultatif de la mise en valeur du Nord, 1959.

Canada. Gendarmerie royale du Canada. « Conditions Amongst Eskimos Generally: Annual Report Ending December 31, 1965 », Bibliothèque et Archives Canada, RG18, acquisition 1985-86/048, boîte 55, dossier TA 500-8-1-12, 1965.

Canada. Infrastructure Canada. « Route entre Inuvik et Tuktoyaktuk », http://plandaction.gc.ca/fr/initiative/route-entre-inuvik-et-tuktoyaktuk (consulté le 30 septembre 2014).

Canada. *La réinstallation dans l'Extrême-Arctique : un rapport sur la réinstallation de 1953-1955*, Ottawa : Commission royale sur les peuples autochtones, 1994.

Canada. Ministère du Nord canadien et des Ressources nationales. *Rapport annuel,* 1955, Ottawa : Imprimeur de la Reine, 1955.

Canada. Ministère du Nord canadien et des Ressources nationales. *Rapport annuel,* 1959, Ottawa : Imprimeur de la Reine, 1959.

Canada. Parlement. Comité spécial mixte du Sénat et de la Chambre des communes institué pour étudier la loi des indiens. Procès-verbaux et témoignages, 1946-1948.

Diubaldo, Richard. *Le gouvernement du Canada et les Inuits, 1900-1967,* Ottawa : Affaires indiennes et du Nord canadien, 1985.

Gouvernement du Nunatsiavut. « Labrador Inuit: The Pride of Nunatsiavut », http://www.nunatsiavut.com/visitors/labrador-inuit/ (consulté le 23 mars 2014).

Hanrahan, Maura. *The Lasting Breach: The Omission of Aboriginal People From the Terms of Union Between Newfoundland and Canada and its Ongoing Impacts,* rapport à l'intention de la Commission royale d'enquête sur le renouvellement et le renforcement de notre place au sein du Canada, Terre-Neuve, mars 2003.

LeFrancois, Roger. HLA Consultants. « Native Education in Yukon », rapport du groupe de consultants à l'intention de la Commission conjointe du Yukon sur l'éducation et la formation des Autochtones, août 1987.

Madill, Dennis F.K. *Rapport de recherches sur les traités - Traité N° 8 (1899),* Centre de la recherche historique et de l'étude des traités, Affaires indiennes et du Nord canadien, 1986, http://www.aadnc-aandc.gc.ca/fra/1100100028809/1100100028811.

Peterson, Katherine. « Sir Joseph Bernier Federal Day School - Turquetil Hall; Investigation Report », rapport du leader du gouvernement, gouvernement des Territoires du Nord-Ouest, Yellowknife, novembre 1994.

Sharp, Robert. *Yukon Rural Education: An Assessment of Performance,* Whitehorse : Ministère de l'Éducation, Gouvernement du Yukon, 1985.

Territoires du Nord-Ouest. Assemblée législative. *Debates,* 13 janvier 1969; 28 janvier 1970; 2 février 1971; 11 février 1971; 14 janvier 1975; 20 janvier 1975; 5 février 1979; 9 février 1983; 4 mars 1991.

Yukon. Archives et assemblée législative. « History of the Yukon Legislative Assembly », http://yukonlegislaturespeaks.ca/index.php/history (consulté le 14 mars 2014).

6. Affaires judiciaires

Anderson c. Canada (Procureur général) [2011] NLCA 82.

R c. Frappier [1990] YJ 163 (Cour territoriale).

Reference whether "Indians" includes "Eskimo" [1939] RCS 104.

7. Autres sources

Règlement relatif aux pensionnats indiens. « Site Web officiel des tribunaux », http://www.residentialschoolsettlement.ca/French/French.html (consulté le 23 mars 2014).

Sources secondaires

1. Livres et rapports publiés

Abel, Kerry. *Drum Songs: Glimpses of Dene History,* Montréal et Kingston : McGill-Queen's University Press, 1993.

Amagoalik, John. « Changing the Face of Canada: The Life Story of John Amagoalik », *Life Stories of Northern Leaders,* vol. 2, sous la direction de Louis McComber, Iqaluit : Collège de l'Arctique du Nunavut, 2007.

Baffin Region Eskimo Advisory Council Conference, et col. *Baffin Region Eskimo Advisory Council Conference. Frobisher Bay, NWT, April 16th-20th 1968,* copie des actes non publiés de la bibliothèque d'Affaires autochtones et Développement du Nord Canada, consulté en novembre 2012.

Blondin-Perrin, Alice. *Mon cœur palpitait comme un tambour : ce que j'ai appris dans les pensionnats destinés aux Indiens, Territoires du Nord-Ouest,* Ottawa : Borealis Press, 2013.

Briggs, Jean L. *Never in Anger: Portrait of an Eskimo Family,* Cambridge : Harvard University Press, 1970.

Cadigan, Sean T. *Newfoundland and Labrador: A History,* Toronto : University of Toronto Press, 2009.

Canadien, Albert. *From Lishamie.* Penticton, Colombie-Britannique : Theytus Books, 2010.

Choquette, Robert. *The Oblate Assault on Canada's Northwest,* Ottawa : University of Ottawa Press, 1995.

Coates, Ken. *Best Left as Indians: Native-White Relations in the Yukon Territory, 1840–1973,* Montréal et Kingston : McGill-Queen's University Press, 1991.

Coates, Kenneth. *Canada's Colonies: A History of the Yukon and Northwest Territories,* Toronto : James Lorimer and Company, 1985.

Commission scolaire Kativik. *Symposium '85: 1978–1985,* Dorval : Commission scolaire Kativik, 1986.

Conseil des Indiens du Yukon. *Together Today for our Children Tomorrow,* Whitehorse : Conseil des Indiens du Yukon, 1977, http://www.eco.gov.yk.ca/pdf/together_today_for_our_children_tomorrow.pdf. (consulté le 31 janvier 2013).

Crowe, Keith J. *A History of the Original Peoples of Northern Canada,* édition révisée, Montréal et Kingston : McGill-Queen's University Press, 1991.

Cruikshank, Julie, en collaboration avec Angela Sidney, Kitty Smith, et Annie Ned. *Life Lived like a Story: Life Stories of Three Yukon Native Elders,* Vancouver : University of British Columbia Press, 1991.

Damas, David. *Arctic Migrants, Arctic Villagers: The Transformation of Inuit Settlement in the Central Arctic,* Montréal et Kingston : McGill-Queen's University Press, 2002.

Dickerson, Mark. *Whose North? Political Change, Political Development, and Self-Government in the Northwest Territories,* Vancouver : University of British Columbia Press et l'Institut arctique de l'Amérique du Nord, 1992.

Djwa, Sandra. *F.R. Scott, une vie,* Montréal : Boréal, 2001.

Duchaussois, J.R. *Les Sœurs grises dans l'extrême-nord du Canada : cinquante ans de missions,* Montréal : s.n., 1917.

Duffy, R. Quinn. *The Road to Nunavut: The Progress of the Eastern Arctic Inuit Since the Second World War,* Montréal et Kingston : McGill-Queen's University Press, 1988.

Eber, Dorothy. *When the Whalers Were Up North: Inuit memories from the Eastern Arctic,* Kingston : McGill-Queen's, 1989.

Finnie, Richard. *Canada Moves North,* New York : Macmillan, 1942.

Fondation autochtone de l'espoir. *Nous étions si loin : l'expérience des Inuits dans les pensionnats,* Ottawa : Fondation autochtone de l'espoir, 2010.

Fraternité des Autochtones du Yukon. *Education of Yukon Indians: a Position Paper,* janvier 1972, exemplaire consulté à la bibliothèque d'Affaires autochtones et Développement du Nord Canada, septembre 2012, également en annexe de *Together Today for our Children Tomorrow,* http://www.eco.gov.yk.ca/pdf/together_today_for_our_children_tomorrow.pdf (consulté le 31 janvier 2013).

French, Alice. *Je m'appelle Masak,* Montréal : Cercle du livre de France, 1979.

French, Alice. *The Restless Nomad,* Winnipeg : Pemmican Publications, 1991.

Fumoleau, René. *Aussi longtemps que le fleuve coulera : la nation dènèe et le Canada,* Sillery (Québec) : Septentrion, 1994.

Geller, Peter. *Northern Exposures: Photographing and Filming the Canadian North, 1920–45,* Vancouver : University of British Columbia Press, 2004.

Gibson, Gordon, et Carol Renison. *Bull of the Woods: The Gordon Gibson Story*, Vancouver : Douglas and McIntyre, 1980.

Grant, Shelagh D. *Sovereignty or Security? Government Policy in the Canadian North 1936–1950*, Vancouver : University of British Columbia Press, 1988.

Grygier, Pat Sandiford. *A Long Way from Home: The Tuberculosis Epidemic Among the Inuit*, Montréal et Kingston : McGill-Queen's University Press, 1994.

Hamilton, John David. *Arctic Revolution: Social Change in the Northwest Territories 1935–1994*, Toronto : Dundurn Group, 1994.

Honigmann, John et Irma. *Arctic Townsmen: Ethnic Backgrounds and Modernization*, Ottawa : Centre canadien de recherches en anthropologie, Université Saint-Paul, 1970.

Huel, Raymond J.A. *Proclaiming the Gospel to the Indians and Métis*, Edmonton : University of Alberta Press, 1996.

Ittinuar, Peter Freuchen. « Teach an Eskimo How to Read ... Conversations with Peter Freuchen Ittinuar », sous la direction de Thierry Rodon, *Life Stories of Northern Leaders*, vol. 4, Iqaluit : Collège de l'Arctique du Nunavut, 2008.

Jenness, Diamond. *Eskimo Administration: Vol. 2: Technical Paper No. 14*, Montréal : Institut arctique de l'Amérique du Nord, 1964.

Kaplansky, Marsha. *Inuit in the South*, édition spéciale d'*Inuktitut Magazine*, Ottawa : Inuit Tapirisat du Canada, 1981.

Kelcey, Barbara E. *Alone in Silence: European Women in the Canadian North before 1940*, Montréal et Kingston : McGill-Queen's University Press, 2001.

King, A. Richard. *The School at Mopass; A Problem of Identity*, New York : Holt, Rinehart and Winston, 1967.

Macpherson, Norman. *Dreams and Visions: Education in the Northwest Territories From Early Days To 1984*, Yellowknife : Northwest Territories Education, 1991.

McCarthy, Martha. *From the Great River to the Ends of the Earth: Oblate Missions to the Dene, 1847–1921*, Edmonton : University of Alberta Press et Western Canadian Publishers, 1995.

McClellan, Catharine, en collaboration avec Lucie Birkel, et coll. *Part of the Land, Part of the Water: A History of the Yukon Indians*, Vancouver : Douglas and McIntyre, 1987.

McGregor, Heather E. *Inuit Education and Schools in the Eastern Arctic*, Vancouver : University of British Columbia Press, 2010.

McMillan, Alan, et Eldon Yellowhorn. *First Peoples in Canada*, Vancouver : Douglas and McIntyre, 2004.

Morrison, William R. *True North: The Yukon and Northwest Territories*, Toronto : Oxford University Press, 1998.

Nickerson, Christy. *The Legal Drinking Age: A Review of the Research Literature*, Alberta : Alberta Alcohol and Drug Abuse Commission, 2001.

Paddon, W.A. *Labrador Doctor: My Life with the Grenfell Mission*,Toronto : J. Lormier, 1989.

Peake, Frank A. *The Bishop Who Ate His Boots: A Biography of Isaac O. Stringer*, Toronto : Église anglicane du Canada, 1966.

Phillips, R.A.J. *Canada's North*, Toronto : Macmillan of Canada, 1967.

Quassa, Paul. « We Need to Know Who We Are: The Life Story of Paul Quassa », sous la direction de Louis McComber, traduction de Letia Qiatsuk, *Life Stories of Northern Leaders*, vol. 3, Iqaluit : Collège de l'Arctique du Nunavut, 2008.

Rompkey, Ronald. *Grenfell of Labrador*, Toronto : University of Toronto Press, 1991.

Rompkey, William. *The Story of Labrador*, Montréal et Kingston : McGill-Queen's University Press, 2003.

Rutherdale, Myra. *Women and the White Man's God: Gender and Race in the Canadian Mission Field*, Vancouver : University of British Columbia Press, 2002.

Scott, F.R. *The Collected Poems of Frank Scott*, Toronto : McClelland and Stewart, 1981.

Tester, Frank, et Peter Kulchyski. *Tammarniit (Mistakes): Inuit Relocation in the Eastern Arctic, 1939–63*, Vancouver : University of British Columbia Press, 1994.

Thomson, Dale C. *Jean Lesage et la Révolution tranquille*, Saint-Laurent : Macmillan of Canada, 1984.

Thrasher, Anthony Apakark. *Notre silence a déjà trop duré*, Montréal : Éditions Bellarmin, 1978.

Vick-Westgate, Ann. *Nunavik: Inuit-Controlled Education in Arctic Quebec*, série Northern Lights, Calgary : University of Calgary Press, 2002.

Wachowich, Nancy, en collaboration avec Apphia Agalakti Awa, Rhoda Kaukjak Katsak, et Sandra Pikujak Katsak, *Saqiyuq: Stories from the Lives of Three Inuit Women*, Montréal et Kingston : McGill-Queen's University Press, 1999.

2. Chapitres de livres et articles de périodiques

Blondin-Andrew, Ethel. « New Ways of Looking for Leadership », *Leading in an Upside-Down World: New Canadian Perspectives on Leadership*, sous la direction de J. Patrick Boyer, p. 59–70, Toronto : Dundurn Press, 2003.

Carney, Robert. « Residential Schooling at Fort Chipewyan and Fort Resolution, 1874–1974 », Études oblates de l'*Ouest : actes du deuxième Colloque sur l'histoire des Oblats dans l'Ouest et le Nord canadiens = Western Oblate Studies 2: Proceedings of the Second Symposium on the History of the Oblates in* Western and Northern Canada, sous la direction de R.[-J.-A.] Huel en collaboration avec Guy Lacombe, p. 115–138, Lewiston (New York) : Edwin Mellon Press, 1992.

Carney, Robert. « The Grey Nuns and the Children of Holy Angels: Fort Chipewyan, 1874–1924 », *Proceedings of the Fort Chipewyan and Fort Vermilion Bicentennial Conference*, sous la direction de P.A. McCormack et R. Geoffrey Ironside, Edmonton : Boreal Institute for Northern Studies, Université de l'Alberta, 1990.

Carney, Robert. « The Native-Wilderness Equation: Catholic and Other School Orientations in the Western Arctic », *Canadian Catholic Historical Association: Study Sessions*, vol. 48 (1981), p. 61–77.

Coates, Kenneth. « "Betwixt and Between": The Anglican Church and the Children of the Carcross (Chooutla) Residential School, 1911–1954 », *Interpreting Canada's North: Selected Readings*, sous la direction de Kenneth S. Coates et William R. Morrison, p. 150–167, Toronto : Copp Clark Pitman, 1989.

Coates, Kenneth. « A Very Imperfect Means of Education: Indian Day Schools in the Yukon Territory, 1890–1955 », *Indian Education in Canada*, vol. 1, *The Legacy*, sous la direction de Jean Barman, Yvonne Hebert, et Don McCaskill, p. 132–149, Vancouver : University of British Columbia Press, 1986.

Coates, Kenneth. « Best Left as Indians: The Federal Government and the Indians of the Yukon, 1894–1950 », *Canadian Journal of Native Studies*, vol. 4, n° 2 (1984), p. 179–204.

Cram, J.M. « Native Education Programs in the Canadian North », *Revue d'études canadiennes = Journal of Canadian studies*, vol. 21, n° 2 (décembre 1986), p. 7–17.

Curley, Tagak. « Boarding House System », *Inuit Today*, vol. 5, n° 3 (mars 1976), p. 56–61.

Curley, Tagak. « Inuit In Our Educational System: Part III », *Inuit Today*, vol. 5, n° 2 (février 1976), p. 19–25.

Curley, Tagak. « On Education », *Inuit Today*, vol. 3, n° 7 (septembre 1974), p. 29.

« Dene Declaration », *Dene Nation: The Colony Within*, sous la direction de Mel Watkins, p. 3–4, Toronto : University of Toronto Press, 1977.

Diubaldo, R.J. « The Absurd Little Mouse: When Eskimos Became Indians », *Revue d'*études *canadiennes = Journal of Canadian Studies*, vol. 16, n° 2 (1981), p. 34–40.

Ekho, Naqi, et Uqsuralik Ottokie. « Childrearing Practices », *Interviewing Inuit Elders Volume 3*, sous la direction de Jean L. Briggs, Iqualuit : Collège de l'Arctique du Nunavut, 2000.

Elias, Lillian. « Lillian Elias », *Nous étions si loin : l'expérience des Inuits dans les pensionnats*, Ottawa : Fondation autochtone de l'espoir, 2010.

Farish, Matthew, et Whitney Lackenbauer. « High Modernism in the Arctic: Planning Frobisher Bay and Inuvik », *Journal of Historical Geography*, vol. 35, n° 3 (2009), p. 517–544.

Hawthorn, H.B. « Enter the European: IV – Among the Indians of Canada », *The Beaver* (été 1954).

Helm, June, et *Beryl C. Gillespie.* « Akaitcho (env. 1786–1838) », *Arctic Profiles*, vol. 36, n° 2 (1983), p. 208–209.

Innis, H.A., G.J. Wherrett, et Andrew Moore. « Survey of Education in the Mackenzie School District », étude sur l'Arctique, *Revue canadienne d'*économique *et de science politique = Canadian Journal of Economics and Political Science*, vol. 11, n° 1 (février 1945).

Inuit Tapirisat du Canada. « Education », *Inuktitut Magazine*, vol. 48 (juillet 1981).

Ipellie, Alootook. « He Scared the Hair off my Head », *Inuit Today*, vol. 6, n° 3 (mars 1975), p. 60–63.

Jenness, Diamond. « Enter the European: V – Among the Eskimos. Enter the European… Among the Eskimos », *The Beaver* (hiver 1954).

Johns, Robert. « A History of St Peter's Mission and of Education in Hay River, NWT Prior to 1950 », *Musk-Ox*, vol. 13 (1973), p. 22–32.

Kakfwi, Steve, et Bob Overvold. « The Schools », *Dene Nation: The Colony Within*, sous la direction de Mel Watkins, p. 142–148, Toronto : University of Toronto Press, 1977.

Kennedy, John C. « The Impact of the Grenfell Mission on Southeastern Labrador Communities », *Polar Record*, vol. 24, n° 149 (juillet 1988), p. 199–206.

Krech, Shepard, III. « Nutritional Evaluation of a Mission Residential School Diet: The Accuracy of Informant Recall », *Human Organization*, vol. 37 (1978), p. 186–190.

Lesage, Jean. « Enter the European: V – Among the Eskimos (Part II) », *The Beaver* (printemps 1955).

MacKenzie, David. « The Indian Act and the Aboriginal Peoples of Newfoundland at the Time of Confederation », *Newfoundland and Labrador Studies*, vol. 25, n° 2 (2010), p. 161–182.

Marsh, D.B. « Enter the European: V – Among the Eskimos: Enter… The Anglican Missionaries », *The Beaver* (hiver 1954).

Mead, Margaret. « Enter the European: I – Into the South Pacific », *The Beaver* (juin 1953).

Mouat, Ivan W. « Education in the Arctic District », *Musk-Ox*, vol. 7 (1970), p. 1–9.

Nichols, P.A.C. « Enter the European: V – Among the Eskimos: Enter...The Fur Traders », *The Beaver* (hiver 1954).

Nungak, Zebedee. « Experimental Eskimos », *Inuktitut Magazine*, vol. 87 (2000), p. 3–16.

Ritcey, Ralph. « School in the South in the '60s and '70s », *Inuktitut Magazine*, vol. 87 (2000), p. 18–28.

Tagoona, Armand. « Education », *Inuit Today*, vol. 6, nº 5 (juin 1977), p. 53–55.

Thibert, O.M.I., Arthur. « Enter the European: V – Among the Eskimos: Enter...The Roman Catholic Missionaries », *The Beaver* (hiver 1954).

Tizya, Clara. « Comment », *The Education of Indian Children in Canada: A Symposium, written by Indian Affairs Education Division, with comments by Indian People*, sous la direction de L.G.P. Waller, Toronto : Ryerson Press, 1965.

Tolley, Chuck. « Chief Jimmy Bruneau School », *Sharing Our Success: More Case Studies in Aboriginal Schooling*, sous la direction de George Taylor Fulford, en collaboration avec Helen Raham et Jackie Moore Daigle, p. 59–90, Kelowna : Society for the Advancement of Excellence in Education, 2007.

Van Camp, Rosa. « Bishop Paul Piché », *Arctic Profiles*, vol. 42, nº 2 (1989), p. 168–170.

Wagley, Charles. « Enter the European: II – Into Brazil – Half of South America », *The Beaver* (septembre 1953).

Wallace, Paul A.W. « Enter the European: III – Into the United States », *The Beaver* (décembre 1953).

Williamson, H. Anthony. « The Moravian Mission and its Impact on the Labrador Eskimo », *Arctic Anthropology*, vol. 2, nº 2 (1964), p. 32–36.

Zoe, John B. « Strong Like Two People », *Trails of Our Ancestors: Building a Nation*, sous la direction de John B. Zoe, Behchoko : Agence des services communautaires tlicho, 2007.

3. Sources en ligne

Archives Canada. « Roman Catholic Church, Whitehorse Diocese collection », http://www.archivescanada.ca/english/search/ItemDisplay.asp?sessionKey=1143412449030_206_191_57_196&l=0&lvl =2&v=0&coll=1&itm=268856&rt=1&bill=1 (consulté le 16 mars <YEAR?>).

Canadian Geographic. « Historical Maps of Canada, 1873 », http://www.canadiangeographic.ca/mapping/historical_maps/1873.asp.

Collège de l'Arctique du Nunavut. « Remembering Jose Kusugak. Premier Aariak Honours the Passing of Jose Kusugak », http://arcticcollege.ca/josekusugak/?p=291 (consulté le 14 mars 2014).

Comité pour l'abrogation de l'article 43. « School Corporal Punishment », http://www.repeal43.org/school-corporal-punishment/ (consulté le 16 janvier 2014).

« The Experimental Eskimos (2009) Plot Summary », Internet Movie Database (IMDb), http://www.imdb.com/title/tt1414861/plotsummary (consulté le 31 janvier 2013).

Fondation autochtone de l'espoir. *Nous étions si loin : l'expérience des Inuits dans les pensionnats, Texte de la conservatrice, Chronologie*, Ottawa : Fondation autochtone de l'espoir, 2010, http://www.legacyofhope.ca/downloads/we-were-so-far-away-curatorial-booklet.pdf.

Inuit Tapiriit Kanatami. « "Experimental Eskimo" Zebedee Nungak leaves Puvirnituq, Nunavik », https://www.itk.ca/historical-event/experimental-eskimo-zebedee-nungak-leaves-puvirnituq-nunavik (consulté le 31 janvier 2013).

Inuktitut Magazine, https://www.itk.ca/publication/magazine/Inuktitut.

Ski de fond Canada. « The History of T.E.S.T », 28 décembre 2010. http://www.cccski.com/About/History/Photos-and-Stories/The-History-of-T-E-S-T--%281%29.aspx#.UvukJV6Lnv0 (consulté le 12 février 2014).

« Telegram from Coppermine Conference – July 16th, 1970, to Prime Minister Pierre E. Trudeau », http://www.capekrusenstern.org/docs/itc_coppermine_1970.pdf (consulté le 7 janvier 2013).

Tlicho Online Store. http://onlinestore.tlicho.ca/ (consulté le 15 octobre 2014).

Université de la Saskatchewan. Portail de recherche sur le Nord, « R.G. Williamson fonds », http://scaa.usask.ca/gallery/northern/en_finding_aid_display.php?filename=williamson&title=Robert%20Williamson%20fonds (consulté le 8 mars 2014).

4. Journaux et médias électroniques

Becker, Jane. « Priests Hope For College Grads Among North's Eskimos, Indians », *Montreal Gazette*, 2 octobre 1965.

St. John's Telegram. « Newfoundland and Labrador Residential Schools Suit moves to mediation », 26 janvier 2015, http://www.thetelegram.com/News/Local/2015-01-26/article-4020691/Newfoundland-and-Labrador-residential-schools-suit-moves-to-mediation/1 (consulté le 7 février 2015).

CBC News. « N.W.T. "leadership factory" alumni reunite to celebrate experience », 19 mai 2008, http://www.cbc.ca/news/canada/north/story/2008/05/19/nwt-grandin.html (consulté le 10 février 2014).

CBC News. « Labrador Residential School Lawsuit Postponed », 18 novembre 2014, http://www.cbc.ca/news/canada/newfoundland-labrador/labrador-residential-school-lawsuit-postponed-1.2839624 (consulté en décembre 2014).

CBC News. « Labrador residential school lawsuit approved: Feds in "scheme to obliterate aboriginal languages, traditions and beliefs," suit alleges », 22 décembre 2011, http://www.cbc.ca/news/canada/newfoundland-labrador/labrador-residential-school-lawsuit-approved-1.1026425 (consulté le 23 mars 2014).

CBC News. « N.L. residential school lawsuit can proceed: Class action seeks compensation for aboriginal students who were abused », 8 juin 2010, http://www.cbc.ca/news/canada/newfoundland-labrador/n-l-residential-school-lawsuit-can-proceed-1.921137 (consulté le 23 mars 2014).

Geens, Jennifer. « Behchoko priest receives Order of Canada », *Northern News Services*, 26 juin 2006, http://www.nnsl.com/frames/newspapers/2006-06/jun26_06b.html (consulté le 20 mars 2014).

Irniq, Piita. « Remembering Ralph Ritcey's Compassion and Love », *Nunatsiaq Online*, vol. 5, décembre 2003, http://www.nunatsiaqonline.ca/archives/31219/opinionEditorial/letters.html (consulté le 27 janvier 2011).

Mathisen, Herb. « Grand Reunion for Grandin College », *Northern News Services,* 20 mai 2008, http://www.nnsl.com/frames/newspapers/2008-05/may26_08gr.html (consulté le 10 février 2014).

Mountain, Antoine. « Saved from Grollier Hall », *Northern News Services,* 12 novembre 2007, http://www.nnsl.com/northern-news-services/stories/papers/nov12_07mountain.html (consulté le 8 mars 2014).

Nunatsiaq News [publicité]. « Did you reside at Kivalliq Hall between 1985 and 1997? », 16 mars 2012, http://www.myvirtualpaper.com/doc/nortext/120316_nnlayout_1-36_vr/2012031401/11.html#10 (consulté le 23 mars 2014).

Pigott, Catherine. « The Leadership Factory: Grandin College never turned out a priest or a nun, but it produced an elite North of 60 », *National Post,* 4 décembre 1999.

Raithby, Heather. « Residential schools returning? Stephen Kakfwi says boarding schools create a sense of community and push students to excel », *News North,* 15 janvier 1990.

Taylor, Glenn. « Grollier Man Pleads Not Guilty to Sex Offences », *Northern News Services,* 28 novembre 1997, http://www.nnsl.com/frames/newspapers/1997-11/nov28_97sex.html (consulté le 17 avril 2012).

The Province (Vancouver). « Accused of 22 Sex Offences », 21 juillet 1993.

Thompson, Roxanna. « Dehcho Hall to close its doors », *Northern News Services,* 26 janvier 2009, http://www.nnsl.com/frames/newspapers/2009-01/jan26_09h.html (consulté le 28 février 2014).

Watt, Erik. « Eyewitness says: Kidnap children to fill school », *Winnipeg Free Press,* 30 septembre 1959.

5. Thèses et mémoires

Carney, Robert. « Relations in Education Between the Federal and Territorial Governments and the Roman Catholic Church in the Mackenzie District, Northwest Territories, 1867-1961 », thèse de doctorat, Université de l'Alberta, 1971.

Clemens, Lisbeth. « Canadian Colonialism: Inuit Schooling in Northern Quebec prior to 1975 », mémoire de maîtrise, Université McGill, 1984.

Desrosier, Martin. « Examen de la Politique de scolarisation du gouvernement fédéral dans l'Arctique canadien, 1930 à 1970 », mémoire de maîtrise, Université du Québec à Montréal, 2006.

King, David Paul. « The History of the Federal Residential Schools for the Inuit Located in Chesterfield Inlet, Yellowknife, Inuvik and Churchill, 1955-1970 », mémoire de maîtrise, Université Trent, 1998.